坂本要◉編

東国の祇園祭礼

茨城県霞ヶ浦周辺地域を中心に

岩田書院

はじめに

本書刊行の経緯

霞ヶ浦の周辺地区に足を踏み入れたのは、平成五年(一九九三)に、茨城県新治郡出島村(現かすみがうら市)牛渡《うしわた》の漁業調査の時で、平成八年からは民俗誌の編纂を前提に、霞ヶ浦郷土資料館(現かすみがうら市博物館)の協力を得て約二年ごとに十一冊の報告書を出している(「かすみがうら市出島地区民俗調査報告書一覧」(本書28頁参照)。その過程で、この地区の祇園祭礼(以下「祇園祭《まつり》」)に、オハケ・コモリヤ(籠り屋)、七度半《しちどはん》の儀礼、稚児儀礼など、中世祭祀を思わせるような儀礼があることがわかった。特に柏崎や加茂の崎浜神社の祇園は印象深く、柏崎の宵祇園に路上で行われる七度半の儀礼や、崎浜神社のオハケ・コモリヤの設営や禊の儀礼等には、関西にみられるような儀礼のあることに驚いた。

一連の旧出島地区の調査が終わり、祇園祭の調査を霞ヶ浦の南部に広げると、稲敷市古渡《ふっと》では肩車された稚児に差し傘をかざすという、十六世紀の祭礼図そのままの儀礼に遭遇した。さらに古い写真には傘に何本もの布切れが吊り下げられていた。以下報告と論考を読んで欲しいが、このような驚きの連続であった。

一方、西岸の小川町に入ったところ、その祭りの複雑さに加えて、「横町《よこちょう》覚書」という江戸時代の絵入りの記録があり、今の小川町から想像できないような、きらびやかで大規模な風流行列や踊りが行われていたことが判明した。土浦や石岡の風流は絵巻や文献に残って知られていたが、それを上回るような賑わいであったことがわかる。江戸時代の都市祭礼の典型である。なおこの記録をめぐっては、平成二十九年に半年の間、坂本要・福原敏男・萩谷良太・近江礼子の四人で研究会を開き、その翻刻原稿を作成し、史料の内容の検討を通じて祇園祭について理解を深めることができた。その成果も本書に反映されている。

以上のように、この霞ヶ浦周辺地区の祇園祭が神事として古態を伝えていること、祭事としての風流が詳細に記録されている史料もあること、また当地区においては急速な高齢化と過疎化によって従来のような祭礼の維持が困難になり簡略化が進んでいることなどから、このような記録をとることが今後できなくなると考え、調査報告に論考を加えて、この本の出版を企画した。

本書の構成

本書の構成は巻頭の総論にあたる「霞ヶ浦周辺地域の祇園祭礼」につづき、第Ⅰ部で祇園祭の報告を載せた(第一章のかすみが浦市出島地区については、編者が平成九年以降刊行した報告書から、また第二章「小美玉市小川素鵞神社の祇園祭礼」は『筑波学院大学紀要』№12(二〇一七年)を、再編した)。また稚児儀礼等を含む特色ある祭礼は、コラムとして収録した。

第Ⅱ部の「史料」には、小川素鵞神社祭礼史料と、同じく小川の「横町覚書」の翻刻、稲敷市古渡祭礼史料、稲敷市江戸崎鹿島神社・八坂神社祭礼史料を収録した。「横町覚書」は全体の量が膨大であるため、絵画のある年の記述部分を中心に抄録し参考とした。「横町覚書」は江戸期のもので往時の風流の状態がよくわかる。それ以外の各祭礼史料は明治以降のものであるが、祭礼の変遷過程が記録されている。

第Ⅲ部の「論考」は、祭礼の研究を進めている編者を含め各人が、それぞれのテーマで新たに書き下ろしたものである。
祇園祭の研究は、平成二十八年に「山・鉾・屋台行事」として三十三か所の祭礼がユネスコの世界遺産として登録されたのを機に、急速に進んでいる。特に植木行宣を中心とした「山鉾屋台研究会」では毎回斬新な発表が続いている。この出版もその研究会の活動に呼応するものである。

坂本　要

目　次

Ⅲ 論考

霞ヶ浦周辺地域の祇園祭礼

坂本　要

一　概観

祇園社とは京都祇園に隣接している八坂神社のことであり、明治以前は祇園社といわれた。祭神が牛頭天王であることから、八坂神社のことを天王社ともいった。牛頭天王を素戔嗚命（スサノオノミコト）としたのは、後の神道家の解釈であるが、祇園・八坂・天王社は同じ神社である。この祇園社は平安時代貞観十一年（八六九）神泉苑の御霊会に起源し、安和三年（九七〇）より毎年の祭礼となり、夏の疫病を鎮めた神として崇められた。日本の夏祭りのもととなって、全国に勧請された。

祇園社・八坂神社・天王社は茨城県下一様に広まっているが、そのなかでも茨城県ではつくば市の一ノ矢の天王様（八坂神社）と稲敷市の大杉神社（アンバ様）が有名である。霞ヶ浦周辺でも、自分のところの祇園社は一ノ矢（一ノ矢八坂神社、つくば市）のモライ祇園だとするところがある。一ノ矢の天王様は行方郡から那珂湊にかけて信仰圏を持っている。

本書で扱ったのは茨城県旧新治郡・旧行方郡・旧稲敷郡の霞ヶ浦周辺の祇園祭の報告である。県北部の神輿・屋

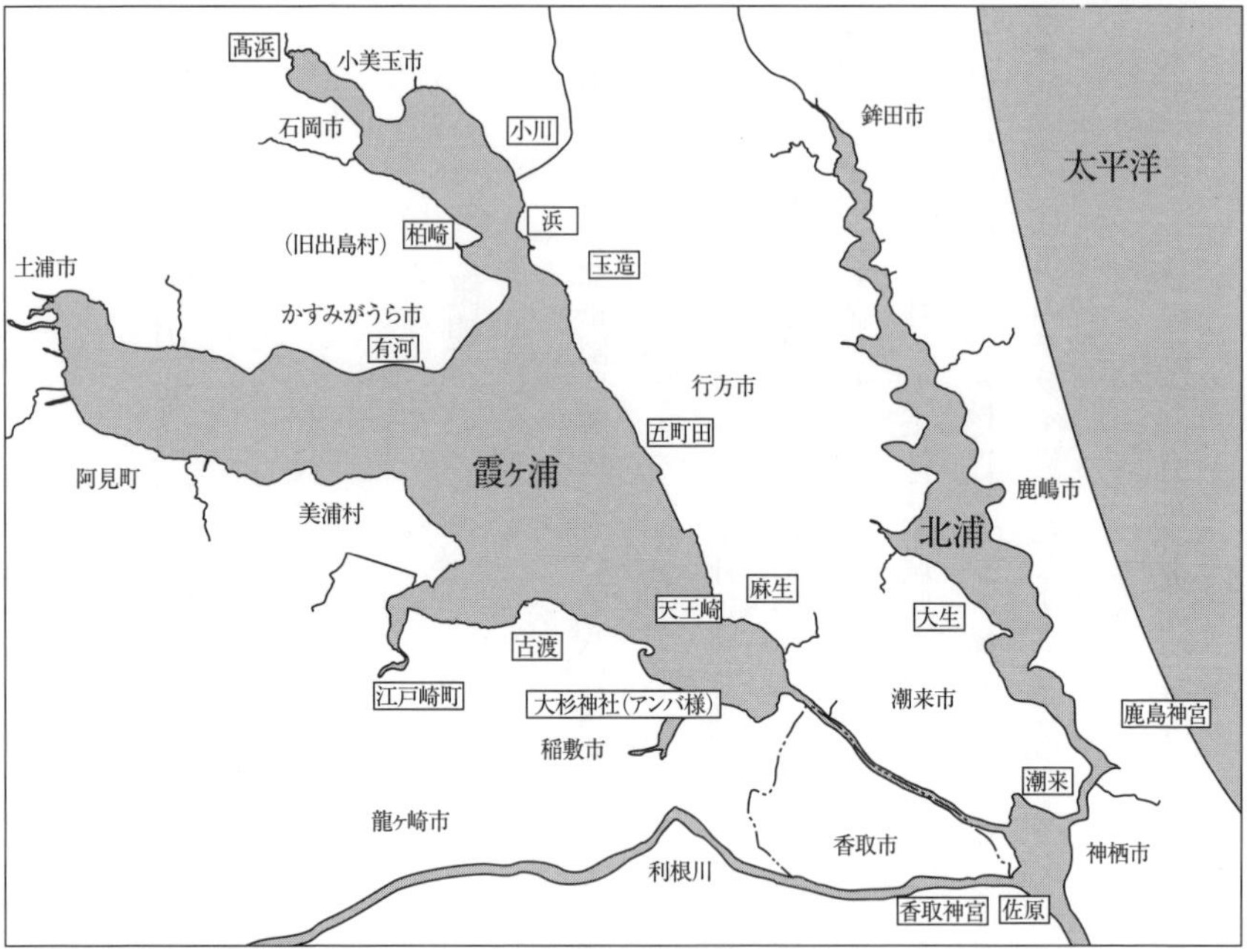

霞ヶ浦周辺地域概念図

台・山車の巡行を中心とした祭りに比して、この地では、七度半・オハケ・稚児といった中世もしくは関西にみられるような儀礼を残している。

中世の「海夫《かいふ》注文」（応安七年〔一三七四〕）にみられる柏崎や古渡の港や、慶安三年（一六五〇）の「霞ヶ浦四十八津《ふっと》掟書」(1)にみられる有河《あるが》・玉造・五町田・麻生というところに、古態を残す祇園祭が今でも行われている。玉造浜と古渡は津頭であった。近世になると水運の関係から小川・潮来が、城下町として土浦が栄え、都市祭礼としての祇園祭が盛大に行われていた。

本書で扱ったのは以下の神社である。

土浦市　真鍋八坂神社

かすみがうら市　柏崎素鵞神社・加茂崎浜神社・牛渡有賀八坂神社・深谷八坂神社・大和田八坂神社・西成井八坂神社・高賀津八坂神社・坂有河八坂神社

石岡市　高浜高浜神社

小美玉市　小川素鵞神社
行方市　玉造浜素鵞神社・玉造大宮神社・五町田八坂神社・麻生天王崎八坂神社・麻生大麻神社
稲敷市　古渡須賀神社・江戸崎鹿島神社八坂神社
潮来市　潮来素鵞熊野神社・大生神社
鹿嶋市　鹿島神宮
香取市（千葉県）　香取神宮

このうち玉造大宮神社・麻生大麻神社・大生神社・鹿島神宮・香取神宮は、祇園祭礼ではないが稚児儀礼のあることから第三章およびコラムで適宜記載した。

他にも霞ヶ浦沿岸の町や村には祇園祭が多い。少し離れるが龍ヶ崎市上町八坂神社のつく舞、龍ヶ崎市貝原塚町八坂神社の祇園祭、小美玉市竹原神社のアワアワ祇園など、特徴のある祇園祭がある。石岡市の総社宮大祭も近世になって町内の八坂神社の祇園祭をもって風流化したものであるが、もとは相撲のみの祭礼であった。

これら関連する神社の祭礼は本書所収の個々の論考によって触れられている。

二　神事と祭事

この地区の祇園祭は、神事と祭事という分け方をしている。神事は文字通り「かみごと」で、神主とトウヤ、氏子総代・区長等の役員で執り行われる。後述のようにこの地区は、トウヤ制で行うところが多いので、神社での神事とトウヤでの神事に分かれる。トウヤの家では分霊とかオワケ（オハケ）といわれる御神体を一年間預かる。それが御幣であったり箱であったりする。家の神棚や別にしつらえた神棚もしくは床の間に置く。家には、神の居場所であるという注連縄が張られ、一年間神を預かる。神輿は神社を出てトウヤに行き、お仮屋で一泊して還御するところが多い。この間、お浜降りといって、霞ヶ浦や村内の川や池で神輿に水をかける儀礼がある。トウヤの庭や入口にオハケを作る。真菰で社《やしろ》のように作ったものをオハケというところと、分霊そのものをオハケというところがある。詳しくは後掲の報告とⅢ論考「水谷」を参照。

祭りは一日目を宵祇園といって神社からお浜降りをしてお仮屋までの神輿の巡行があり、本祇園はお仮屋での参拝を受けてお仮屋から神社までを還御する。さらに中一日おく小川の例もある。かすみがうら市深谷では宵祇園で途中、藤のつる綱を切って神輿を通す。柏崎ではかつて本祇園の還御の際、数十本の竹を切って神社に入った。前者を藤切り祇園、後者を竹切り祇園という。西成井では還御後の花火が有名である。

祭事は屋台・山車の巡行とそれに伴う囃子や踊りをさす。多くは神輿の巡行について巡るが、神事とは別行動で、青年会や子供会が主催する。屋台や山車の巡行は都市祭礼に伴って肥大化したもので、土浦・潮来のように何台もの山車や屋台が出て祭りを盛り上げる。かつての土浦や小川では大規模な風流行列があった（小川の例はコラム・史料で報告する）。現在人形山車が出るのは潮来・土浦・高浜・石岡である。霞ヶ浦周辺の北部では獅子屋台が出る。獅子のほろで屋台を覆い、中にお囃子が入り、引いて巡行する。石岡で発祥したが、土浦・小川・かすみがうら市西成井にある。囃子は南部では佐原囃子、北部は石岡の囃子の影響が強い。

三　特徴

トウヤとオビシャ

村もしくは字で神社を持っていると、そのなかでトウヤを決める。籤で選んだり、家並び順であったりする。村もしくは町が大きくなると当番組が順に決まっており、その当番組のなかでトウヤを決める。古渡や加茂崎浜神社がその例である。字をさらに区分したものが坪であるが、加茂崎浜神社の場合、崎浜神社とは別に坪単位に小祠があり、その神に対してもトウヤがある。そのため二つのトウヤが重なることもある。二重の祭祀をするわけであるが、霞ヶ浦周辺の南部ではこのような坪単位の祭祀をオビシャという。オビシャには「歩射」の字をあてて、もとはヤブサメの意味であるとされる。このオビシャの分布は千葉県の上総・下総一帯から茨城県南部までみられるが、霞ヶ浦周辺では阿見町を境に霞ヶ浦の北部や西岸ではみられない。

お浜降り

神輿巡行の途中、湖岸や川・池などで神輿に柄杓で水をかける。トウヤが行うところと神主が行うところがある。天王崎や潮来では神輿が湖や川に入る水中渡御がある。また五町田やその隣の荒宿では、船に神輿を載せて七度半、水上をまわる船渡御がある。お浜降りの大規模な例は、千葉県から茨城・福島県の太平洋沿岸に分布する。常陸大宮市の西金砂神社や常陸那珂市の磯列神社などがある。京都の八坂神社では神用水清祓式と称して鴨川の水を神輿にかける儀礼があり、神輿に水をかける儀礼は共通している。千葉県から福島県の海浜に降りるお浜降りは、祇園祭以外の祭礼でも行われる。お浜降りの語は同じでも、霞ヶ浦周辺のお浜降りは祇園祭系のお浜降りと分類されている（Ⅲ

論考「萩谷」)。

オハケ

前述したように、トウヤの庭や入口に草や真菰で囲いや社状のものを作り、中に御幣を立て神として祀るものである。また有河のように、トウヤで預かる分霊をオワケ・オハケであるというところもある。祇園祭が終わるとこっそりと捨てに行くところから、掃《は》ける霊、すなわちオハケと解釈しているところもある。分布は旧出島地区に限られる(Ⅲ論考「水谷」)。

忌籠り・みそぎ

トウヤが精進潔斎していたという話は何か所かで聞けるが、加茂崎浜神社では今も家の中に竹と真菰でコモリヤを作り、そこで一週間寝泊まりする。別火の慣習が伴い、家族と別に火を使い煮炊きする。また湖岸でみそぎをする。今は湖岸で手を洗う程度であるが、かつては裸で湖に入った。同様なことを潮来祇園の猿田彦役が行っている。家に精進部屋を作り別火で過ごす。毎朝、日の出時に神池(みたらし池)に裸で入り潔斎する。かつては素鵞神社本殿脇の幸霊殿に籠ったという。

獅子舞・獅子儀礼

京都の祇園祭では早くに獅子舞・獅子儀礼はなくなってしまったが、この地区ではさまざまな形で獅子が残っている。潮来には神楽獅子があり、巡行の時、先頭の屋台に獅子頭が飾られる。獅子は江戸崎・古渡のようにあばれるものが多い。天王崎では神輿の巡行について獅子頭をたたきつけたという。北部では石岡の獅子屋台の獅子があるが、巡行の道々子供の頭を噛み、悪疫を祓うようなことをする。佐原の祇園祭では三匹獅子に七度半の迎えの儀礼を行っている。

猿田彦・天狗儀礼

神輿の巡行の先頭に天狗の面を被った猿田彦が出る。一本足の高下駄を履く特別な役で、トウヤがその任にあたるところもあるが、潮来では天狗様として忌籠りをしている。小川では天狗の面を榊につけ激しくまわしながら神輿の先頭を行く。榊に天狗をつけるのは玉造浜でもみられる。

稚児

霞ヶ浦周辺では祇園祭礼に限らず、稚児が神役もしくはそれに準ずる役で出る祭礼が多い。

近隣では土浦市山ノ荘日枝神社の壱物《ひとつもの》の稚児が有名である。神役であることから「地に足を着けない」として肩車もしくはおぶって移動する。さらに差し傘をかざす例がある。古渡がその例で、ツウドノ（頭殿）というトオヤの子供が肩車で傘をかざされて、巡行の際、神輿の先に立つ。神事にあたっても神主に並んで座る。古渡ではこのツウドノにあやかるということで、挿秧女《そおとめ》という子供が傘をかざされてツウドノの後に十数人従ったという。このように傘をかざされて肩車で移動する例は、龍ヶ崎市貝原塚の祇園祭にもみられる。天王崎では稚児迎えの儀があり、トウヤから神社までは馬役が肩車をして移動し、神輿の巡行には馬に乗る。小川ではトウヤ祭祀の時の給仕役として、当番町の子どもがその任にあたる。

他に祇園祭で稚児が神役で出てくるのは、柏崎・五町田でみられる。柏崎の路上で行われる七度半の儀礼は、トウドノという稚児に対して行われる。五町田では稚児が榊を持って祓って歩く。祇園祭ではないが、麻生の大麻神社では稚児が神役で出てくる。地に足を着けてはいけないということでオープンカーに乗って移動する。鹿島神宮では祭頭祭に新発意《しぼち》（大総督）といわれる稚児が出る。香取神社のお田植祭にも幼女が早乙女役で肩車に差し傘をかざされて行列を組む。大生神社の巫女舞でも巫女役の少女がおぶわれて出てくる。祇園祭以外の稚児儀礼についてはコラムとして報告する。

七度半儀礼

七度半の儀礼とは、神事を進めるにあたって主催者がトウヤなりの神事に携わる人を迎えに行く儀礼で、中世祭祀によくみられる。トウヤが出てくるよう何度も催促に出向くわけで、七回呼びに行っても出てこない、八回目に出かけていくと途中オウという返事とともにトウヤ役が出てきたので、引き返し七度半の迎えになったという由来による。

基本的にはトウヤ迎えの行事で、天王崎や柏崎ではそのような面影が残っている。他にも七度半行き来するとかまわるとか、注連縄をまわすとか、この地区では祭事になにかと七度半という回数が出てくる。

差し傘・傘ブクの吊り下げ物

古渡と龍ヶ崎貝原塚で稚児に差し傘をしている例を述べたが、両地区で、この傘には吊り下げられているものがある。古渡では現在はなくなっているが、昭和四十年(一九六五)頃の写真ではハンカチのような布裂が何枚も吊り下げられている。ツウドノにつく挿秧女《さおとめ》も同様である。貝原塚では宝船の絵馬と小刀が吊り下げられている。このような事例は全国にあり、一六世紀頃の祭礼図や洛中洛外図に多く描かれている。種類は、身につけていたものや、布・お守り・縁起物・祈願品など多様であるが、祇園祭が疫病祓いの祭礼だったことから、身祓いの意味から身につけていた物を吊るすということで、身守り品も吊るされており、さらに転じて祈願・縁起物が下げられるようになったと考えられる。

傘ブクは、祇園祭や御霊会の鉾に傘の合わさったもので、傘鉾と称され、なまって傘ブクという名で全国に散在してみられる。(2) かすみがうら市の大和田でみられ、柏崎でも出していたことが写真で確かめられる。大和田では羽織で傘を覆い、帯、機織り道具、五穀の入った巾着を下げる。柏崎では傘を白い布で覆い、帯を下げた。両地区も傘ブクの名は聞けず、傘とか大傘といっているが、形態としては傘ブクである。着物や布で覆うことをしたり、帯を下げる例は小袖風流といって全国でも何か所かでみられ、祭礼図にもある（詳しくは、コラム⑧、Ⅲ論考「坂本」「福原（傘に吊るす御守り）」参照）。

馬出し・走り馬

天王崎の祇園は馬出し祇園といって、神輿に向かって馬が走り、それを若者が止めるという行事が見せ場となっている。馬は飾りつけられているが人の乗っていない裸馬である。柏崎の竹切り祇園も神社に入ろうとする馬を止める行事があった。龍ヶ崎市上町の祇園祭では還御の際、神輿に先立って裸馬が町内を疾走する。小美玉市竹原のアワワ祇園でも馬を出した。いずれも馬は神馬とされるが、馬が出る理由は、この一帯が平安時代からの牧であったことに由来し、馬出しは野生馬を捕獲する様であるともいわれている。

相撲

祇園祭で相撲行事のあるのは有河で、相撲はとらず桶に入った玄米を力士がばらまく。相撲は九月の鹿島神宮大祭の主要な行事で、近隣には潮来市延方の鹿島吉田神社や、行方市井上の井上神社、石岡の総社宮の相撲がある。いずれも鹿島神宮の影響とみられる。

お田植

江戸崎の祇園では仮装した若者がお田植と称し宵祇園に苗を配る。古渡ではツウドノにつく子供を挿秧女と書いてサオトメという。早乙女の意であるが、なぜこのようにいったのか不明である。香取神社のお田植祭は有名であり、その影響と考えられる。

供え物

供え物は神道祭式によるところが多くなっているが、大和田のようにカツオの煮つけと決まっているところがある。供え物ではないが祇園祭にカツオを食べるところが多く、祭礼の日に那珂湊から売りに来る。高賀津では山盛りのご飯を天王盛りといって食べる。

天王崎ではワカサギと蓼《たで》の葉が出る。ワカサギは背開きで三枚下ろしにしたものを酢で締め、酒粕入りの泥酢をかける。これに蓼の葉を添える。またオモコといって玄米を一晩水につけ蒸かしたものをいただく。玄米を食べるのは柏崎・有河に共通している。

四　関西からの伝播

以上のように霞ヶ浦周辺の祇園祭の特徴的な事項を述べてきたが、なぜこの地域にオハケにみるように関西でみられる儀礼が伝わっているのか、また、なぜ七度半や傘の吊り下げ物という中世や近世初頭に行われた儀礼が伝承されているのかは、大きな疑問である。関西と似た儀礼のあることの理由の一つには、関西文化の直接の流入ということを考えざるをえない。中世の霞ヶ浦は、利根川の流れとは別の、海につながる大きな入り江であった。「海夫注文」にみるように、佐原を中心とする東国の海の拠点として多くの物流があった。近世になると利根川が東遷され、江戸とつながったため、醤油にみるように関西の物流が霞ヶ浦・利根川を経由して江戸に運ばれてきた。具体的にいうと、古渡の庄屋格の家は関西から来て現在も氏子総代である。その家では正月の雑煮は関西風の白味噌であるという。過去帳からみると、享保四年(一七一九)に死亡した妻の戒名が一番古く、これによると一七〇〇年前後に関西から来たとみられる。その頃の様子が現在に伝わっているのであろうか。古渡には古態とみられる儀礼が伝わっている。

関西からの移住は漁法と醬油醸造技術を伴って入ってきたもので、銚子の外川《とかわ》や千葉県旭市飯岡町玉崎神社門前には、紀州から来た人の紀州人集落ができている。外川は肥料の干鰯で有名で、現在のヒゲタ醬油・ヤマサ醬油の発祥地も銚子である。『銚子木国《もっこく》会史』（一九三六年刊。木国会は茨城県内の紀州出身者による県人会）には紀州人の移住の沿革と出身村名が書かれている。それによると、寛永から正保の頃（一六二四〜四八）より移住が始まっている。紀州広村・湯浅村が多いが、泉州（大阪府）からの人もいる。それ以外にも摂州西宮や他の関西地区からの移住もある。他にも土佐・三河からの漁民も来て移り住んだ。ここで財をなしたものが、利根川や霞ヶ浦周辺にさらに移住し、醸造業や干鰯の肥料問屋などで各地区に定着し、関西文化をもたらしたとみられる。(3) 外川には西宮や熊野を祀る小祠が多く、祇園祭礼も関西文化の一つであったろう。このようにして関西人が霞ヶ浦周辺に来て、関西の古い儀礼がこの地区に伝えられたことが考えられる。

五　津島御師

霞ヶ浦周辺地域には、津島御師の廻檀活動によるものと思われるものがみられる。

愛知県津島市の津島天王祭は京都の祇園祭に倣って一六世紀に成立したとされ、当初、車楽（車の囃し）と大山（山車）のセットで陸上を移動していたが、一六〇〇年頃から天王川の船渡御に替わった。これとは別に津島神社では同時に神葭《みよし》神事が行われる。天王祭の翌日（六月十六日）に神葭流しといって葭を放流し流れ着いたところで奉斎する。

これは京都の祇園祭にはない行事である。霞ヶ浦周辺では御神体が他所から流れ着いて牛頭天王(素戔嗚尊)を祀り始めたとする伝承が多い。また葭(葦)や真菰を用いた儀礼はオハケをはじめ多くみられる。津島御師の廻檀活動については徐々に明らかになっているが、関東では御師の下の手代がまわっていたとの文書が出てきている。[4] 武蔵・下野・上野あたりまでまわったと文献にある。常陸は氷室神主家分の旦那場であった。[5]

旧出島地区の柏崎では、祇園祭の翌日、津島祇園といって真菰で作った鳳凰を出しており、関西人の流入とは別に、水辺の信仰として津島信仰の伝播や影響を考慮する必要があると思われる。

おわりに―民俗の変貌―

以上のように霞ヶ浦周辺の祇園祭は関西文化の直接の流入や津島信仰の影響が考えられるのであるが、京都祇園ですでに失われたものが、この地に来て伝承されさまざまに変貌している。獅子儀礼のように京都祇園ではみられなくなったものが、佐原祇園では獅子に七度半の迎えを行っていたり、潮来のように山車の先頭に獅子を出すこともある。それが江戸崎や古渡のように暴れ獅子になったり、石岡の獅子屋台のように囃子に変貌した例もある。[6]

稚児儀礼も京都祇園では現在もさまざまな稚児が出るが、霞ヶ浦ではトウドノというトウヤの神役として現れ、トウヤ制に組み込まれ、神役としての意味は強まっている。潮来の猿田彦もその例であろう。

以上、この地の祇園の特徴を列挙したが、民俗は伝播されながらもその地区の意味機能で変貌する。古態であるようでも変化している。もしくは古態であるように維持されている。その意味で霞ヶ浦の祇園は、京都の祇園や津島信仰が流入しながらも、東国の祇園として今まさに変化している動的・可変的なものであるといえよう。

註

（1）「海夫注文」は、霞ヶ浦周辺の知行者（地頭）と所轄する港を記した「しるしぶみ」で、八通ある。年号はないが、香取文書から応永七年（一三七四）と推定される。
「霞ヶ浦四十八津掟書」は、四十八津の漁民が水面漁業権を維持するため自ら掟を定めたもので、慶安三年（一六五〇）以降三点ある。
（2）傘ブクは祇園祭礼以外、長崎くんち・博多松囃し等にもみられ、それ以外、盆や小正月にも傘ブク行事がある（坂本要「傘ブクと吊り下げ物の民俗」『福島の民俗』四五、福島県民俗学会、二〇一七年）。
（3）内田龍哉「霞ヶ浦の水運と漁業」（茨城地方史研究会編『茨城の歴史　県南・鹿行編』茨城新聞社、二〇〇二年）、篠田壽夫「江戸地廻り経済圏とヤマサ醤油」（林玲子編『醤油醸造史の研究』吉川弘文館、一九九〇年）。
（4）石田泰弘「津島御師・手代の廻檀活動」（岸野俊彦編『尾張藩社会の総合研究　六』清文堂出版、二〇一五年）。
（5）小島廣次「津島と天王さま」（『海と列島文化　第八巻　伊勢と熊野の海』小学館、一九九二年）。
（6）石岡の獅子は祇園祭で露払いの獅子としてあったが、幕末には土橋町の大獅子として風流化され、その後、各町内でも出すようになり石岡の祭りを象徴するものとなった（櫻井彰「祭礼の伝承―常陸総社宮祭礼―」『常府石岡の歴史』石岡市教育委員会、一九九七年）。

Ⅰ　報告

第一章　かすみがうら市出島地区の祇園祭礼

坂本　要

概観

かすみがうら市出島地区は、もとは新治郡出島村としてあり、平成九年（一九九七）に同郡霞ヶ浦町となり、平成十七年に同郡千代田町と合併して、かすみがうら市になった。霞ヶ浦に半島のように突き出した地区で、土浦からの交易は古くは陸路よりも船のほうが便利であった。沿岸部は漁業、内陸部は農業で生計を立てていた。

かすみがうら市のなかでも出島地区は祇園祭の盛んなところで、柏崎の竹切り祇園、深谷の藤切り祇園、西成井の花火と、近隣の人を見物に誘う行事が多い。さらに柏崎の一年にわたるトウヤ神事をはじめ、加茂神社のオコモリ、牛渡有河の相撲、高賀津の天王盛り等々、古風を残した儀礼が多い。オハケとか七度半《しちどはん》という中世に起源を持つような儀礼や言葉が残っている。柏崎ではトウドノという幼児が神役を担っている。大和田では傘ブクとみられる傘を出しており、柏崎でも大傘を出していた。トウヤの一年神主の制度をきちんと残している地区もある。概観すると、出島地区の祇園祭礼は以下のようになる。

まず各地区にトウヤがあった。トウヤは「当番」の当屋を書くところが多いが、当家と書いてトウケというところもある。もとは、ある家が選ばれて一年間神社の守り役を務めるもので、御神体を自分の家に持ってくるか、祀るかしていた。これを分霊すなわちオワケ(オハケ)と解釈しているところもある。トウヤが崩れて当番組や当番町がそれを担うところもある。

祭日は旧の六月に行っていたところが多いようであるが、戦後は七月にずれ込み、最近では会社勤めの人が多くなってきた関係から、土曜・日曜にずらすところが増えた。この祭りに先立って各地区ではトウジメを行う。これは祭りのために村の入口に境を定め、村内を潔斎し不浄のものが入らないようにするためである。加茂ではトウヤが潔斎のために部屋に籠り、水垢離をするが、これが最も厳格な例である。柏崎ではトウジメの場所で七度半の儀礼を行い、この時トウドノという神役の子供が参加する。柏崎ではこのトウジメをオハケというが、加茂では庭先に立てる真菰のお仮屋をオハケという。オハケは神の降りてくる場所でもあり、関西の宮座の儀礼にみられる。

祇園祭は宵祭り・本祭り・タカハライの三日間にわたるところが多い。

宵祭りは祇園様の御神体を仮宮に移し、一泊して本殿に戻すというのが基本である。その間、トウヤにより、お浜降りをして川や湖の水をかける。仮宮は現在公民館のところが多いが、湖や川のそばが本来の形と思われる。牛渡有河ではかつては川に、柏崎では現在も湖岸にある。お浜降りをした神輿を村に入れる際、いろいろ趣向を凝らしたが、深谷の藤切り祇園では藤や大魚という樫の木を切る儀礼を入れ、見物人を楽しませた。また柏崎の竹切り祇園では本祭りの神輿還御の際、竹で妨害し、最後にその竹を切ってみせたが、これらは、いずれも若者の腕のみせどころでもあった。お仮屋に神輿がある間にトウヤの家で、天王振る舞い、天王盛りといった豪華な食べ物がほどこされたが、各家での食事がなくなるので「鍋いらず」といわれた。もとはトウヤのふるまいでもあったが、現在では公民館で会食するところが多い。出されるのはウドンであったが、この日カツオを食べるとするところが多い。現在でも祭りになると、那珂湊から自動車の行商がカツオを売りに来る。安食の高賀津では天王盛りを、田伏の上根ではアオヤ箸でウドンを食べた。柏崎・牛渡有河・坂有河では玄米を食べる。牛渡有河では、相撲といって相撲姿の若者が神前で蒸した玄米をゴザに撒く。

一方、宵祭りから本祭りにかけて囃子屋台を出すところが多い。かつては祭りがトウヤの神事とすると、屋台は若者組の祭事と分かれていたようで、囃子の神楽は中高生が舞うところが多い。囃子の系統は石岡とするところが多いが戸崎だけは異なる。宵祭りの夜、さまざまな催しものが行われるが、近年のものとはいえ、西成井の花火は大がかりである。もともとは屋台の屋根に花火を仕掛けただけのもののようであるが、最近はナイアガラといった仕掛け花火もやるようになった。本祭りの日は神輿が夜おそく本殿に帰るが、神社のまわりを三度半とか七度半まわるところがみられる。また大和田のように神社の帰還に、トウヤの奥さんが留袖を着て迎えたり、帯を石畳状にして傘に吊るして迎えたりする。柏崎でもかつては傘を出した。本殿に神輿が入るとその場でトウワタシを行うところが多い。バンズという甘酒に似た酒を出す。

三日目はタカハライといって、片づけか御苦労会であるが、柏崎は津島の祇園と称して、青年団が竹と真菰で鳳凰をかたどり村内をまわった。

以上のような特徴のある祇園祭が展開されていた旧出島地区であったが、近年、高齢化と人口減少による過疎化が急速に進んでいる。祭りもその影響を受け、神輿が担げない、トウヤの家が使えないことが起こっている。柏崎ではトウヤ祭祀を廃止し、お仮屋を湖岸に移動し、公民館儀礼にして大きく祭礼の流れを変えてしまった。神輿は担げないので軽トラックで運ぶとか神輿車に載せるとかしている。都市部のように他所から神輿担ぎ手を募集することも困難なため、全体に祭礼の簡略化は免れない。

その意味でも、私たちが平成六年から跡見学園女子大学や筑波学院大学の学生たちと始めたこの記録がかつての姿をとどめる最後になるところもあり、結果として貴重なものとなった。以下にその報告書の一覧を掲げる。

かすみがうら市出島地区民俗調査報告書一覧

1、平成九年（一九九七）『田伏の民俗』跡見学園女子大学民俗ゼミナール
2、平成十年（一九九八）『坂の民俗』跡見学園女子大学民俗ゼミナール
3、平成十二年（二〇〇〇）『柏崎の民俗・霞ヶ浦町の祇園祭礼』筑波女子大学民俗ゼミナール
4、平成十四年（二〇〇二）『安食の民俗』筑波女子大学民俗ゼミナール
5、平成十六年（二〇〇四）『宍倉東部の民俗』筑波女子大学民俗ゼミナール
6、平成十九年（二〇〇七）『西成井・大和田の民俗』筑波女子大学民俗ゼミナール
7、平成二十一年（二〇〇九）『加茂地区の民俗』筑波学院大学民俗ゼミナール　付DVD「崎浜神社の祇園祭」
8、平成二十三年（二〇一一）『牛渡とその周辺の民俗』筑波学院大学民俗ゼミナール　付DVD「霞ヶ浦の竹かご作り」「牛渡の祭礼」
9、平成二十四年（二〇一二）『深谷・戸崎とその周辺の民俗』筑波学院大学民俗ゼミナール　付DVD「深谷の藤切り祇園」「注連縄造りの岡田さん」
10、平成二十五年（二〇一三）『岩坪・田伏中台・上軽部・下軽部・宍倉西部の民俗（総目次）』筑波学院大学民俗ゼミナール
11、平成二十七年（二〇一五）『高浜入りの民俗―茨城県石岡市関川・三村・高浜地区―』筑波学院大学民俗ゼミナール

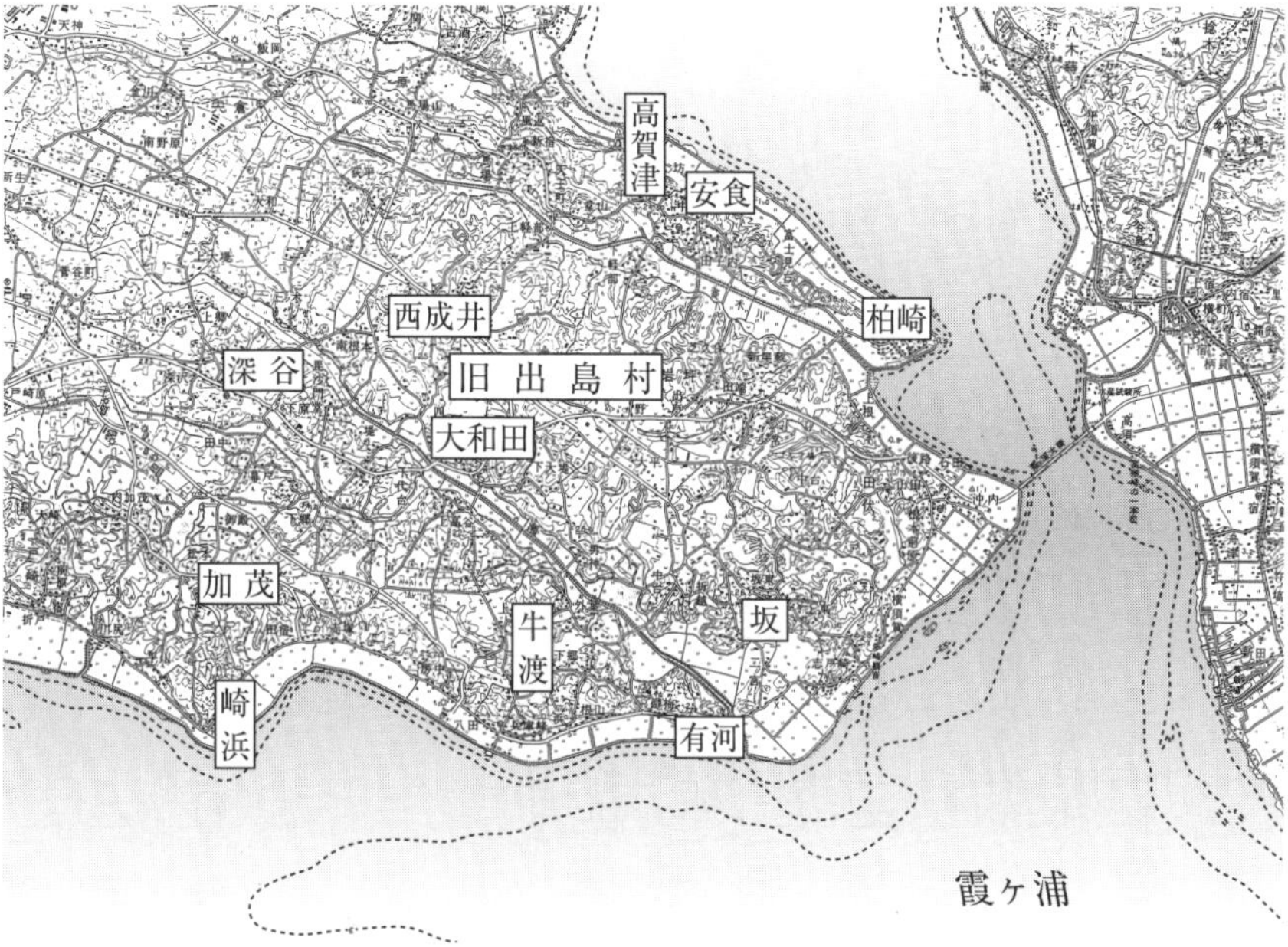

図１　かすみがうら市出島地区　主な調査地点図

なお出島地区では平成三十年現在、以下のような神社で祇園祭りが行われている。

①柏崎素鵞神社　②加茂崎浜神社
③牛渡有河八坂神社　④深谷八坂神社
⑤大和田八坂神社　⑥西成井八坂神社
⑦安食太宮神社　⑧高賀津八坂神社
⑨坂有河八坂神社　⑩戸崎八坂神社
⑪赤塚加茂神社　⑫宍倉天王八坂神社
⑬下軽部八坂神社　⑭田伏八坂神社
⑮上根八坂神社　⑯八千代台八坂神社

以下の各節は、このうち①～⑥と⑧⑨の祇園祭について、前記報告書から該当記事を再録したものであり、地図・図も各報告書に記載されたものを再録した。

第1節　柏崎　素鵞神社『柏崎の民俗・霞ヶ浦町の祇園祭礼』(平成十二年(二〇〇〇)刊)所載

一　概要

柏崎は、霞ヶ浦四十八津に入っている中世からの港で、素鵞《すが》神社までのまっすぐな道の左右両側に商店を含む街並みがあり、今もその面影を残している。湖岸より先浜・下宿・上宿・横町と道沿いに並んでいる(図2)。

柏崎の素鵞神社の大祭である祇園祭礼は、竹切り祇園として有名であった。竹切りとは、神輿還御の際に先導する馬を若者が竹をたたいて阻止するが、その時その数十本の竹を日本刀で次々と切り、馬と神輿を通して神社に入れるという儀式である。戦前の昭和十八年(一九四三)まで毎年行われていたが、戦争で中断し、昭和三十一年から三十七年にかけて一時復活したが、馬がいなくて途絶えてしまった。その後昭和五十八年、屋台を直した時に衣裳だけ復元したが、それ以降はしていない。往時の姿は、神社拝殿に掲げられている写真と、明治二十八年(一八九五)奉納の絵馬によって知るのみである(写真1)。

この時、嫁みせといって、大傘を先頭にその年に来た嫁が行列についた。

竹切りの儀式もさることながら、この素鵞神社の祭礼は、トウヤ制のもとに年間を通じて神事があり、それも二十四軒当という組織のもとに戦前まで厳格にとり行われてきた点で、近隣の祇園祭礼と比較しても特筆に値するものであった。

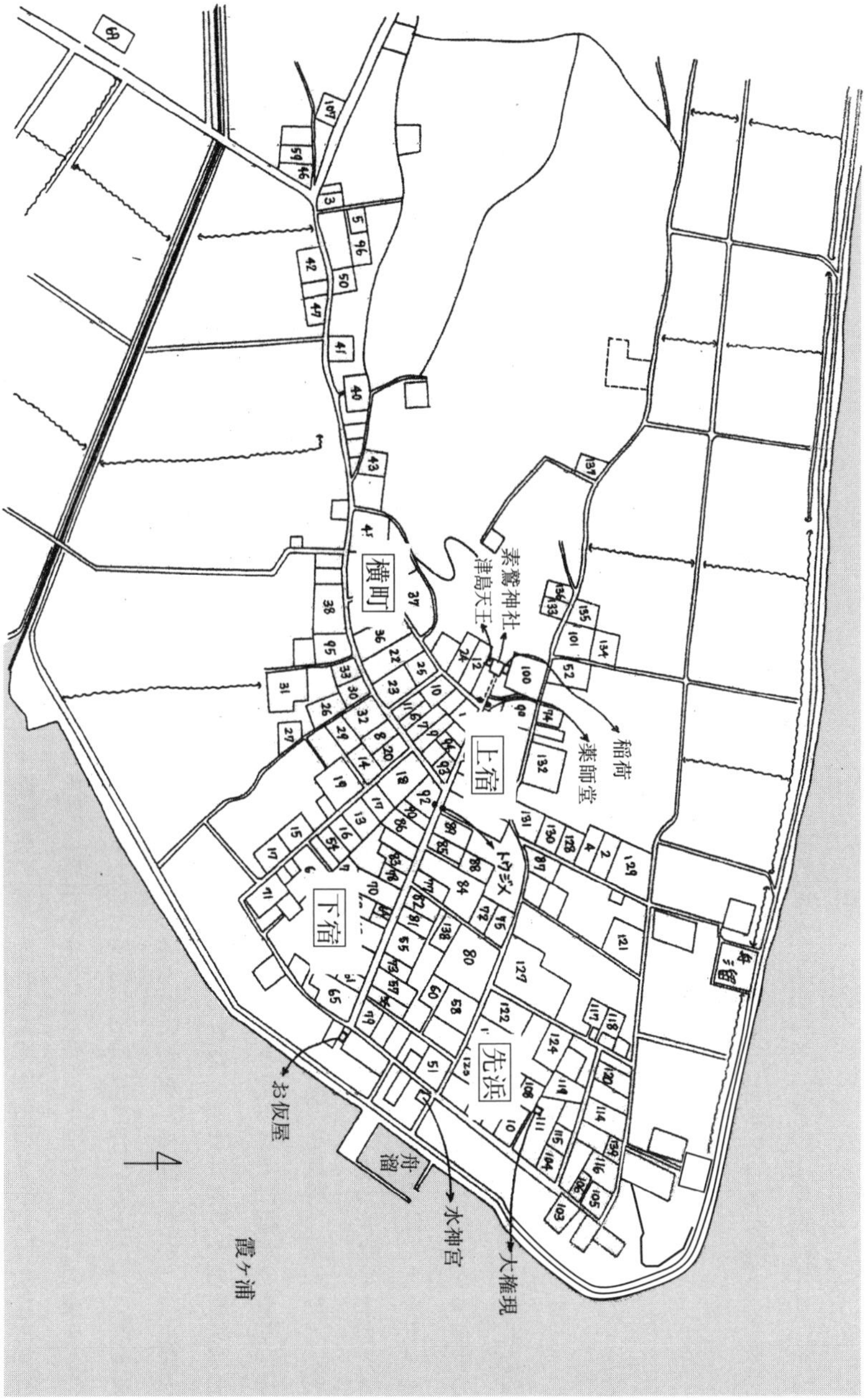

図２　柏崎祭礼地図（数字は家番号）

写真１　柏崎素鵞神社　竹切り祇園の絵馬

二十四軒当

二十四軒当の二十四軒とは、「宿通り」といわれた神社への道の両側に居をかまえる上宿・下宿の二四軒の家をさし、その二四軒がトウヤを担って祭礼を行っていた。二四軒は道を挟んで一二軒ずつ並んでいたが、神社に向かって左側が南ドウ、右側が北ドウといわれた。ドウはトウヤの意味で、二軒のトウヤがたった。南ドウと北ドウでは役が異なり、片方が神輿の担ぎ手で片方が仮宮(分霊)を氏神に祀ったといわれたり、主なるトウヤは南北一年交代であったといわれたりするが、はっきりしない。素鵞神社の祭礼では、トウドノ・大幣役・竹切り役等、多くの役が二人で担われ、かつ神事の盃ごとが二方向で継ぎまわすということからみて、南北が対しながら祭を担うという意味は大きかったと考えられる。二四軒については代がわりや移動があるので、判明しないところがある。

年間行事

年間のトウヤの行事は、十一月十五日の地祭り(屋敷祭り)でトウヤの家の仮宮(分霊)をその家の氏神脇に作り、オハケという松と竹の注連をトウヤの門に立てることから始まる。『茨城県神社誌』（茨城県神社庁、一九七三年）や『新治地区神社誌』（茨城県神社庁新治支部、一九九二年）には、素鵞神社の祭礼として、十月二十九日新嘗祭とあるから、この行事と屋敷祭りが同時に行われるようになったと考えられる。

二月二十二日は祈年祭となっていて、トウヤと神社の神事が行われる。

旧五月四日は粽祭りで、トウヤの家で真菰に包んだ粽を作り、仮宮に供えたのち全戸に配った。五月五日の節句を迎える行事であった。

六月三十日はトウジメといって、宿通りの上と下で注連縄を張る。下では湖岸に注連縄を張り、その前の路上に座り七度半という儀礼を行う。注連を張るのは祭礼の始めに臨んで、村内を潔斎する意味であり、七度半は神役であるトウドノ（当殿）という子供を七度の礼をつくして迎えに行くという儀礼とみられるが、七度半は祭礼当日にも行う。この日、神社では大祓いの儀を行う。

祇園祭の概要

柏崎では祇園祭は、七月十一日が宵祇園、十二日が本祇園、十三日が津島祇園の三日間に分けて行われていたが、現在は第二か第三の土曜・日曜・月曜の三日間を祭りにあてている。本祇園は元来十二日のため、現在でも十二日には役員だけが集まり神社で神主と神事のみを行っている。

始めの二日間はトウヤが中心となり、三日目の津島祇園は青年会が中心となり運営される。

七月十一日の宵祇園は朝、役員がトウヤの家での神事ののち神社に赴き、神社で神輿に御霊入れをして、道路の注連を切りながらトウヤに着き、そこで神輿の飾りをしつらえて湖岸のカリミヤへ巡行する。湖岸ではお浜降りといって、湖の水をかけ七度半の儀を行う。そこで村人の参詣を受けお仮屋で一泊する。午後青年会と囃子保存会によって囃子屋台が村内をまわる。屋台ではおかめ・ひょっとこ、狐の神楽が舞われる。屋台のまわりでは花笠踊りや八木節踊りが子供によって踊られる。

七月十二日は本祇園で、仮宮での神事の後、神社へ還御する。昭和三十年代までは、この時に竹切りが行われた。翌七月十三日は津島祇園である。かつては本祇園と津島祇園が別で、前後を入れて、一週間かけた。平成十二年の日程は以下の通りである。

七月　十日　旗立て　祭りの準備
七月十一日　宵祇園　お浜降り
七月十二日　本祇園　竹切り
七月十三日　タカハライ　後始末
七月十四日　津島宵祇園　お浜降り
七月十五日　津島本祇園　オカリヤで八木節踊り他
七月十六日　オダギブルマイ　トウヤでの宴会

津島様は神社本殿脇に祀ってある社で、菱木川上流より流れてきたとする神であるが、真菰で鳳凰の形を作りお仮屋に一泊して戻ってくる。これはトウヤの行事ではなく、青年団の行事である。

竹切りと大傘・嫁みせ

本祇園は以前、竹切り祇園といって、一頭の馬を大勢の青年たちが神社へと追い込み、境内に立てられた一〇〇本近くの竹を北ドウ・南ドウから志願した二人の青年が日本刀で切っていくというものがあった。この行事は本祇園の日、神輿がお仮屋から神社へ戻る宿通りで若者が竹で先導の馬を阻止することと、その竹を切って馬と神輿を通すことに分けられる。

まずウマカタといって馬を引く人四人、クツワ若衆二人、ウシロ大人二人が出る。竹切りは若衆で、独身者二人（北ドウ・南ドウから一人ずつ）が出る。竹切り役は二一日間潔斎する。火を別にして自分で食事を作り自分用の箱膳で食べる。洗濯も自分でして、女の人には近づかない。当日はシゴキという色とりどりの女の人の帯を背中に結わえつける。このシゴキは親戚や近所の女の人からもらう。

写真２　柏崎素鵞神社の大傘（写真では見にくいが、帯が吊り下げられている）　昭和30年代

神輿は午後三時にお仮屋を出発、すぐに若者数十人が馬の前に立ちはだかり、竹を空中でお互いにたたきあって馬を威嚇する。驚いた馬は胴体をうかせるが、これをウマアゲといって、何回か繰り返す。この押し合いが九時・十時まで続けられた。竹切り役はこの間、神輿の脇について警護している。九時・十時になり馬が神社の鳥居に近づくと、威嚇した竹を一〇〇本近く地面にさし、それを若者二人が日本刀で切りたおしていく。この間に馬は神社の前に行き、神輿は拝殿前に進む。その後、刀・大幣・神輿が神社のまわりを七回半まわって終わる。刀と大幣は二人が逆まわりにまわる。

神輿のあとには嫁みせといって、その年に来た嫁が留袖の正装で行列についた。また大傘には男女の帯を石畳状に折って結びつけた。古い写真では、大傘は行列の先頭に立て白い布で覆われている（写真２）。

この竹切りは近隣の地区からの見物人も多く、各家では親戚が集まったという。その時に出すものはカツオの刺身や料理で、那珂湊から魚屋が売りに来た。

二　年中行事

1　地祭り

トウヤにて当番町全員が参加して行う。トウヤは前年に希望者で決まっている。屋敷祭りといってその年のトウヤ始めの行事が行われた。その家の氏神の前にお仮屋を立てるので、地祭りともいう。これはまた神社の新嘗祭でもある。かつては氏神祭の十一月十五日に行われた。現在は、十月の第四日曜に行われる。平成十年は十月二十五日に行った。その年のトウヤの家に、当日の朝六時頃から、係になった人が、一六〇㎝くらいの真菰を霞ヶ浦のほうから早朝に刈ってきてトウヤに運び込み、準備を整える。

この祭りは、四町内により一年交替で行われている。当番町内のトウヤは希望者により行われていて、柏崎は全戸で一〇〇軒以上あったので、一度トウヤを経験すると孫の代までまわってこないとされた。

オハケ

トウヤの門に立てる注連のことをオハケという。

午前九時頃から当番町の役員が集まって、家の門の両側に三ｍほどの細い松を二本立てる。二重の細い注連縄を家のまわりにぐるっと張りまわし、二本の松にも張り渡し、御幣を挟み、竹の先には松の枝をつける。これは一年間立てられたままである。その前に赤土をこんもりと盛っておく。そして小さな御幣をそれぞれの根本に立てる。松のところと同じように二重の注連縄を三回半、家のまわりを巡らせる。かつては七度半まわした。その注連縄は、一〇束

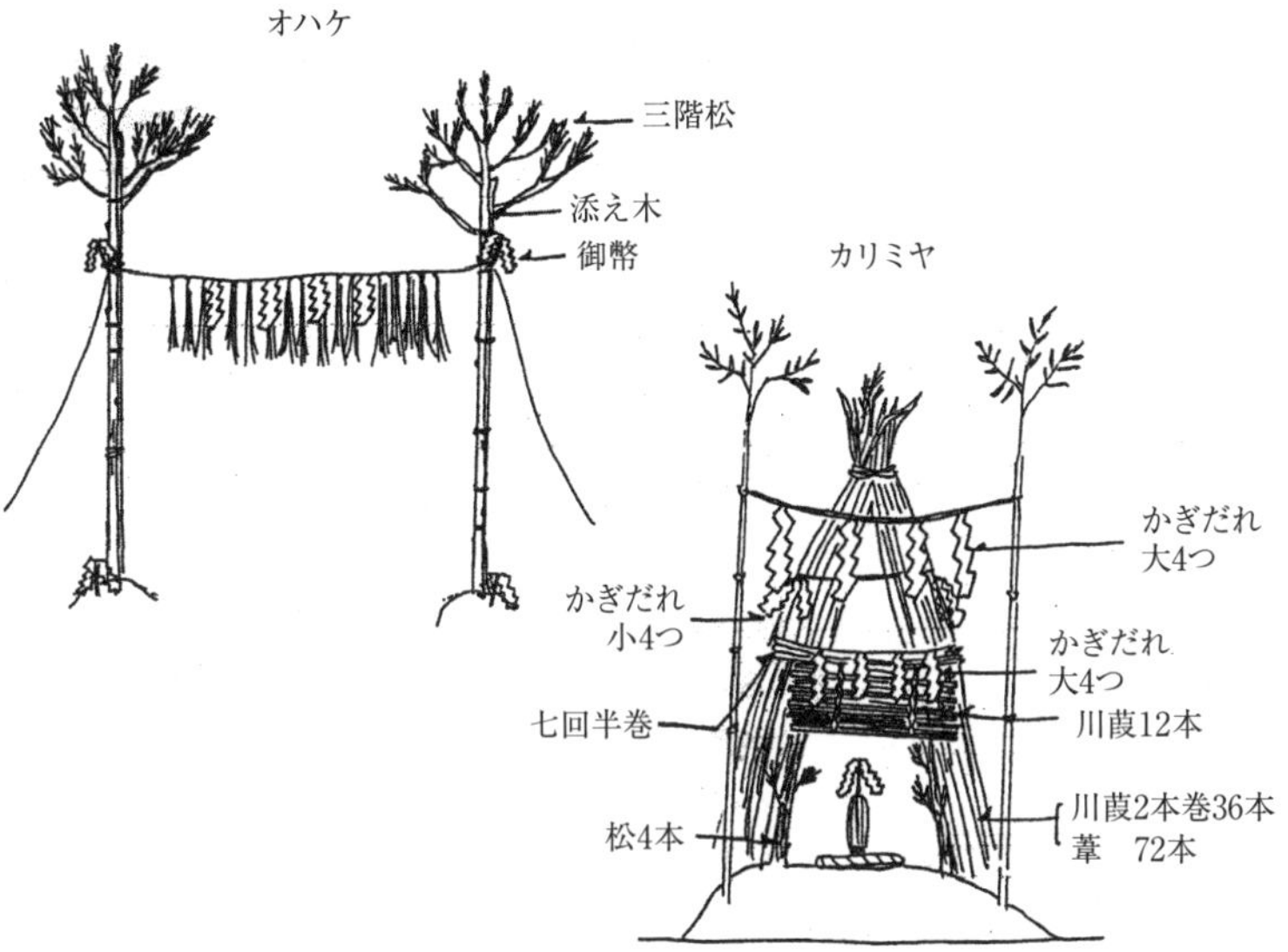

図3　柏崎のトウヤのオハケとカリミヤ

ほど必要になるがトウヤが綯って用意する（図3）。

ウジ神のカリミヤ

トウヤのウジ神の前に、葭と真菰でカリミヤ（分霊）を立てる。

三〇本ほどの真菰と一〇本の葭を束ねて、あらかじめ下の方を揃えて切っておく。葭を混ぜるのは、真菰だけだと柔らかすぎるためコシを出すためである。これを平たく並べて真ん中と上の方を束ねて、囲いのような物を作る。トウヤの敷地内にあるウジ神様の前に小さく土を盛って山を作り、それを囲うようにして編んだ真菰を立てる。そしてその上をもう一度まとめるように注連縄で縛る。土を盛って小高くする。その間に真菰を編んでダンダラボッチを作る。小さな踏み台のような木製箱を使う。一〇分ほどで編み終わり、ウジ神様の土が盛られたところに置かれる。また、トウヤの門では三mほどの竹が二本立てられて、そこに家のまわりをぐるっと一まわりしている注連縄をつなげていく。

昭和三十九年、上宿が当番だった時の記録が残っており、そこには細かく各行事の準備が記されている。屋敷祭の飾りつけの部分を以下に記す。

十一月十五日　屋敷祭リトシテ行フ。

第一当屋敷内ニ氏神様ヲ祭ル。（中略）氏神様ヲ建テル場合ハ清浄ナル土ヲ盛リ揚ゲヲ建テル、男松枝四本ヲ主柱トシテ建立スル。川端ノ葦ノ穂先ノツイテ有ルモノヲ七十二本ヲ刈取リクル。穂首ノ下二三寸位ノ所ヲ二本ヅツヲ藁ニテ結ビツケル。三十六組出来マスカラ四本ノ主柱ヲ×《ママ》ニ囲ム、ソシテ左右ノ七五三縄（しめなわ）ニテ七回半回ス。

出来マシタラ葦ノ穂先ノツイテ居ル葦ニテ適当ニ切リ、二十四本ノ葦ノ穂先ノツイテ居ル物ヲ左右ニ組ミ合セ細縄ニテ十二手ニ編ミ上ゲル。立派ナ前垂ガ出来マス。其レヲ前ニサゲル。ソシテ幣帛立ヲ造ル。幣帛立ハ藁ニテ上図ノ様ニ造ル。出来上ガッタラ前ニ七五三ニテ笹竹ヲ二本立テ両方ニ張ル。氏神様ノ飾リハ終リマスガ此レカラ当屋ノ門先ニおはけ（俗名）ヲ建テル。男松ヲ三階枝ニ切リ取リ高サノ必要ニ応ジテ立ルガ、又予備木モ必要デスカラ松ノ木ヲ斬ル時四本入用デスカラ御注意シテ下サイ。

清浄ナル土ヲ根本ニ盛リテ立テル。建テル場合ハ三階松ト予備木ト笹ノツイテ居ル竹ヲ三本合セテ立テ此レヲ縄ニテ六ヶ所イボニテ縛ル。七ヶ所目ハ七五三縄ニテカベニ結ビツケル。此ノおはけノ七五三縄ハ左右ヲ使ヒ垂ヲ下ゲル。此レカラ七五三ノ端ヨリ屋敷内ヲ七五三縄ヲ回ス。又おはけハ幣立ヲ立テテ幣帛カクシヲ造ル。幣帛立テハ藁ニテ造ル。又幣帛カクシハ藁二十四本ニテ十二手ニ藁ニテ編ム。此レヲおはけノ七五三縄デ結ビ付ケル。

（後略）

以上のように飾りつけたようであるが、細かい違いはあるものの、大方において現状と同じである。

トウヤでの神事

それが終わると、ウジ神様のところに神主と区長、祭典員やトウヤなどが集まり、供物を備え祝詞をあげる。その年（平成十二年）は先月葬式がこの組であったために、その清めのためにお払いの祝詞が唱えられてから、神事に入った。神事の後、お神酒がまわされる。お膳を「ロ」の字型に組み、宮司から始まり二方向から始まる。途中で盃を交叉させて一巡する（時計回り、反時計回り）。この時、片方が早くならないように注ぐ様子を見計らう。

【トウヤ宅での座り方】

	上宿区長	トウヤ	祭典委員
氏子総代　○	○	○	○○○○
神主　☆			
下宿区長　○	○	○	○○○○
	総区長	横町区長	祭典委員

神社での神事

一通り儀式が終わると、近くの素鵞神社での神事を行う。宮司・トウヤ・祭典委員・役員などが移動する。移動には旧道を通る。役員以外の六人ほどが、実際に神社に入る。祝詞奏上のあと、トウヤ宅と同様に二方向からの盃ごとをする。

十一月十五日

十一月十五日は各家のウジ神祭であるが、この日午前中トウヤの家に御幣を貰いに行く。トウヤの家には、あらかじめ神主より柏崎全戸分の御幣が届けられている。

2　祈年祭　二月第三日曜

この日は一年の無事を祈る日で、氏子総代・区長・祭典委員がトウヤの家に集まる。トウヤの家で盃ごとをして神社に向かい、祈念してトウヤに戻ってくる。トウヤのウジ神の脇に祀ってあるカリヤで祈禱して終わる。トウヤと神社での盃ごとは、地祭り同様二方向から始め交叉して終わる。神社にはトウヤは行かない。その年はトウヤの家の木を切るので、木に対する祓いも行った。

3　粽《ちまき》祭り　六月第二日曜

旧五月四日に行われていた。家の中のものをお祓いするという意味を持っている。当日はトウヤ宅で、真菰に餅を包む。粽の準備と同時進行で、トウジメ祭の注連縄も綯っている。真菰は早朝に霞ヶ浦から採ってきた。平成九年までは、一五〇軒全部の家に配ったが、平成十年からトウヤと神社の分だけ作り、他の家には粽の代わりに御札を配った。

粽の作り方は、細切りに切った餅を、三本の真菰の茎で包み、さらに紐で縛る。一つの真菰の長さは約二mくらいで、これを一〇本集めて一つにする。その根本の部分を二段切りにする。できあがったら、神棚の下に置いておく。これは昔から、流行病の予防になるとか、お産が無事に済むとかいい伝えられている。盆の時にも、真菰で粽を作った。

トウヤの家で神事が行われ、床の間には、お供え物と一緒に真菰も供える。神事のあと盃ごとがあるが、地祭りと同様である。家の中の神事が終わると氏神脇のお仮屋に菖蒲を供えて終わる。

昭和三十九年のメモには次のように記してある。

五月四日　粽祭

コノ日ハ餅ヲ搗キ適当ニ平ニシテ置キソレカラ清浄ナル真菰ヲ刈取リコレヲ綺麗ニサク。真菰ヲ逆手ニ持チ細引ニ切ッタ餅ヲ二三本ノ真菰デ包ンデ藁ミゴデ三ヶ所ヅツ縛リツケル。此レヲ拾本集メテ一ケガ出来アガルガ拾本ヲ結ビツケテ根本ヲ二段切リニスル。（中略）出来揚ガッタラ部落へ戸別配ル。

4　トウジメ祭　六月第四日曜

祇園祭のために宿通りの上・下二か所、公民館の近くと霞ヶ浦の岸（お仮屋を立てる場所）に注連縄を張った松を二本立て、その二か所の路上で七度半の儀礼を行う。当家の組により、霞ヶ浦（カワという）に注連を立てる。公民館の近くにも注連を立てる。この松は近くの山から朝早く採ってきたものだ。

昭和三十九年のメモには、簡単に以下のように記されている。

六月三十日　当七五三祭

当七五三祭ハ御仮屋ヲ建ル所ヲ中心ニシテ上卜下へ御はけヲ建ル。此ノ当七五三ハ拾一月十五日ニ当屋ノ門前ニ建タおはけト同様デス。又当屋ノ床ノ間ニ竹笹ノツイタ竹ニ幣帛立ヲツケ右七五三ヲ張ル。（後略）

トウヤでの祭り

朝十時頃、参加者は当家に集まりジョウイ（浄衣）を着る。神主、トウドノを務める子供、その子供の父親も集まる。トウドノは六歳以下の男の子の役目で、当番町内から選ばれる。該当する子供がいない時には、近くの町内、あるいはトウヤの親戚の子供から選出する。平成九年までは二人のトウドノを立てたが、子供が少なくなり、平成十二年からは一人のトウドノである。全員揃ったら一度トウヤの中に入り、神事・盃ごとをする。盃ごとの順は二方向で始め、途中交叉させる地祭り等と同じである。供え物も大根二本で同じであるが、この日は白米の代わりに黄色の玄米が供えられ、床の間に注連が張られている。その後、供え物などを持ってお仮屋へ出発する。お仮屋への道は決まっていて、昔の道を通る。

湖岸での七度半

湖岸の注連を張ったお仮屋を立てる場所に着くと、ゴザを敷き、供え物を置き、その前に神主・宮司が座る。その向かい側にトウドノとその父親、道の両脇に氏子総代・区長・トウヤが座っている。ここで神主による神事が行われる。神主は二人いるが、まず、一人の神主がもう一人の宮司にお祓いをする。それから霞ヶ浦に向かってお祓いをし、最後に参加者にお祓いをする。

写真3　柏崎素鵞神社の七度半儀礼(神主と稚児)

写真4　柏崎素鵞神社の七度半儀礼(大幣)

七度半

次に七度半が宿通りの路上で行われる。トウドノが道の上、神主と宮司が湖岸のオハケを背に座り、神主と向き合う二〇m先に道の真ん中に子供とその父親が座る。道の両側に氏子総代・区長・トウヤが座る(写真3)。大幣役の二人がお神酒と杉の葉の瓶を載せた高足の台を持ち、神主とトウドノの間を七回半、対角線上に走る。神主の前で一礼をして走り、トウドノの前でも一礼をする。そこで二人は入れ代わり、神主のところへ戻る。七回半走り終えると、供え物を戻し、神主と宮司に酒を注ぐ。

つづいて大幣役は、一人が盆に盛った玄米を持ち、一人が大根・昆布の供え物を持ち、同じように七回半行き来する（写真4）。次に供え物の台ごと持ってトウドノのところへ行き、トウドノとその父親に酒を注ぐ。それから道の両脇に座っている氏子総代・区長・トウヤに酒を注ぎ、最後に二人が神主よりお神酒をいただく。同じようにして盆に盛った玄米を食べてもらう。その後、酒はまわりにいる参加者にもふるまわれ、玄米を全員で食べて七度半の儀礼は終わる。

【七度半の座り方】

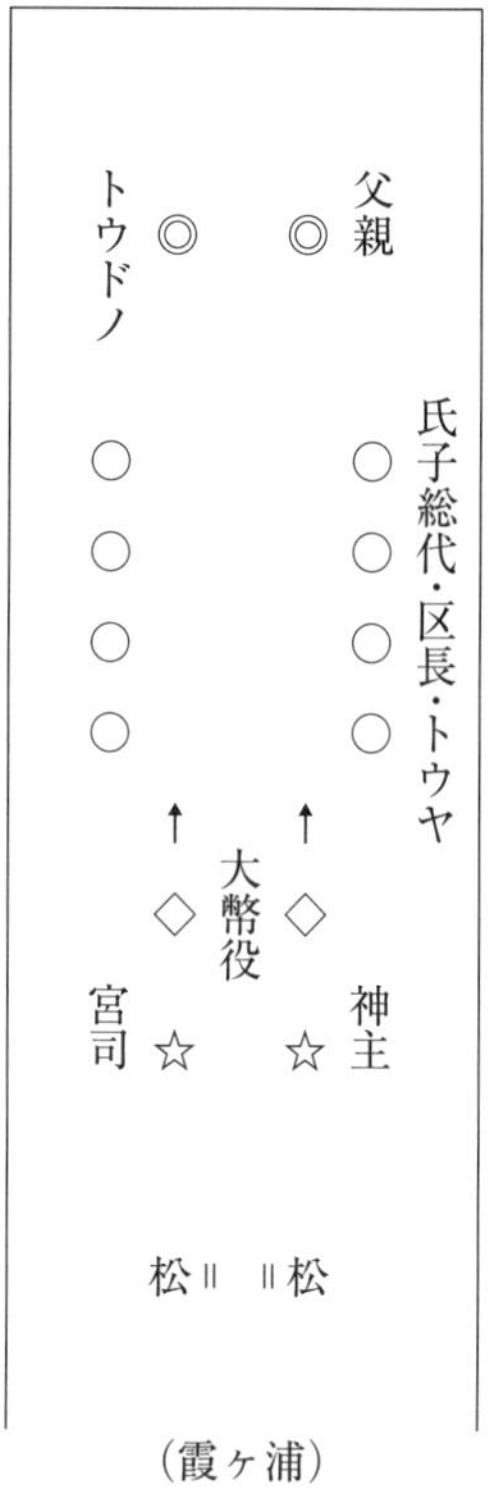

次に公民館近くの注連の張られた場所に移動し、ここで同じように七度半が行われる。向きは逆になり、神社を背にして神主が上、トウドノが下に座り、霞ヶ浦に向かって行う。七度半が終わると、神社の拝殿の中に移動し、神主による神事が行われる。

儀式はこれで終わり、参加者はトウヤに戻り直会となる。

三　祇園祭　七月第二または第三の土曜・日曜・月曜

1　宵祇園

お浜降りのお仮屋

早朝五時頃からお仮屋班八人で作業が始まる。六×六m四方のお仮屋を立てる場所に浄めのための赤土を敷いておく。神社脇の倉庫から建築材（釘などを使わないため毎年使われる）を霞ヶ浦のそばへ軽トラックで運ぶ。柱には「左マイ（前）」「右マイ（前）」などと書かれており、間違わないようになっている。中段に神輿を置くように柱が組んである。

葭と真菰を使って、神輿の下に敷く敷き物を編んでゆく。葭を編み込むのは真菰だけではコシが弱いためである。それぞれを根と穂先を互い違いにして、三本ずつ束ねて注連縄で編んでゆく。編み終わると、お仮屋の中段にそれを敷き、その上に載せる神輿がけがれないようにする。それが終わると、お仮屋のまわりを地面から四〇㎝のところに注連縄で七回半巻いてゆく。幕を張り、提灯をつけて注連縄飾りで飾りつけする。素鵞神社と書かれた幟を二本正面の両脇に立て完成する。

細い竹と太い竹を組み合わせて松を立て、注連を張る。注連の上部には幣束がつけられる。地面のところには、赤土が小さく盛られて御幣をたててお仮屋作りは作業終了する。

昭和三十九年のメモには以下のように記されている。

七月拾一日　神社大祭

第一ニ御仮屋ヲ建ル。其ノ場所ハ清浄ナル土ヲ盛リ揚ゲ基礎ヲ造リ其ノ上ニ御仮屋ヲ建ル。御神輿ノ鎮座マシマス所ナレバ真菰ト竹デ組ミ合セタル布団用ノモノヲ敷ク。御仮屋ノ周囲ニ幕ヲ張リ回シ幕ノ外側へ左右ノ七五三縄ヲ七巻半ヲ巻ク。又仮屋前ニ竹笹ノツイタ竹ヲ両方ニ立テ左右ノ垂ノツイタル七五三ヲ張ル。竹ヲ立テル場合ハ予備木ヲ立テルカラ此ノ場合モ幣帛立モ造リ必ズ七ヶ所縛ル。又当屋ト仮屋ト鳥居ニ幟ヲ立ル。本田ヤ拝殿鳥居等々ニハ何レモ七五三ヲ張ル。御手洗ニハ御祓ノ場所ナノデ清浄ナル土ヲ盛リ竹笹ノツイテイル竹ニテ四方へ立テ七五三ヲ張リ回シテ御手洗ハ清浄ニシテ置ク。（後略）

神社の幟立て・神輿の飾りつけ

お仮屋を組み立てている間に、神社では幟立てや神輿の飾りつけが行われている。幟立ては、現在はクレーンで長さ八mほどの長さの大幟を立てる。まず幟のさおの上に笹をつけ、それを縄で曲げるようにして留め、クレーンの力を借りながら幟を立てる。神輿の飾りつけは氏子総代の四人が神社の拝殿で行う。

屋台の飾りつけ

お仮屋班がお仮屋を作り終えると、神社に移動して屋台の手伝いをする。屋台の屋根をふく作業をする。電球や提灯(下宿と書いてある提灯)を取りつけ終えると、いったん作業を中断し各家に戻り休憩をとる。

この屋台は昭和五十八年に再建され、木製の車輪をタイヤに換えたほかは、ほとんど以前の部品を使っている。この屋台の特徴は、上部が三六〇度回転することである。大きさは高さ約二・五m、縦四m、横二mの、かなり大きなもので、装飾も、金太郎や天女といった凝った細工が取りつけられている。また、この屋台は女屋台といい、黒い塗装で屋根の縁には金メッキがされており、華やかさを演出している。

トウヤでの準備と神事

小一時間、各家で休んだ後、午前十時頃、家の主人たちがトウヤの家に集まり、白いジョウイ(浄衣)を纏う。竹の節穴にわらを詰めた棒を四本作る(長さ一五〇㎝)。これは、神輿の担ぎ手が持つもので、神輿を地面に置かないように、四本の竹でつっかえ棒のようにして神輿を支える。天狗役の人もトウヤでその衣装に着替える。天狗役は、茶系の着物に袴、二本歯の高下駄を履き、鼻高の天狗面を被る。

トウヤの家の床の間には、すでに供え物がされている。供え物の台には、榊・祝詞などが載せられ、その下に麻糸と扇四本が備えられている。また、竹に御幣をつけた注連が立ててある。

トウヤにて、神主、氏子総代、区長、祭典委員、トウヤ、天狗、祭典役員、神輿の担ぎ手が集まり、例のごとく盃ごとをする。それが終わると、担ぎ手に烏帽子が渡され、神主が榊を手に、役員は供え物を手に、みんなで神社へ移動する。行列の順は、神主、供え物を持った役員、天狗、氏子総代、区長、祭典委員、トウヤ、担ぎ手(四人)である。

神社での神事

神社では拝殿に神輿が置かれているが、そのまわりにトウヤから来た一行が座り、御霊《みたま》入れを行う。それが終わると神輿を出す。神主が太鼓をたたき出発する。次のような行列になって神社からトウヤの家に向かう。

行列の順

神社からトウヤの家に向かう順番は、以下の通りである。

大太鼓　　　　二人　浄衣
鼻天狗　　　　一人　茶の衣　高下駄、白鉢巻き、鉾を持つ。
当番区長　　　一人　背広

氏子総代　四人　羽織
トウドノ　一人　ゆかた　鈴を持つ。
賽銭箱　一人　浄衣　賽銭箱を持つ。
供え物（御神穀《おみこく》）　一人　浄衣　升に白米を盛り盆に載せて持つ。
大傘　一人　浄衣　日除け傘を閉じたまま持つ。
大幣　二人　浄衣　大きな幣束と杉の葉を入れた瓶を持つ。
大薙刀　一人　浄衣　長刀を持つ。
槍　一人　浄衣　鉾状の槍を持つ。
大太刀　一人　浄衣　大きな木刀を持つ。
大柄杓　一人　浄衣　オハマオリの水汲み用柄杓を持つ。
神輿　四人　浄衣　烏帽子を被り竹杖を持つ。

神社から霞ヶ浦に延びる宿通りには、結界の意味を持つ注連縄が張られており、それを天狗が矛で切る。また、トウヤの門のところに新嘗祭以来張られている注連縄も切り、神輿は床の間の座敷に安置する。

トウヤでの神輿のしつらえと神事

トウヤの家の中にはすでに神輿用の木の枠が置いてあり、その上に置く。祭典員や神主が神輿に麻で榊と御幣を結びつける。一辺に二か所、合計八か所結んでゆく。ここにも以下のようなお供え物がされる。半紙に包まれた杉、酒、大根、玄米。先ほどの白米が玄米に替わっている。

ハクセン（白扇）を二本ずつ神輿の正面と後ろに交叉させて置く。大幣と御幣を正面に置く。稲穂は穂と根の部分を互い違いにして半紙で巻いて麻で結ぶ。それは神輿の上についている鳳凰のくちばしにとりつける。
　神輿の準備が終わると、役員たちがトウヤの家に入り席につく。この時よりトウドノ(子供)が参加する。神主が祝詞をよみあげ、そのあと一人一人が御輿の前で礼拝する。トウドノが拝む時には、鈴を持たされるが特に鳴らしたりはしない。再び、お神酒がふるまわれる。この時も二方向にまわされ途中交叉する。庭で待っている関係者にもふるまわれる。

お浜降り

トウヤでの神事ののち、皆で湖岸のお仮屋に移動する。神輿の担ぎ手は片手に竹の棒を持ち、子供は五十鈴を持つ。ゴザや賽銭箱も持って行きオカリヤの前に置く。
　神輿に湖の水をかけ、お浜降りとする。柄杓を持った人が湖の水を汲みに行く。湖岸に堤防ができたため堤防を越えて水を汲みに行く。この間もずっと太鼓はたたき続ける。柄杓の水は神主に手渡されて、御輿の左・右・後ろの順に三回に分けてかける。終わると扇を神輿からはずすが、かつてはこのハクセン(白扇)の奪い合いがあった。

七度半の儀礼

お浜降りのあと、トウジメの時と同様に七度半の儀礼が行われる。ゴザはお仮屋の前に敷かれ、道の両脇には椅子が置かれる。平成十年までは役員たちも道端にシートを敷いてそこに座っていたが、平成十一年からは椅子に替わった。
　神輿はお仮屋のまわりを右方向に二回半まわり、中段に入れられる。賽銭箱や天狗様の面、太刀や竹の棒を神輿の前に備え付ける。ゴザはお仮屋の前に敷かれ、その上に供え物が置かれ、神主が座り、礼をする。

屋台囃子・踊り

屋台は青年会が曳き、囃子や踊りは保存会が行う。午後三時半に再び神社に役員や子供たちが集まり、お囃子の太鼓を山車に載せる。地元の子供たち(小学二年生から高校一年生まで)はハチマキを締め、大人はハッピや襷をし、足袋をはく。電飾がつけられ、お囃子をする。お囃子保存会の子供たちが集まる。すでに衣装を着ており、袴の子供や、振り袖、白い袴の子供がいる。それぞれ、ひょっとこ・おかめ・キツネの役をする。

囃子は石岡の三村から教わったといわれ、玉里・柏崎・三村は同じだといわれている。さらに三村は行方から教わったと聞くが、詳しいことはわからない。

昔は大人がひょっとこ踊りをしていたが、子供になったのは平成十二年ころからである。囃子は笛一人、大太鼓一人、小太鼓二人、鉦一人、踊り手(子供)八人で、一軒ごとに山車がまわり、屋台が家の門のほうを向いて子供がひょっとこ踊りする。その間に奉納金を受け取り、家ごとにお酒が湯飲みでふるまわれる。奉納金の金額と家の名前が紙に書かれ、山車のまわりに張られる。右折するところまで来ると、山車は景気づけにぐるぐると六回ほど回転する。だいたいの家一軒一軒をまわってゆき、午後七時頃までまわる。屋台はお仮屋の側にとめておく。岩坪境の横町入口や崎浜のお仮屋前で子供たちが花笠踊りや八木節踊りを踊る。お仮屋では当番町が交替で寝ずの番をする。

翌日の本祇園の時も各家をまわり、夕方にお仮屋に着き、神輿について神社に向かう。

2　本祇園

トウヤにて

午前六時半頃に、トウヤに役員が集まってジョウイを着る。宮司と向き合うようにして、天狗が座り、盃ごとを行う。

【トウヤでの座り方】

下宿氏子総代　上宿総代　当番区長　トウヤ
○　○　○　○・・・・
宮司　☆　　　　　　　　　◎天狗
○　○　○　○・・・・
横町総代　先浜総代　トウドノ　トウドノの親

行列

氏子総代は羽織袴で正装している。外ではそれぞれの区長が、提灯を持って待っている。氏子総代・トウヤも提灯を手に持って、お仮屋まで行く。宮司は神輿に置いておいた榊を出して、天狗に渡す。そこでは宮司が太鼓をたたき、お祓いをする。お祓いの順番は、総区長・氏子総代、最後に下宿区長とトウヤで、区長とトウヤは一緒にお祓いをする。お仮屋から大幣・賽銭箱と神輿を取り出す。そして神輿に提灯をつけて出発する。行列は、太鼓・神輿・宮司・稚児・大幣・大傘の順である。

お仮屋から神社までの道のりでは、各家から行列に振る舞いが行われる。神輿の行列の後ろからは、山車もついていくが遅れがちである。道沿いの家では、ビールやおにぎり・焼き鳥などがふるまわれる。山車を曳いている子供にはスイカがふるまわれる。

山車は、車輪の上の舞台が回転する仕組みになっているので、各家の正面を向いてお囃子を披露する。神輿だけで先に鳥居をくぐり、神社へ入る。

神社への到着

神輿が拝殿に到着すると、二人の大幣が反対方向へ走って拝殿のまわりを七回半まわる。大幣は二つを組み合わせて終わるが、その後、神輿は拝殿のまわりを三回まわり、本殿の中に神輿を入れる。その時、稚児の鈴、天狗の面も返す。

トウヤ渡し

真ん中の三方に盃と徳利が置いてあり、本殿を背にして宮司、右隣に次期トウヤの氏子総代、左隣に現トウヤの氏子総代、その隣に総区長、盃と徳利の台の両脇に他地区の氏子総代、本殿向かって右に現トウヤの区長、向かって左に次期トウヤの区長が座っている。両脇の氏子総代が徳利を持って、現トウヤの区長に「オバンズ」という白く濁ったお酒を注ぐ。それぞれ飲み終えると、トウヤは次期トウヤへ、区長は次期区長へと盃を渡す。飲み終えるとみんなで手を打って終わる。次期トウヤの区長は拝殿から出て、持ってきた提灯に火をつけて帰っていく。その間、宮司は太鼓をたたいている。「オバンズ」は拝殿の外にいる人たちにもふるまわれる。その頃、山車が境内に入ってきて、最後のお囃子をしている。

【トウヤ渡しの座り方】

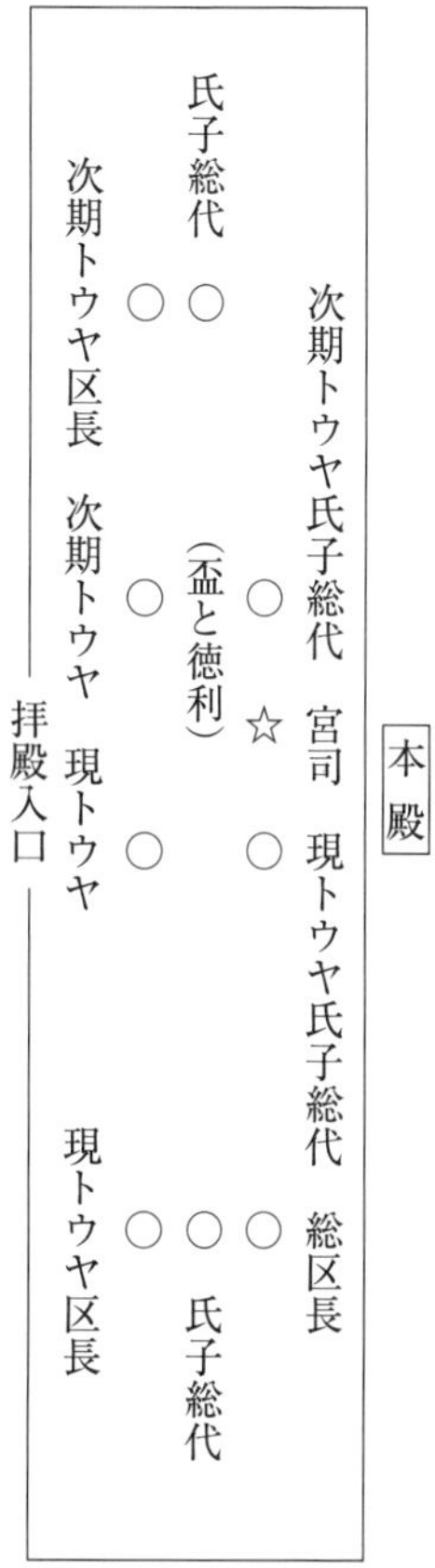

3　津島祇園

次の日の月曜日は、神社の脇宮である津島様の祭りで、真菰で作った鳳凰を湖のお仮屋へ運び、お浜降りの後、夕方神社に戻す。行事は青年団を中心に行われる。戦前、青年団は十六歳から二十五歳の人が入っていて小学校(現公民館)に本部を置いていた。

鳳凰作り

朝五時頃から、屋台・御輿などの後片づけを神社の境内で始める。片づけが終わると、真菰で鳳凰を作り始める。

写真5　柏崎素鵞神社の津島祇園の鳳凰

真菰を束ね縄で巻きながら鳳凰が飛び立つような姿に仕上げる。鳳凰の首の部分は細くするため真菰を切り、胴体の部分は太くするため真菰の量を増やすなど調節しながら作っていく。胴体は巻き縄で形をとり、羽は真菰で作る、くちばしに根のついた稲の束をくわえさせる。その鳳凰を真菰と竹で作った神輿に載せる。縦に細く切った竹と、太めの竹を組み合わせ、神輿の骨組を作る(横二六三cm・縦八四cm)。骨組ができあがると、真菰を編んだものを神輿の底の部分に敷く。神輿の中にできあがったサンダラボッチに幣足を刺したものを入れ、御神体とする。そして、神輿のまわりを縄で七度半まわして張る。鳳凰を神輿の上に載せ、竹で担げるように固定して完成である(写真5)。

マンドウ作り

細く切った竹に、一枚を四分の一くらいの正方形に切った色紙を、シュロの葉を裂いたもので縛りつける。色紙の中央には穴をあけ、二枚重ねてその中央に紐を通す。これを五〇本くらい作り、竹の先に藁を巻いたものに刺す。これをマンドウという。

お浜降り

すべてが完成すると拝殿の前へ持っていく。区長が榊でお祓いをし、参加者に酒がふるまわれる。その後、太鼓をたたきながらお仮屋へ出発する。前に神輿、その後にマンドウを刺した竹を持った人が歩く。お仮屋に着くまでに、外に出てきた人たちにマンドウを配る。お仮屋に着くと神輿を置き、参加者にはマンドウが配られる。ここで一度解散する。午前九時頃から公民館で宴会が始まる。

トウヤの受け渡し

午前十時頃、区長・トウヤらが来年のトウヤの家に行き、トウヤの受け渡しが行われる。ジョウイなどを持っていく。来年のトウヤの家に入り、今年のトウヤと来年のトウヤが向かい合うようにして座り、目録をみせ、説明をする。盃などを受け渡す。

【トウヤの受け渡しの座り方】

来年の区長 ○	来年のトウヤ ○
今年のトウヤ ○	今年の区長 ○

鳳凰の還御

午後七時頃、再び公民館に集まって、お仮屋へ行く。お仮屋に電気を灯し、囃子の演奏を始める。同時に酒をふるまう。八時頃、抽選が始まる（一等：ジュースか醬油、二等：トイレットペーパー）。八時過ぎには踊り（花笠踊り・八木節踊り）や囃子が終わり、客は帰っていく。先導の太鼓をたたき始めて鳳凰の御輿が神社へ出発する。拝殿前に到着後、すぐに津島神社脇の斜面へ持っていき、鳳凰を納めて終わる。

平成二十三年の変化

平成二十三年に再度祇園祭に立ち会った際、大きな変化が生じていた。トウヤ祭祀をやめてしまい。トウヤに立てられていた真菰のカリミヤは、湖岸の木枠で立てられたお仮屋の後ろ（湖岸側）に立てられていた。カリミヤとお仮屋が二つ重なって立てられることになった。トウヤで行われた神事はすべて公民館で行われるようになった。また神輿の担ぎ手が少なくなって担げなくなったため、神輿車に載せて曳くようになっていた。

第2節　加茂崎浜神社　『加茂地区の民俗』（平成二十一年（二〇〇九）刊）所載

一　概要

加茂村は内加茂・川尻・松本・御殿《ごてん》・田宿・崎浜・平川・赤塚の八集落からなるが、川尻・松本・御殿・田宿・崎浜・平川の氏神社は、崎浜にある八坂神社である（以下、崎浜神社）。内加茂には香取神社、赤塚には八坂神社がある。赤塚にも祇園祭がある。崎浜神社の当番は六集落共同の祭りのため、六年に一度まわってくる。順番は、川尻―松本―御殿―田宿―崎浜―平川の順である。また、各集落にも神社があり祭礼（マチ）が行われ、トウヤ制である。氏子総代は各集落にいるが、そのなかから崎浜神社の大総代が出る。任期は二年である。

祭礼調査は、平成十一年の川尻が当番の時と、平成十九年の御殿が当番の時、平成二十年の田宿が当番の時にしている。

トウヤ

トウヤもしくはトウケという。その年の神役の家のことで、その家の主人が役にあたり、「天王様」と呼ばれる。当番集落のなかでまだトウヤにあたっていない家で籤引きをする。川尻では籤には二つ印があり、◎がトウヤ、○がシタドウになる。シタドウとは、トウヤに不幸があった場合に代わりにトウヤを務める。御殿の例では籤を引かなくても、今まであたっていない家が名乗りを挙げれば、そこで決まった。六集落をまわり、なかの一軒ごとにトウヤをするので、約二〇軒の集落だと、一二〇年に一回トウヤがまわってくることになる。

写真６　加茂崎浜神社のトウヤの禊

ギョウ（水行）

祭り当日までの一週間、一日三回、朝・昼・晩にトウヤは、白地の着物、白い鉢巻き、麻でできた紐（マガダマ）を首に掛け、草履を履き、青竹を持ち、禊場に通い、湖水で身を清める。これを水行とかギョウ・ミソギといっている。マガタマといわれるものは麻の紐である。マガダマを首に掛けた時点でしゃべってはいけないとされ、口に半紙をくわえる。青竹は、前を横切る人を追い払うためのものとされている。現在では、朝・晩の二回湖畔におりて水で手を洗う程度であるが、禊場のトウジメの竹の脇（袖）には衣を掛けられるようになっており、かつては衣服を脱いで禊をしたと思われる(写真6)。禊場は水神の祀られているところで、水辺に竹が立てられ、葦が払われている。禊場へは昔は歩いて往復したが、遠い集落は現在自動車で行く。崎浜神社にまず参詣し、本殿のまわりを三回まわり、土手道沿いに禊場に行く。昔、ギョウに行く途中のトウヤを不審に思い、駐在の巡査が呼び止めたところ、トウヤは無言の行を守らなければならないので、やむをえず巡査を青竹で払ったという笑い話が伝わっている。

コモリヤ

トウジメの日に、トウヤの家の奥の床の間がある部屋にコモリヤを作る。コモリヤは床の間のある部屋に作る。四面を竹の格子で囲い一面に出入口を設ける。大きさは一間×二間弱で、高さは一間強で、蒲団を敷いて中で寝ることができる(写真7)。竹はその年に生えた新竹を使う。御殿では竹に真菰を巻きつけ、一見真菰のコモリヤのようにみえる。トウヤはトウジメより本祭りまでの七日間、寝る時はこのコモリヤで寝る。川尻ではコモリヤの入口に手ぬぐいを掛けておく。このコモリヤの中には、女性は入れず、昔はカヤの中で別火の自炊をしていた。火を別にすることは最近まで行われ、トウヤ本人のお茶やご飯は、家族とは別のコンロ等を使用した。御神体は、トウジメの日に神棚からコモリヤを作った部屋の床の間に祀られる。コモリヤは本祭りの朝に崩される。

オハケ

家の中に、疫病神が入ってこないようにするために、トウヤの家の庭にトウジメの日にオハケを作る。オハケは真菰で作る草の社《やしろ》のようなもので、オハケの中には霞ヶ浦から持ってきた砂を敷き、御幣を立てる(写真8)。水行に行く時などに一礼して出かける。高さは約二m、真菰・葭・竹・麻が使われている。オハケは本祭りの日の最後の宴会の時、暗くなってから、集落の人二人が皆に知られないように、取り壊して崎浜神社の裏に捨てに行く。

写真７　加茂崎浜神社のトウヤの家に設けられたコモリヤ

写真８　加茂崎浜神社のトウヤの家のオハケ

お仮屋

昔、祭りは二日間であり、七月二十七日（第四土曜）を宵祇園、二十八日（第四日曜）を本祇園といった。神社を出た神輿は定められた道を通り、当番集落に至り、一晩お仮屋に安置された。集落の人はそこにお参りに行った。お仮屋の場所は集落ごとに決まっていた。御殿が当番の時、神輿の通り道であった松本の集落では、幟を立てて神輿を迎えた。

翌日の二十八日午後、神輿は当番の集落のお仮屋から、その集落の家々をまわり、決まった立ち寄り所に寄りながら神社へと戻る。立ち寄り所は、若衆の世話人二人の家、氏子総代・区長・トウヤ宅である。

二　トウジメ

七月二十日がトウジメの日であったが、現在では一週間前の日曜か祭日に行っている。神社、各集落の境、トウヤの家に注連縄を張る。御殿では御殿集落の宿通りの東と西の入口、トウヤの家、崎浜にある水行場、神社本殿前、神社井戸、お浜降りの場所の各所である。神社の鳥居前・崎浜の村境である田宿境と貝塚前は、崎浜の若衆がトウジメを立てる。また当番集落は崎浜神社鳥居の太い注連縄の架け替えを行う。

三　本祇園

七月二十七日、朝八時にトウヤ宅に集まる。川尻が当番の時は、家の中には細長くテーブルが設置してあり、上座には区長が座り、次いでトウヤ・氏子総代が座る。お金を集め、区長が、その後トウヤが皆にお酒を注ぐ。お酒を注ぐ順番は、下座の奥側から上座へ行き、そして手前を通って戻り、席を一周する。八時半頃、神社へ行く。その時、トウヤの両隣(両近所という)の、サキバライと呼ばれる二人が竹を持ち、先頭に立つ。その後ろをトウヤ・氏子総代・区長の三人が歩く。神社までの移動の間、トウヤはしゃべってはいけない。その間に他の人たちは、車などで神社へ移動する。

田宿では御神体に拝礼し、トウヤが崎浜神社用の神棚から御神体をおろし、氏子総代が、吊り下げていた紐を切る。崎浜神社では朝六時、崎浜の人によって鳥居脇に幟幡が立てられる。御殿・田宿の時は車で崎浜神社に集まり、十時三十分頃から神事を始める。

宮司の太鼓があり、祓い・祝詞ののち、加茂地区六集落の区長・氏子総代の役員が祈禱をする。区長・氏子総代は紋付の黒羽織りである。その後、当番町会が本殿に祀られていた神輿を拝殿に出して飾りつけをする。崎浜神社では神輿そのものが御神体である。その間、宮司は本殿と拝殿の廊下のところでボンデン（梵天）にその年の和紙を巻きつける。ボンデンとは、生紙で作られた「かきだれ」を一年に一枚ずつ結びつけたもので、「ホテ」ともいう。何枚あるかはわからないが、毎年巻き加えられる和紙により、一抱えもある太さになっている。このボンデンは神輿巡行の際、トウヤが抱えて神輿の先に立つ。御殿と松本には太鼓と竹をたたく独特の子供囃子があり、この神事の時から囃子が始まっている。もとは山車であったが、現在は軽トラックに乗せて神輿の巡行に付いていく。神輿を飾りつけている間、六地区の役員は飲食をする。弁当にてんぷら、カツオの刺身である。祇園祭にはカツオを出す。当番集落は神輿の飾りつけの後は昼飯で、境内にゴザを敷き、赤飯の握り飯を食べる。

午後二時、神輿を出すための神事が始まる。当番集落の氏子総代・トウヤ・区長の三人が玉串奉奠を行う。その後全員で三本締めの拍手をし、一人一人御幣をいただきそれを背中に挿す。二時半頃、神輿の行列が出発する。神輿は若い衆六人で担ぐ。各人が竹を持つ。トウヤはボンデンを抱えて歩く。その時、本殿では火打石でチャキチャキと火が切られる。このことから「チャキチャキ祇園」といわれた。

供え物

神殿への供え物は二列で、奥に三つ、手前に三つの計六つである。奥のほうは米で、左から、餅米・白米・玄米であり、手前のほうは左から、するめ・大根・メロンである。

行列の順番・服装

1　太鼓　二人で担ぐ。

2　天狗　薙刀《なぎなた》を持ち、白丁の着物を着て天狗の面をつける。一本歯の下駄を履いて歩く。実際には歩きにくいので手に持つこともある。

3　高張り提灯　二人が持つ。

4　露払い　サキマタ(物干しぐらいの長さで先が三つに割れている)を持つ。

5　天王さま　トウヤのことで白い鉢巻をして白丁の着物を着る。口に半紙をくわえている。マガタマという麻の紐をかけボンテンを持つ。

6　神輿　若衆が担ぐ。青の法被に白袴で鉢巻をする。青竹を杖にするが、途中休む時は神輿を下ろすことはせず、竹を支えにして倒れないようにする。

7　神主

8　氏子総代・区長　黒の夏羽織と白の浴衣。

9　囃子の車　子供ではっぴ姿。

お浜降り

神輿の行列は、途中で水をかけられたり、お祓いをして寄付金を受けたりして、一、二度休みをとりながら、午後三時頃、蓮田の中にあるお浜降りの場所に着く。

お浜降りの場所は、昔のエンマといわれる舟溜りのあった場所で、霞ヶ浦の湖岸であった。埋め立てにより現在は蓮田の中になってしまい、湖岸からも五〇〇mほど離れてしまった。いったん、その場所の手前で止まり、担ぎ手たちが神輿を七回まわす。御殿・田宿の当番の時には行わなかった。神輿を置くと、神主が三回神輿に水をかけ潔める。現在その水は、蓮田の用水から汲む。そして、再び担いで、神社へ引き返していく。

神輿の帰還

神社に戻った神輿は、拝殿のまわりを右回りに七回半まわる。この時、大太鼓がたたかれ、火打ち石が打たれる。終わると神輿は拝殿の前で止まり、その時、神輿の下を女・子供がくぐる。これは厄除けになるといわれる。その後、拝殿にあげられる。

トウ渡し

拝殿に入ってから神主の祝詞のあと、氏子大総代の立会いのもと、トウ渡しが行われる。神主の前に今年のトウヤ・氏子総代・区長、来年のトウヤ・氏子総代・区長が歩み出て座る。氏子大総代が榊を供え、次に今年の当番の人々、続いて来年のトウヤの人というように榊を供える。神主から来年のトウヤに半紙が渡され、それを口にくわえて御神体を今年のトウヤから来年のトウヤへと手渡す。その後、今年の当番から来年の当番の人というように盃をまわし、拍手でしめる。今年のトウヤは鉢巻き・麻の紐を神主に返し、背中に挿したみんなの御幣が回収される。竹を持った二人を先頭に、来年のトウヤは半紙を口にくわえたまま御神体を抱えて家に持ち帰る。今年のトウヤは鳥居のところまで送り、くぐる時に新トウヤの肩を叩く。これでトウ渡しは終わる。

次のトウヤの家

次の当番集落のトウヤは、そのまま役員とともにトウヤの家に戻り、御神体を神棚に安置する。家の神棚とは別に、崎浜神社の神棚は、あらかじめ竹と縄で梁の上に設けられている。平成二十年の田宿のトウヤの家は、たまたまこの年、田宿の氏神である天神のトウヤの順番もまわってきており、室内にもう一基、天神の神棚も設けられていた。そのため神役は、父親が八坂神社のトウヤ、長男が天神のトウヤを受けることになった。

七度半の水ごり

神輿を奉納した後、神輿を担いだ人が拝殿と鳥居近くの井戸の間を七度半往復し、水をかけ身を清める。井戸は使えないので、水を汲んできて置いておく。七回往復したあと、本殿前のトウジメのところまで行って半回とし、終わりになる。これが七度半の半回分にあたる。ここで礼をして拍手をして祭事は終わる。

オハケの処置

当番集落は集落に帰り、公民館で祝宴を開く。その間にオハケはとりはらわれ、崎浜神社に捨てに行く。

第3節　牛渡有河　八坂神社　『牛渡とその周辺の民俗』（平成二十三年（二〇一一）刊）所載

一　概要

有河《あるが》は霞ヶ浦四十八津の一つであり、一ノ瀬川の河口にある中世からの港であった。出島地区内部の材木の積み出し港で、材木問屋や材木商があった。明治二十二年（一八八九）に牛渡《うしわた》村に合併し、川を挟んで西岸は牛渡村有河に、東岸は坂村有河になった。両岸に八坂神社がある（坂有河八坂神社は後述）。牛渡有河は牛渡村柳梅《やなめ》に隣接しており、牛渡有河の八坂神社は、有河と柳梅を氏子として祭礼を行っている。

祇園祭は現在七月の第三土曜・日曜に行われるが、平成十六年までは七月二十五日・二十六日に行っていた。初日を宵宮、二日目を本宮と呼ぶ。

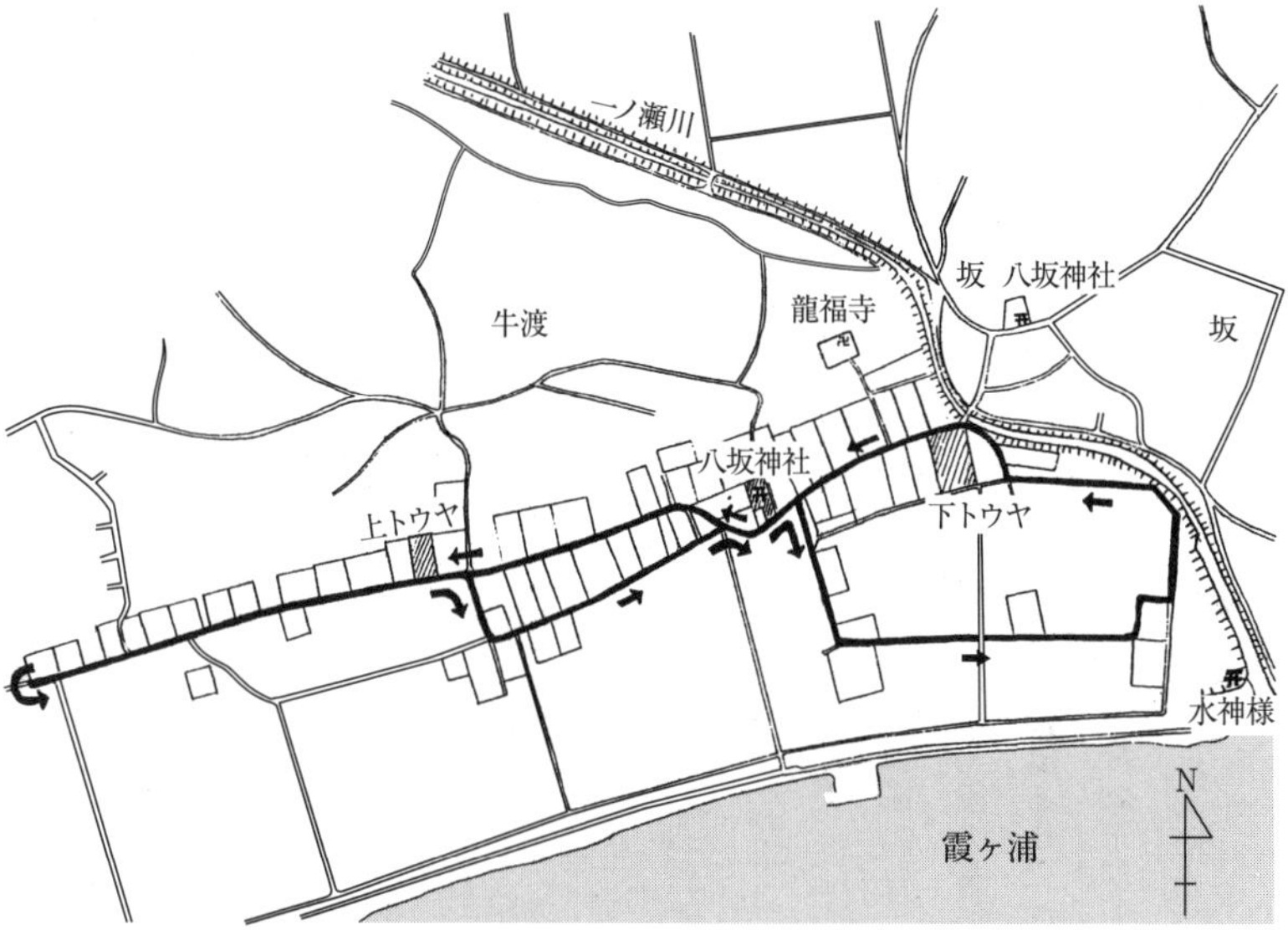

図４　牛渡有河祭礼地図

土曜の宵宮では、お浜降りといって神輿はトウヤの家の座敷に寄り、その後、村内を練り歩き、神輿をお仮屋に納め、神社でお神酒がふるまわれ宵祭りは終了する。日曜の本宮では、昼、トウヤの家で振る舞いの本膳が出され、夜、お仮屋から神社に神輿を移し、社殿のまわりを三周した後、オトノイリといって神輿を社殿に納める。神社でのトウヤ受け渡しの挨拶の後、次のトウヤであるシタドウが新たなトウヤの幣束をシタドウの家へ持って帰る。その後、相撲といって、男二人が晒しの半裸で桶に入った玄米を撒き、本祭りの終了となる。祭りが終了した後、夜十二時過ぎにホントウヤからトウヤの古い幣束（オハケという）を神社裏に捨てる。すべての神事は、口に半紙をくわえ、口をきかずに行うという静かな祇園であった。以上がトウヤの家で振る舞いを行った当時の概況であるが、平成十二年頃からトウヤの家での振る舞いをやめて簡略化し、公民館で簡単な振る舞いをするようになった。

トウヤ

トウヤにはホントウヤとシタトウヤがあり、有河と柳梅が一年交代でなる（ホントウヤが有河だった場合、シタトウヤは柳梅がなり、翌年はその逆になる）。ホントウヤはカミドウ、シタトウヤはシタドウともいう。順番はそれぞれ家並み順であり、その年に不幸があった場合はその家をとばし、隣の家がトウヤとなる。トウヤになる周期は有河で約三〇年、柳梅で約六〇年である。トウヤになるとその班の人がいろいろな世話をする。班は有河で四班、柳梅で五班に分かれている。

ホントウヤは祇園祭の後、毎朝玄米を一粒と、その日の初水と、オハケの御幣を祀る。その棚は板と柳の枝の敷物で作られており、天井から吊るす。シタトウヤは地区内に不幸がでた場合、葬儀の前の晩に神社の入り口に縄を張る（神社内に入れないようにするため）。ホントウヤは、秋の祭り・新嘗祭（十一月二十七日）、春の祭り・祈年祭（二月二十日）の振る舞いもする。

オハケ

オハケは、トウヤの家に祀っておく小さな御幣のことをさすが、祭りの最後にホントウヤの御幣を神社裏に捨てる行事もオハケという。オハケは二つある。

一つはホントウヤのオハケで、祭礼当日二十五日・二十六日までホントウヤの床の間かその近くの天井際に神棚とは別の棚をしつらえ、そこに祀る。棚には柳の枝で筏状に組まれた敷物があり、その上に御幣を載せ、榊を供えておく。また小皿に毎日一粒ずつ米を供え、祭りの最後の相撲の時に撒く玄米に入れる。ホントウヤのオハケは祭りが終わる二十六日の夜十二時までホントウヤにあり、二十六日の深夜十二時をまわると神社裏に捨てに行った。災厄と一緒にこれを捨てるからだとされている。今はホントウヤのオハケは二十六日のオトノイリの前に提灯に先導され、浴衣夏羽織姿のホントウヤ当主が公民館に持って行き、公民館の上座にオトノイリから相撲が終わるまで置かれている。

その間、神社本殿の神輿に供えられていたもう一本の新たな御幣（これもオハケという）は、次の年のトウヤであるシタトウヤに渡され、シタトウヤの奥さんの持つ提灯に先導され、シタトウヤの家にもたらせられる。シタトウヤの奥さんは、平成十二年頃まで和服の正装姿であったが、そのうち浴衣姿に変わり、現在は洋服になっている。公民館にあったホントウヤの御幣は、相撲の終わったあと、ホントウヤの世話人（班の人）によって神社脇に捨てられる。

これとは別に、神輿のお浜降りにつくホントウヤの持つ大きな金の御幣（キンペイという）とシタトウヤの持つ白の御幣がある。これはオカリヤの神輿に供えられている。かつてキンペイはホントウヤの床の間に一年間置かれていたという。

二　宵宮

ホントウヤ・シタトウヤで、それぞれ座敷の上がり口（神輿は床の間のある座敷に庭から入る）に葭の垣根を両側に作る。端に竹を立て縄を張り、五本か七本の奇数の葭で柵を作る。シタトウヤではオハケ（御幣）を祀る神棚を作る。神棚には柳の枝で作った敷物を敷く。

午前六時頃、シタトウヤは神輿道に赤土を撒く。ホントウヤのいる班の全員が神社に集まり、拝殿前に幟旗をあげる。鳥居に竹を立て、鳥居・拝殿に注連縄を張る。鳥居のもとに御幣を立てる。お仮屋の準備をする。現在、お仮屋は神社境内の公民館前に置くが、かつては坂と有河の境にある一ノ瀬川のほとりに立っており、ホントウヤが有河か柳梅かで、一〇〇mほど立てる位置が異なっていた。道路交通法により現在の公民館前に場所に移転した。お仮屋の組み立てが終わると神主の来るのを待つ。

祓い戸での儀礼

鳥居の脇の祓い戸に四本の竹を立て、縄を張り、真中に榊を立て、次の四神を奉る。ここで祭礼のはじめのお祓いを受ける。祭神は瀬織津《せおりつ》姫《ひめ》・気吹戸《いぶきど》主《ぬし》・速秋津《はやあきつ》姫《ひめ》・速佐須良《はやさすら》姫《ひめ》の四神である。

午前十時、世話役(氏子総代)等の儀式が始まる。神主・ホントウヤ・シタトウヤ・氏子総代・露《つゆ》払い・天狗・区長が、鳥居の側に作られた祓戸に集まる。神主は祓戸の前で祝詞をあげ、世話役等は供物をそれぞれが持ち、祓戸と鳥居の前で一礼し、一列になって鳥居をくぐり本殿へ向かう。

【神事の座席図】

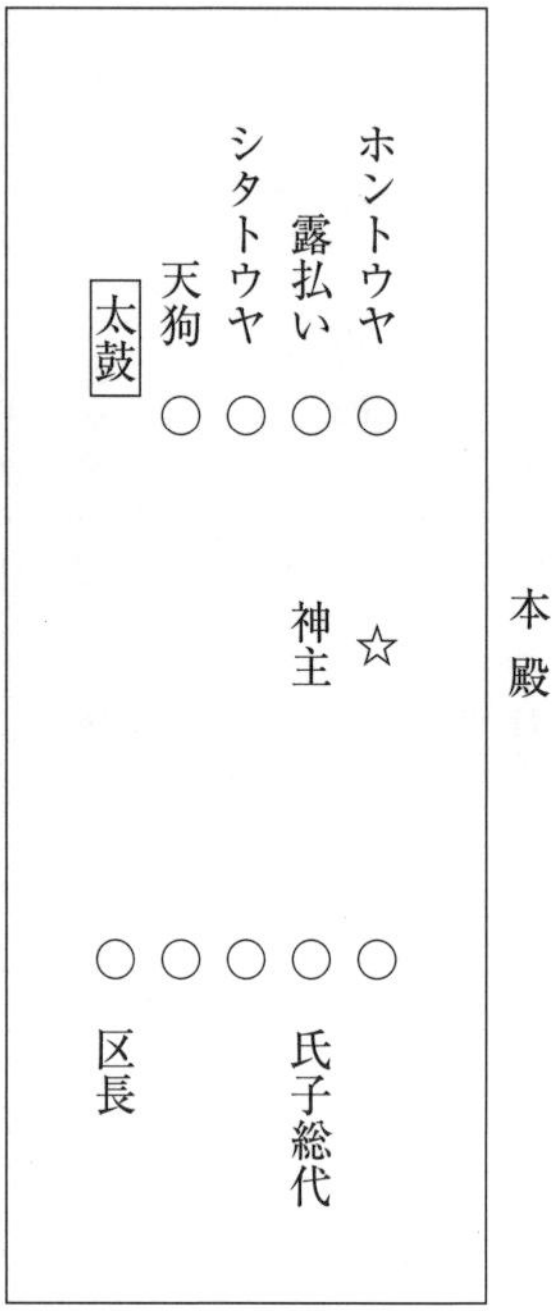

神事

本殿で神主が太鼓をたたく。神主は警蹕《けいひつ》を発し、本殿の扉を開ける。供物の献上、神主の祝詞・祓いの後、世話役等の榊の奉納がある。氏子総代・区長・ホントウヤ・露払い・シタトウヤ・天狗の順でお神酒を飲む。お神酒は徳利が二つ、盃が一つあり、両方の徳利から注ぐ。最後に神主がお神酒をいただき、太鼓をたたく。

儀式終了後、神輿を出して本体に担ぐ棒を挿し入れ、鳳凰をつけ、榊を神輿の鳥居に立て幣束をつけ、鳳凰に稲をくわえさせる。稲は根つきのもの二把である。縄で神輿を結わえる。この間に金と白の幣束、刀等を用意する。

午前十一時半、全員着替えをする（紋付き。天狗は麻でできた衣装、シャグマの髪に天狗の面、高下駄で刀をさし錫杖を持つ）。神主は神輿の前で祝詞を唱え、榊で祓う。太鼓を車の荷台に載せる（以前は太鼓を棒にかけ担いでいた）。

お浜降り

午前十一時四十分、順行路は右まわりと決まっており、太鼓→天狗→露払い（榊）→ホントウヤ（金幣束）→神輿→シタトウヤ（白幣束）→神主→関係者の順で歩く。各家の前を通る時、役員は「八坂神社」と書いたザルに賽銭（以前は米）をもらい御札を渡す。

正午、ホントウヤの家に神輿が入る。ホントウヤ・シタトウヤの順番は右まわり巡行路順で、先に通過する家から入る。奥座敷にテーブルを置き、その上に真菰のむしろ（現在はゴザ）を敷き、神輿を載せお祓いをする。トウヤの家の人がスイカやジュースなどをふるまう。平成二十一年は柳梅がホントウヤで、ホントウヤから道沿いに首切り地蔵まで行って戻ってくる。デハからシタ道を通り神社前に出て一ノ瀬橋際まで行く、そこから川沿いに下り、オイサキを曲がり中村化成で神社側へ戻る。この年（平成二十三年）は有河がシタトウヤで、そこで休み神社に戻る。ホントウヤ・シタトウヤとも神輿を迎えるのに二本の藁束に火をつける。座敷に置かれた神輿に祝詞が唱えられ、その間、石で切り火をする。

昔は神輿は一軒一軒座敷にあげ、災厄を持っていってもらったという。またオハマオリの場所として、柳梅の田の中（昔のエンマか？）と有河の一ノ瀬川沿いの場所の二か所があった。

現在お浜降りは名のみで、儀礼はない。

十二時半頃、神輿はお仮屋に入る。お仮屋にはトウヤの家で使った真菰のむしろを敷いておく。神主が太鼓をたたき、祝詞を唱える。氏子総代・区長・トウヤ・天狗・露払いの順で参拝する。木桶に入ったお神酒が関係者にふるまわれる。

お仮屋

現在は神社境内にある公民館の前がお仮屋であるが、かつては一ノ瀬川沿いに祀られ、坂有河八坂神社も同じ日の祭礼であったため、川を挟んで神輿が二つ並んだ。トウヤが柳梅と有河ではお仮屋の位置は異なった。お仮屋には、神輿に、金幣と白幣束、天狗の面、刀、錫杖、供物として二枚重ねの一升餅、酒・白米・塩・昆布・するめ・大根・人参・りんごが供えられている。またかたわらにお櫃があり、各家で作った赤飯をこのお櫃に入れる。

宵宮のフルマイ

宵祭り終了後、普段着に着替え、集会所でホントウヤが、神主・氏子総代・区長・シタトウヤ・天狗・露払いと、神輿を担ぐ人たちの接待をする。接待後、ホントウヤは神主を送る。

三　本宮

フルマイ・刀持ち

二日目の本宮、午後七時頃、ホントウヤ宅に、神主・ホントウヤ・シタトウヤ・天狗・露払い・刀持ち(男の子)・神社役員や区長を招いて馳走する。赤飯に、刺身や野菜の煮物が本膳で出された。刺身はカツオで、牛渡房中の「魚銀」に頼んだ。お土産として、するめを二枚ずつ用意する。

刀持ちの男の子は、本トウヤの子供がやることになっているが、いない場合には、近所の人に頼む。帯解きをする前の子供がやる（写真9）。

写真9　牛渡有河八坂神社の刀持ち

オトノイリ

オトノイリの開始は夜九時頃である。ホントウヤの家の人が弓張り提灯で先導し、神主・天狗・役員が続く。現在はホントウヤからオハケ（御幣）を公民館に持ってきて公民館の中に置く。公民館では刀持ちの子にたすき・鉢巻をつけ、刀を差し神輿を迎える。また相撲役の二人はさらしを巻いて、相撲の準備をする。

神主はお仮屋の前で祝詞を読み上げ、お祓いをし、氏子総代四人、区長二人、ホントウヤと露払いとシタトウヤと天狗の四人、そして、神輿を担ぐ人五人の順に、お神酒を勧める。

次に太鼓をたたきながら、神輿をはじめお仮屋の中の神輿他すべてを順番に運び出していく。弓張り提灯↓太鼓↓天狗↓榊↓ホントウヤ↓シタトウヤ↓神輿↓神主↓近所の人たちの順である。神輿は鳥居を通って、敷地内に入り、境内のまわりを時計まわりに三周する。参詣者も一緒にまわる。そして、神輿を拝殿に入れる。

オハケの受け取り

拝殿の神輿の前で、トウヤの顔あわせが行われる。ホントウヤとシタトウヤが、神輿を中央に向かって右に座る。シタトウヤがお神酒を注ぎ、それぞれの盃でお神酒をいただく。神主が、神輿に供えられている新しい御幣と榊をシタトウヤに渡す。シタトウヤは、オハケを受け取り、太鼓の音と共に拝殿を下り、シタトウヤの家の奥さんが弓張り

写真10　牛渡有河八坂神社の相撲（玄米の御櫃をたたきつける）

提灯で先導して家まで帰る。その時、息がかからないように半紙を口にくわえる。シタトウヤの家では、このオハケを新たに作った棚に収める。

相撲

シタトウヤの帰宅後、本殿から階段にかけて真菰が敷かれる（現在はゴザ）。そこに白いさらしを巻いた相撲役の二人の男性が、草履を脱いで上がり、お祓いを受けお神酒をもらう。この男性二人は、柳梅と有河から一人ずつ選ばれる。これは未婚の男性に限られていて、何度も頼まれる人もいる。現在は若者が少なく、子供が行っている。そして、この二人は、蒸した玄米が入っているお櫃を持ち、「ヨイッ」といってお櫃をひっくり返す（写真10）。このお櫃の中の玄米は、ホントウヤが一年間、毎日一粒ずつお供えした玄米に、他に玄米を加えて量を増やし蒸したものである。そしてお櫃の底をたたいて壊してしまい、玄米を撒き散らす。集まった人たちは、一斉に玄米を取って食べる。この玄米を食べると、風邪を引かないとか、健康でいられるとかいわれている。この玄米は「オミコク」といった。昔は、みんな一握りずつ取ったので、全部きれいになくなったが、最近では、取る量も少なくなったのか残るようになってしまったということである。そして、二人はお神酒をもらって終わる。集まった人にも、お神酒がふるまわれ、祭りは終わる。昔は神輿を納めた後、夜明かしで関係者を招いて飲み明かしたという。

オハケ

祭りの終わった後、「オハケ」という行事が行われる。ホントウヤ宅に、相撲の人や、近所の人、義理のある人などを招いて御馳走をふるまい、その後十二時になったら、ホントウヤの両隣の家の人が、御幣（オハケ）と御幣を祀った神棚を持ち、「オハケのお通り～」といいながら八坂神社まで運ぶ。神社の横のゴミ捨て場に捨ててくる。現在は相撲が終わると公民館に置かれていたオハケをすぐに捨ててしまう。

神田

『茨城県神社誌』に載っている有河柳梅八坂神社の「古来の祭祀」の項目に、「旧六月六、七日「祭田」字柳梅共有田、一反歩の耕作米を祭費に充当して斎行」とある。神田は八坂神社の下にあったと記憶されている。

第4節　深谷 八坂神社　『深谷・戸崎とその周辺の民俗』（平成二十四年（二〇一二）刊）所載

一　概要

深谷は出島地区の内陸部の中央にあり、一ノ瀬川とその支流に挟まれた台地上にあり、九つの行政区に分かれている（後掲）。

藤切り祇園

深谷八坂神社の祇園祭は「藤切り祇園」といわれる。藤切り祇園とは、神輿道の途中にある藤切り坂（大坂）で、藤のつる綱を切り、大魚という木で組んだ障害物を取り除いて、神輿を進めることからつけられた名前である。藤切りは、この祭りのハイライトでもある。

八坂神社の起源ははっきりしない。深谷二の川島家の氏神であった、または藤沢宮司家の神職持ちの神社であったともいわれる。いずれにしろ、村持ちの神社になったのは明治時代になってからと思われる。その時に松沢家が鍵元になったといわれる。深谷一にある神職の藤沢家には、元禄五年（一六九二）年の神職裁許状や、寛政八年（一七九六）の牛頭天王社の神職裁許状がある。現在、八坂神社入口にお仮屋を立てるのは、その名残りであるともいわれる。また、この八坂神社が、加茂の赤塚に流れ着いたもので、その時、藤のつる綱が神輿にからみついていて、それを切ることからこの祭りが始まったとする伝承は、広く知られている。

かつての祭りの様子を伝えるものはないが、『茨城県神社誌』によると、次のように記載されている。

例祭　七月二十五・二十六日（もとは六月二十一日）。宵祇園の二十五日を藤切祇園と云う。神社から二キロ程離れた神池へ神社の渡御がある。大柄杓持ち・薙刀を持った天狗、藤切大夫、神輿、神職、供奉の列がつづく。神池では神輿の禊が行はれ、土産の青葦で包んだ「魚」を天狗の薙刀にかけてお仮屋に進む。途中の藤切坂にさしかかると切り通しの土手の両方に来年の当番の二人、一本の藤蔓を廻しながら行手をさえぎる。これを藤切大夫、四苦八苦して薙刀で切る。これをやっと切ると今度は坂の上にある大魚（欅の太い丸太と雑木の枝を包んだもの）を鉈できる。幾多の難処を乗り切って打ち勝っていく重儀で五穀豊稔、疫病退散、民生安定を乞い願った特殊神事である。

これを現行と比較すると、祭礼日時は七月第四の土日曜になっている他、以下のように変わっている。薙刀は天狗ではなく別人が持っていく。藤切大夫の名は聞かなくなっている。この記述では藤切りは一人のようであるが、現在は神輿担ぎ役の人たち数人が何回も挑戦して藤を切る。かつては藤を切る名人がいてその人が切ったという。また神池とは清水池のことであるが、そこで魚を青葦で包んで天狗の薙刀にかけ土産にしてお仮屋に進むとある。（調査時点の）数年前まで清水池でそこに生えている真菰を刈り、大きなツッポを作った。現在清水池に真菰が自生しなくなったので、宵祇園の日の朝にウワドウ（後掲）のトウケ（トウヤともいうが、深谷では一般にトウケといわれている）の庭でそれを作る。これを魚とか小魚という。この藤切りが、困難に打ち勝って五穀豊穣・悪疫退散を願うものであることは、現在も同じである。

トウケ

深谷は現在九の行政区に分かれている。次の一覧の上が行政区名、下が集落名でかつてはツボ（坪）といわれていた。深谷三・深谷団地・八千代台は新開地で坪名がなく、深谷八坂神社の祭礼に加わっていない。

上郷　御幣・釜内《かまうち》・地岸《じぎし》
深谷一　中妻木《なかつまき》
深谷二　上原《かみはら》鷹の巣
幕田　幕戸・田中
下郷　颯壁《さっかべ》・栖形《すかた》・白井沢
東部　下原《しもはら》・堤・毘沙門堂

祇園祭に加わっているのはこの六地区であるが、深谷一と二が合同しているため、五地区に分けられて当番が決められる。神社総代は各地区一人の六人である。当番の順は、深谷一二↓上郷↓東部↓下郷↓幕田である。

当番は、その年の当番ウワドウと翌年の当番シタドウによって行われる。平成二十三年のウワドウは東部、シタドウは下郷であった。

当番地区では籤引きによってトウケが決められる。トウケは八坂神社と鹿島神社の二軒である。トウケは、今までにトウケをやっていない家、一年間不幸を出していない家から選ばれる。トウケはシタドウ・ウワドウの二年にわたって引き受けるが、その間に不幸が出た場合、二番トウケ・三番トウケに譲られる。そのため籤で三軒、八坂神社の一番トウケ・二番トウケ・三番トウケ、鹿島神社の一番トウケ・二番トウケ・三番トウケの六人を選ぶ。シタドウになった年に選ぶので今年は下郷の番で五月集落センターで行われた。籤は、割り箸に「一」「二」「三」と書かれたものを引くというものであるが、以前は紙を勧請縒りにしてそれを引いた。

祭礼役員は各地区によって若干異なるようだが、東部・下郷では次のようであった。

八坂神社トウケ・鹿島神社トウケ

八坂神社総代役

鍵元　八坂神社の鍵を預かっている。

祭事世話人・祭事係　東部では下原・堤・毘沙門堂の各区長、下郷では颯壁・栖形・白井沢各区の役員が、総代・会計・記録を分担する。

若い衆頭二人　若い衆は二十歳から四十五歳くらいまで。昔は三十五歳まで。

大人衆(年寄り)　年長者でトウケ・祭事係以外の人。役割分担はトウジメの日に決める。

女衆　トウケと、トウケの両隣の、三軒。

トウケは、祭礼道具一式とお仮屋用木材を一年間預かるが、祭礼時以外は特別の神事はない。鹿島神社のトウケは、十二月の鹿島神社祭礼を行うとともに太鼓を家に預かる。ウワドウの若い衆は、マンドウの山車を引き、お囃子をたたく。お囃子の練習は七月に入ってから始める。シタドウの若い衆は、藤と大魚の準備と藤を廻す役に当たる。女衆はデブケー(出迎い)フルマイの時の食事の準備をする。

二　祭礼の準備（トウジメ他）

五月二十九日はシタドウでトウケの籤引きが行われる。六月四日はウワドウで祭事の世話人会、七月三日はトウジメ（トウジメオロシ）。トウジメとは、その年のウワドウになった地区の境に注連を張ることで、祭りの始まりを知らせるとともに、祭礼時の清浄を保つためでもある。今年（平成二十三年）注連を張る場所は、ウワドウの東部では、四か所である（南根本境・八千代台境・下郷境・深谷一境）が、来年の下郷では七か所に注連を張る。

五mほどの竹に藁縄にカキダレをつけて注連を作り、村境以外では、トウケを八坂神社の鳥居にも張る。トウケと八坂神社の鳥居の注連は、藁縄に御幣をつけた藁のツッポ（ツッコともいう）を下げる。またお浜降りの清水池、藤切り坂下の神輿置き場のお仮屋には四本竹の注連を作る。これもこのトウジメの日に準備をする。

朝七時にトウケに集まりお茶に呼ばれてから、竹やぶに竹を切り出しにいく。神社総代とトウケは八坂神社に供物を届ける。供物は酒・米・塩に、するめ・昆布・大根・人参・果物。準備は午前十時頃に終わり、十時半に東部集落センターで挨拶と役割分担を決める。

役割は太鼓（六人）・天狗（一人）・薙刀持ち（一人）・柄杓（一人）・旗（一人）・神輿担ぎ（八人）・大魚（八人）である。神輿担ぎは藤切りも行う。大魚とは大魚を切る役で、これらの役は大人衆から籤で選ばれる。籤は色のついた割り箸を引くもので、色によって役が決まっている。毘沙門堂集落の女衆の準備で酒が出て昼には終わる。

ウワドウの若い衆は四日から二十二日まで囃子の練習。シタドウの若い衆頭は藤の切り出しといって、一か月ほど前に山から切り出して干しておく。祭事役員は、道路使用許可証を得ること、保険加入手続き（藤切りが危険なため該当者は保険に入る）、神主・鍵元や他地区の神社総代への連絡をすることなどの仕事がある。

三　宵祇園

平成二十三年は七月の第四土曜二十三日が宵祇園であった。宵祇園の準備は、午前七時に三か所で一斉に始まる。まず八坂神社入口に深谷一（中妻木）の人たちがお仮屋を組み立てる。ウワドウが八坂神社の鳥居から本殿までの注連縄を張る。シタドウは藤と大魚の木の準備をする。

ウワドウ

ウワドウでは、毘沙門堂と堤の人でトウケの庭にお仮屋を組み立てる。また大魚を切る鉈四本の準備をする。鉈の刃の部分を縄で巻く。あやまって手などを切らないようにするためである。採ってきた真菰で魚というツッポを作る。これは最近までお浜降りをする清水池で真菰を刈りその場で作っていたが、清水池に真菰が自生しなくなったため、この日の朝、真菰を刈りに行き、あらかじめ作っておくことになった。

また神輿の通り道でマンドウがひっかからないように、木の枝を切り落としておく。これをコサバライという。下原の人は清水池周辺の草刈り、藤切り坂下のお仮屋の掃除をする。トウケはジョウイ（上衣）二着を新たに作り、ジョウイを諸道具とともに出発の集落センターに届ける。他のジョウイは洗濯をしておく。祭事係は宮司に供物・白足袋・草履を届ける。若い衆は集落センター前の空き地でマンドウ（万燈）の準備をする。マンドウは五ｍほどの高さで交通安全・家内安全・五穀豊穣・八坂神社と書かれた燈籠（火は入っていない）に花飾りをつけたもので、軽トラックに載せる。トラックには太鼓を載せ、山車に見立ててお囃子の太鼓をたたく。太鼓は大太鼓一つ、小太鼓二つで、囃子は太鼓のみで笛はない。昔はトラクターで引いたこともあったという。マンドウと囃子は当番地区によって異なり、この年は東部のマンドウと囃子である。

準備は午前十時半までに終わり、集落センターでデブケーをする。デブケーとかデブカイというのは、出迎えのことで、神輿を出迎えるため酒や食事をする。まず宵祇園のデブケーで、酒以外に豆腐と酢の物・刺身・てんぷら・おにぎりが出る。豆腐は必ず出るが、昔はウドンを青箸で食べた。青箸とはススキやカヤの箸のことで、このことからこの祇園祭を、アオバシ祇園とかウドン祇園とかいった。ウドンには紫蘇・茗荷・生姜を入れて香りを添えた。

十二時近くになると神輿担ぎはジョウイを着て準備する。役員は白地の絽に黒の羽織姿でカンカン帽子を被る。若い衆はハッピを着るが昔は浴衣であった。天狗は天狗の衣服を着て、マンドウとともに八坂神社に向けて出発する。囃子は出発と到着の時はシャギリ（サンギリ・サギリ）をたたき、道行きは馬鹿バヤシをたたき、子供がマンドウを引いていく形をとる。

シタドウ

時間は前後するが、午前七時、若い衆は集落センターに集合し、加茂の御殿集落の山に大魚と藤まわし用の木を切りにいく。木は事前に若衆頭が白テープで印をつけておく。藤と大魚の本体はあらかじめ準備してある。藤は乾かす必要があるため、一か月前に切っておく。大魚の木は欅が基本であるが、今年（平成二十四年）はニッキの木を使った。大魚のまな板部分にあたる木はナラの木四、五本を縄でしばって組む。ナラ以外にクヌギを使う場合もある。トラック二台を後向きに向かい合わせ、その荷台を利用して作る。まな板部分の上にニッキの幹を魚に見立てて載せ、ナラの木の葉で隠す。最後に鎌を向かい合わせ刺し立てて準備を終える。鎌は鉈で切る部分を示すとともに、まな板部分を組んでいる縄を切らないようにするためであるとしている。

藤のつる綱は練習用と本番用の二本作る。午前七時から藤切り坂の清掃をして準備に入っているが、藤のつる綱ができると午後一時からシタドウの若い衆が藤切り坂で藤のつる綱をまわす練習をする。藤のつる綱はナラの木で両側の腕木部分を作り、真ん中に藤つるをつなげる。両脇の腕木が四mずつで藤つるが四mなので、長さ一二mのU字形の藤まわしの綱になる。

準備が終わると十一時にシタドウのデブケーを行う。祭礼役員を前に総代の挨拶で乾杯、段取りを説明し、豆腐・刺身・弁当で会食する。十二時頃、祭礼役員は八坂神社の神事に、若い衆は藤切り坂での藤まわしの練習に出発する。

八坂神社での神事

十二時、八坂神社の入口にマンドウが到着する。八坂神社では宮司が神事の準備をしている。午後一時、宮司が祝詞奏上ののち、警嗶とともに開扉する。神輿担ぎが本殿に祀られている神輿を拝殿に出し、飾りつけをする。稲を鳳凰にくわえさせる。大御幣が神輿に飾られる。また本殿に納められていた薙刀、天狗の持つ六尺棒と太刀、お浜降り神事の柄杓を出し、それぞれの役がそれらを持つ。神輿担ぎは頭に、役員は帽子に御幣をさす。神輿を中央に、向かって右にウワドウの役員、左に他地区とシタドウの役員が並び、修祓を受ける。それが終わると全員で豆腐を食べて出発する。行列は太鼓・天狗・旗持ち・薙刀・柄杓・神輿・宮司・トウケ・役員で、遅れてマンドウ山車の囃子がつく。「八坂神社祭典」と書かれた旗は笹につけられる。宮司は榊を持ち、トウケは大御幣を持つ。行列は藤切り坂を下りて、一ノ瀬川の支流を渡り、清水池に向かうが、マンドウは藤切り坂の手前で待機する。

清水池でのオハマオリ

午後二時、清水池に到着すると神輿置きに神輿をおろし、清水池の水を柄杓役が柄杓で汲み、宮司に渡し、宮司が神輿に水を一回かける。ここで真菰を刈り、真菰の魚を作った（図5・写真11）。現在はあらかじめ作っておく。その後祝詞を唱え、藤切り坂に出発する。この近辺の田で稲を作り祭りの費用にした。

藤切り坂での藤切り

藤切り坂の下に到着すると、神輿置き場に神輿を置き、真菰の魚を藤つるにつける。藤つるはその真菰の魚をつけたまま、回転させて、高く掲げる。再び回転させて藤つるを下げ、下げたところで真菰の魚と薙刀に酒を吹きかけ清浄にして、真菰の魚だけを切って藤つるから離し、真菰の魚を神輿に戻す。この真菰の魚はそのまま翌年の祇園祭まで神輿に供えられている。

この儀のあと藤切りに入る（写真12・13）。シタドウの若い衆が切り通しの両側に立ち藤つるをまわす。それをウワドウの神輿担ぎが薙刀の刃を上向きに構えて、受けてつるを切ろうとする。切り手は後ずさりに薙刀を構えるので、藤つるに巻き込まれる危険もある。観客もはらはらするところでもあり、切り手にとっては見せ場でもある。容易には切れない。途中、藤つるの切れ具合をみたり、酒を吹きかけるなどの道化じみた演技をまじえて、三〇分ほど三一回目でこの年は切れた。かつては藤切り大夫《だゆう》の名もあったようで、他郷の者に頼んで切ってもらったという。神輿担ぎが切るようになったのは比較的新しい。

これが終わると大魚を切り割る。魚に見立てた大木の幹を鉈で切り割り、さらにナラの木のまな板部分を切るので、八人ほどの男がかわるがわる切って約三〇分ほどかかった。これまた観客の声援で大騒ぎとなる。これが終わると太鼓を先頭に藤切り坂を通過する。神輿のあとに待機していたマンドウの囃子がつき、ウワドウのトウケまで神輿が村を巡幸する。深谷一・二の当番の時は、藤切り坂通過後、藤切り坂脇にある鍵元の松沢家に神輿が入る。

神輿の巡幸・振る舞

図５　深谷の大魚・御神体

写真12　深谷八坂神社の藤切り

写真11　深谷八坂神社清水池での大魚の作成

写真13　深谷八坂神社の藤切り

藤切り坂から東部のトウケまで神輿とマンドウが巡幸し、午後五時頃トウケに到着しお仮屋に一泊する。ウワドウの一行はトウケで振る舞いを受け、宴会となる。昔はこの振る舞いが深夜に及んだ。トウケではワカサギと手長海老を必ず出した。ワカサギは七月二十日が解禁で初物であった。若い衆は一度納められた神輿を担ぎ、東部の家の一軒一軒を巡幸する。一軒一軒庭先で神輿をもみ、お札と引き換えに御祝儀をもらう。宵宮だけではまわりきれないので、翌日のホンミヤの朝も神輿がトウケのお仮屋を出る前に東部の巡幸をする。

四　本祇園

ウワドウ

午前八時より東部の若い衆の巡行が始まる。昨日は毘沙門堂と堤の集落をまわったので、今朝は下原を一巡する。午前十時半に東部集落センターに本祇園のデブケー（出迎い）として集まる。かつては集落センターではなくトウケに集まり、神輿の出発まで飲み食いをした。豆腐を食べて解散し、十二時半にウワドウトウケのデブケーにまた集まる。トウケでは挨拶乾杯のあと、宮司の太鼓を合図に午後一時半頃、神輿とマンドウが行列を組んで八坂神社へ出発する、途中道々で接待を受けながら、四時頃に八坂神社入口の仮宮に到着する。

シタドウ

午後二時、下郷集落センターに集まりシタドウのデブケーの後、三時頃、全員で八坂神社のトウワタシに向かう。

八坂神社でのトウワタシ

午後四時、八坂神社入口のお仮屋に神輿が到着し、いったん神輿をお仮屋に納める。そのあと遅れて、マンドウが

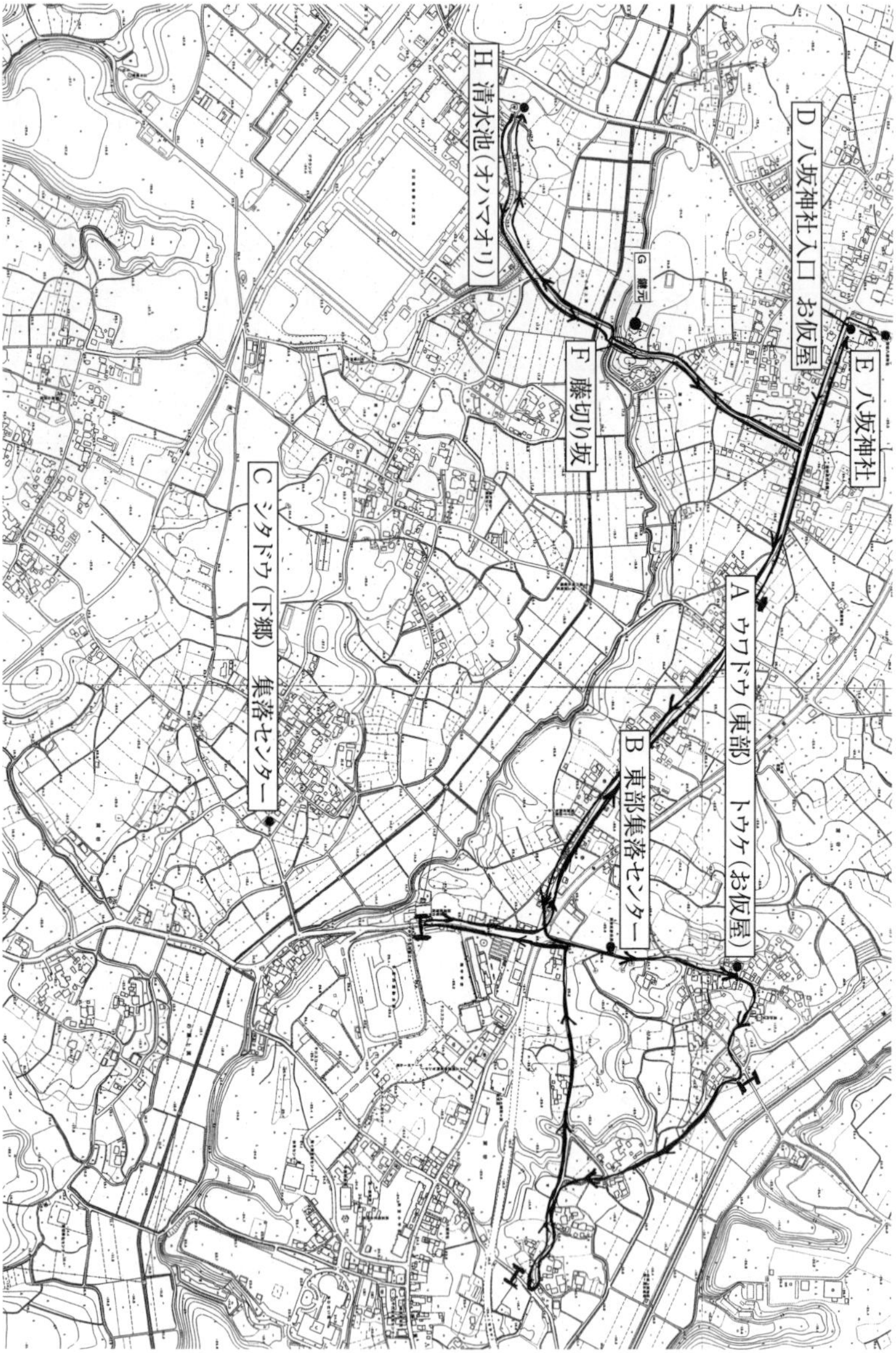

図6　深谷祭礼地図(平成26年度)

到着し、最後のシャギリ囃子をする。

午後四時半、八坂神社のお仮屋出発、参道で神輿を担ぎ、八坂神社の拝殿に到着し、拝殿中央に神輿を据える。左にウワドウ役員、右にシタドウ役員が座り、トウワタシが始まる。

宮司による祝詞のあと、ウワドウのみつめるなか、シタドウによる神輿の点検、道具の引き継ぎ・上衣《ジョウイ》の引き継ぎが行われる。点検は、薙刀や鉈の刃のこぼれ具合や柄のがたつき具合等、細部にわたり、ウワドウ・シタドウとも真剣な顔つきのなかで事が運ぶ。薙刀、柄杓、天狗の持つ六尺棒や、太刀という長いものは、神輿とともに本殿に納められ、天狗の面、一枚下駄、旗等の小物はジョウイとともに、車でシタドウのトウケに運ばれる。その前に本殿では閉扉の儀のあと、宮司を中央に手締めが行われる。シタドウの総代により三三一の手拍子が三回行われ、役員他、神輿担ぎ手や若い衆へ豆腐がふるまわれて終わる。

仮宮崩し

シタドウの人々がウワドウのトウケの庭に据えられていたお仮屋を解体して、シタドウのトウケに運ぶ。太鼓はシタドウの鹿島神社トウケの家に納め、道具とお仮屋の木材はシタドウのトウケに納める。シタドウのトウケの庭では振る舞いが行われてすべてが終わるが、かつては仮宮崩しは本祇園の翌日に行われ、振る舞いもタカハライといわれていた。

第5節　大和田 八坂神社『西成井・大和田の民俗』(平成十九年(二〇〇七)刊)所載

一　概要

大和田は出島地区のほぼ中央にあり、旧出島村、その後の旧霞ヶ浦町の時代は、役場が置かれていた。八坂神社の祭礼は七月二十六日が宵祇園、二十七日が本祇園だったが、平日では仕事が休めない等の理由で、平成十一年から第四日曜日と月曜日に変更になった。トウジメは七月七日に行う。もとは七月二十八日であったが、本祇園の日の最後に行う。天保八年(一八三七)の控帳によると祭日は六月十五日になっていることから、古くはこの日であった。

氏子総代

大和田は四つの地区に分かれている。大和田第一・第二・第三・第四である。戦後、配給を行うために分けられた。そのうち、第四は平成九年頃にできた新興住宅地であり、祭りには参加しない。総代がいるのは第一から第三までで、各二人ずつ選ばれる。第一と第二は年齢の高い順にまわってくる。第三は家の並びで端から順にまわってくる。任期は三年で氏子は五四戸である。

トウヤ

区長とは別に、大和田第一〜第三の間でダイトウ・ワキドウという代表者がいる。ダイトウは一人、ワキドウは二

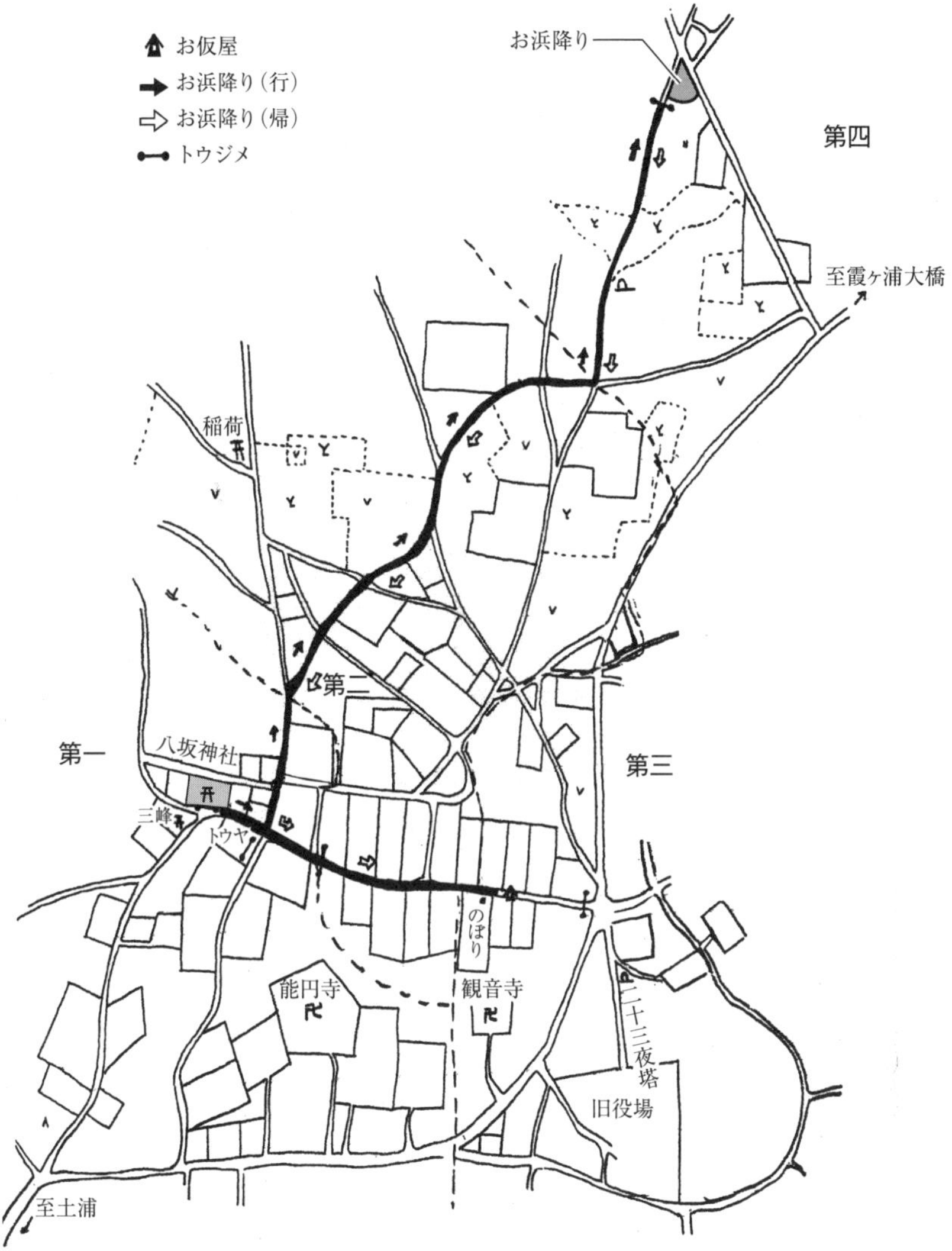
お仮屋
お浜降り（行）
お浜降り（帰）
トウジメ
お浜降り
第四
至霞ヶ浦大橋
稲荷
第二
第一
八坂神社
三峰
トウヤ
第三
のぼり
能円寺
観音寺
二十三夜塔
旧役場
至土浦

図7　大和田祭礼地図

人で任期は各一年、当番制でまわってくる。ダイトウは御神体である徳利と榊を持っていき、一年間神棚の脇に飾る。三軒で一年間神社の掃除を行う。この三軒組は氏子が五四軒なので一八組ある。ダイトウ・ワキドウの順は三軒で決める。

平成九年頃までは青年会が祭りの中心を担っていたが、解散してからは集落が中心となっている。

二　トウジメ

七月七日トウジメを行う。神主を呼び、お供えとして、海のもの・山のもの（スルメ・コブ・カボチャ・ナス・米）等を用意し祈禱する。トウヤが注連縄を、神社と、ダイトウ宅と、お浜降りの場所と、宿通りの国道からの入口と、第一と第二の境の五か所に張る（図7）。

三　宵祇園

宵祇園は、七月の第四日曜日の午後三時からの神社での神事と、午後五時からのお浜降りがある。

トウヤでの準備

トウヤでは神棚の横にもう一つ神棚を作り、御神体である榊と徳利を祀る。この日、神棚の下の御神体に本膳を供える。本膳はカツオの煮つけ、瓜の漬物、瓜と川海老のすまし汁、ウナギの蒲焼、御飯である。かつては天王ブルマイとしてこの本膳を全員にふるまった。それ用の揃いの膳があり、一升の米の入る桶があり、注連縄が張られていた。神社に供える飯はてんこ盛りであった。またダイドウでは本祇園に出す傘を作る。

神社での神事

神社では朝のうちに神輿やお仮屋を組み立てる。午後三時、注連縄の張られた手水場の榊の前で祓いの儀礼を行い、社殿に入り、神主と向かい合うようにダイドウ・ワキドウ・氏子総代・神輿の担ぎ手が横に並ぶ。神主が太鼓をたたき祝詞をあげる。ダイドウ・ワキドウ・氏子総代・神輿の担ぎ手の順に玉串を奉納し、お神酒を頂戴する。

お浜降り

午後五時から式典を執り行う。神輿を担ぐ高校生たちが集まり、トウヤとともに社殿に上がる。高校生たちは白装束と頭に白い飾りをつけている。神主が太鼓をたたき祝詞をあげ、榊で祓いをする。

太鼓を先頭に、榊・刀・薙刀・矛・柄杓・赤い傘・神輿・神主・トウヤ・総代・子供神輿・万灯の順にお浜降りの場所まで行列を組み渡御する。トウヤは今年と来年のトウヤの六人である。万灯は万灯屋台といって締め太鼓を載せお囃子を奏する。昔は神楽があって大太鼓一つ、小太鼓二つ、笛だったが、青年会が解散してから笛を吹く人がいなくなったため、現在は太鼓のみになった。太鼓は口伝。お囃しは歩いている時はバカバヤシ、止まっている時はサンギリ・アンバを奏する。

お浜降りの場所は水が湧いている、そこで神輿が三回まわり太鼓を置き、真菰が敷かれている祭壇に神輿を安置する。神主が祝詞をあげ、神輿に水を三回かける。折り返し出発する。

第一と第二の境の道の真ん中にお仮屋が置かれる。脇に幟旗が立てられている。お仮屋は組み立て式屋根付きで真菰が敷かれている。太鼓や行列の諸道具・神輿が納められる。神輿は三回まわり安置され、神事が行われる。

この後、昔は天王ブルマイといって、トウヤが自分の家に老人会、集落の人、青年会などを招いて膳をふるまった。現在は、公民館でお弁当を食べる。神輿がお仮屋に一泊する。昔は青年会が寝ずの番をした。屋台山車のあった時は、オカメ・ヒョットコの山車が通りを練った。

四　本祇園

宵祇園の翌日夜八時から、神輿を神社へ戻す儀式オトネイリ（還御）を行う。

天狗

ダイトウは天狗の格好をして、一本足の下駄で歩き、ミコシを先導する。ダイトウの一本足天狗を両脇からワキドウが支え、その足元を黒の和服で正装したワキドウの奥さんが提灯で照らす（写真14）。平成十八年からワキドウの奥さんの服装は簡略化した。

傘

竹の傘の骨組に、イシダタミという帯を織って作ったもの、機織りで使うオサと杼《ひ》、五穀（米・麦・ゴマ・小豆〔大角豆《ささぎ》〕大豆）の入った巾着袋をぶら下げ（図8・写真15）、ダイトウの奥さんの紋付きの羽織を被せた傘を持って歩く。イシダタミとは二枚の帯を使って石畳状に編んだもので、片方を男に見立てた男ガタ、もう一方を女に見立てた女ガタという。男ガタと女ガタが抱えあうように編んでいく。

オトネイリ

行列は太鼓・榊・矛・柄杓・赤い傘・天狗・竹の笠・神輿・神主・トウヤ・子供神輿・万灯である。

神輿が神社へ納められると、総代、現トウヤ、次期トウヤで、お粥に砂糖と塩を入れたオバンズを食べる。

写真14　大和田八坂神社の天狗（ダイトウ）

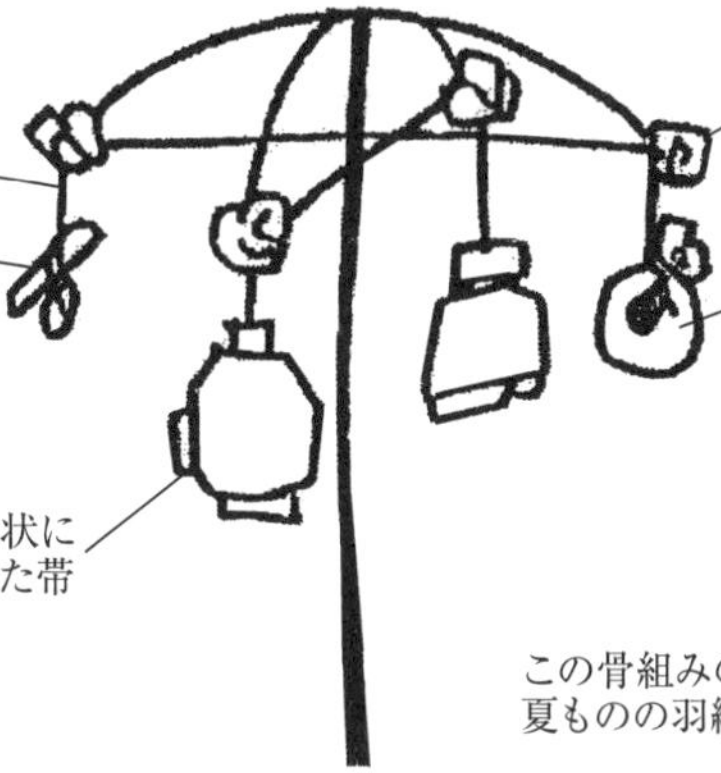
花のような形をした白い紙
（4か所についている）
紐は麻紐
オサと杼
巾着
（この中には五穀が
入っている）
石畳状に
織った帯
この骨組みの上に
夏ものの羽織（紋付き）を被せる

図8　大和田祇園傘の飾り

写真15　大和田八坂神社の傘と吊り下げ物

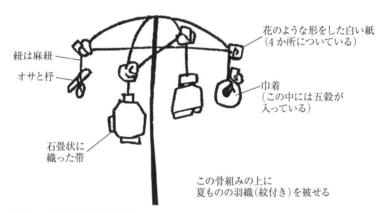

トウワタシ

トウヤの引き継ぎをする儀式で、本祇園の翌日に行われた。

現ダイトウが一年間預かっていた御神体である徳利二本を、次期ダイトウの家に持って行く。徳利の中に入っていた酒を入れ替えて、口に神主が折った扇形の半紙を差し込み、現ダイトウが口に半紙をくわえ、息をかけないようにその徳利と盃が載ったお膳を歩いて持って行く。預かったダイトウは毎朝コップ一杯の水をお供えする。

現在は本祇園の終了後に行う。平成十八年からは、御神体を神社に置くことになったので、神社に神棚を作った。神輿のオトネイリの後、神主と現トウヤと次期トウヤが現トウヤ宅に向かい、そこで神事を行い、現トウヤから次期トウヤへ鍵と徳利を渡す。その後一行は榊と徳利の御神体を持って神社に向かう。後ろを振り返ってはならないとされる。神社の神棚に御神体を納め、注連縄を張る。

第6節　西成井八坂神社　『西成井・大和田の民俗』（平成十九年（二〇〇七）刊）所載

一　概要

西成井は出島地区の内陸部にあり、昔から市が立ち宿場としてあった。西成井の祇園は花火で有名である。西成井の氏子集落は上宿・下宿・横町の三つに分かれており、上宿は六三戸、下宿は八九戸、横町は二四戸、計一七六戸からなっている。各部落には一人ずつ計三人の氏子総代が決められている。

トウヤと当番町の関係

当番町は、横町→下宿→上宿と順に一年交代していく。当番町のなかでトウヤを決める。横町では籤引き、上宿・下宿では順番制となっているが、昔はすべての町が籤引きであった。タカハライ（後述）で次のトウヤを決めた。祭礼の際は、公民館をトウヤの場所としている。トウヤの家の主人は、主催者となって祭礼の行列では猿田彦命の

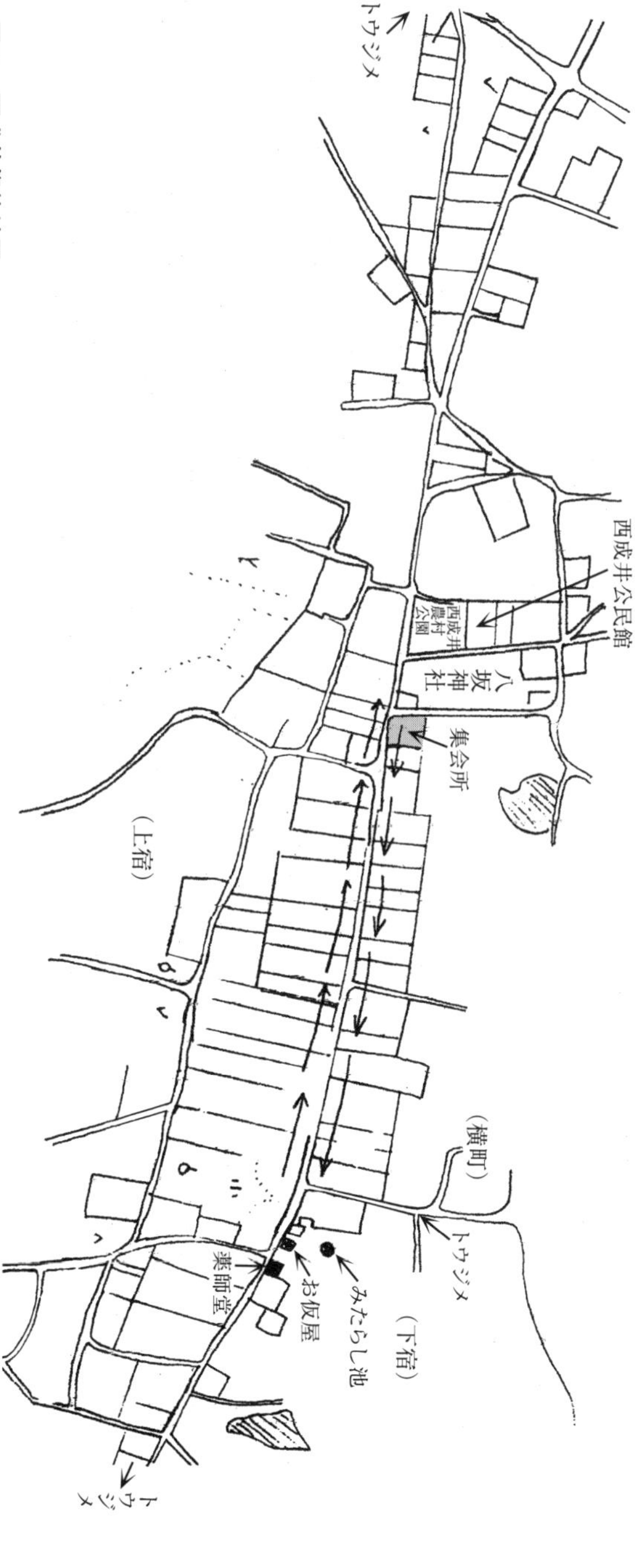

図9　西成井祭礼地図

るまう。

役を担う。お仮屋に神輿が入った後は、御神体を寝ないで一昼夜番をし、参拝者が訪れると太鼓をたたきお神酒をふるまう。

西成井祇園と花火

旧来の例祭は、旧暦の六月二十日に字石平の薬師堂脇の水神井(みたらし池)のお仮屋に神輿が渡御し、お浜降りの後、一泊する。お浜降りは神輿に神水を浴びせかける。翌二十一日夜、神輿は本社に還御する。

その後、七月二十一日に行われる祭りになったが、さらに二十一日が含まれる週の土曜・日曜に行われるようになった。三町内合同で行い、二日間花火を行う。当番町は各戸一人ずつ男を出す。

二　トウジメ

七月の第二日曜日、神主が来て、トウジメの縄を祓う。トウヤの家に注連縄を張る。町の入口の三か所と、神社・トウケ・お仮屋・みたらし池にトウジメをする。トウジメの竹の根本に御幣を立て、杭に七五三に縄を巻いて竹を支える。

三　宵祇園

祭りの初日の朝六時に、神社と各町に幟を立てる。八時頃から当番町の公民館に集合し、その後、神社と公民館に分かれて祭りの準備が始まる。神社ではお仮屋と本殿の飾りつけを行い、十時頃に準備を終了する。宮司が到着し、玉串やオオヌサを作り始める。その後、役の人たちがジョウイ（上衣）に着替え宴会が始まる。これをデボケ（出迎え）という。

午後一時頃に神社に役員が集合し、神事が行われる。一時半頃、神輿が社から出てお仮屋へ向かう。お仮屋でお浜降りの行事が行われ、二時に終了する。花火は夜、神社隣の公民館前で行う。

行列

出発の準備が整い次第、太鼓がたたかれ、行列が出発する。行列の順番は、猿田彦命の役（トウヤ）一人、ツチダワラ（土俵）四人、鉾（太鼓付き）台四人、御輿八人、神主、唐傘一人、氏子総代二人、柄杓一人、御膳一人、御神酒一人、賽銭箱（氏子総代）一人、獅子一人、獅子山車、マンドウで、行列を作り、道路の左側を歩く。

写真16　西成井八坂神社のマンドウ

猿田彦命はトウヤの人が担当する。右手に薙刀、左手に二本歯の高下駄を持ち、腰太刀を佩いている。黄色い狩衣を着て、猿田彦命の面をつける。後頭部には御幣を留める。足には草履を履く（昔は一本歯の高下駄を履いていたが、現在は二本歯の高下駄を右手に持つようになった）。猿田彦命の面の裏書によると、寛延二年（一七四九）に岡田勘右衛門が、猿田彦命の面を作り直し、寄付したとある。新旧の面がある。

ツチダワラとは、米の代わりに土を俵に詰めたもので、その俵に榊がさしてある。榊にはミズヒキがついている。榊の横の部分には御幣が結び付けられている。神輿のように担げるようになっており、四方に一枚ずつカキダレがついている。榊の上のほうに、五色布（赤・黄・白・緑・桃）がついている。

鉾には、赤・白の二色の布が巻きつけてある。上部にはミズヒキがついていて、ミズヒキの上には、藁で御幣がとめてある。これも神輿のようになっていて、担げるようになっている。四方にカキダレがついている。鉾の底部に太鼓が載せられる。

マンドウは傘に赤い幔幕を張り、ヤナギ・提灯をつける（写真16）。

獅子山車では、子供が中心となって囃子を行っている。

お浜降り

お浜降りの場所は、薬師堂の脇のみたらし池という小さな池で、湧き水であった。コンクリートで囲っている。役の一人（希望制であるが、希望者のない場合は籤引きで決める）が、池から柄杓で神水を汲んできて、神輿に三回神水をかける。これをお浜降りといい、また、オミダラシとも呼ばれている。この時、神輿からあがる水飛沫を浴びると無病息災になると伝えられていることから、お年寄りが集まる。

お浜降りを終えた神輿は、お仮屋に一晩安置される（その際には、トウヤが寝ずに御神体を守る）。安置する時、神主によって太鼓が打たれる。

お仮屋の入口には、左右対象に八坂神社の提灯と、神輿を運ぶ角材と、真菰に笹を結びつけたものが配置されている。お仮屋の正面向かって左手には鉾が、右手にはツチダワラが配されている。お仮屋の内部には、真菰が敷かれ、神輿の他に、猿田彦の面・高下駄・薙刀・太刀・唐傘・柄杓・御膳・お神酒が置かれている。

お仮屋の前には賽銭箱が置かれ、参列者に対してトウヤがお神酒をふるまう。

四　本祇園

宵祇園の翌日午後四時頃、集会所前に集合し、準備を始める。四時半に山車にお神酒をかけて出発する。山車は上宿境のトウジメのところへ行って戻ってくる。その後、下町・横町とまわり、氏子総代や寄付金をもらった家の前では、山車を回転させて神楽を舞う。神輿は午後八時頃お仮屋を出て九時前に神社に到着し、御神体を戻す。山車は神社隣の公民館前の花火会場で最後の神楽を舞う。花火は九時から行う。

タカハライ

祭りの終了後、幟を倒し、祭りの後始末を行う。これをタカハライという。

写真17　西成井八坂神社の花火（からかさ万灯と筑波山）

五　西成井の花火

花火は二日間、夜に行われる。からかさ万灯は午後九時からおよそ三〇分間で一気に行われ、その後、煙火《えんか》ばやしが行われる。場所は西成井公民館前の農村公園である（写真17）。

花火の歴史

花火は戦前まで行っていたが事故のため一時中止される。その後、平成元年、お祭り保存会会長の提案により、再開される。山車の前に、花火をつけて練り歩いたことが初めである。その後、祭りを盛大にするために再開される。現在、からかさ万灯・煙火ばやしが西成井のメイン花火である。また、現在、西成井の花火は恩田工業により作られている。かつては花火工場が上軽部にあったという。

花火の種類

からかさ万灯は平成元年に再開。大小のからかさに火薬を取りつける。松明を使って火をつける。風でまわし、からかさを上下に動かす。からかさは直径二七mもあり、風でからかさがまわると、花火が飛び、大きくみえて、目を引く。花火は組み立て方式でできている。組み立て方により花火の種類は広がる。

綱火は毎年、趣向を変えて、からかさ万灯の時に行われる仕掛け花火である。花火を縄状につなぎ、さまざまなものを形づくる。今までは、那須与一・秋田竿灯の模写・筑波山・富士山などがある。その他、打ち上げ花火などがある。

煙火ばやし・獅子山車

西成井の祭りは、昔、病気がはやり、その病気のお祓い、家内安全を祈願するために始まったといわれる。山車の前の部分に　花火(綱火)をつけて、囃子を行っているため、煙火ばやしという名がついた。

煙火ばやしの山車の中では、ひょっとこ踊りが踊られている。煙火ばやしの屋台の獅子舞は小学生、山車は中学生が担当する。お囃子は石岡と同じ拍子である。山車の通り道は、上宿→横町→お仮屋→下宿となっている。山車には大太鼓二・中太鼓一・小太鼓一・鉦・笛が乗る。

子供会は獅子山車を出す。それには大太鼓一・小太鼓二・鉦・笛が乗っている。練習は七月の奇数日で、西成井集会所で行っている。獅子山車は、約二・五m×約一・七mで石岡獅子屋台と同じである。獅子山車の前では、子供たちが獅子を被って踊る。獅子は、西成井集会所に置かれている。大きな獅子が一匹、小さな獅子が二匹置かれていて、小さな獅子の一匹はお仮屋に置き、神輿を迎えた時に交換する。

第7節　高賀津 八坂神社『安食の民俗』（平成十四年（二〇〇二）刊）所載

写真18　高賀津八坂神社の天王盛り

高賀津《こうがっ》は安食《あんじき》の一つの字であるが、高賀津だけの祇園祭がある。安食のなかでは小津と並んで、船だまりを持つ湖岸に臨む三〇軒ほどの集落で、八坂神社は安食の村社である太宮神社の境外社としてある。この八坂神社の御神体は、岩坪から流れてきたものを、うなぎと亀がここに引いてきたという伝説があり、祭りの七日間はこの村ではうなぎを食べてはいけないとされている。祇園祭は昔は旧暦の六月二十五日に行っていたが、平成十四年現在、七月第四日曜に宵宮を行っている。ここの祇園は「天王盛り」といって山盛りにした御飯を一堂に会して食べるもので（写真18）、祇園祭は「ナべかけず」といって各家では食事を作らないといわれた。

トウジメは祭りの一週間前に行う。二十四日が祭りだった時は十七日に行った。高賀津の入口三か所と、トウケ（当家）の門、およびオハマオリをする船だまりの水神のところに立てる。トウケは当番組（上・中・下に分かれる）のなかからカド順といって家並みの順に行く。

宵宮の朝、安食の太宮神輿を担いできて、公民館の庭に置く、トウケで天王盛りをやっていた時はトウケに神輿を運んだ。神輿は真菰の上に置く。十一時半頃までに準備を終える。

天王盛りは公民館で行い、舞台正面に天王様の掛け軸が掛けられている。朱塗りの銘々膳に、山盛りの御飯、カツオと昆布とナスの煮物、玉葱と豆腐の味噌汁、豆腐・胡瓜・たくあんが出される。まず「素盞嗚皇大神」と書かれた掛け軸に供え、次々に来る村人にこの膳を出す。三〇軒の村人のほとんどが来て食べる。公民館でやる前は各家でやったので大変であった。ごちそうを出すことが行事の中心になるので、きゅうりブチ・うりブチといって胡瓜や瓜を持ってきた。カツオはこの祭りにつきもので、カツオ一〇〇kgといわれる。カツオ・豆腐・昆布も持ち寄りである。米は一軒二升で、嫁や婿が来た家は二斗出すことになっている。昔は共有田が一反歩あり、そこからも出した。

お浜降りは天狗を先頭に水神のところで行い、翌日の夜に太宮神社へ戻る。昔は神輿を二十四日に持ってきて、二十六日の朝に戻し、トウワタシを行った。トウワタシは掛け軸を次のトウケに渡す儀礼である。

第8節　坂有河 八坂神社　『坂の民俗』（平成十年（一九九八）刊）所載

坂有河は一ノ瀬川の河口に牛渡有河と挟んである集落で、中世以来の港町であった。川を境に一ノ瀬橋の北側が旧坂村で、南側は牛渡村有河なので、このような地名になった。神社もそれぞれの八坂神社を祀り、祭礼も別であるが、双方とも同じような儀礼がある。

祭礼は七月二十五日に宵祇園、二十六日に本祇園である。二十五日をオカリアゲといって本殿の扉を開き、神輿を出す。昔はお仮屋を一ノ瀬橋の真ん中に作ったという。現在は本殿前にお仮屋を組み立て、真菰を敷いてしつらえる。本殿から出した神輿はお仮屋を半周してお仮屋に置く。そののち坂有河集落センターで会食をする。センターの入口には真菰を七本立てた注連が作られている。

二十六日夜、神輿を本殿に戻すオトノイリある。お仮屋から神輿を出すとすぐに真菰をはずし、本殿に敷く。神輿は四人の担ぎ手が衿に御幣をさして担ぎ、本殿を三回半まわる。天狗が先頭になり、村人も一緒にまわるが、神輿を追い越してはいけないとされる。神輿が本殿に入ると、天狗が、桶に入ったオミコクを、敷かれたゴザの上にばらまく。桶を逆さにしてたたきつけるようにして、桶を割ってしまう。村人は争うようにして、割れた桶を皿受けにして、オミコクを食べる。オミコクは蒸した玄米で、トウヤの人が蒸して持ってくる。これを食べると風邪をひかないといわれる。これが終わると、来年のトウヤであるシタドウに本殿の鍵を渡すトウワタシが行われて祭りが終わる。トウヤは一年の神事を預かり、神社の管理や正月の神社参りをする。

第二章　小美玉市小川 素鵞神社の祇園祭礼

坂本　要

はじめに

小美玉市《おみたまし》小川素鵞《そが》神社の祇園祭礼については『小川町史』[1]に記述がある他、平成二十六年（二〇一四）に茨城県立歴史博物館が神事について撮影し[2]、概略は『小美玉市史料館報』に記載されている[3]。四町（大町・横町《よこちょう》・仲田宿・上宿）での当家《とうや》（小川ではこの漢字をあてる）神事、饗倍《きょうばい》の給仕と呼ばれる子供役、神籤式等、興味ある神事が行われる。

素鵞神社の祭礼史料としては、素鵞神社の代表総代を務めた香取芳忠氏による覚え書や、神社の祭礼規約、大正十三年（一九二四）から書き継がれている『年番記録帳』[4]などがあり、これらは本書史料編に収めた（Ⅱ史料一―1〜3）。また横町には安永八年（一七七九）から明治三年（一八七〇）までの『横町覚書』[5]が残されており、祭礼の傘鉾・作り物・唐人行列等、興味ある記事がみられるので、本書史料編に図版部分および関連する部分を翻刻し載せることにし（Ⅱ史料二）、その解説をコラム⑨として収録した。論考編でもこの図版について論究されているので参照されたい（Ⅲ論考「福原「異国表象」」）。

なお本章は『筑波学院大学紀要』№12（二〇一七年）に掲載の同名の報告を再録したものである。

一　小川河岸と素鵞神社

小川は、霞ヶ浦の東岸から園部川を少し遡ったところにある小川河岸を中心とする町場で、旧小川町の中心として栄え、明治四年（一八七一）までは茨城郡小川村であった。昭和二十九年（一九五四）小川町は白河村・立花村と併合し、平成十四年の玉里村・美野里町との合併により小美玉市となり、旧小川村地区は小美玉市小川となった。小川には旧村社の素鵞神社がある。以下この報告では旧小川村の範囲を小川として記す。

小川河岸の変遷

小川河岸は元和八年（一六二二）徳川頼房が小川城跡に御殿を作り、元和十年に常番を置いて水戸藩の御用河岸とした。以降、水戸からの荷は水路で涸沼の宮ヶ崎に運び、陸路で小川に寄せ、霞ヶ浦・利根川経由で江戸に運ぶという「内川廻し」のルートを開設した。享保年間（一七一六〜三六）になると民間河岸も次々に開設され、東北地方からの物資も運送されることになり、小川河岸は集積場として賑わっていった。主に薪炭が多かったが米・材木なども運送された。明治になり御用河岸が民間に開放されると、さらに物資の品目が多くなったが、大正時代をピークに薪の需要の減少、鉄道の開通、川底が上がり運航が困難になったこと等で衰微してしまった。昭和に入り、たび重なる洪水から園部川を改修し、まっすぐな水路にする工事が始まり、現在の新園部川になり、河岸は姿を消した。(6)

素鵞神社と稲田姫神社

素鵞神社は「由緒書」(7)によると享禄二年（一五二九）橋本源左衛門・孫左衛門の兄弟が園部川の川尻で御神体が流れ着いたのを祀ったところ、「吾は是れ牛頭天王にして陰神陽神也。将に当所の鎮守とならん」との託宣があった。当初、町辻に祀ったが、これを聞いた小川城主園部宮内少輔が翌享禄三年、陽神を天王宮として城外町辻に、陰神を稲田姫神社として城内に祀った。城内とは現在小川小学校敷地となっているところである。その後天王宮は城外町辻から天聖寺隣の水天宮の碑のある場所に移し、花蔵院寺内鎮守として祀った。花蔵院は薬師山花蔵院毘沙門寺と称したが、後に野田に移り廃寺になった。天王宮は元禄期（一六八八～一七〇四）に水戸光圀の命により、橋本家の神官の手にわたり、天保八年（一八三七）拝殿を改築、天保十一年社号を素鵞神社にし、明治三年社殿を小川小学校（小川城址）脇の現在地に移転した。現在の社殿は明治十八年の火災のあと、再建したものである。稲田姫神社は小川小学校敷地にあったが、昭和二十二年、素鵞境内に移して現在に至っている。

「由緒書」には「六月祭礼の注連竹《しめたけ》等まで、御城内にて御刈りなされ、六月四度の祭礼御城内より村中まで、六月十三日出輿これあり候。今においても其の式残りおり、古城跡に出仕、城内に鎮座せらるる女神の社前において、水酒御膳等奉進の祭式これあり、それより村中出輿に相成り申し候」とある。六月に祭礼があり、その注連をする竹を城内で刈り、四回の祭事をして六月十三日に神輿を村内に出し、女神（稲田姫神社）の前で御供の儀が執り行われたとある。後述するように、この神事・祭礼は現在も受け継がれている。

このことは安永八年（一七七九）からの『横町覚書』にも記載されており、さまざまな風流の造り物が出されており、祭礼は六月朔日から十三日にかけて行われ、十三日には神輿の渡御があった。

また「小河村別当花蔵院由来書」には「当小河三町横町・大町・田町の鎮守牛頭天王の儀は」とあり、「六月四度の祭りの際は御城内から三町まで相つとめた」とある。(8)

現在小川には九町会あり、町の発展に伴い、神事・祭事の拡大があった(9)（後述）。

二　祇園祭礼の概要

素鵞神社は天王社といわれ、祭神は建速須佐男命《たてはやすさのおのみこと》であるが、境内に櫛名田比売《くしなだひめ》を祀る稲田姫社があり、祇園祭はこの二社の祭りである。

祭りは旧暦の六月一日・七日・十一日・十三日に行われ、四度《よど》の祭りといわれ、それぞれ当家祭が行われたが、昭和三十八年に十一日と十七日の当家祭が二十日の同一日に統合され、平成十六年から、二十二日から二十五日の祭礼は、七月第三金土日と海の日の月曜を含む火曜までの五日間になった。

現在は第三金曜に十一日・十七日当家祭、第三土曜に二十一日当家祭、第三日曜に二十三日当家祭、第三月曜に神輿の巡幸・神饌祭、第四火曜に笠抜き慰労会という五日間の祭りになっている。

この祇園祭は神事と祭事に分かれる。四度《よど》の祭りとは、大町・横町・仲田宿・上宿の四町会で行われる四当家の当家祭りである。もとは大町・横町・田町の三町会とされるが、町場の拡張によって田町が本田町になり本田町から仲田宿が分かれ、仲田宿が当家役を担う町会になった。そして横町から水戸方面に延びる坂道に家数が増え、上宿になった。これで四町会であるが、上宿がさらに坂下町・坂上町・二本松町に分かれ、上宿のなかで三つの当番町の持ちまわりとなっている。この四町会のなかで神饌式が執り行われ、十一日・十七日・二十一日・二十三日の当家のいずれを担当するかを決める。十一日・十七日の当家町は注連の竹を立てるだけであるが、二十一日当家町はお浜降りの神輿の巡幸を行い、二十三日当家町は稲田姫神社へ神輿の巡幸の後、稲田姫神社祭礼を行う。二十三日当家は大幣を持って神輿の先を行く。

この他に、河岸町は榊といって天狗の面のついた榊の生木を神輿の先駆けとして担ぐ。本田町は神馬といって神馬を出したが現在は行わず、榊の出発にあたって河岸町に口上を述べに行く。昭和三十八年に橋向《はしむこう》町が祭礼に加わり、お旅所の旗を立てる旗立てという役であったが、現在交通事情により行われていない。このように、もとは三町会の祭りであったものが、役を振り分けながら九町会の祭りにしていったことがみてとれる。以上変遷をたどると、次のようになる。

三町会　大町・横町・田町
四町会　大町・横町・仲田宿・上宿
六町会　大町・横町・仲田宿・坂下町・坂上町・二本松町
（六町会）大町・横町・仲田宿・上宿・田町・河岸町（踊屋台のれんの染模様による）
八町会　大町・横町・仲田宿・坂下町・坂上町・二本松町・本田町・河岸町
九町会　大町・横町・仲田宿・坂下町・坂上町・二本松町・本田町・河岸町・橋向町

当家神事と担い手

当家神事には、四町会の各町の当家役、宮司の他、壇頭《だんとう》・御供盛《ごくもり》・饗倍《きょうばい》・給仕・行司という役がつく。壇頭は檀家総代の意味で、神仏習合の時の名残りともいわれ、天聖寺の総代であった長谷川家が代々あたっている。神饌の儀の準備と接待を行い、原則九町総代と行動をともにする。

御供盛役は、御神体を最初に園部川から引き上げて祀ったという橋本孫左衛門の子孫があたり、宮司の家系で名は代々襲名するが、途中、下田にある妻方の姓に変わり、木名瀬孫左衛門となって中根に住む。御供盛役は当家祭祀にあたり供物の世話をする。この御供盛儀礼のことを「カイホカイ」という。ホカイは行器のことであり、神様への行器を供える意味にとれるので、「神祝式」の字をあてている。御供盛役はかつて神社の鍵を管理していたといわれる。当家祭以外の御供盛役は各担当町会の行司が務める。

饗倍・給仕役は、各町会から出る町会で行う当家祭祀の接待役で、男性二人があたるが、二十一日当家・二十三日当家では、饗倍役を長老が、給仕役を六、七歳までの男子が担う。当家祭は、当家接待と総代接待は別の場所か部屋を区切って別に行うので、饗倍・給仕は二組必要になる。子供の給仕役は町会から二人が選ばれ、浴衣姿か袴姿でお神酒を注ぐ。

当家は現在ほぼ家並び順にあたっているが、当家接待と総代接待が別の部屋であったため二間《ふたま》続きの大きな家でなければできなかった。当家は忌みを嫌って葬儀に参加できない、胡瓜といさざ(ゴリ)・鯉を食べてはいけない等の禁忌があった。胡瓜は切り口が天王社の紋に似ているからといい、いさざと鯉は、御神体が園部川でみつかった時、いさざ網に守られてその網を鯉が先導したからという。当家で接待するということのなくなった現在、当家の家は入口に注連の竹が立てられるのみである。

他に神輿の鳳凰のくちばしに挟む稲穂を、旧玉里村川中子《かわなご》の石橋織之助家が提供する。事前に当家の町から稲穂をいただきに行くことを、川中子行《ゆき》という。

祭事と年番

祭事は九町会で行われる。踊り屋台の巡行が主で、大正十三年に規約を改正し巡行規則を決め、年番により運行している(Ⅱ史料一-2)。翌十四年四月に伊能林兵衛氏より新調屋台の寄贈があり、現行に至っている。屋台の上で太夫の浄瑠璃や常磐津踊りを行ったもので、近隣の芸妓衆が屋台に立ちたいへんな賑わいであった。その様子や演目は『年番記録帳』に現在まで毎年書き継がれている(Ⅱ史料一-3)。近年は近隣の囃子連を呼び、ひょっとこ踊りになっている。年番は二本松町→坂上町→坂下町→横町→橋向町→河岸町→大町→仲田宿→本田町の順で、九年に一回まわってくる。

また各町内で大少のホロ獅子という獅子屋台があり、祭り二日目に各町内の各家をまわりお祓いをする。三日目に他町会やお旅所の挨拶まわりをして、夕刻お旅所（祭庭《さにわ》仮殿）のある小川中央の交差点に集まる。

また相町といって、年番町を囃子等で賑やかかして支える町が組まれている。組み合わせは仲田宿―河岸町、横町―本田町、坂下町―二本松町、大町―坂上町で、橋向町は祭りに加わったのが新しく相町はない。

九町会の各町会祭礼関係役員は次のようになっている。区長一人、氏子総代一人（内一人総代長）、世話人二人（会長・会計を置く）、行司、氏子世話人二～三人、祭事委員二人（内一人委員長）。

三　当家祭と神事

以下当家祭について、平成二十七年を例に、順をおって書く。

平成二十七年は、十一日当家―横町、十七日当家―大町、二十一日当家―仲田宿、二十三日当家―坂上町で、祭事の屋台年番は大町であった。

当年度の当家は、前年度の神事最後の神饌式で決まっている。だいたい七月一日に最終打ち合わせがあり、祭礼の日までに「呼使《よびつかい》」といって、二十一日当家と二十三日当家が二人で、各町内・宮司・檀頭・御供盛に洋服で正装して招待状を配りに行く。御供盛の木間瀬さんは中根に住むので、御供盛への挨拶は中根へ行くという。

かつては十一日当家祭の前日の十日に行った。また十六日は旗立てとお仮屋の組み立てがあったが、旗立ては交通事情で行われなくなった。

1　十一日当家祭・十七日当家祭

七月第三金曜の朝から神事が始まる。朝八時に、竹山《たけやま》といって十一日当家・十七日当家の町会のものが竹藪に竹を切りに行く。

また十一日当家がオシトギとオフカシとミゴワラを作って神社に持って行く(写真1)。オシトギは水に浸した生米をすり鉢で擦ったもの、オフカシはうるち米をふかしたもので、丑三つ時から作るとされている。米一升のうち五合をオシトギにして、残りをふかす。ミゴワラといって固作《かたづく》りにした甘酒(米と麹のみで作り薄めない)をどんぶり一杯分作り、一二本の藁の先につけ半紙で包み、紅白の水引で縛ったものを奉納する。一二は月を表し、閏年は一三本になる。

写真1　当家の供物　ミゴワラ・オフカシ・オシトギ

注連清払式《しめきよはらいしき》

祭礼の始まる前日の金曜の午前十時から素鵞神社拝殿で注連清払式として行うようになった。出席者は四当家・宮司・御供盛・行司と氏子総代九人、当家宅で行った時は氏子総代は別室であったが、神社拝殿で行っている現在は、上座に当家、下座に氏子総代が座る(かつての座順。Ⅱ史料一－1)。

まず注連清払式といって、拝殿昇り口に置かれた竹に吊るす注連縄や、各町内のホロ獅子につける幣束を、宮司が榊で祓う。

次がカイホカイで、ミゴワラにつけた甘酒・オシトギ・オフカシを御供盛が三方に盛り、宮司が供える。神輿の鳳凰につける稲も供えられている。祝詞奏上、玉串奉納のあと、饗倍・給仕により、当家・総代に神酒が供される。

町会当家祭

その後、十一日当家である横町と、十七日当家である大町で、町会当家祭がある。大町の場合、集会場である台之坊薬師堂の隣室の床の間に「素鵞神社　安政二年」と書かれた掛け軸（御分霊という）を掛け、その前で町会当家祭が行われる。宮司・御供盛・檀頭・当家が集まり、宮司・御供盛によって修祓・カイホカイが行われる。続いて大町の行司によってお神酒の儀が行われる。御供物は行器《ほかい》に入れて、おかもち（大正九年の素鵞神社の五《ご》桑《か》唐花《からはな》紋が入った覆いをかける）で運ばれる。町会当家祭は大町・横町・上町のみで、二十日か二十一日（第三金曜か土曜）に行われる。大町・横町は安政二年（一八五五）の掛け軸を使い、時間をずらして行われるが、上宿は別の掛け軸を持つ。平成二十七年は、十一日当家の横町の町会当家祭は金曜の午後行われた。カイホカイの供物はそれぞれの町会で作る。

当家注連・八町（丁）注連

午後、修祓された注連縄と竹をトラックに積み、十一日当家は素鵞神社鳥居・稲田姫神社・宮司居宅・四町当家宅・檀頭宅・御供盛宅の家に注連を張り竹を立てる。十七日当家は八町注連（橋向が入っていないので八町である。八丁の字を使うこともある）を、町境とお仮屋と、お浜降り場所等の一八か所、三六本の竹にトウ注連を張る（一八か所はⅡ史料一―1「香取芳忠氏覚え書」）。かつてはこの行事は十一日と十七日に行われていた。立て終わってカイホカイの神事があり、ドジョウ汁で接待された。その後、全員で注連の箇所を修祓してまわった。

該当町 当家	饗倍	給仕 大人	給仕 子供	九町 総代	該当町 総代	該当町 行司	区長	世話人 祭事委員
	○	○		○				
	○	○		○				
	○	○		○				
	○	○						
	○	○		○				
○					○	○		
				○				
	○		○					
	○		○	○				
				○		○		○
				○		○		
				○	○		○	○
					○	○	○	○
								○
								○
	○		○					
	○		○	○				
				○				
					○	○		○
						○		
				○				
					○	○	○	○

祭礼役員出仕一覧表

現行曜日	旧日程	祭式／役員名	宮司	御供盛	檀頭	四当家	翌 四当
7月 第三金曜	20日	注連清払式	○	○	○	○	
		（十一日当家祭）	○	○		○	
		（十一日当家祭別室）			○		
		（十七日当家祭）	○	○		○	
		（十七日当家祭別室）			○		
第三金曜	20日か 21日	町会当家祭 （大町・横町・上宿）	○	○			
第三土曜	21日	山降り出仕式	○	○	○	○	
		オミガキ				○	
		二十一日当家祭仮宮	○	○	○	○	
		二十一日当家祭公民館	○				
		お浜降り	○	○	○	○	
		仮宮着誉式床上	○	○			
		仮宮着誉式床下			○		
第三日曜	22日	年番祭	○	○	○	○	
		笠揃え					
		屋台巡行					
		獅子巡幸					
		二十三日当家祭上座	○	○		○	
		二十三日当家祭下座			○		
第四月曜	23日	仮宮出発式	○	○	○	○	
		神輿巡幸	○	○	○	○	
		稲田姫神社祭	○	○	○	○	
		神饌式準備	○	○	○	○	
		山入り還御式	○	○	○	○	
		神饌式	○	○		○	○
第四火曜	24日	笠抜き					

十一日当家祭・十七日当家祭を、20日に統合する。（昭和38年）
7月20日～24日を、7月第三金曜日～第四火曜日にする。（平成16年）

2　二十一日当家祭

お山下り（出仕式・御霊遷し・神幸祭）

七月第三土曜の昼、二十一日当家の町会で白の浄衣に着替え、神社に向かう。これを出穂《でほ》というが、かつては園部川で水垢離といって手を洗い、神社に向かい、神社ではお神楽を奏して迎えた。神社に着くと神輿蔵から神社拝殿前に神輿を出し、鳳凰をつける等の飾りつけをする。

午後一時、四当家・九町総代が拝殿にあがり、修祓の神事ののち絹垣《きんがい》（白い布）で囲い、宮司の警蹕《けいひつ》の声とともに御神体を神輿に入れる御霊遷しが行われる。御神体の入れられた神輿は赤い布で胴巻きされ、力綱が掛けられ、うこんの化粧布が担ぎ棒に巻かれる。出仕式（神幸祭）のあと、太鼓を先頭に四当家・檀頭・宮司・御供盛・氏子総代・神輿の順で神社を出発する。これを「お山下り」という。二十一日当家は木の大幣を持ち、宮司には赤い台傘《だいがさ》がかざされる。大幣は藍色のコンドサ（紺土佐紙）と白の西濃内紙を使っている。神輿の通る道には新砂が撒かれる。

写真２　二十一日当家仮宮でのオミガキ　手桶には園部川の水

仮宮での四当家神事

神輿は二十一日当家の町会を巡幸し、当家町の当家宅前に立てられた仮宮に安置される。仮宮では四当家によりオミガキが行われる（写真２）。オミガキは園部川から汲んできた水で神輿を拭いてきれいにする行事で、この時、川中子の石橋家からの稲穂を鳳凰の口につける。稲穂は行司が石橋家に稲穂を貰い受けに行く。

その後おかもちが運ばれ、二十一日当家祭が仮宮で行われる。宮司の修祓にミゴワラ・オシトギ・オフカシが御供盛によって供えられるが、饗倍と給仕によって神酒がふるまわれる。饗倍は町内の長老、給仕は六、七歳までの男子である。酒を注ぐのは子供の給仕で、長銚子（注ぎ口が二つある）を使う（写真3）。ついで豆腐とドジョウ汁の御膳が供される。

一方これとは別の場所で総代への接待があり、仮宮でふるまわれた神酒がその会場に運ばれ、饗倍と給仕によってふるまわれる。これは仮宮とは別の人があたるので、饗倍役二人と男子二人の給仕役がいることになる（写真4）。

お浜降り（浜出式・磯出式）

夕刻の五時、お浜降り（浜出式・磯出式ともいう）に仮宮から出発する。園部大橋脇の園部川のお浜降り場に着く

写真3　二十一日当家仮宮での四当家の神事。手前は給仕の男子

写真4　二十一日当屋別室での九町総代の饗応　奥は給仕の男子　仮宮の男子とは別である

と、二十一日当家町の行司が手桶に川の水を汲み（写真5）、当家がそれを柄杓で神輿にかけて清める。昭和三十年頃までは神輿を川に入れた。また大正十三年に決められた『祭礼規約』（Ⅱ史料二―2）では、午後八時半に当家前の仮殿を出て、午後十一時半までに祭典地仮殿（祭庭）に入ることとなっており、現在より遅く、深夜に及ぶ神事であった。

祭庭《さにわ》仮殿着《ちゃく》輿《よ》式・神事

神輿は引き返して小川交差点の祭庭に設けられた仮殿に安置される。祭庭は常設地なので、祭りの前に仮殿が設けられ二本の幟と奉納された赤提灯が何段にも飾られる。

午後六時、神輿が仮殿に納められると仮殿着誉式が行われる。総代は仮殿前床下の地面に菰を敷き、宮司・御供盛

写真5　浜降り式の修祓　園部川

写真6　祭庭仮殿着輿式の九町総代

によるオシトギ・オフカシ・甘酒のカイホカイの儀を行い、総代はオシトギ・オフカシ・甘酒、お神酒をいただく（写真6）。甘酒は塗り物の盃に受けその場でいただく・オシトギ・オフカシは半紙に包んで持って帰る。

二十一日の神事はこれで終わるが、年番町では屋台を出し飾りつけを行い、各町内ではホロ獅子が各家をまわる。

3　二十二日・大太《だいだい》神楽

大太神楽

元来この日は神事はなく、大太神楽も二十三日に行われたが、現在は午後二時と七時に大太神楽が執り行われる。午後二時は本田町・仲田宿・大町・河岸町・橋向町の代表参拝、午後七時は横町・坂下町・坂上町・二本松町の代表参拝である。大太神楽は巫女舞で、緋袴に冠をつけた二人の女子によって、笛に合わせて榊と五十鈴を持って舞われる（写真7）。

二十三日当家祭

二十二日の午後に二十三日当家祭が行われる。当家祭の神事は修祓・祝詞奏上・カイホカイ・饗倍と給仕による接待で、二十一日当家祭と同じであるが、お仮屋は立てない。公民館で当屋の神事と総代等の接待が同じ場所で行われ、同一の部屋が衝立により上下に仕切られている（写真8）。当屋・宮司・御供盛の部屋が上で、総代の部屋が下である。饗倍と給仕は上と下では別の人があたるが、二十一日当家祭同様、饗倍は年長者が、給仕は男の子があたる。お神酒は上の部屋が済むと下の部屋に渡される。

年番祭

一方この日、年番祭といって正午に宮司・総代・区長・世話人・祭典委員・行司等の町会役員が橋本屋に集まり、

写真７　祭庭仮殿での大太神楽

写真８　二十三日当家祭　上座と下座を区切っている　給仕の男子二人が見える

年番町主催の祝宴がもたれる。出されるものは「御茶・煙草盆・御銚子・御茶菓子・御取肴」と決まっており、取肴には、カツオ・茄子の鴫焼・ドジョウ汁他が出され、その年の手拭い・団扇と赤飯がおみやげに供される。きれいところの接待があり、屋台で行われる踊りや囃子が催された。

笠揃え

午後、年番町は「笠揃え」といって屋台の前で町会全員の祭り姿で揃い、写真をとって屋台の出発を祝う。

この日より祭事が始まり、年番屋台の巡幸が行われる。獅子の町内まわり、他町への挨拶、他町から来る獅子の接待等、全町が祭り一色になる。

年番屋台や各町獅子の祭庭の仮殿参拝がつづき、夕刻には祭庭前で大獅子が勢揃いし、祭りが賑わう。

4　稲田姫神社祭・神饌式

二十三日（第四月曜）は本祇園といわれ、種々の神事・祭事が行われた。戦前には小川町長が奉幣使として仮殿に参向し、大太神楽が奉納された。また二十三日当家祭もこの日、行われ、大正十三年の『祭礼規約』（Ⅱ史料一―2）では神輿は午後八時半に仮殿を出て、各町を渡御するとある。実際この渡御に一町内通過に二時間かかってしまい、終わってお山入りという神社の帰還は翌朝午前十時頃になっていた。現在は仮殿発輿式が午前十時、お山入りの還幸祭が午後九時である。

榊迎え

榊は神輿の巡幸を先導するもので。河岸町の担当になっている。三mほどの根のついた榊に御幣と天狗の面をつけ、根元を箱に入れ担いで運ぶものである。榊の枝にはコンドサ（紺土佐）色と白のシデが飾られ、御幣は黒と白である。面は昭和八年のもので、箱に「猿田彦御面」とあり寄進者名が記されている。午前八時半に十一面観音堂前の公民館に集まり、宮司を仮殿に迎えに行く。宮司が到着して御榊の入魂式が行われる。神輿巡幸の一番目にあたる本田町より、二人の「榊迎え」が来て口上を述べる。本田町ではすでに祭庭仮殿での神輿の飾りつけを済まし、その報告を述べ、露払いである榊の出を促す。河岸町では使者に一升酒を大杯の盃になみなみと注ぎ接待する。それが飲み終わらないと出発しない。出発を出穂《でほ》というが、八つ切りにした豆腐を食べ酒を足に吹きかけて出発する。

浄衣の若者が荒々しく担ぎ、途中から走って祭庭仮殿に着く、その前で榊をぐるぐるとまわしながら地面にたたきつけるようにして下し三回まわして止める（写真9）。地面には榊の根元の土が飛び散る。

稲田姫神社祭

神輿は二十三日当家の持つ御幣を先頭に、本田町に担がれて仮殿を出発する。太鼓の先触れにつづき、四当家・宮司・御供盛・檀頭・総代・世話人・祭事委員の一行が、小川神社境内の稲田姫神社に着く。神輿は須佐男命《すさのおのみこと》であり、稲田姫神社は櫛名田比売《くしなだひめ》を祀ることから、陰陽の神の交わりを示すとされている。神輿は稲田姫神社に対置される。神事は当家祭と同じであるが、稲田姫神社の前の地面に菰を敷いて行われる。向かって右に宮司と檀頭、左に御供盛、左右に九町会の総代が座り、カイホカイの儀他が執り行われ、二十三日町会の行司によりお神酒が供される。総代は本田町・仲田宿・大町・河岸町・橋向町・横町・坂下町・坂上町・二本松町の順に座る（写真10）。甘酒は塗り

写真９　榊の巡行・榊をまわす

写真10　素鵞神社境内稲田姫神社前での神饌式

物の盃にてその場でいただき、オフカシ・オシトギは半紙に包んで持ち帰る。四当家は神事に参加せず、かたわらで神輿の巡幸を待つ。

【榊・神輿の巡幸】

榊・神輿の巡幸路は次のようである（地図）。本田町→仲田宿→大町→河岸町→橋向町→横町→坂下町→坂上町→二本松町。

榊は河岸町の若者によって神輿と同時に出発するが、神輿の通る道を急ぎ足で担いでいく、本田町から二本松町の公民館まで行って戻ってくる。帰りに石川忠兵衛綿屋により、そこで榊をまわしたたきつけたあと休息をとり、石川家に榊の枝を渡す。正午頃、小川神社に戻ったあと、そこで榊をばらして終わる。

檀頭を除く宮司・当屋・総代等の一行は、本田町・仲田宿と神輿の巡幸と一緒に歩くが、仲田宿で昼食をとったあと、神輿より先に各町内をまわっていく。檀頭は神饌式の準備に入る。神輿の担ぎ手は、町内ごとに引き継ぎ式を行い引き継がれていく。神輿は文久二年（一八六二）年の古いものが小川資料館にある。

【檀頭での神饌式準備】

宮司・当屋・総代の一行は横町で休んだあと足を早め上宿を通り、二本松町にある檀頭の長谷川宅に急ぐ。長谷川家はもと坂下町の天聖寺の近くにいたが、二本松町に移った。午後六時頃、一行は長谷川家に到着する。長谷川家では床の間に素鵞神社の掛け軸を掛け、十一日・十七日・二十一日・二十三日と書かれた神饌の紙が供えられている。ドジョウ汁を含む会食のあと、籤作りを始める。四枚の籤紙を一同確かめたあと、宮司と御供盛でこれを手で丸めて盆に置き、総代がそれをまわしてわからなくする。最後に御供盛が幾重にも半紙で包み、それを風呂敷に包んで宮司の腰に巻く。そのあと全員にウドンがふるまわれる。神輿が長谷川家の前を通り、二本松町の公民館まで行くのを見

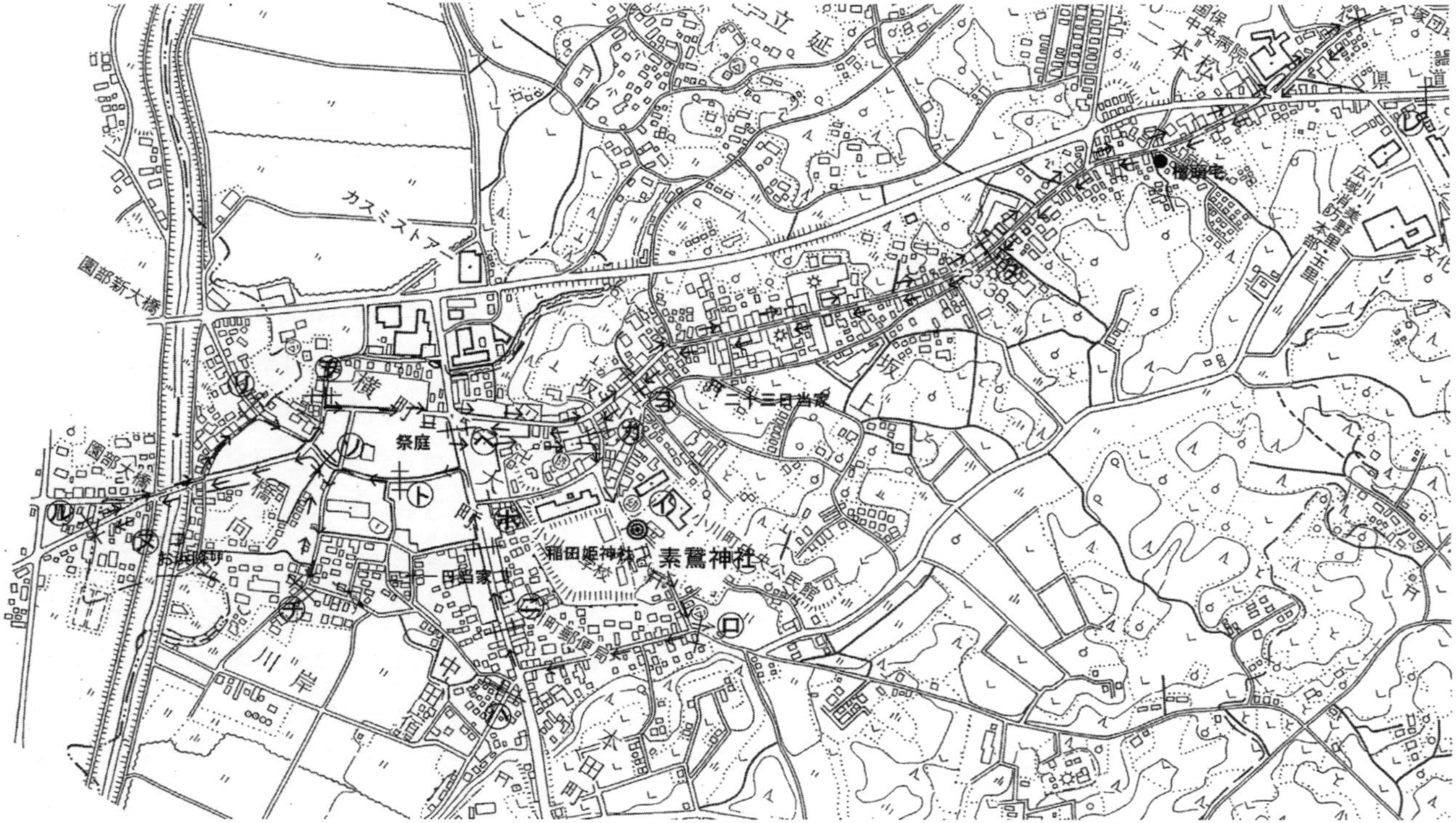

小川素鵞神社祇園祭礼地図　（地図作成　野田美波子）

→印　23日（月曜稲田姫神社祭礼後の神輿巡幸路）

平成27年の当家（21日当家仲田宿・23日当家上宿）

㋐～㋞は注連を張る場所。「香取芳忠氏覚え書」（II史料一－1）に対応している。

計らって神社に行く準備を始め、神輿が戻ってきて長谷川家を通り過ぎると神社に出発する。

お山入り

午後八時頃、神輿は二本松町から仮殿前に戻ってくる。すでに獅子や屋台が祭庭仮殿の前に集まり、祭りは最高潮に達する。神輿はそこで回転させたり、持ち上げたりして気勢をあげる。

その後、仮殿前から神社に神輿が戻り、還幸式が行われる。これをお山入りという。四当家・総代が拝殿にあがり、入御《にゅうご》の儀として御神体を神輿から神社本殿に戻す御霊遷しが行われる。神輿は飾りがはずされ神輿蔵に納められる。

神饌式

午後九時、神社の拝殿前の地面に菰が敷かれ、向かって右に今年の当家である「渡し当」が左に来年の当家である「受け当」が座る。宮司が包みを解いて四つの籤を三方の上のカワラケに並べ、「渡し当」が入念にカワラケの四つの籤をまわし、「受け当」がその籤を引く。引き終わったところで紙を開き、来年の当家の日が宮司によって披露される。以上、提灯の明かりのみの暗闇の中で行われる。その結果は各町会の公民館に行って報告され、ご苦労会が開かれる。

【笠抜き】

翌二十四日(第四火曜)、この日、後片づけが行われるが、町会によっては「笠抜き」といって慰労会を行う。かつてはこの日に浄瑠璃や踊りを行う町もあった。

【例大祭】

祭りが七月第三日曜前後になってしまったため、本来の二十三日の祭りを七月二十三日に別に行う。区長・総代の役員が集まり十時より神事を行い、仮殿で行われた大太神楽が奉納される。式後、橋本屋で直会がもたれる。

四　祭事と獅子

年番屋台と年番帳

祭事は屋台(山車)の巡行をいい、神輿の巡幸とは別に行われ、年番の担当である。

年番屋台は踊り屋台といわれる。小川の祇園は、神事もさることながら、江戸時代においては、作り物や唐人行列などの仮装行列や、傘鉾・万灯や芸妓踊りで大変な賑わいだったことは、「横町覚書」(Ⅱ史料二)でわかる。大正十三年の鹿島参宮鉄道の開通(六月八日)に伴い祭礼を一新し規約を定め、翌十四年に屋台を伊能林兵衛氏の寄付により新調した。『祭礼規約』によると、踊り屋台巡行は二十二日・二十三日の二日間で、順路は本田町→仲田宿→大町→河岸→横町→上宿の六町会である(Ⅱ史料一―2)。

踊りは「浄瑠璃所作事を以て演ずる事」となっており、年番町が他町も巡行し、所作を演ずる場所は各町の当家と休憩所となっている。祭礼の終わった二十四日に、笠抜といって年番町会で余興に所作を演じる町会もあった。写真11は大正十五年の河岸町が年番だった時のもので、大正十五年の「年番記録」はⅡ史料一―3に収めた。毎年踊屋台が出されたわけではなく、昭和十一年から二十一年まで中断している。

『年番記録』は大正十三年の屋台新調より、現在に至るまで年番屋台の出た年の記録である。昭和四十八年以降は毎年の記録があり、年番町会が保管し、その年の様子を書いて十月に次の年番に引き渡す。『年番記録』によると、当初、「将門」をはじめ「忠信」や「関之戸」等一部二部を通しで行う太夫の浄瑠璃に常磐津舞踊(所作事)が伴う本

写真11　大正15年　河岸町年番笠揃え

格的なものであったが、小唄踊りや民謡踊り・歌謡コント等が入ってくるようになり、昭和五十年頃より囃子連を乗せるようになった。芸妓の踊りは平成十一年が最後である。

屋台の先頭に男子の拍子木打ちと女子の金棒引きがつき、多い時はそれぞれ五〇人を超える町会もあった。大拍子木は一つでそれを合図に出発をする。大拍子木は年番が来ると表面を削って新しくした。「茶台籠」といって、お茶やたばこを載せた小ぶりの籠が同行する。

現在は近隣の囃子連を頼み、二十二日（第三日曜）に町内を巡行し二十三日（第三月曜）は他町を巡行する。

ホロ獅子（大獅子・子獅子）

各町会は獅子頭を持っている。大獅子は昭和二十二年には横町・河岸町・上宿だけが持っていたが、現在はすべての町会で持っている。子獅子は大町と横町を除いて持っており、町会によっては二頭・三頭所持している。獅子にホロを掛け車屋台をつけて囃子を乗せる獅子屋台で、かつては牛馬の引く車やリヤカーに囃子を乗せていた。子供獅子は二十一日（第三土曜）か二十二日（第三日曜）の午前中に町内をまわり、獅子によるお祓いを受ける。厄除けに獅子に頭を噛んでもらい、御祝儀を渡す。ホロ獅子は獅子に屋台をつけたもので締め太鼓・大胴・笛の囃子方が乗っている。獅子屋台につける御幣は金曜の注連清払式の時にいただいてくる。二十二日・二十三日(第三日曜・月曜)に他町をまわり接待を受ける。また町会集会場では各町の獅子がまわってきて接待をする。

大獅子は二十二日(日曜)に祭庭前で各町揃いのパレードがあり、二十三日(月曜)の夜、神輿の山入りの前に祭庭に集まり、祭りのクライマックスを迎える。

おわりに

ここまで大正期から現在までの小川の祭礼をみてきたが、小川の祭礼の特徴は、神事と祭事というように、当家祭祀の神事と屋台の巡行の祭事がはっきり分かれていることと、四度の祭りといわれるように、四回の当家祭祀があることであろう。

まず神事であるが、当家神事は大町・横町・仲田宿・上宿の当家である四当家で行われ、上宿が坂下町・坂上町・二本松町と分かれているため六町が担当し、すなわち四当家六町の神事となっている。さらに当家祭祀では、各当屋祭にみられるように四当家の神事と総代の神事が部屋を別にされて、明確に分かれている。

これは四当家の神事と、他の河岸町・本田町・橋向町を含む小川全体の神事が別であったからと考えられる。歴史的にみれば、四町のうち、河岸町に榊の巡行、本田町に神馬の先導、橋向町に旗立て、というようにそれぞれの役を与えて小川全体の祭りとしていった経緯からと想定でき、当家祭祀も四当家祭祀とは別に、そのお神酒を流れ受ける形で総代が別室で素鵞神社の掛け軸を掲げて神事に臨んでいる形を加えた。

祭事は四当家と関係なく、小川町九町の管轄で、年番は順送りに九年に一度まわってくる。屋台の巡行と橋本屋での年番祭が大きな催しであった。屋台は踊り屋台で、芸妓による一幕の芝居や踊りに太夫が音曲をつけていた。町会ごとに演目を変えて演じられており、年番祭の会場や笠抜きの慰労会でも演じられていた。大正十三年以降はこの踊り屋台の巡行が祭りの中心として賑わい、さらにホロ獅子による囃子の巡行が祭りの気分を盛り上げた。

神輿の巡幸については、清め祓い・山下り・山入りに、四当家・九町総代が拝殿にあがっており、巡幸にもついていくことから、当家・総代の共有の祭りといえよう。

四回の当家祭祀のうち、十一日当家と十七日当家は他所のトウジメにあたる。このように町の入口や境に竹に注連縄を張り結界することを、霞ヶ浦近辺ではトウジメといっている。早いところでは祭事の一か月前に行うが、一週間前のところが多い。小川ではこのトウジメの行事が当家祭になっていったと考えられる。

二十一日当家と二十三日当家については、二十一日が素鵞神社の須佐男命を祀り、二十三日が稲田姫神社の櫛名田比売を祀るとも考えられている。稲田姫神社の祭礼に四当家が参加しないのは、不思議である。城内に祀られていたため町の祭りに組み入れられなかったことも考えられるが、素鵞神社の神事である出輿式に九町総代が拝殿に立ち会うことから、神社の神事は九町総代の神事であるとも考えられる。

素鵞神社は、もとの天王社を祀る橋本・木間瀬家の祭りから発展し、宮司と宮司の家系である御供盛の両木間瀬家が祭りの中心祭祀をに担っている。他所のトウヤ祭祀をみると、トウヤ宅に御神体もしくは分霊を持っていき一年間それを祀るところが多い。小川をみるとこのようなことはなく、祭礼時のみの当家である。祭主が木間瀬家とはっきりしていることから、小川の当家は四町の祭礼当番役の当家であったことが考えられる。

また檀頭すなわち檀家総代が神事に参加するのは珍しいが、もとの素鵞神社が天聖寺や花蔵院の寺域にあったことに由来する。

饗倍の子供役については、霞ヶ浦周辺ではトノといわれる神役の子供が登場するところがある。関西の宮座儀礼でも子役が給仕役で登場する事例もあり、[10]それら古態の祭礼の一環とも考えられる。この祇園祭は四度の当家祭祀があり、オミゴク等の供物、仮屋での祭祀等、複雑にして独特の用語に古態を残した神事であり、踊り屋台に華美を競った祭礼といえる。さらに驚くべきことに、江戸期の小川の祭礼は、近隣ではみられない土浦に並ぶ風流造り物が多く出る大祭礼であった(コラム⑨・Ⅱ史料二参照)。

註

(1) 小川町史編さん委員会『小川町史　上』(一九八八年)。
(2) 茨城県立歴史博物館ＤＶＤ『素鵞神社祇園祭(小川の祇園)とトウヤの神事(小美玉市)』(二〇一四年)。
(3) 本田信之「素鵞神社祇園祭(當屋祭)記録調査の概要報告」(『小美玉市史料館報』九、小美玉市史料館、二〇一五年)。
(4) 『年番記録帳』大正十三年(一九二四)からの毎年の年番町会が祭事の様子を記録したもので、現在も書き継がれている。
(5) 『横町覚書』。として小美玉市に保管。約一〇〇丁、和綴じ本。安永八年(一七七九)～明治三年(一八七〇)の祭礼覚え書き(近江礼子「小美玉市小川素鵞神社「横町覚書」」『小美玉市史料館報』一一、二〇一七年、に全文翻刻)。他に天保八年(一八三七)『新造営拝殿寄付帳』等が文書としてある。
(6) 井坂教『小川町のあゆみ』(私家版、一九六八年)。井坂教「小川河岸の回顧」(『ひたち小川の文化』二、小川町郷土文化研究会、一九七二年)。前註(1)『小川町史　上』。

（7）小川町史編さん委員会『小川町史　下』（一九八八年、九九頁）。

（8）井坂前註（6）『小川町のあゆみ』（二〇九頁）。原文を意訳で記してある。

（9）菊地武一郎「小川町（九町の成立）区の分離分町」（『ひたち小川の文化』三〇、小川町郷土文化研究会、二〇一〇年）。

（10）兵庫県加東郡上鴨川住吉神社祭礼の長床行事。ただし年齢階梯制の最年少者役として酒を注ぐ。

第三章　行方市玉造 大宮神社の例大祭

近江　礼子

はじめに

行方市玉造の大宮神社では、毎年五月四日(祝)と五日(祝)に例大祭が執行される。昭和三十年(一九五五)頃までは旧暦の五月節句に執行されたことから「節句祭り」、また流鏑馬があることから「流鏑馬祭り」とも呼ばれ、五穀豊穣と子供の健やかな成長が願われた。中世にも遡ると伝わるさまざまな神事を含む祭りが、現在も伝統を守りながら行われているが、実態は霞ヶ浦沿岸における七月の祇園祭に近い。しかし、小神輿を守る頭屋は特異である。(1)

一　大宮神社

玉造のほぼ中央高台に玉造城址があり、鎌倉初期に常陸大掾氏の一族行方景幹の四子である四郎幹政が居住して、玉造氏を称し、代々居所とした。玉造氏は鹿島神宮の大使役を務め、戦功もあったが、天正十九年(一五九一)に佐竹氏に滅ぼされた。江戸時代は水戸藩領で、明治初期の石高は二五一四石余と、大きな村であった。

玉造字馬場に鎮座する大宮神社は、霞ヶ浦湖畔から東に約二・五㎞の台地上に位置する。和銅六年（七一三）以前の創建とされ、歴代水戸藩主の崇敬厚く、祭りには寺社係を遣わし祭粢《さいし》料を供し、領内巡見の節にはまず当社に参詣、崇敬の範を垂れたという。(2) 祭神は武甕槌命である。小美玉市小川の素鵞神社宮司が兼務する。

嘉永三年（一八五〇）築の本殿は非常に大きく、近隣随一とされる。境内も三三四八坪と広く、社殿より約一三〇m南西に建つ一の鳥居は石造神明鳥居、社殿より約三〇m南西には二の鳥居である木造両部鳥居が建つ。また、参道両側には平成九年（一九九七）から同二十年まで建立の石灯籠一三基が並ぶが、多くは例大祭頭屋の奉納である。二の鳥居から一の鳥居を過ぎ、駒留天神まで南西に延びる約二三〇mの直線道路は、昔は馬場であった。昭和三十年頃までの例大祭では馬を使っての流鏑馬が行われた。

二　祭りの当番と準備

【当番】玉造は表のように一一区に分かれ、毎年輪番で大宮神社の例大祭（以下、祭り）を行う。各区には氏子総代一人がいて、そのなかから氏子総代長を選出する。

平成二十八年の神輿当番は里、オオボク（大鉾）当番は内宿、天狗当番は加茂、流鏑馬当番は横町なので、この四区を中心に執行される。祭りの頭屋は神輿当番区の氏子総代が務める。横町は氏子総代（以下、総代）・世話人三人・流鏑馬所役の計五人だけが参加し、来年は神輿当番となる。横町を除く三区には総代一人・世話人三人（各自治区の役員）の他に、交通係二人・運転者二人・炊き番二人・奉納金と御札係二人などがいる。

【合同会議】四月三日（日）午前九時から神社拝殿において、宮司、総代一一人と世話人三三人の計四五人により合同

平成27年から令和元年までの例大祭当番表

地区	里	内宿	加茂	横町	上宿	川向	下宿	高須	柄貝	諸井	泉
27年	流鏑馬								神輿	大鉾	天狗
28年	**神輿**	**大鉾**	**天狗**	**流鏑馬**							
29年				神輿	大鉾	天狗	流鏑馬				
30年							神輿	大鉾	天狗	流鏑馬	
元年	天狗	流鏑馬								神輿	大鉾

会議が開かれた。各総代は各戸から祭典費二〇〇〇円と神社護持費（拝殿立替準備金）一〇〇〇円を徴収し、また各区の糯米代二〇〇〇円（3）を、四月二十九日までに頭屋となる里の総代に納める。そして、五月四日に頭屋から会計に渡された。

【トウジメオロシ（注連縄張り）】四月三十日にオオボク当番は右綯り・左綯り各五〇尋の注連縄を綯い、神社・鳥居・御祓所に左右の注連縄を二重に張る。そして、天狗当番も同じ各五〇尋の注連縄を綯い、各四〇尋はオオボク当番へ渡し、浜のお浜下り場に二間四方に竹を立て、残りの注連縄を張る。

【流鏑馬】流鏑馬当番は、二尺四方の板に黒い二重円を描いて、長さ約二・三ｍの竹の先を割って板を挟んだ的三本と、弓一本及び矢筈に矢羽が付いた矢を三本作る。

【お仮屋】五月三日に本宮建設が、横町の宮本歯科院駐車場に切妻妻入二間のお仮屋を建てた。お仮屋の場所は常に県道横町付近で、戦後五度移動したが、平成十五年頃からは変わっていない

三　頭屋

頭屋は神輿当番区の総代が務めるので、里区は重責で大変忙しい。

【トウジメオロシ】四月三十日、左と右綯り各五〇尋の注連縄（お仮屋分も含む）を綯う。頭屋の門から小神輿を安置する部屋入口までの庭左右両側に竹を立て、門から部

屋の奥まで左右の各注連縄を二重に張る。神様の通り道となる竹に囲まれた部分に新砂を敷く。注連縄の中は、五月五日の頭屋祭の招待者以外は通れない。

【小神輿の神幸祭】四月三十日午前十時に神社に、宮司と、白袴を履き三頭巴紋が入った白羽織を着た総代一一人、白半纏に腕章「大宮神社　祭事世話人」姿の里の世話人三人、小神輿担ぎ手二人が集合、神幸祭を執行した。御神体の分霊が安置された小神輿は二人に担がれ、全員で頭屋に向かった。

【トウジメ落成式】幕が張られた床の間に安置された小神輿の前には、案三段による祭壇が設けられ、海の物、山の物、果物、三つ重ね餅一組、御神酒一升、洗米一升、水、塩の神饌が供えられた。トウジメ落成式（宮司一拝、祝詞奏上、玉串奉奠、宮司一拝）が執行され、その後、頭屋で直会が開かれた。

【ニチグ（日供）】頭屋では四月三十日から五月四日までの毎朝、小神輿に膳を二つ供える。御飯は神饌専用の土鍋で炊き、必ず金目鯛など尾頭付きを付ける。その他に味噌汁・煮物・漬物・豆腐料理など計七、八品を用意するが、かつては男性の手料理であった。注連縄の中は女人禁制なので、頭屋が自ら小神輿に膳を供える。そして、毎朝八時に宮司が訪れ神事を行い、神様の膳を頭屋と二人で戴く。五日の朝食には、当番三区の全員と同じ赤飯のおむすび・ゴロ（ハゼの子の佃煮、二cm前後）・紅生姜の千切を供える。

小神輿が祀られている間、頭屋は庭の砂を毎朝清める。酒や肉についての禁忌は特にないが、家を留守にしない。小神輿は、神輿に乗った神様が渡御中に万一のことがあった場合のことを考えて、その分身を別に祀っておくという。

四　五月四日の祭り

神輿・天狗・オオボクとデボケ酒

午前八時、神輿当番・天狗当番・オオボク当番が神社に集合。天狗は竹を芯にして藁で肉付し二m大の体を作る。晒を体全体に巻き、赤の羽織と袴を着せ、両手に軍手、両脚に白足袋を履かせ、赤い天狗面を付け、棕櫚で髪を形造る。縦横各二本の担ぎ棒が付いた約九〇cmの立方体の木枠中央に長さ約四mの大榊を挿し、天狗を結び付ける。

写真１　御霊遷し（５月４日　大宮神社）

神輿は神輿蔵から出され、役員が写真を見ながら損傷部分を確認。天頂に金色の鳳凰を付け、紫の太紐を結び、金飾りを付けた。そして、鳳凰に青い稲穂を銜えさせた。

オオボクは長さ二九〇cm、太さ一〇cmの皮を剝いだスギ丸太で、天狗と同型の木枠に垂直に立てる。上部五〇cmから木枠四方に紙垂の付いた注連縄と晒を張った。渡御中、何度も激しく落とされるのでヒビが入り、毎年新調される。

同九時半、三区すべての準備が終了。担ぎ手は白上衣（浄衣）を羽織り、白鉢巻をして身祓（幣束）を後頭部に挿した。供奉社全員が、紙コップでデボケ酒を頂戴した。

神幸祭

お祓所での修祓後、同十時から拝殿で宮司、祭員、拝殿左側に総代一〇人、

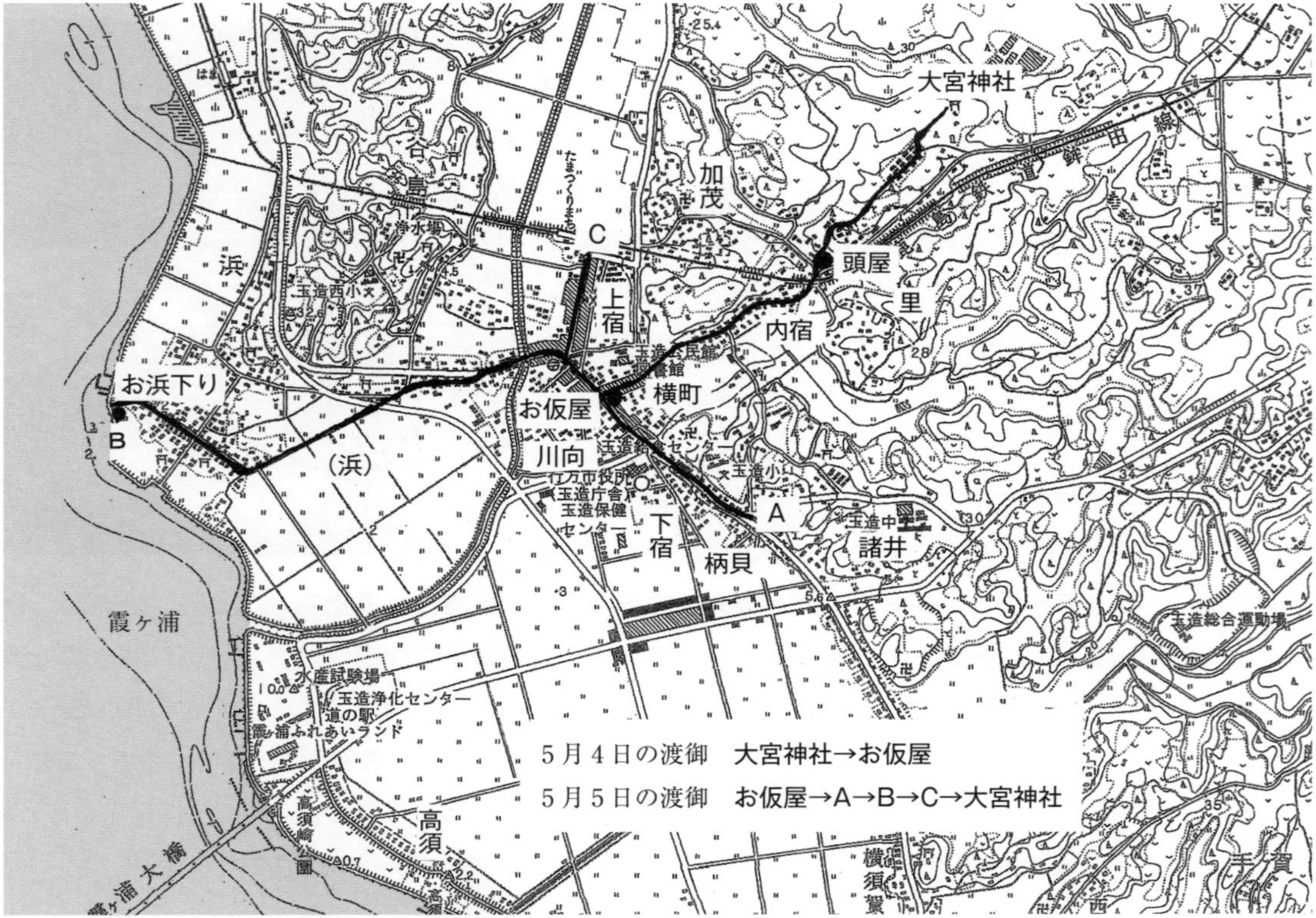

玉造大宮神社の例大祭地図（「行方市管内図」平成18年３月）

右側に三区の世話人九人と里の子供神輿代表者が着席、太鼓が響き、宮司一拝、祝詞奏上と神幸祭を執行。御神体が本殿から神輿に遷された（写真1）。

神輿の渡御

同十時二十分、先頭となる天狗当番のホラ貝を合図に、同当番の大太鼓が続き、そして一六人に担がれた天狗が出発した。総高四m以上の天狗は、二の鳥居の注連縄や電線に引っかかるので棒で上げ、傾けて潜った。続いて一六人に担がれたオオボク、二四人の神輿、宮司・祭員、総代が続いた。約二〇〇m進むごとに休憩を取り、御仮屋まで約一・六km、五十分の渡御であった（写真2）。オオボクは笛と拍子木でリズムを取り、神輿の掛声は「ワッショイ」である。

お仮屋祭

同十一時十分、お仮屋に到着した神輿は太紐・金飾り・轅を外され、お仮屋に安置された。お仮屋の周囲は紅白幕と注連縄が張られ、提灯や賽銭箱が設置された。お仮屋の右脇には天狗、さらに右にオオボクが安置された。

午後〇時五分、お仮屋祭が執行され、修祓、宮司一拝、祝詞奏上、玉串奉奠、宮司一拝の順で、宮司と総代長により玉串奉奠があった。神輿到着を聞いて、諸柄《もろから》（諸井と柄貝の合同）（写真3）と上町の山車が囃し、踊りながらお仮屋に集まった。祭員が山車の四方と囃子連を修祓し、お札「玉造大宮神社太玉串」を授けた。

お仮屋には午後九時まで祭員と総代や世話人が詰めるが、平成十年代末からは、午後九時から翌日午前七時までは警備員が詰め神輿を守る。

写真２　渡御の列（５月４日　里区）

写真３　諸柄の山車（５日　里区）

五　五月五日の祭り

頭屋でのお接待

里区全員が午前七時に頭屋に集合、世話人三人と班長四人で小神輿の安置された座敷に招待者一八人の席を作った。他は頭屋近くの広場に内宿・加茂・里の当番人数分約一五〇席を作り、赤飯のおむすび・ゴロ・紅生姜を載せた長さ九〇㎝の膳（一膳四人）を並べた。この三種の料理は、戦後から全く変わっていないという。

頭屋祭

【頭屋祭】午前八時半、招待者がタクシーで頭屋宅に到着、頭屋祭を執行した。その間、里の二人が神の馬迎え（横町の流鏑馬所役・世話人三人）に三度行った(4)。

【流鏑馬所役（殿様）の到着】同九時五分、三度の迎えで流鏑馬装束（素襖）に烏帽子を被り、太刀と弓を持ち、矢筒を背負った流鏑馬所役と、提灯を提げた世話人三人がタクシーで到着、頭屋の出迎えを受けた。所役は小神輿に玉串を捧げ上座に着席。頭屋の挨拶があり、全員で和やかに飲食した。お接待の料理は広場と全く同じである。流鏑馬所役は流鏑馬を始めた玉造城主に因み「殿様」と呼ばれ、流鏑馬当番区の三十歳前後の男性が選ばれる。

同九時半に招待者はタクシー、当番の人々は徒歩で約〇・八㎞離れたお仮屋に向かった。

神輿の渡御

午前十時、天狗・オオボクに続いて、胴に晒を巻かれた神輿がお仮屋を出発、東南に向かい何度も休憩しながら、玉造小学校下の三叉路まで進んだ。家の戸口には「御祭礼」の丸提灯が下がり、神輿一行が通ると手を合わせる人もいた。また、お祝金を奉納した家の前で、天狗は正面を向いて三度体を前に倒した。そして、お札に榊の小枝とお札を授けた。オオボクは高く持ち上げられ道路に勢いよく落とされ、神輿は「ワッショイ」と大きく三度揉まれた。

休憩後に道を戻り、郵便局前から関川橋や国道三五五号を渡り、浜のお浜下り場へ向かった。国道を渡る前に、天狗とオオボクは軽トラックに曳かれた。浜の集落でもお祝金を持って神輿一行を待っている家が約一〇軒あった。

【お浜下りの神事】大宮神社の御神体が上がったとされる浜の霞ヶ浦湖岸に着くと(5)、神輿は湖岸に向かってお祓所内に安置された。同十一時二十五分に太鼓が響き渡り、お浜下りの神事が始まった（写真4）。宮司一拝、祝詞奏上に続き、宮司が右まわりでバケツに入った霞ヶ浦の水を柄杓で神輿の四方に二回ずつかけ清めた。太鼓が鳴り、お浜下り

写真４　お浜下り神事（５日　行方市浜）

写真５　小神輿の還幸（５日　大宮神社）

の神事がすんだ。

その後、警備車に積まれた料理や飲物で昼食を取った。午後一時十分、来た時とは逆に流鏑馬所役が先頭となり、総代、宮司・祭員、神輿、オオボク、天狗、太鼓、ホラ貝の順で、玉造駅跡に寄り、お仮屋脇を通り神社へ戻った。

【小神輿の還幸】午後三時二十五分、神輿からの連絡を受け、丸提灯「大宮神社」一対を持った頭屋と小神輿を担いだ二人は頭屋宅を出発、神社へ向かった（写真５）。そして、小神輿を拝殿中央の台座へ安置した。

還幸祭

同四時二十分、神輿が大拍手の中を神社に還幸し、大きく三回揉まれた。そして、拝殿前に安置され、三本締めがあった。オオボク・天狗も拍手に迎えられ到着、オオボクは大きく何度も揉まれ、天狗は社殿に向かって大きく一礼し、それぞれ手締めが行われた。神輿の胴の晒が外され、オオボクや天狗も解体された。

拝殿左側に総代一一人、右側上座には流鏑馬所役と世話人、三区の世話人が着席、還幸祭が執行された。宮司一拝の後、神輿と小神輿から御神体が本殿に遷され、祝詞奏上。次に総代長挨拶、玉串奉奠は宮司、流鏑馬所役、頭屋、総代長の順で、最後に宮司一拝があった。

例大祭

神前に神饌を供え、続いて修祓、宮司一拝、祝詞奏上、宮司一拝と例大祭が執行された。神饌は米・酒、海の物・山の物・果物など頭屋やお仮屋の神饌とほぼ同じであった。

流鏑馬神事

流鏑馬は初代玉造城主であった玉造幹政が始めたと伝わる。神事は流鏑馬当番である横町の総代（来年の頭屋）の仕切りにより、一回目は拝殿前、二回目は二の鳥居手前で執行された（写真6）。

社殿に向かって参道右に神輿当番、参道左に天狗当番、参道中央奥にオオボク当番の各世話人が的を持ち、一辺が二間余の正三角形になるように立つ。的の脇には各総代が矢を持って立つ。流鏑馬所役は最初に神輿当番総代から矢を受け取り、的が立つ三角形の中を大きく三回右まわりして、神輿当番の前に戻り、矢で的を射る（矢を投げる）。矢は鋭い音を立てて的中し、拍手が湧いた。次にオオボク当番総代より矢を受け取り、三回右まわりして、同じようにオオ

写真6　流鏑馬神事（5日　大宮神社）

ボク当番の的を射る。そして、天狗当番総代から矢を受け同じ所作をしてから、天狗当番の的を射る。二の鳥居手前でも同じことを繰り返した。大きな拍手が湧き、流鏑馬神事をもって、平成二十八年の例大祭は恙《つつが》なくすんだ。

六　昔の祭り

聞取調査

昭和三十年頃までは、旧五月五日を中心に三日から五日までの三日間で、神輿はお仮屋に二日間泊まった。(6) また、オオボクには薙刀のように丸太の先に本物の剣が付き、高さは五m近くあった。電線を切って通ったので、東京電力の職員が付いて歩いた。また、高く持ち上げて勢いよく落とすので、怪我人が出たり、商店街のガラスを割ったこともあった。天狗の榊も大きく、電線によく引っかかった。榊は縁起物として、お祝を包む人に木から直接伐り取って渡したが、金額により大きさを変えた。天狗を高く掲げてオオボクのように落とすこともあったが、天狗の面が破損すると当番の弁償となるので傾けるだけとなった。

昭和五十年代までは上宿から下宿までの県道に露店が一〇〇店以上ぎっしり並び、たいへん賑やかだった。毛ガニの親指に糸を付けて散歩を楽しみ、ニッキの木の根っこをしゃぶり、飴細工作りを眺めたりと、大人も子供も楽しんだ。

しかし、平成十四年に地区内に大型ショッピングセンターができ、玉造商店街がさびれた。また、同十九年の鹿島鉄道線の廃線により、玉造駅が廃駅となり、それに伴いバス路線もなくなり、商店街の衰退に拍車がかかった。

五月五日御祭礼日記[7]

文久三年（一八六三）の日記によれば、四月二十四日に会所が各組に祭礼触を出し、二十八日に、菰二枚、注連縄左右各二五尋などを各組に持参させた。また、高須は競馬一疋、諸井・柄貝と内宿・横町は神馬各一疋ずつの計三疋を用意し、その口取には四月晦日夕と五月四日に酒一升が遣わされた。神輿は泉から八人、上宿・下宿から八人の計一六人が担ぎ、現在の天狗に当たる柳持四人、太鼓持二人、貝吹一人は里の当番であった。大鉾は加茂七人、上宿・下宿四人、内宿・横町三人の計一四人。釣台二人、的持三人、矢取一人の流鏑馬は石神[8]が担当した。その他に今はない四神鉾四人、籏持二人は川向が担った。現在のように区毎の当番ではなかった。

銘酒の他、料理は豆腐・はじき海老・蕗・切干・山芋・泥鰌・若芽・カツオ切身・黒豆の赤飯・鯛の潮汁・玉子焼と多彩であった。半紙二帖、西之内一〇枚、大かわらけ一五、水引一把、供具一組などは、二十八日に石岡で求めた。

そして、五月三日に玉造村役人が浜村役人に宛てた「前礼（例）之通り、当五日村方鎮守御村方江出社祭事仕候間、宜敷奉願上候」という願書を、お浜下りする浜村へ出していた。この時、里から獅子が供奉するので承知下さいとあった。三日の渡御は係五〇人余、組頭一二人、供奉八〇人位の約一五〇人で、現在とほぼ同規模であった。

おわりに

玉造大宮神社の例大祭は五月に行われるが、内容は霞ヶ浦沿岸で七月に執行される祇園祭に近い。江戸前期まで玉造村の一部であった浜村の「浜村書上」[9]には、牛頭天王（素鵞神社）は玉造氏在城の節は、六月十一日より十三日まで玉造惣村にて祇園会をしたとある。したがって、大宮神社例大祭に祇園祭の影響がみられるのは必然的である。市内行方の国神神社や八王子神社では、同じ五月五日に祭りが執行され、稚児が盛装した祭馬に乗り、流鏑馬神事を行ったという。藤井久保の笹池神社も同じ五月五日である。

現在、五月一日午後に鹿島神宮で行われる流鏑馬神事は、文政七年(一八二四)刊『鹿島志』上巻によれば、五日の夕刻に執行されていた(10)。鹿島神宮の分社とされる大宮神社の例大祭は、鹿島神宮の神事に、素鵞神社(八坂神社系)の神事が融合したものと推察できる。また七月に行われる麻生八坂神社の祇園祭では、今でも稚児が飾り馬に乗る。十月の麻生大麻神社の例大祭でも、かつては稚児が馬に乗った。近辺にはこのように子供を祭りの首座とし、馬に乗る例がみられる。

本稿では玉造の例大祭は、霞ヶ浦対岸の石岡周辺地域の影響が色濃いことがわかった。一方、同じ市内でも南に位置する麻生の場合は佐原(千葉県香取市)の影響が強い。古くからの歴史・文化・伝統を守りながらも、時代の変化に柔軟に対応した大宮神社の例大祭であった。

註

(1) 詳細は、拙稿「行方市玉造大宮神社の例大祭(節句祭)」(『茨城の民俗』五五、茨城民俗学会、二〇一六年、四一～五二頁)。
(2) 茨城県神社庁『茨城県神社誌』(一九七三年、一二八八頁)。
(3) 平成二十五年までは糯米三升の現物であった。
(4) 昔は七度迎えに行き、その都度、所役の家で接待があった。

（5）浜村は元禄期頃（一六八八〜一七〇四）までは玉造村であった。浜は慶安三年（一六五〇）の「霞ヶ浦四十八津掟書」にある大きな津の一つで、東福寺前の表通りは元禄十三年から市が開かれ、幅七間半に広げられたとされる。神輿はこの道を通り、先端にあるお浜下り場に向かう。昭和四十年頃、玉造地区内の高須でお浜下りした時、神輿の担ぎ手が怪我し、山車の車輪が外れる事故があった。それ以来、元通り玉造地区外の浜でお浜下りすることになったという。

（6）『玉造町史』（玉造町役場、一九八五年、四七一頁）には、五月四日早朝、当番町内が当家で酒・肴・赤飯で祝い、各自白い狩衣を着て神社に集まった。お祓いの後、神輿を先頭に大鉾・猿田彦と続き、お仮屋に安置する。五日の流鏑馬では口取が二人付き、一人は馬の世話、他の一人は的持ちの任に着く。射手には神の馬当番の長（氏子総代カ）が衣冠束帯姿で乗馬し、三筋の矢を背負い三つの的を順に射っていくとあり、現在とだいぶ異なる。

（7）大場家文書№B二七七。年不明であるが同家文書№D三二三—三には、村方水災後、時疫流行による小児四、五人死亡につき、祭礼縮小の願書がある。明治十二年の同家文書№ア五三一は、臨時祭の願書である。

（8）『茨城県の地名』（平凡社、一九八八年、四一二頁）に、古くは玉造村と同村であったが、寛永十二年（一六三五）は村高五〇九石余。後に再び玉造村に併合し、天保五年（一八三四）の『天保郷帳』には「玉造村之内石神」とある。

（9）「古文書解説史料（『文化期郡鑑』）」（玉造町教育委員会、一九八六年）。

（10）『鹿島信仰』（茨城県立歴史館、二〇〇四年、五六頁）。

第四章　行方市浜 素鵞神社の祇園祭礼

近江　礼子

はじめに

霞ヶ浦東岸に位置する行方市の浜・手賀・荒宿・麻生・五町田など多くの地区で、七月下旬に祇園祭が行われる。そのなかでも浜は、中世から続く霞ヶ浦四十八津の北津頭であり、その祇園祭は古く、近隣では一番盛大とされた。浜の祇園祭については、『玉造町史』(1)や『玉造町史料写真集』(2)に断片的に載るのみで、先行研究はないに等しい。しかし、幸いにも浜在住の細谷政明氏から私家版『素鵞神社誌』（二〇一二年、以下『素鵞』）、同『古文書摘録集　鎮守素鵞神社　乳房稲荷神社』（二〇〇九年）を御提供いただいた。氏の調査結果を参考に、浜の祇園祭の特徴と変遷を探った(3)。

一　素鵞神社

戦国期の浜は、箱根氏が村内箱根に居住して支配していたが、佐竹氏に滅ぼされ佐竹氏領となった。江戸時代は水戸藩領で、『新編常陸国誌』[4]に、浜は「旧ハ玉造村ニ属セリ、正保、元禄ノ間、分レテ一村トナル」、「後玉造浜村ト呼ビ、天保中旧名ニ復ス」とあり、江戸時代前期までは玉造村であった。地区内に観応二年(一三五一)創建とされる天台宗東福寺[5]があり、元禄十二年(一六九九)に徳川光圀が巡見の際に仏具などを寄進し、翌年八月から常行会と新市を取り立てた。新市を開くため、浜大通りは幅七間半に広げられたと伝わり[6]、今も現状を保ち往時が偲ばれる。

素鵞《そが》神社は霞ヶ浦湖岸から約四〇〇m東の字新宮の高台に位置し、祭神は素戔嗚命、「天王様」と呼ばれる。『茨城県神社誌』[7]によれば、大宝年中(七〇一～〇四)の創建で、初め大宝神社と称したという。「浜村書上」[8]には、牛頭にあったが、薬師取立の節に土地を引替、大日並びに新宮明神潰れ跡を元禄十一年に下されたとある。

天王は玉造氏在城の節は、六月十一日より十三日まで玉造惣村にて祇園会をし、社地は東福寺境内(山王鎮座の所)にある。また、文化六年(一八〇九)の棟札「郷内惣鎮守天王宮」と、大正二年(一九一三)の「神饌幣帛料供進指定申請書」(共に『素鵞』)から、素鵞神社は谷島村・捻木村・若海村・浜村、以上四か村の郷社であったことがわかる。平成十七年(二〇〇五)から行方市繁昌の鹿島神社宮司が兼務し、毎年七月最終金・土・日曜日(平成二十八年は二十九・三十・三十一日)に祇園祭がある。

二　祇園祭の当番と準備

当番

浜二〇二戸は、今宿一と二、東、仲町、馬場一と二、宿、荒宿一と二、新箱根、境、新興住宅地の汐見台の、一二区に分かれる。しかし、祇園祭を担うのは表のように今宿から境までの一一区で、今宿から馬場までを東、宿から境

浜の祇園祭の当番表

	区名	平成27年	28年	29年	30年
東地区	今宿（一・二）		神輿		大鉾
	東		お榊		神輿
	仲町・馬場（一・二）		大鉾		お榊
西地区	宿	お榊		神輿	
	荒宿（一・二）	大鉾		お榊	
	新箱根・境	神輿		大鉾	

までを西と呼び、東と西が一年交替で祇園祭の当番となる。祇園祭は各区の区長の仕切りで行われるので、宮司の次に氏子総代長より先に玉串奉奠を行う。

祇園祭は表のように三区が隔年で、神輿当番、お榊当番（お榊・三神鉾・猿田彦）、大鉾当番（大鉾・太鼓）を担う。各当番長は班長が務める。費用は氏子が奉納する玉串料と、自治会からの祭礼費年間一八万円で賄う。また、祇園祭における区長・氏子総代（以下、総代）・代理区長の奉納金は二〇〇〇円、区委員・班長は一〇〇〇円との申し合せをしている。

前日までの準備

【トウジメオロシ（統注連縄降し）の儀】七月十日（日）午前六時半、区長、総代八人、代理区長・会計各二人、区委員一二人、班長九人の計三四人が神社拝殿に参集、宮司の下でトウジメオロシの儀を行った。修祓の儀、一拝の儀、玉串奉奠（宮司→区長→総代長→代理区長→会計→区委員→班長→総代）、一拝の儀、神酒拝戴と進んだ。そのなかで祇園祭における当番区を神前に報告した。

その後、当番三区の班長には各戸配布用の幣束、旗立（トウジメオロシ）、区の班長にはトウジメの紙垂、旅所の今宿と境にはお祓い所用の紙垂も配布された。また旗立手当として当番三区には各五〇〇〇円、その他の三区には各四〇〇〇円が支給された。昭和四十年（一九六五）前後からは幟を立てなくなったが、旗立の言葉がそのまま生きている。

【前日の準備】祭り前日の七月二十八日（木）午前八時、素鵞神社に総代八人が集まり、本殿・拝殿・向拝、一の鳥居・二の鳥居、手水舎にトウジメオロシをした。霞ヶ浦湖岸に近い浜五七八地先の浜大通り路傍に、一辺が約一二〇cmとなるよう竹四本を方形に立て、注連縄を張る。そして、高さ約三〇cmの盛砂をし、榊と幣束を立てる。

他に玉串奉奠用の玉串三五本、身祓(供奉用幣束)一〇〇本、供奉用の白丁一〇〇枚を区毎に分けた。

拝殿内の左側にある神輿格納庫から神輿を出し、青い稲穂三本と四本を違えた束を半紙に包み麻で結わえ、頂部の鳳凰にくわえさせた。神輿の前に祭壇を設置、上段には右から幣束・神鏡・幣束、下段には洗米・神酒・スイカ・メロンなどが供えられた。準備が終わった正午に昼食を取り、御籠り(神輿護衛)の三人を残し、他の五人は帰宅した。

当日早朝の準備

二十九日(金)午前六時頃から、当番区や各区が祇園祭の準備をした。

【トウジメオロシ】新箱根・境・仲町・馬場・宿・荒宿は各一か所、東と今宿は各二か所のトウジメオロシがされた。ただし、バスやトラックが通る今宿の県道二か所は、道の片方に注連縄の付いた竹二本をまとめて立てた。そして、境と今宿ではお浜下り場と同じようなお祓い所を設けた。

【お仮屋の設営】神輿当番区は、東福寺山門入口東の浜大通りにお仮屋を立てた。

【お榊】当番区は神社参道に集合、二m余の天狗人形を作った。竹の骨組みを藁で覆い、その上から白い晒を巻いた。そして、小豆色の麻の葉模様の着物を着せ、藁で長さ約一尺(三三cm)の男根を作り棕櫚で覆い、人形に結わえ付ける。また、頭の部分も棕櫚で覆い、赤い天狗の面を付ける。九〇cm四方の立方形に作られた木枠の真中に高さ約四mの根付の榊を入れ、正面に天狗人形を結わえ付ける。

拝殿内左奥にある長さ一六〇cmの三神鉾を取り出し、一本ずつ持ち供奉する。猿田彦係は天狗と同様な小豆色の着物を着て、赤い猿田彦の面を被り、ホラ貝係はホラ貝を吹きながら供奉する。

【大鉾】当番区は、拝殿入口内側の長押上の長さ四八〇cmの大鉾を、九〇cm四方の立方形の木枠の真ん中に約四五cmの刃を上に向けて立てる。総高五m以上となり、昔は電線を切ることも多かったという。毛布を敷いた一輪車の上に大太鼓を結わえ付ける。これを「触れ太鼓」といい、常に神輿行列の先頭に位置し、神幸中たたきながら進む。

三　祇園祭

遷霊の儀

初日の二十九日(金)午前〇時から素鵞神社拝殿で、区長・総代八人・代理区長二人・区委員一二人・浜粋会(囃子連)二人の計二五人が列席し、遷霊の儀が執行された。修祓の儀が終わると境内が真暗になり、総代長が持つ提灯「総代長」を頼りに、宮司が「オー、オー、オー、…」と警蹕しながら本殿を開扉し、御神体を抱え神輿に遷した。御神体は木箱に入った幣束で、見ると目が潰れると伝わる。続いて祝詞奏上、玉串奉奠(宮司→区長→総代長→代理区長→区委員→浜粋会→総代)、神酒拝戴とつつがなく遷霊の儀はすんだ。その後、直会があり、午前二時にお籠りの総代三人を残して帰宅した。午前七時頃、総代五人が来て交替した。

例祭

二十九日午前十時、区長・総代・代理区長・区委員が神社拝殿に集合、宮司が始まりの太鼓をたたき、修祓の儀、一拝の儀、神輿開扉の儀、献饌、祝詞奏上、玉串奉奠、撤饌、神輿閉扉、一拝の儀、お開きの太鼓、神酒拝戴となった(写真1)。

発輿の儀

写真１　例祭　素鵞神社拝殿

写真２　神輿の発輿（今宿１・２区）

午後二時過ぎ、当番区の約八〇人が区の祭り半纏を着て神社に集合。白丁を着て、身祓を頭や後襟に挿した。同二時半、発輿の儀が始まり、修祓の儀、献饌、祝詞奏上、玉串奉奠（宮司→区長→総代長→神輿当番長→大鉾当番長→お榊当番長→猿田彦）があった。その後、平成二十二年までは全員でデボケエ酒（出発酒）を飲んだが、飲む人も少なく、また神輿・大鉾・お榊が車で移動するため翌年からなくなった。区長が「無事神幸を」と挨拶すると、神輿当番八人により神輿に轅が差し込まれ、神輿は拝殿前に遷った（写真２）。

神幸（渡御）

【隊列】触れ太鼓を先頭に、猿田彦、ホラ貝、三神鉾、お榊、大鉾（写真３）、神輿、宮司・区長・総代長の順で神社

浜素鵞神社の祇園祭地図（「行方市管内図」平成18年３月）

写真3 大鉾(仲町・馬場)

の石段を下り、先の広場でお榊・大鉾・神輿は車に積まれた。神輿の掛声は昔からなく、静かに担がれるので「女神輿」と呼ばれる。お榊・大鉾・神輿の三つは重いので、平成十九年からトラックで神幸する。太鼓とホラ貝の音が各区に響いた。

【コース】神幸は素鵞神社から浜の北部に当たる新箱根、境へ向かい、境の祓所で宮司により地区の安全が祈願された。その後、素鵞神社近くまで戻り、荒宿を通りお浜下り場のある宿に向った。お浜下り神事後は、浜大通りを東に向い仲町・東をまわり、素鵞神社を目指し馬場を通り、東端の今宿に向った。そして、東を通りお仮屋に向った。

【お祓い所(お旅所)】境のお祓い所に着くと、神輿はトラックから降ろされ、お祓い所左前に安置された。宮司により修祓、宮司一拝、祝詞奏上、玉串奉奠(区長→副総代長)、宮司一拝が執行され、浜の北部から入る悪霊除けがなされた。お祝金を持って来た人にはお札の他に、お榊から伐り取られた榊の小枝が渡された。境区ではお接待所が設けられ、冷たい麦茶や梅干がふるまわれた。今宿のお祓い所二か所でも、同様な悪霊除けの神事が行われた。

【お浜下り】午後四時十分に霞ヶ浦湖岸近くで、お浜下り神事が行われた。お祓い所と同様な神事で、市内の麻生・山田のように神輿が湖水に入ったり、玉造のように神輿を湖水で清めることはなかった。[9]

お仮屋安置の儀

午後五時半、神輿はお仮屋、お榊と大鉾はお仮屋右脇に安置され、神事が滞りなく進んだ。そして、お仮屋右脇の路傍で直会があった。神事がすむと、浜粋会の山車がお仮屋にやって来て(写真4)、山車の直会も路傍で始まった。

本祭

神輿はお仮屋でこのまま二日間安置される。総代三人が交替で神輿を守り、参拝者を修祓、神酒を勧めお札を渡す。神輿がお仮屋に安置されている三十日(土)を本祭といい、特に神事はなく神様と共に氏子が楽しむ日とされる。お仮屋の左に、カラオケ舞台のトラック、その左に浜粋会の山車、その左に西小はやしの山車が並んだ。同日夜には消防団と浜粋会が中心となって夜店を出し、大福まき大会があり、午後十時まで例年以上の人出で賑わった。

お仮屋発輿の儀

三十一日(日)午後二時四十五分から、お仮屋前でお仮屋発輿の儀が行われた。神輿は八人、大鉾は四人に担がれたが、お榊は根付で大変重いためトラックで運ばれた。触れ太鼓、猿田彦、ホラ貝、三神鉾、お榊、大鉾、神輿と、神幸と同じ順で素鵞神社へ還幸した。

写真４　浜粋会の山車　お仮屋前

宮入(還幸)の儀

午後三時十分から宮入の儀が執行された。修祓の儀に続き、御神体が神輿から本殿に安置された。祝詞奏上、玉串奉奠があった。区長の挨拶後に、総代長の音頭で力強く三三七拍子をし、神酒拝戴となった。

後片付け

神輿は総代により神輿格納庫に安置された。大鉾は拝殿入口内側の上へ横に掛けられ、木枠は神社下の倉庫へ片付けられた。お榊は天狗を外した後、参道脇に植えられたが、土壌が合わないため枯れてしまうことが多いという。

四　祇園祭の変遷

昔の祭りは大酒を飲むため気も荒くなり、日頃のうっぷんを晴らすため喧嘩がつきもので、「ケンカ祭」とも呼ばれた。神輿も荒く揉まれ、あちこちにぶつかり、霞ヶ浦に入れたとも伝わる。河岸として栄えた浜の祇園祭は、近隣では一番有名で出店も多かった。嫁入りや仕事で浜から出た人、近在からの親戚や見物客も多く大変賑わった。

【期日】祇園祭は、昭和三十年までは旧暦六月十二・十三・十四日であった。昭和三十年代後半には新暦の七月二十三・二十四・二十五日に固定された。その後、サラリーマンが多くなり、平成十一年から七月最終金・土・日曜日となった。また、旧暦の閏六月十三日には神幸はしないが、閏祇園祭として神事だけを行った（『素鵞』）。

【神幸の中止】昨年（平成二十七年）は境区に入った所で、強い雷雨のため、区長の判断により中止となり、神輿はすぐにお仮屋に安置された。また、明治二十二年（一八八九）には旧六月十二日午後七時頃から大風雨となり、翌十三日午後七時頃、一日早く還御した。昭和十三年には出水のため居祭りとして神幸は行わず、前日の旧六月十三日にお仮屋から帰還した（『素鵞』）。いずれも安全を考えての仕切り（最高責任者）の判断である。

【お籠り】夜に神輿を守るお籠りは、以前は宮司が務めたが、平成十五年頃には総代三人の交代制となった。

【幟】現在は区境の道路に注連縄を張るが、昭和四十年頃までは一対の幟を揚げていた。同十五年の記録に、三神鉾・大鉾・旗代五円六九銭、旗紋書き一円五〇銭とある（『素鵞』）。幟廃止は、道路が舗装されて幟立が立てられない、幟揚げの労力がたいへん、幟の値段が高いなどによる。幟の時は警察の許可をもらったが、トウジメオロシは申請していない。

平成四年頃まで、東福寺の旗竿格納庫から遠い境や今宿には旗立代として清酒二本、他の区には一本が支給された。その後、平成二十四年までの旗立手当は、当番三区は清酒二本と祝金三〇〇〇円、その他の三区は清酒二本と同二〇〇〇円と変わった。現在は前述のように前者は五〇〇〇円、後者は四〇〇〇円が支給される。

【神幸のコース】大正二年(一九一三)の供進申請書(『素鵞』)に、素鵞神社は谷島村・捻木村・若海村・浜村四か村の鎮守祭神で、明治十一年の大祭典執行における神幸は、四か村の戸長連署をもって出願したところ許可され、祭事を執行したとある。

【当番】昭和五十三年まで祭礼当番は籤引で、戸別に決めていた。同年神幸中に神輿が落ちて壊れ、責任問題となり、現行のような区の輪番制となった。

【供奉】祇園祭に使用されたと思われるかなり傷んだ刀・鞘・弓が拝殿で確認できる。明治二十二年の供奉連名簿には神馬も記されているので、武者姿の人が供奉していたらしい。また、昭和九・二十一・三十一年の供奉には、正服供奉員が一〇人から一五人確認できる。明治三十三年の諸入費帳には、猿田彦装束、三神御服、白烏(丁)二二、風折(烏)帽子三、烏帽子二二の代金合計二一円四五銭とあり(『素鵞』)、役に応じ装束がきちんと決まっていた。

以前は拝殿内側に掛かる提灯(それには宮司・区長・総代長・総代・班長と墨書されている)を持って供奉したが、最近は持たない。

【料理】昔はどの家も赤飯を炊き、野菜の天婦羅を揚げた。刺身が食べられるのも年一回の祭りの日だけで、ご馳走であった。煮魚が多かったが、霞ヶ浦で七月二十日に解禁となるワカサギを釜茹でしたニボシをよく食べた。

おわりに

浜の祇園祭は自治会最大の行事で、費用もその経費で賄い、神輿・お榊・大鉾を各区が輪番で担う。遷霊の儀を真夜中に行い、形式的ではあるがお浜下りがあって古態を残している。

註

（1）『玉造町史』（玉造町、一九八五年、四七〇頁）。六月十三日にお浜下りをして神幸、十四日の還幸を高祓いといった、とある。
（2）『玉造町史料写真集』（玉造町郷土研究会、一九七六年、二八頁）。
（3）詳細は拙稿「茨城県行方市浜の祇園祭」（『西郊民俗』二三七、西郊民俗談話会、二〇一六年、七～一六頁）。
（4）『新編常陸国誌』宮崎報恩会版（崙書房、一九七九年、二四二頁）。
（5）瑠璃山薬王院と号し、本尊は薬師如来。薬王山と称したが、元禄五年（一六九二）に東福寺となる。大場家文書No.Ａ二三七―六の正徳五年（一七一五）「浜村立寺改書上帳」には、「吉田村（水戸市）薬王院へさわり申候間、東福寺と寺号可申由、元禄九子年被　仰付候」とある。
（6）船溜りのための掘割であったとの説もある。
（7）『茨城県神社誌』（茨城県神社庁、一九七三年、一二九三頁）。
（8）「古文書解説史料」（『文化期郡鑑』玉造町教育委員会、一九八六年）。
（9）荒宿では、神輿を船に載せお浜下りする。

第五章　行方市天王崎 八坂神社の祇園祭礼（馬出し祭）

坂本　要

はじめに―八坂神社と古宿・新田―

藩制村の麻生村には大麻神社と八坂神社がある。大麻神社は陣屋周辺の蒲縄・下淵・田町・宿・玄通が氏子であり郷社として祀られた。一方、天王崎にある八坂神社は古くから古宿・新田の氏子で祀られていたと思われる。慶長九年（一六〇四）、近江新庄（現滋賀県長浜市）より麻生郷に国替えになった麻生藩主の新庄家が、寛文八年（一六六八）に八坂神社を麻生郷内の総鎮守として祀った。寛文八年の「御領内総鎮守」と書かれた棟札の写しが残っている。その祭礼も麻生領二四か村の村役人を出頭させたが、文化十一年（一八一四）より村人の代表者を集めて行われた[1]。ただ、神社には室町時代後期に作られたとされる獅子頭があり、祭礼はその頃からあったと思われる[2]。神輿は霞ヶ浦対岸の浮島から流れてきたので、それを漁師が祀ったという。

その後明治の神仏分離により、明治四年（一八七一）古宿の八幡宮を村社にしたが、大正三年（一九一四）の神社合祀の際、八坂神社が村社となった。氏子は古宿区約七〇軒、新田区約六〇軒である。氏子総代と祭典委員は古宿・新田より四人ずつ出ている。

古宿はその名の通り麻生町中心街より古く、霞ヶ浦四十八津の一つ麻生津として栄えた港町で、城下川の河口は昔入江になっており舟が出入りしていた(3)。馬場は岡田健太郎宅前より城下川の入江までで、その馬場の中ほどに八幡社があり、八幡社前の馬場道にお仮屋が立てられ、この馬場道で馬出しが行われた。現在八幡社の地が後ろに広げられ、そこに公民館が建てられ、手前の元八幡社脇に地蔵堂がある。地蔵堂は天台宗蓮城院の末寺で明覚院といった。天王崎の八坂神社は現在より沖合にあったといわれているが、岸の浸食により現在地に移った(4)。

一　祭礼の由来と変遷

祭礼の由来については、祭神素戔嗚尊《すさのおのみこと》が八岐大蛇《やまたのおろち》を退治したことに始まるとされ、馬出しの行事は、神輿を素戔嗚尊、馬を大蛇に見立てて、素戔嗚尊の神輿が暴れる馬を鎮めることを表すとされている(5)。天保八年（一八三七）、飢饉により例年のような仮宮への遷宮ができなかったという記事に、「例年之儀者、古宿へ仮家ヲ建、同十四日夕方浜辺より右之仮家江遷宮致、一日一夜仮家ニ御座候」とあり、古宿へ遷宮した記述はあるが、新田の巡行の記述はない。

注連降ろしは旧六月七日、祭礼は旧六月十四日・十五日であった。祭礼一日目の十四日は八坂神社で御霊移しを行い、新田三叉路（上西浜）の三光院にも向かい、古宿に戻ってお浜降りをした。お浜降りといっても、八坂神社入口から中西下組の平野正宅東の小道を通って湖岸に出て(6)、湖月荘まで行き、湖には入らずに、しずしずと入江の脇を通って馬場の道に入る（祭礼地図参照）。

この湖岸の道を通ることをお浜降りといっていたが、昭和の初め頃から神輿は湖に入るようになった。このお浜降りの後、神輿は馬場の八幡社前の馬場道にある仮宮に安置され一日が終わる。二日目はこの馬場で馬出しが行われ、仮宮から八坂神社に渡御が行われ、祭りは終わる。馬場の道が昭和四十年（一九六五）頃アスファルト舗装されたことにより、足場が滑って馬出しができなくなり、八坂神社境内で馬出しをするようになった。

現在お浜降りとは、一日目の渡御前の神事のことをいい、二日目の八坂神社での馬出しのあと、八坂神社鳥居前より神輿は湖に入り祭礼を終える。

二　当屋と稚児

古宿と新田は六～一〇軒ごとの組に分かれている。東第一・東第二・中西一（中西前組）・中西二（中西上組《うわぐみ》）・中西三（中西下組）・西一（西前組）・西二（西後組）・新田一～六組で、この順に当屋組がまわっていく。西一・西二をあわせて西浜ともいう。

当屋組のなかから一軒の当屋を決める。当屋は八坂神社の祭礼の終わった翌日の日（現在月曜）に、その年の当屋組が行って注連を張る。ゴカイショ（御会所）（写真1）もしくはオドウ（お堂）という引き渡しの箱があり、それを引き渡し、その時から一年間、八坂神社祭礼まで当屋が以下の神社の祭事を務める。当屋は当屋組の手伝いで行事を行う。

1　十二月三十一日から正月一日、大晦日元始祭。
2　一月十五日、松引き祭（門松・松飾撤去）。
3　二月三日、節分祭。
4　二月十四日、小祭（小祭は、祇園祭の大祭に比しての語で、祈年祭に相当する）。

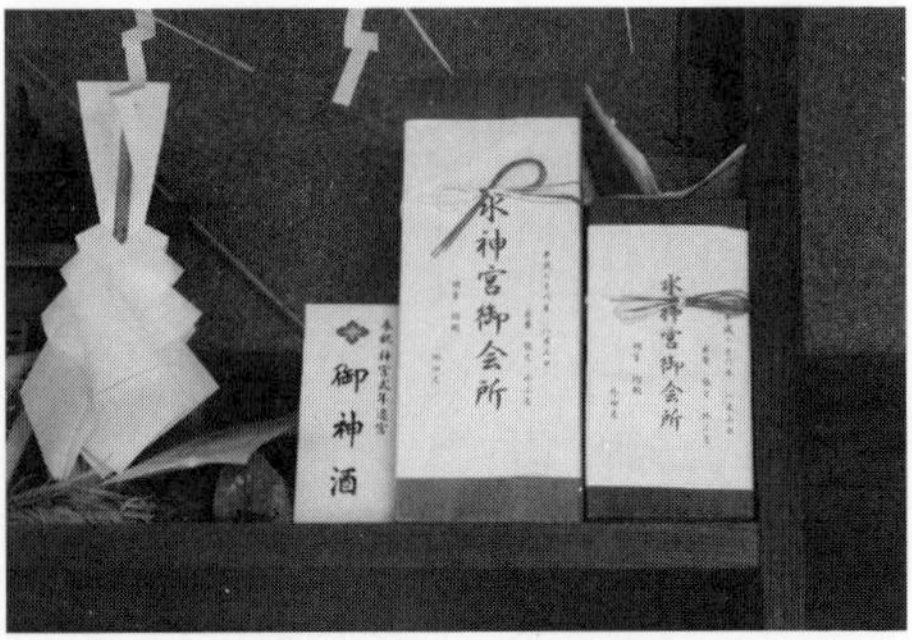

写真1　天王崎八坂神社の御会所（御神体）

写真2　肩車された稚児と馬出し役

5　七月第三日曜、注連降ろし。
6　七月第四土曜、宵祭り。第四日曜、本祭り。
7　七月本祭翌日月曜、御会所引き継ぎ。

稚児役は二歳から七歳までの男子がなるが、稚児選びは当屋組の責任で、当屋組になった古宿または新田のなかから稚児を頼みに行く。稚児は当注連・宵祭・本祭の神事に出て、渡御の際は神輿のあとの稚児馬に乗る。陣羽織で冠を被り、歩いてはいけないとされ、馬に乗らない時は馬出し役が肩車をして移動する（写真2）。昔稚児は馬に乗らなかったという。稚児宅には準備金が支払われる。近年、衣装・冠は引き継ぎである。

三　注連降ろし

注連《しめ》降ろしは旧六月七日に行われていたが、現在七月第三日曜に行われる。

午前九時半、八坂神社で清め祓いをする。午前十一時、当屋宅で小さいテーブルに置かれた御会所（お堂）の箱を前に、神官・稚児・当屋組の家によって当注連祭が行われる。

午後三時より当屋の庭に古宿・新田の氏子が集まり縄綯いをする。当屋よりビール・煮干し（えび・わかさぎ）・天ぷら・西瓜等で接待される。

その後、古宿・新田の以下の七か所の当注連を立てる（「天王崎祇園祭礼地図」参照）。①城下川堰場（古宿入口・麻生宿境）、②馬場入口、③馬場出口、④神社鳥居、⑤新田三光院道入口、⑥三光院、⑦新田のはずれ・島並境（かつては国道の島並境に立てた）。当注連の竹は二本の竹に縄七本を撚り合わせ御幣とカキ垂レをつける。神社鳥居は竹を横に渡す。

当屋宅の注連は、前年祭礼終了の翌月曜に前年度の当屋組が立てる。準備はこの当注連の日の午前中にしておく。竹二本を合わせ、右綯い六回、左綯い一回で締めて門の形にする。幟は八幡前と八坂神社脇のお仮屋と三光院に立てる。八幡前は当屋が、お仮屋は古宿が立て新田が降ろす。馬小屋が作られ注連が張られる。三光院は新田の人が立てる。

以上の準備ができると、神官が古宿入口より順に祈禱する。神官の前に清めの塩を撒く。途中の道々も清めの塩役が軽トラックに乗って塩を撒いていく。

四　宵祭り

稚児迎え

宵祭りと本祭りの日に、新田・古宿から稚児の家に世話人が迎えに行く。はじめに七人で迎えに行くが、稚児の家で接待を受け帰ってこないので、次に五人で迎えに行き、同様に三回目は三人で迎えに行く。宵祭りの場合、午前十

天王崎祇園祭礼地図（国土地理院２万５千分の１「麻生」より作成）

時半に新田の七人が、十一時に古宿の五人が、十一時半に役員の三人が迎えに行く。本祭りでは十一時半に古宿の七人が、十二時に新田の五人が、十二時半に役員の三人が迎えに行く。現在は消防団の人が行っている。

これは儀礼として行われるもので、他所では七度半の儀礼という当家迎えとして行われている。平成二十七年（二〇一五）からは公民館に稚児を迎えに行く形に変わった(7)。稚児は、午後のお浜降りの儀より神事に参加する。

馬

馬は八岐大蛇《やまたのおろち》にちなんで多い時は八頭も出たが、最近は三頭が出る。一頭は稚児馬といい稚児が乗る。神馬ともいう。一頭は当家馬といわれ昔は神主が乗った。他の一頭はザコ馬といって神輿を先導する。別に人形馬といって足に車をつけ棕櫚を撒いて馬の毛並みに見立てる木馬二頭が出て、祭を賑やかす。

稚児馬は縞の胴巻に五色の吹き流しという幅広の襷状の布を垂らし、三色の布団を背に載せ、尻尾に小さな布団をつける（写真3）。当屋馬は同様の飾りを白装束で行う。手綱取り（タヅナトリ）は紺の腹掛けに三色の襷を背に結び、手甲・白足袋・わらじ姿で、前ハンナ二人・後ハンナ一人がつき馬を導く。馬については馬出し連（馬出し保存会）が組織されている。

馬は宵祭と本祭の午前中「町回り」といって各家をまわる。家々では馬の鼻先にマッチで火をともし（写真4）、おひねりを馬出し役の差し出す扇子に載せる。

獅子

現在、社殿には大獅子と小さい獅子の獅子頭が祀られているが、渡御の際、別の獅子頭が行列に加わっている。昔は、行方市の文化財になっている古い獅子頭も行列に加わっていた。渡御が終わった宵祭の宵に、古い獅子頭を舟板で作った箱に入れ縄で縛って、御幣を先頭に子供が各家をまわり地面にたたきつけることをしたという。子供神輿が

写真3　稚児馬の飾り

写真4　馬の町回り（マッチで火をかざす）

写真5　供え物　ワカサギに蓼の葉

できてから、古い獅子頭の巡行はやらなくなった。平輪一郎氏は、この獅子頭を「木彫りの牛頭」としている[8]。

供物

宵祭のお浜降りの神事には、ワカサギと蓼（たで）の葉が出る（写真5）。ワカサギは背開きで三枚下ろしにしたものを酢で締め、酒粕入りの泥酢をかける。これに蓼の葉を添える。蓼の葉は嚙むと辛い。これを神前に供え、お浜降りの神事の後に食べる。

またオモコといって玄米を一晩水につけ蒸かしたものをいただく。これをザルに入れて参加者に配るが、三升ほど蒸かす。

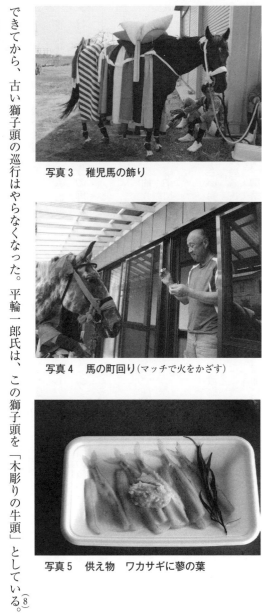

お浜降り

現在、宵祭りの初めの神事をお浜降りといっている。湖に神輿が入るのは本祭の馬出しの後で、神事はない。

午後一時、宮司・稚児・氏子総代・区長・副区長・祭典委員・神輿役・馬出し責任者・当屋組の面々が八坂神社本殿に上がり神事を行う。本殿で饗食があり、前述のワカサギの酢の物・煮干し・天ぷら等を食する。参詣者にはオモコがふるまわれる。

お立ち・渡御

神事の後、神輿への御霊入れが行われる。

写真6　馬上の稚児（冠をつける）

神輿が鳥居より本殿前に置かれ、簡単な馬出しが行われる。馬が鳥居より神輿めがけて駆け寄り、神輿に追い払われる様を演じる。神輿は神社神輿と子供神輿があり、子供神輿には獅子頭を神輿の下に入れる。行列は、旗持ち・鉾・榊・獅子頭・神輿・馬上稚児（写真6）・馬と続いたが、現在は、塩巻き・御幣・榊・獅子頭・馬上稚児・神輿・子供神輿で、旗持ち・鉾はなくなっている。(8) お立ちの際は「ヒ」という小さな紙の御幣が配られ、行列の参加者はそれを耳に挟む。

またお立ちの際に、次の神歌が歌われる。

　榊葉の榊葉のいつも変わらぬ色なれば　神の御前に繁り梢木《こずえぎ》

　昨日まで昨日まで早苗採りしが　いつの間に稲穂もそよと秋は来にけり

神輿の渡御は、八坂神社→新田三光院（ここで神事）→新田はずれ→八坂神社脇お仮屋で、お仮屋に一晩安置される。

五　本祭り・引き継ぎ

本祭り・馬出し

午後一時、お仮屋で神事が行われる。午後二時、神輿が八坂神社本殿前に移される。

馬出しは、まず神輿が鳥居まで行き、本殿前に戻ってくる。馬が鳥居より神輿めがけて走ってくるが、馬出し役の青年がクツワとタテガミをつかみ、それを神輿前で制止させる（写真7）。それを神社神輿・子供神輿で何度も繰り返す。最後に神輿が馬を制して鳥居まで行って馬出しは終わる。鳥居前に着いた神輿は湖に入り（写真8）、最後、本殿前に戻って御霊返しをして終わる。

写真７　八坂神社での馬出し

写真８　霞ヶ浦への水中渡御

引き継ぎ

翌朝、神社に集合。清掃をして、次の当屋に行って当注連を立てる。湖月荘にて引き渡しの儀を行う。御会所（御堂）を次期当屋に渡す。次期当家はそれを自宅の神棚に祀る。その後宴会になるが、「そうめん」が供される。

おわりに

旧麻生町天王崎八坂神社の馬出し祭は、駆け走る馬を若者が制止させるという勇壮な行事として有名であるが、このような形になったのは、江戸時代になって新庄氏が来てからと思える。羽生均氏のいうように、その前は野馬を捕獲する行事であったとも考えられる[(9)]。また現在のように馬を中心とした祭礼というよりは、獅子頭による祓いの祭礼であったとも考えられる。この祭礼で特徴づけられるのは当屋制と稚児の登場で、この当屋制がいつの時代からのもので、また藩制時代に大規模化された祭礼のなかでどのように維持されたかは、はっきりしないが、子供を神として祀る古態を残していることは確かである。

稚児迎えも、中世祭祀にみられる七度半の儀礼と同じであり、当屋制の古い形である。古宿は麻生陣屋周辺より古く、霞ヶ浦四十八津の一つとして中世より栄えたところである。

祇園祭に馬が出るのは、旧出島村（現かすみがうら市）柏崎の竹切り祇園がある。ここも霞ヶ浦四十八津の一つである。子供が神役で出るのは、柏崎・五町田・麻生町大麻神社・稲敷市古渡など霞ヶ浦の湖岸部に点々と残っている。

註

（1）　平輪一郎「麻生天王祭について」（『麻生の文化』九、麻生町郷土文化研究会、一九七七年）。

（2）　羽生均「麻生の天王祭礼—馬出し祭についての一考察—」（『麻生の文化』四七、麻生町郷土文化研究会、二〇一六年）。このなかで羽生氏は、馬出しの起源を野馬の捕獲に求めている。

（3）茂木清「麻生の河岸」（『麻生の文化』一七、麻生町郷土文化研究会、一九八六年）。

（4）八坂神社境内に、昭和九年（一九三四）に立てられた「八幡大神諏訪大神」の碑がある。これは慶長十五年（一六一〇）より始められた「八幡様オカゲ」という講が立てたもので、この講は田町・下渕を中心に諏訪神社・八幡社を崇敬している。往時は二〇人ほどであったが、人数は減ったものの、現在でも二月十五日に集まって講を開いている。諏訪神社は麻生公民館のところにあった。隣の潮来ではオカゲ講は伊勢神宮の崇敬講をさす。

（5）八坂神社大崎神宮「「八坂神社」馬出し祭由来」（『麻生の文化』三、麻生町郷土文化研究会、一九七〇年）。

（6）この小道を通る由来ははっきりしないが、この小道から少し東にずれて北に延びる道は並木といい、羽黒山の中世の麻生城跡に続く道である。

（7）「民俗芸能　馬出し祭」（『霞ケ浦の民俗』茨城民俗学会、一九七三年）によると、以下のような「稚児見参」の記述がある。

昼に稚児見参という稚児お披露目の儀礼があり、稚児家より赤飯一駄（馬につける一斗の御櫃二個・これをツケボガイという。）を持参し、振る舞った。

（8）平輪前掲註（1）では、「お立ち」は本祭の「馬出し」のこととしている。

（9）羽生前掲註（2）。

第六章　稲敷市古渡 須賀神社の祇園祭礼

坂本　要

はじめに―古渡概観―

古渡《ふっと》は霞ヶ浦の南岸の小野川の河口に位置し、すぐ上流に江戸崎の街並みがある。霞ヶ浦には『四十八津掟書』があり、霞ヶ浦の四八の漁村が入会権を持って漁業が行われてきた。霞ヶ浦の南北に津頭を置き、南北両津頭とその下に小津頭を置き、全体を統括していた。北津頭は行方郡玉造浜村で、南津頭は河内郡古渡村であった。幕府はここに水行係を置いて水利・舟運・漁業を管理したので、この地が水運の拠点でもあった(1)。そのため茶屋や遊郭もあった。またここに山岡影久が城館を築き、その後、丹羽長重(五郎左衛門)が元和八年(一六二二)までここに住み、古渡に祇園社を祀った。出戸にある城館跡には土塁があり弁天が祀られている。

大字古渡は、下宿・上宿・田宿・谷津・出戸・渋川・古谷・大坪の坪《つぼ》に分かれているが、古渡の渡しや河岸があった下宿が中心で、上宿・田宿と町場が続く。須賀神社の氏子は下宿町・上宿町・田宿町で、この三町で須賀神社の祇園祭礼が運営される。現在上宿四〇戸、下宿四〇戸、田宿九〇戸の一七〇戸前後である(明治四十二年(一九〇九)の祈禱札枚数が一五〇枚とあるので、当時はこの戸数であろう)。

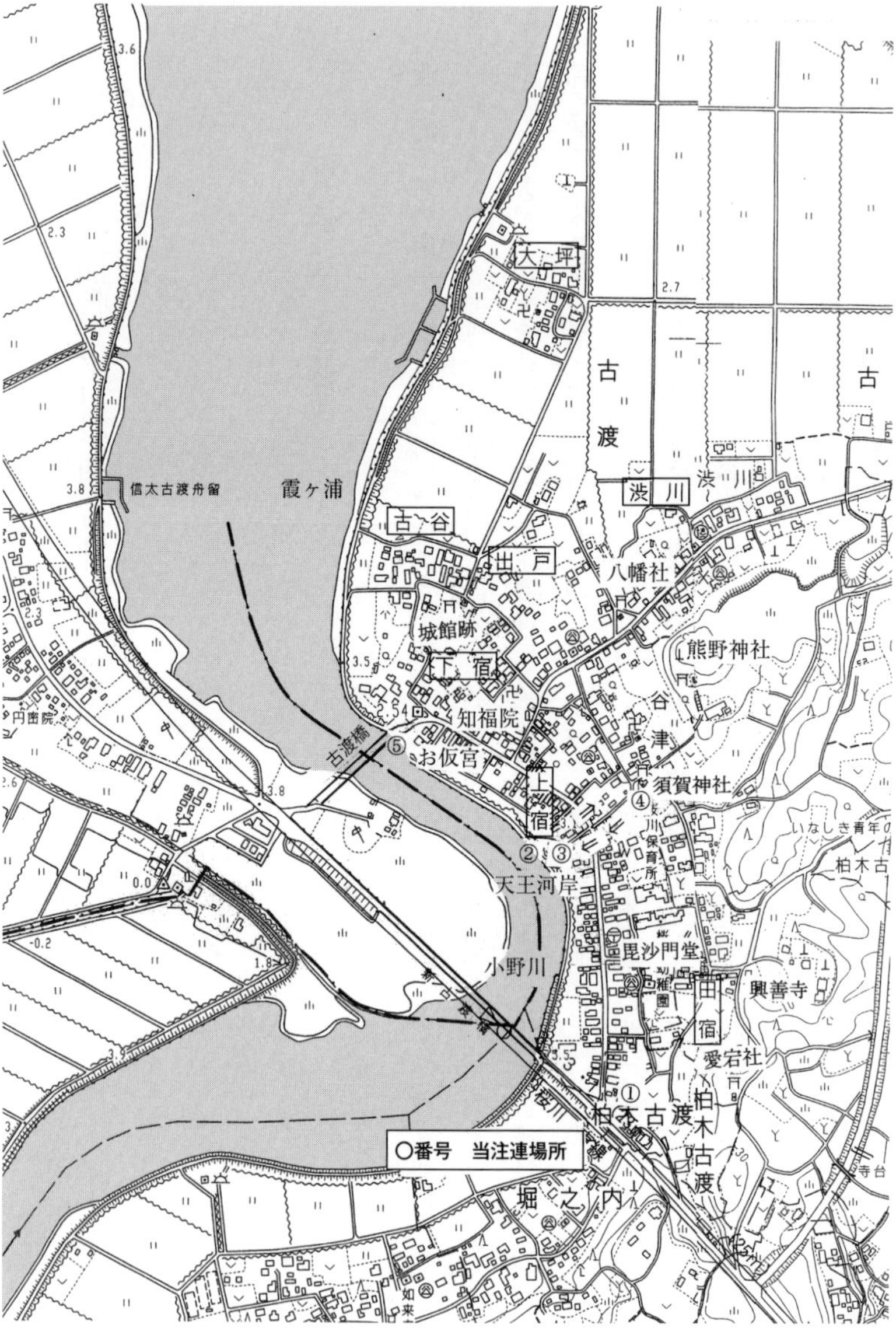

古渡祭礼地図（稲敷市都市計画図より作成）

谷津以下は古渡岡といい、熊野神社の氏子である。熊野神社は文治元年（一一八五）創建と伝える。祭礼は十月第一日曜（もとは九月十五日）で、古渡岡の五つの坪の総代が順番に当家になって祭礼を行う。古渡コミュニティセンターで当家神事の後、御神体の社を熊野神社に移して神事を行い、次の当家に引き継がれる。午後、熊野神社鳥居前で子供相撲が行われる。

この大字古渡は明治二十二年の市町村制施行により周辺一〇か村（大字古渡・柏木古渡・柏木・羽生・堀之内・岡飯出・飯出・三次・上馬渡・下馬渡）が合併し、役場を大字古渡の渋川に置いた。その後、昭和三十年（一九五五）浮島村と合併し、稲敷郡桜川村に、平成十七年（二〇〇五）江戸崎町他と合併し、稲敷市に編入して現在に至る。

大字古渡には須賀神社の他、熊野神社・八幡社・愛宕神社がある。寺院は興善寺・知福院がある。他に田宿に毘沙門堂が、出戸の城館跡に弁天がある。興善寺は平安時代、源頼政により真言宗寺院として開創され、鎌倉時代の北条政子ゆかりの古刹で延命地蔵を祀るが、臨済宗の住持となり、のち江戸時代初期に曹洞宗になった(2)。上宿・田宿が檀家である。知福院は熊野神社の別当であった寺で、天台宗で、下宿を檀家に持つ。明治十四年の『古渡村郷土史』(3)によれば、出戸に多宝院という天台宗の寺があったとされるが、知福院と兼務したのか、知福院を多宝院と呼んだ時期があった。

一　須賀神社

須賀神社には次のような由来がある(4)。元弘二年（一三三二）木崎沖で漁をしていた梅沢藤右衛門が牛頭天王の御神霊（神輿）を網に掛け船中に引き上げた。ともに漁をしていた宮本惣右衛門と岸に寄せ、とりあえず鰻と小豆を持って神饌として供えた。古渡に戻った二人は名主大久保治左衛門、組頭大久保三左衛門に相談の上、赤玉の土を敷き、青葦を持って四方を囲む青屋を作り、これを仮宮として天の宮の地に安置した。その時、柳町与惣兵衛がこの青屋に注連を綯い、それを張った。以上五人は、現在に至るまで祇園祭礼に特別の役を持つ。仮宮はその後、田宿の毘沙門天に移し祀った。

応永九年（一四〇二）に悪疫が流行したところ託宣があり、上宿に境内を設け、同年六月十三日に社殿を建立したところ悪疫が治まった。のちに京都八坂神社の分霊を迎え、八坂神社とした。慶長八年（一六〇三）古渡城主丹羽長重は城内に行在所を設け、神霊を迎える祭礼を始めた。城がなくなってからも、宮本惣右衛門宅前に仮宮を城跡に向かって設けることにした。以降もこの仮宮に遷座する祇園祭は続けられ、現在に至る。

二　三町の諸祭典

下宿・上宿・田宿の須賀神社三町で行う祭祀については、「須賀神社諸祭典令」という綴りがあり、明治四十二年の「諸祭典令」、昭和十年「村社須賀神社祭典規定書」、昭和四十四年「祭典規定一部改正」の三部が収められている[5]。

昭和十年の「規定書」は指定村社昇格に伴って変更したもので、従来の「正月元日」「愛宕社湯立」「稲荷奉社《ぶしゃ》」「節分祭」「七五三祭・本祭」以外に、二月十七日の「大祭　新年祭」、十一月二十四日の「秋大祭　新嘗祭」を加えている。

愛宕神社湯立ては、明治四十二年には愛宕社のある田宿町が行って祈禱札を三町に配っていたが、昭和十年には三町の持ちまわりで当番町の青年部が行うようになった。現在でも一月二十四日と八月二十四日の年に二回、青年部により神官を呼び、湯立てを行っている。

二月初午の稲荷神社奉社祭《ぶしゃ》は、いわゆるオビシャ行事で、三町それぞれの坪の公民館・コミュニティセンターで午前に神事を行ったあと、午後、須賀神社境内にある稲荷社を祀って、須賀神社本殿前で神主が湯立を行う。祈禱札と湯立てに使った笹が三町の各戸に配られる。午前の神事では、昔はフナの腹合わせを供え、フナのたたきを汁に入れて食べた。午後、子供らと椎《シイ》の枝で飾った太鼓をリヤカーに載せ、太鼓をたたきながら各町の家をまわり、寄付を募った。田宿では現在も行っている。

三　祇園祭

祇園祭はここ近年大幅に簡略化されているが、幸いに前記の明治四十二年の「諸祭典令」、昭和十年「村社須賀神社祭典規定書」、昭和四十四年「祭典規定一部改正」が残っていたため、変遷がわかる。明治四十二年の「諸祭典令」をもとに人見暁郎氏が「古渡の祇園祭りについて」という報告を写真入りで紹介している(6)。

この祭礼は、お浜降り・仮宮遷座という儀礼に、神役である頭殿（ツウドノ）を肩車して傘を差しかける、挿秧女《さおとめ》（ソオトメ）というお伴が出る、オカメという仮装の人が出る、というような他所ではみられないような祇園祭礼の古態が残っている。以下、本稿では明治四十二年からの変遷を追い、写真等を加えて須賀神社の祇園祭を考察する。明治四十二年の「諸祭典令」はⅡ史料三として翻刻して載せた。

祭礼日

明治四十二年の記述では、本祭を新暦七月二十日にするように法令があったが、従来通り旧五月二十一日七五三祭《しめ》（当注連祭《とうしめ》）、旧六月十一日お迎え、旧十二日宵祭、旧十三日本祭として行ったとある。昭和十年もこのように旧暦で行った。昭和二十三年度の「追加記録」でも旧暦で行っているが、昭和四十四年では、本祭が新暦七月二十日になっている。平成二十八年では第一日曜を当七五三祭、第三日曜が本祭で金曜・土曜・日曜の三日間を祭礼にあてている。

当家と頭殿

当家は当番町の家があたる。当番町は、下宿→田宿→下宿→上宿→下宿というように、財力のある下宿に重きを置かれていたが、昭和三十三年に現行の下宿→田宿→上宿になった。当家はどの家でもできることではなく、当番町の有力家があたっていた。昭和四十四年、当家祭祀がなくなったため、その役は各町氏子総代が神社本殿のその席に座るとしている。三町では当番町が当家と頭殿、来当（来年の当番）が獅子役、来々当（再来年の当番）が神輿の担ぎ手にあたる。現在は神事に先立って当家式といわれる盃事が神社で行われるが、これは当家で行われた。

頭殿は二歳から七歳までの当番町の子供がその任にあたる。頭殿は狩衣を着て冠をかぶる。頭殿は歩かせてはいけないとし、親が乗せ人《のと》になって肩車で移動し、大傘が差しかけられる（写真１・２）。扇人《おうぎと》として和服を着た親戚の女子がつき、風を送る。頭殿は祭式には神官の隣に座る。渡御には神輿の後につき、当殿の後に神主がつく。頭殿は当殿で、その名から当家の神役と考えられる。昔は緑の陣羽織を着たといい、その陣羽織が残っている。

七五三祭（当注連祭）

七五三祭は当家で行う神事で、昭和四十四年の当家廃止以降、神社で行っている。三町内の五、六か所に当注連《とうじめ》として竹に注連縄を張り結界を作り、のち当家で宴を催した。注連を張る場所は、①田宿東、②神社の河岸（天王河岸・御手洗河岸）、③神社馬場先、④神社鳥居、⑤下宿入口古渡橋際で、神主が竹の注連にこの順で祈禱していく。昭和十年の記述では当家ごと「朝水浴潔斎の場所」とあり、当家が潔斎で水をかぶる河岸の場所が入っていた。

当家で祭祀が行われた時には、当家の前に青屋が設けられた。青屋は青葦で囲まれた高さ二mほどの垣で（写真3）、中に赤土（赤玉）に芝を敷きワラボッチを置き、御幣を立てる。御幣には川でとってきた藻を供える。またナナコジメといって藁を七度半ねじったものを脇に置く（写真4）。青屋は注連縄で巻くが、注連を作る人は元弘二年以来、柳町与惣兵衛の家の者と決まっている。

当家の前には椎の枝で飾られた舟が置かれ（写真5）、そこで鰻と小豆が供えられた。昭和四十四年の改定では舟は

写真1　傘を差し肩車された頭殿（平成26年）

写真2　傘を差し肩車された頭殿（平成26年）

写真3　青屋

写真4　青屋　御幣とナナコジメ

写真5　神社境内の舟

神社に飾るとある。現在舟は置かれているものの、供え物はない。

当家の座敷で当番町の挨拶と祝宴の謡いが行われた。牛頭天王を引き上げて、それを祀った宮本惣右衛門・梅澤藤右衛門・大久保治左衛門・大久保三左衛門の家の者が参列している。座敷には蓬莱山の作り物に鱸《すずき》の腹合わせが供えられ、その後の膳には鰻と小豆が出されていた。現在この挨拶は須賀神社で行われて、折詰が出される。青屋と舟は境内に設けられている。

現在神社では、当家式盃事として当番町の挨拶でお茶とお神酒とオモグをいただく。オモグは全戸に配布し、翌日

写真６　身祓いの札を首の後ろにつけている四天王

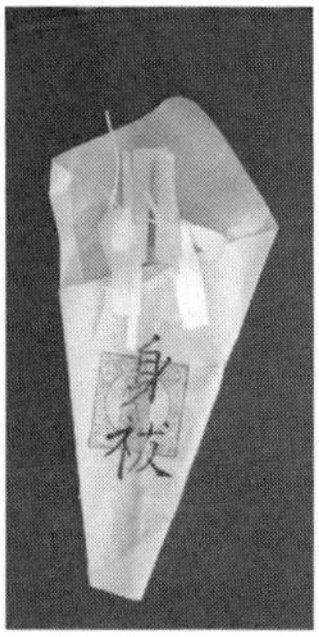

写真７　身祓いの札

朝、清めとして飯にまぜて食べる。オモグは玄米をふかしたもので、半祭典参加者には紙に包み手渡す。かつてはここで抽選により祭礼当日の行列の役割が決められた。

神輿の渡御

神輿の渡御は現在行われていないが、全体の流れは以下のようであった。

祭礼一日目、御迎え。午後八時、当家式ののち御霊移し。神社より下宿仮宮（宮本石材・材木店前）まで。仮宮にお迎えする。午後十時出発、十二時着。

祭礼二日目、宵祭。午前、仮宮より当家前に遷座。午後六時、当家祭式。午後九時、当家出発し、天王河岸でお浜降りを行い町内を渡御し、それぞれの場所で祭式祈禱をする。天王河岸→田宿町毘沙門堂→田宿町東入口→下宿横町境→下宿古渡橋際→下宿古谷境（関川孝蔵宅前）→仮宮午後十二時着。

祭礼三日目、本祭。午後二時、仮宮「お亀の儀」、午後四時「仮宮例祭」、午後五時、当家「でぼかい」、午後八時、仮宮出発、午後十二時、神社着。この間、挿秧女が神輿に供奉する。

行列

神輿の渡御の準備は第一日目の午前から行われる。神輿の担ぎ棒の先端には漁網がかけられ、半紙でおひねりされた賽銭が入れられていく。神輿のまわりには、四人の四天王といわれる警護役が座る。警護役は「身祓い」と書かれた剣型の札を首後ろに挿している(写真6)。本殿参列者も同様に「身祓い」の札(写真7)をつける。「身祓い」の祈禱は、お迎えの午前中に行われる。この祇園祭が疫病祓いの意味があるからとされる。

別に「剣祓い」は全戸に配られる。神社出発に際し、雄蝶・雌蝶役によりお茶とお神酒がふるまわれ、神輿の担ぎ手に片幣(小さい幣束)が配られ、首後ろに挿す。御霊《みたま》移しの神事の後、神社を三回右まわりして出発する。

明治四十二年と昭和十年の記録によると、行列の諸役は二二種(Ⅱ史料三参照)あった。現在渡御はなく、お浜降りと神社三まわりのみで、諸役も神輿役(四天王といわれている。別に四神という雑役・連絡役がつく)・頭殿・御鉾《おぼこ》・釣《つん》台《だい》・太鼓・笛・長刀・太刀・柄杓がある。御鉾・釣台・太鼓は椎の枝で飾られている(写真8)。御鉾は先頭に立ち、太鼓は大八車に載せられている。釣台は神輿を休める時の脚立を運ぶ車である。

長刀・太刀・柄杓は小学生が持つ。柄杓はお浜降りの際、川の水を神輿にかける時に使う。猿田彦・大小天狗・具足等はない。獅子は来当の役で、獅子頭のほろを激しく回転させ暴れまわり神輿の前を行く(写真9)。囃しは笛と鼓で列の最後につく。

お浜降り

二日目に、神輿と神主と頭殿が天王河岸の鳥居まで進み祝詞奏上の後、神輿が河岸に降ろされる。河岸には梅沢藤右衛門の舟が着岸しており、宮本惣右衛門(長吉)氏が、着岸している舟に乗り水を汲み河岸の神輿に水をかける(写真10)。このように弘安二年の故事を再現する。その後、神輿の渡御を続ける。

お亀

三日目、本祭の午後、「お亀の儀」という行事がある。写真にみるように「お亀」とは青年団の仮装行列である。諸役のなかに「代掻き」という役があり、代掻きをもって農耕の模擬をしたと思われるが、その発展として、趣向を凝らした仮装行列を組み、村民を楽しませ祭礼を盛り上げた。写真11は昭和二十六年、仮宮前、下宿の当番町の時のものである。

挿秧女

挿秧女とは、祇園祭が疫病から守る神であることから、それにあやかって神輿の後に供奉させる子供をいう。二歳から七歳までの男子で、毎年参加することができる。挿秧女は乗せ人に肩車され傘を差しかけられる。傘には名入りの提灯をつけ、手巾を吊り下げる。親戚の女子が扇手《おうぎて》としてつく。頭殿と同じような姿になる。毎年十数人の挿秧女が参加し神輿についた。挿秧女は本来、早乙女で田植えの女子の意で、香取神宮のお田植祭には幼女子が肩車され

写真８　釣台（左）と太鼓（中）と鉾（右）　椎の枝で飾る

写真９　獅子

写真10　お浜踊り

写真11　お亀(昭和26年)　冬木芳明氏提供

写真12　挿秧女　参拝途中　鴻野伸夫氏撮影

写真13　祇園祭礼図屏風（出光美術館蔵）
『風俗画　出光美術館図録』1987より

写真14　頭殿・乗せ人と扇人
（昭和36年）　大久保康子提供

て神事・田植えに参加する。その影響ともみられるが、挿秧女（早乙女）という名前のみがこの地に伝わっている。

この挿秧女は三日目の本祭の還御の行列に入るもので、神輿の後に付き、途中小野川の河岸により川の水で口を嗽ぐ。また昼に付近の神仏をまわることともした。写真は愛宕社下の近くを行く挿秧女の一行とみられ、抱っこされてついていく子供が写っている（写真12）。

十五世紀の屏風絵との比較

十五世紀以降、祇園祭礼図や洛中洛外図の中に肩車され傘を差しかけられている子供の図を多くみられる。代表的な例は出光美術館蔵『祇園祭礼図屏風』(7)の右隻第二扇上部の図で、祭礼行列のなかの先頭部分に、男に肩車されている子供男子二人と女に抱かれている子供三人(女子か?)が描かれている(写真13)。肩車された子供の一人は緑色の陣羽織を着て、傘には巾着・紙入れ・袋物が吊り下げられている。うしろの子供にも傘が一本差されていて、小物入れや袋物が吊り下がっている。三人は女性に抱っこされている。祭礼行列の先頭部の棒振りに甲冑姿の一群(具足)が続き、母衣《ほろ》を背負う武者が一人いる。その後に子の一群がつく。この後、二頭の神馬・太鼓・神輿と続く。同様の傘を差しかけられた子供は各種の洛中洛外図にみられるが、多くは見物人として描かれている。

これを古渡の頭殿・挿秧女と比較すると、多くの点で似通っている。肩車に傘が同じであることもさることながら、頭殿が着たとされる緑色の陣羽織や後列の抱っこされた子供が一致する。祇園祭にも神役としての稚児があるが、この祇園祭礼図の子供は、挿秧女のように疫病除け、健康祈願の一群に見受けられる。古渡では身祓いの札を身に着けて行列に参加するが、祇園祭礼図では身に着けていた巾着・紙はさみ等を傘に吊り下げる。この吊り下げ物には、身祓いの意味があったと思われる。古渡では色とりどりの手巾のようなもの傘に吊り下げるが、手拭いのように身をぬぐい祓うものとみられる。洛中洛外図にもこのような手巾を吊り下げているものがみられる(Ⅲ論考「坂本」参照)。

写真は昭和四十年頃の頭殿と乗せ人・扇人である。この頃までは裂布のようなものを賑やかしとして傘に吊り下げていた(写真14)。

肩車に傘というのは、神の子は歩かせない、日傘を差しかけ日に当てない、という高貴なものに対する扱いに通ずるものである。

おわりに

古渡の須賀神社祇園祭は当家制で行われているが、順番制である当番町の役割が大きく、当家での神事は七五三祭（当注連祭）が大きな行事となる。当注連そのものは三町内六か所の祈禱であり、その後の盃事と宴会が当家の主たる行事となっていた。

元弘二年（一三三二）の牛頭天王引き上げの故事の四人の役割が、祭礼のたびに認識され、祭事の座順、当家での青屋の注連張り、舟の供物、仮宮の設置、お浜降りの役割に反映されている。

頭殿は、肩車に差し傘という神役として残っている。

挿秧女が頭殿や神輿に供奉し、祇園社の身祓いにあやかるという古態がみられる身祓いの札を身につける、剣祓いを各戸が受けるというような、祇園祭本来の祓いの機能が随所にみられる。

いずれにしろ、京都祇園祭の古態がこの古渡でまだ行われていることは驚異に値する。

註

（1）古山善次郎「古渡の南津頭」（『桜川村村史考』Ⅳ、桜川村史編纂委員会、一九八三年）。
（2）塚本敏雄「興善寺縁起雑談」（『桜川村村史考』Ⅳ、桜川村史編纂委員会、一九八三年）。
（3）古渡尋常小学校編「古渡村郷土史」明治十四年十一月（『桜川村村史考』Ⅱ、桜川村史編纂委員会、一九八〇年）。
（4）昭和二十五年に、梅沢藤右衛門（作兵衛）に河東直が謹書したものによる。

（5）稲敷市高田神社宮司千田寛治蔵。千田宮司に他の資料記録等を提供いただいている。

（6）人見暁郎「古渡の祇園祭りについて」（『桜川村村史考』Ⅳ、桜川村史編纂委員会、一九八三年。のち「桜川の民俗」（『桜川村村史考』Ⅵ、桜川村史編纂委員会、一九八六年に再録）。

（7）出光美術館蔵「祇園祭礼図屏風」六曲一双紙本着色、江戸時代初期（『出光美術館蔵品図録　風俗画』出光美術館、一九八七年）。

第七章　稲敷市江戸崎 鹿島神社・八坂神社の祇園祭礼

近江　礼子

はじめに

江戸時代に舟運で栄えた江戸崎の祇園祭は、勇壮な神輿や華麗な八台の山車が出て、近隣随一の賑やかさを誇る。神輿には鹿島神社と八坂神社の御神体が遷され、当番町（本当《ほんとう》）は荘厳な囃子のなかを神輿渡御、来年当番町（受当《うけとう》）は勇壮な獅子舞を披露する。そして、千秋楽には優雅な謡が奉納される。現在の祭りは、明治初期から末期にかけて関係者が協議し、順次整備されてきたとされる。しかし、史料により江戸時代の古い形態を窺うことができる(1)。

一　江戸崎の概要

江戸崎の位置と歴史

江戸崎は霞ヶ浦南岸に位置し、南から北に流れ霞ヶ浦に注ぐ小野川左岸の台地上にある。南北朝末期に土岐原（土岐）氏が江戸崎城（現江戸崎小学校敷地）を築いて当地を支配した。「元禄郷帳」の村高は二一二五石余の大村で、江戸時代を通して霞ヶ浦の舟運による物資の集散地として賑わい、佐原や銚子との流通も盛んであった。

明治二十二年(一八八九)の町村制施行により、信太郡鳩崎村・江戸崎町・沼里村・君賀村、河内郡高田村が成立。昭和二十九年(一九五四)に一町四村が合併して江戸崎町となった。そして、平成十七年(二〇〇五)に江戸崎町は東町・新利根町・桜川村と合併し、稲敷市となり現在に至る。本稿では、旧江戸崎町(明治二十二年当時、現江戸崎)一〇町の鎮守鹿島神社と、隣接する天王町(現江戸崎)八坂神社の両社が関わる現行(平成三十年(二〇一八))の祇園祭について述べる。

なお、Ⅱ史料四に明治二十八年以降の両社祭典記録を収録したので参照されたい。

鹿島神社と八坂神社

【鹿島神社】江戸崎城址北の一角に、元亀元年(一五七〇)に城主土岐治英が、城内守護神として鹿島大神の分霊を鎮斎した旧村社鹿島神社(荒宿)がある。祭神は建御雷之男命、例祭日は九月一日、東面して本殿・幣殿・拝殿が建つ。

【八坂神社】鹿島神社から約六〇〇m南東に天王町の八坂神社がある。祭神は素戔嗚尊、天正年間(一五七三〜九二)創建、元禄十四年(一七〇一)再建とされる。江戸時代は牛頭天王と呼ばれ、東面する本殿・幣殿・拝殿が建つ。

【寺院】東に小野川を見下ろす台地上に、嘉祥元年(八四八)開山とされる天台宗不動院があり、江戸時代は鹿島神社の別当神宮寺、及び八坂神社の別当金蔵院の本寺であった(2)。

鹿島神社の北側台地に文和元年(一三五二)創建の臨済宗妙心寺派の瑞祥院、北東側台地上に土岐原家の菩提所として創建された曹洞宗管天寺がある。また、北の中央台地にある浄土宗大念寺は、浄土宗関東十八檀林の一で、江戸崎城主芦名盛重の帰依を受けた。その他に時宗の顕声寺、曹洞宗の桂林寺と寺院が多く、町の繁栄ぶりが窺える。

二　江戸崎祇園祭の起源と合幣祭典

起源

江戸崎祇園祭の起源については、明和七年（一七七〇）の清心庵「江戸崎輿誌[3]」の「寺社方差出帳写」に次のように載る（以下、読点・並列点は筆者）。

抑当所牛頭天王者、天正年中たわめきの川にて、本町住石井甚右衛門先祖網にて救ひあけ給ふ、其節大宿羽生田常喜、甚右衛門諸共信心して、当村鎮守ニ号（ママ）御輿を作り、六月廿七日を祭礼日に究め、本町・戸張町者当所町之始也に仍而、年替ニ当番して、祭礼之取持仕来り

天正年間に「たわめきの川（合流して深い所）」にて、本町（本宿町）の石井甚右衛門先祖が網で御神体を救い上げ、大宿羽生田常喜と共に当村鎮守として神輿を作ったのに始まる。そして、六月二十七日を祭礼日とし、本町と戸張町が輪番で祭礼を務めてきたとある。また、「寛文年中、羽生田甚兵衛・石井甚右衛門、本町・戸張町皆々同意して、今之御輿を新ニ改メ作拵」と続き、享保八年（一七二三）に神輿・獅子・指樽などを彩色したと載る。

『茨城県神社誌[4]』には、天正年中六月、木村某が「たわめきの流れ」に網を打ったところ、俄にかき曇り水中放光したので、ただならぬことに驚き、早速引き上げたら神霊だった。それを真菰に包み奉戴し帰宅途中、豪雨流れる如くなので、「げやぼう」（小屋カ）に駆け込んだが、三昼夜雷電止まず、天王の社地に仮宮を設けて奉斎したとある。

合幣祭典

明治五年、明治政府の郷社定則により、同七年に鹿島神社は村社、八坂神社は無格社となった。そのため、鹿島・

八坂両社合同で祭礼を実施するようになったとされるが、文政七年（一八二四）「牛頭天王記録[5]」に次のようにある。「六月廿六日朝四ッ時より明神様拝殿ニ而御幣御勧請被成」、「鹿嶋明神様ゟ出、大宿・天王町…」、「例年之通り明神様ゟ御浜下り相成候」とあり、江戸時代から鹿島・八坂両社の祭りであった。そして、昭和三年「鹿島・八坂両社祭典記録[6]」（以下、昭和三年史料）によると、明治十年には鹿島神社の村社祭りと位置付けられていた。

明治二十八年「鹿嶋・八坂両社祭典記録[7]」（Ⅱ史料四-1。以下、明治二十八年史料）によると、大正七年（一九一八）の八坂神社維持基本積立金三〇〇円の内、一五〇円は天王町、残金一五〇円は江戸崎各町の負担であった。そして、鹿島神社及び八坂神社合幣祭典は、「明治十年度ヲ以テ始メテ各町順次当番ヲ相勤ムル」とあり、明治十年に抽選により当番は一番が西町、二番が浜町、以下本宿町・門前町・切通町・戸張町・荒宿町・根宿町・田宿町・大宿町の順となった。平成三十年の当番町は本宿町、令和元年（二〇一九）は門前町である。当番町は前年引き継いだ時から、一年間かけて準備をする。

また、江戸崎で祇園祭のある七月に鯉と鰻を食べないのは、天王様の御神体が小野川上流の市内根本から流れてきて、鯉と鰻の上に揉み上げられ、拾い上げられたからとも伝わる[8]。両者は神の御供なので、食べると罰が当たるといわれ、昔は祇園祭が終わるまでは食べなかった。

平成十年頃までの祭りは七月二十五日から二十七日までであったが、自営業が減少し、サラリーマンが増えたので、七月第三金曜日から日曜日までとなった。市内高田の高田神社宮司が祭主を務める。

以下「三」～「八」において、平成三十年の江戸崎祇園祭礼の報告をする。

三　祇園祭の組織と準備

組織

【氏子数】江戸崎一〇町内の氏子数は約五〇〇戸であるが、関連する天王町と犬塚を含めると約五七〇戸となる。

【氏子総代】江戸崎一〇町内から三人、八坂神社の氏子代表一人、犬塚鹿島神社の氏子代表一人の計五人、任期は三年。氏子総代長は五人の互選により、江戸崎の人を選ぶ。祭りには浴衣に黒袴、黒い絽の羽織、白足袋・桐下駄を履き、カンカン帽を被って、提灯「氏子総代」を持ち、地位や役割が一目瞭然である。

【区長・副区長】各町二人と天王町二人の計二二人。浴衣に黒羽織、白足袋・桐下駄、「区長」「副区長」の提灯を持つ。

【祭典係】各町二人と天王町二人の計二二人。浴衣に黒羽織、白足袋・桐下駄、「祭典係」の提灯を持つ。

【世話人】各町二、三人と天王町三人の計三〇人。浴衣に黒羽織、白足袋靴を履き、「世話人」の提灯を持つ。本宿の場合、三人は神輿担ぎ手を兼務するため、上下白丁に白足袋靴、当番責任者を示す赤タスキを掛けていた。

【当番長・神輿頭】平成三十年の当番は本宿のため、本宿世話人頭が当番長、他二人の世話人は神輿頭と副を務める。

事前の神事

【初市神祭り】旧正月十四日近くの日曜日（平成三十年二月十二日）午前九時、宮司及び、荒宿（宮ノ元）と当番町本宿の祭典係・世話人が鹿島神社二の鳥居前に集まり、祇園祭始まりの市神祭を行った。

【当締《とうじめ》(注連縄)祭】毎年旧六月二十日に近い日曜日(平成三十年七月八日)午前九時、宮司・氏子総代(以下、総代)五人、荒宿五人、当番町本宿六人が鹿島神社拝殿に昇殿。宮司が藻を奉納し、祇園祭の無事を祈願する当締祭が執行された。当番町からは清酒一本、米一升、晒一反、キャラコ一m、白足袋二足、白鼻緒の下駄一足が奉納された。

神事開始の太鼓に続き、開式の辞、修祓、宮司一拝、献饌、祝詞奏上、玉串奉奠、撤饌、宮司一拝。そして、当番町本宿の祭典係二人が一緒に宮司へ神酒を二献、次に係が二手に分かれ列席者に神酒を注ぎ、宮司に二献、最後に係二人が互いに神酒を注ぎ拝戴した。これを神酒奉盃といい、神事が終わるたびに行われる。

なお、当締祭前に、身内を今年亡くした当番町本宿の人が、二の鳥居前で宮司から忌中祓いを受けた。

準備

【神社委員会】宮司、総代五人、各町の神社委員一〇人(区長兼務が多い)の計一六人からなり、祇園祭の今年の指針について、六月三日(日)に鹿島神社拝殿で会議を開いた。

【常会】七月初旬に一斉に各町内で祇園祭についての町内会議が開かれた。また、山車の準備や囃子・踊りの練習は六月頃から始まった。そして、祭り前に各町ごとに鹿島神社にてお祓いを受けた。

【全町会議】当締祭終了後の九時半から拝殿で、当締祭列席者と他八町内の祭典係・世話人・若い衆頭、その他に新宿・天王町・犬塚も含め計五〇人余が集まり、総代の司会で全町会議が開かれた。稲敷警察署や江戸崎中学校の関係者も同席した。議題の①は当番町の役割で、当番長が「十年ぶりの当番なのでよろしく…」と挨拶した。そのあと②受当町の役割、③各町の山車曳きの説明があり、④稲敷警察署、⑤江戸崎中学校、⑥社務所よりそれぞれ発言があり、主に神輿渡御・山車巡行について共通理解した。そして、各町世話人に合力代(強力代・負担金)が書いてある袋が渡された。

【注連縄・幟・提灯】祭り四、五日前の早朝、各町毎に注連縄を張る。幟はこの年（平成三十年）は浜町のみで、沼里川大正橋のたもとに一本「御祭礼　平成元年七月　浜町氏子」が立った。以前は田宿の坂・西町の角・大宿の角と、町の入口四か所に立てられた。さらに道路が舗装される昭和四十年代までは、全町が一本あるいは一対立てていた。なかには立派な竜や獅子の彫物が付いた幟立もあった。天王町の八坂神社では社殿や鳥居に注連縄が張られ、一対の幟「鎮守御祭礼　昭和四十一年七月　天王町氏子中」が揚がった。各家の門口に、江戸崎城主土岐原氏の家紋「土岐桔梗紋」と八坂神社の三つ巴紋が付いた丸い祭提灯や、「御祭礼」「御神灯」などとある角長提灯が下がった。

当番町本宿の準備

【お仮屋】当締祭後に、間口一間半、奥行き二間半、高さ二間余の切妻造り妻入りのお仮屋を、本宿会館南脇の空地に立てた。そして、市内沼田で採ってきた青々とした真菰を、お仮屋の正面を除く三面に二段掛けにしてお仮屋側面を覆った。正面上部には横額「御祭礼　本宿町」を掛け、三つ巴紋と桔梗紋のある白の幔幕「奉納」(9)を張る。正面左右の柱に五色（赤・白・青・緑・黄）の布を結んだ約一・五mの榊を括り付ける。お仮屋は必ず当番町に立てるが、その場所は事情により毎回替わる。真菰は場を清める力があるといわれ、平成十年頃までは引舟橋近辺から採った。

【鳥居】祭り前日の十九日朝、鹿島神社一の鳥居両柱に、高さ二・五mの竹と一mの松を立て、注連縄を張る。二の鳥居には高さ一mの榊を立て、同様に注連縄を張る。そして、境内にテントを張った。

【神輿】初日二十日の朝六時、総代立会いの下、神輿蔵から小神輿と台を出し、鳳凰の嘴に青い稲穂を銜えさせ、紫の太い飾紐を結んだ。神輿の胴は二尺三寸（約七六㎝）四方、屋根は三尺二寸（約一〇五㎝）四方。縦四本・横二本の轅（担ぎ棒）を通し晒を巻いた。そして、「本」と書かれた丸提灯一二灯で飾った。案・高張提灯一対「御祭礼（桔梗紋）（三つ巴紋）」・唐櫃・賽銭箱・移動式太鼓・江戸時代の漆地の酒箱(10)などを準備する。

安政四年（一八五七）六月二十六日付の大念寺日鑑（日記）に、「天王様御祭礼、当年者惣普請出来、ミコシモ新調ニ付、当山門前ニ而相休」とあり、[11]当時の大神輿が明治二十年に化粧直しされ、昨年まで六〇人余で担がれた。しかし、今年は担ぎ手が少ないので、犬塚が平成二十四年頃に東京から譲り受けた小さな神輿となり、お仮屋に遷された。

【お焚き上げ】お仮屋前の道路を挟んだ空地（奥は本宿町お接待所）入口右に、お焚き上げ用の藁約三〇束を準備。前日、お仮屋から南へ約二〇m離れた「たてり旅館」前に、深山幽谷に見立てた高さ二m余、幅一・五m余の瀧を作る。蚊帳で全体を覆い、その上を榊や笹を中心とした木々で飾り、上から水が流れるようにして、上部に額「神瀧」を掲げる。人手がないので、竹や籠を使い岩や雪を再現した平成二十年に比べかなり簡略という。

【お田植え】五月末に籾を撒いた約三〇㎝の苗約五〇束。早乙女の衣装「七福神」は、レンタル料約一〇万円という。

【その他】神輿担ぎ手の白丁上下・足袋・手拭を新しく購入し、約七〇㎝のお祓い用の榊を準備した。

四　第一日目　七月二十日（金）　御神体お迎えの儀

【御神体お迎えの儀】午後四時過ぎ、羽織姿の本宿の区長・副区長・祭典係、白丁の世話人、若い衆がお仮屋に集合。同四時半から、宮司により修祓、祝詞奏上と御神体お迎えの儀が進み、最後に神酒奉盃があった。

同四時四十五分、太鼓の合図でトラックに載せられた[12]神輿は、笛七人と太鼓による荘厳な囃子「天王様」が流れるなかを八坂神社へ向け出御した。隊列は、当番長を先頭に、①高張提灯、②賽銭箱（リヤカー）、③宮司・役員、④神輿（トラック）、⑤囃子（笛）・太鼓、⑥神酒（カート）の順であった。天王町に入る沼里川の八坂橋では、天王町の役員

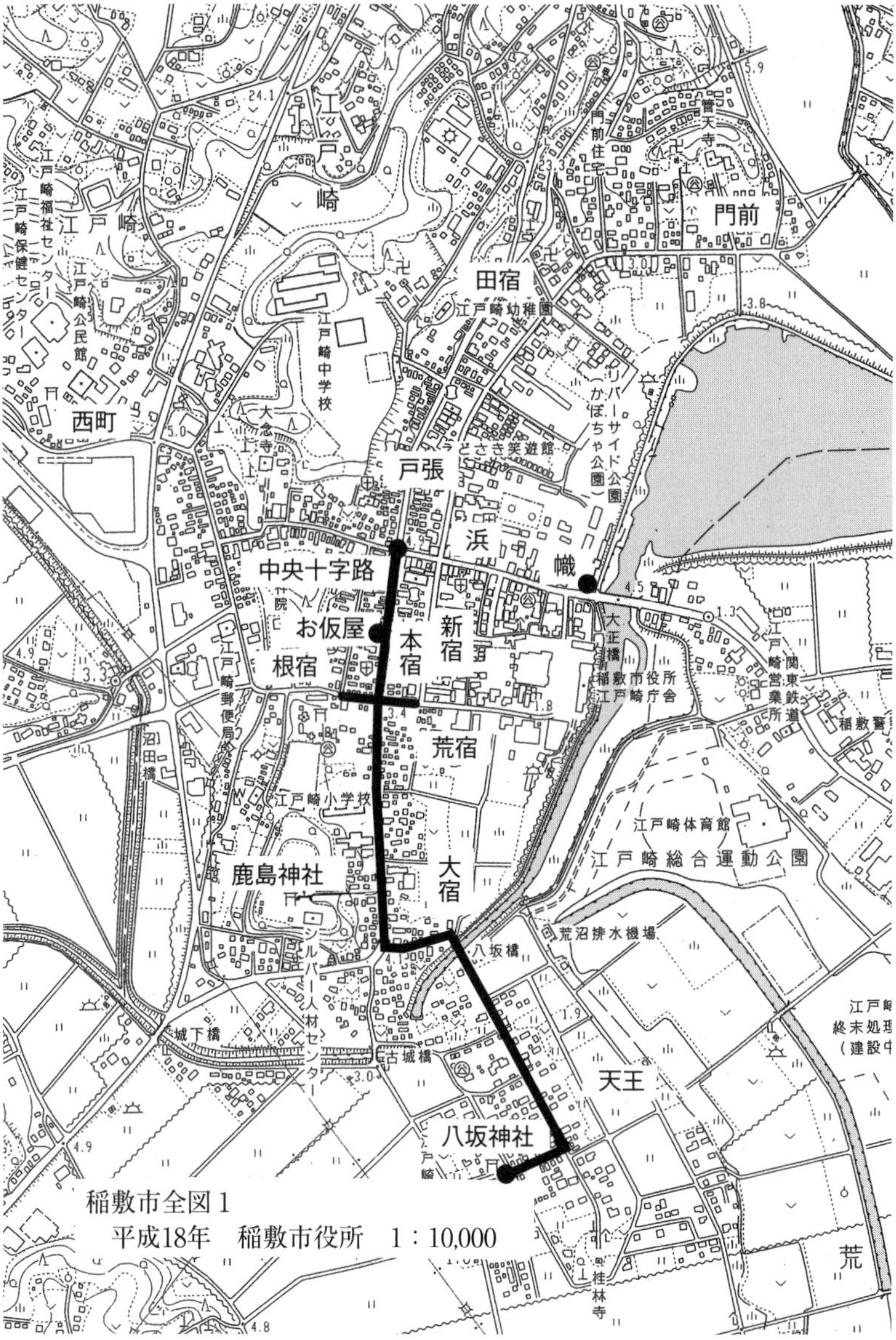

江戸崎鹿島・八坂神社の祇園祭地図

が出迎えた。八坂神社に着き神事が始まるまで、ゆったりとした重厚な囃子が続いた。この調べは江戸崎城主土岐原氏の出陣時に演奏された曲と伝わり、神輿の渡御中は休みなく奏でられる。

【八坂神社の御神体遷し】総代や本宿を除く各町の区長・副区長・祭典係・世話人などは、午後五時四十五分に八坂神社に集合。神輿が着くと、高張提灯は拝殿前両側に立て掛けられ、神輿は社殿前に安置された。天王町の総代・区長はじめ一〇人が拝殿右に着座、宮司・総代・本宿の区長や祭典係なども拝殿左に座した。

修祓に続く祝詞奏上後に全ての明かりが消され、総代が持つ提灯をたよりに、白マスクの宮司が御神体を白い布に包み本殿から神輿に遷した（写真1）。神酒奉盃があり、祭典係は「一番　門前町（来年当番）」「二番　切通町」と当番順に町名を呼び上げ、各町世話人に神酒を注いだ。神事終了の太鼓の合図で、ゆったりとした荘厳な囃子が始まった。

当番長が「お立ーちー」と大声で叫び、天王町役員の先導で午後六時十五分に神輿が八坂神社を出御した。社殿前で神輿は「ワッショイ、ワッショイ、ワーイ」と三度高く揉まれ、鳥居を通る前後でも勇壮に揉まれた。大宿に入るとその役員が先導した。途中、神輿担ぎ手が交代、何度も揉まれながら鹿島神社へ向かった（写真2）。

【鹿島神社の御神体遷し】鹿島神社一の鳥居をくぐる前後で神輿は高く揉まれ、石段を慎重に上り二の鳥居をくぐった。神輿は社殿前に安置され、宮司の太鼓が響くと、お囃子は止み、神事開始となる。消灯のなか、御神体が神輿に遷され、八坂神社と同様に神酒奉盃を行い、おにぎりと飲み物の中食を取った。

午後七時五十五分の太鼓の合図で当番長が「お立ーちー」と叫び、囃子が始まり、神輿がお仮屋に向かった。

【お焚き上げの儀】同八時三十分、神輿がお仮屋に近づくと、お仮屋前の空地に高く積まれた藁束が点火された。神輿の列（高張提灯、宮司・役員、神輿、若い衆）は、燃え盛る炎の周囲を右まわりで三周し、神輿はお仮屋に安置された。

写真１　八坂神社の御神体遷し（20日）

写真２　八坂神社から鹿島神社への渡御

写真３　お焚き上げの儀

写真４　神瀧での禊

神輿を担いでいた若い衆が、燃え盛る藁の周囲を右まわりし、幽玄な神瀧で水を浴び、駆け足で瀧と燃え盛る藁の周囲を七往復した。藁を飛び越える若い衆もいて、修験者の火渡りと水垢離のようであった（写真3・4）。

その後、燃え藁の周囲に多くの老若男女が集まり、灰を火ハサミやスコップなどで拾い集め、缶やアルミフォイルに入れて持ち帰った。灰を田畑に撒いて豊作を祈ったり、神棚に上げて家内安全・商売繁盛を願うという。

神酒奉盃、宮司口上で、午後九時過ぎ第一日目が無事すんだ。その後、お接待所で総代や各町役員が接待を受けた。

【神輿の警護】神輿は二十日夜から二十二日夕までお仮屋に安置され、本宿の若い衆により夜通し交代で警護された。昭和三年史料に、二十六日（中日）晩、お仮屋にて神主に夜食を遣わすとあるので、かつては宮司が警護したらしい。

五　第二日目　七月二十一日（土）　御田植の儀（宵祇園）

朝、本宿がお仮屋に米一升・酒一升、スルメと昆布、キュウリと桃、塩などを三方に載せて奉納した。(13)

【お田植の儀】午後二時、本宿七人の若い衆が七福神に扮しお仮屋に集合。当番長は浴衣に黒の羽織、カンカン帽を被り、白足袋靴を履き、集金袋を持つ。紫色の祭り半纏を着た若い衆に引かれたリヤカーには、青々とした苗がたくさん載っていた。午後二時半のお祓い後に、身祓（御幣）を後衿に挿し、各町氏子の家をまわるお田植の儀が始まった。

商店には「おめでとうございます。商売繁盛」といいながら入り、「商売繁盛　平成30年7月21日　本宿町七福神」と書いたお札を渡す。民家には「家内安全」である。そして、ハナ（御祝儀）を受け取ると、苗を一株ずつ渡す。苗は神棚に供えられ、お札は玄関に張られる。早乙女に扮したり、「商売繁盛　乾杯　ワアー」という町もあり、お田植の儀は当番町の若い衆に一任されている（写真５）。

午後四時、鹿島神社に苗を奉納。その後も氏子まわりを続け、午後五時半、ようやく八坂神社に苗を奉納した。

本宿は三回（平成十年・二十年・三十年）続けて七福神に扮し、評判が良いので定番となりつつある。昔はボロの野良着を着て仮装していたが、最近はどの町も格好良く垢抜けているという。

【お仮屋鎮座祭】午後八時、お仮屋前に本宿の区長・祭典係・世話人・若い衆の計八人が横一列に並び、宮司により

写真５　お田植えの儀（21日）

写真６　お仮屋鎮座祭

鎮座祭が執行された。修祓（写真6）、祝詞奏上、神酒奉盃の後に宮司口上があり、宮司から当番長へお札五七〇枚が渡された。

【本宿子ども神輿の巡行】午後五時から三〇分間、幼稚園児から中学生の一一人に担がれた本宿の子ども神輿が、本宿の歩行者天国を練り歩いた。隣の戸張町区長に断ってあったので、戸張まで渡御することができた。

六　第三日目　七月二十二日（日）　本祭の儀（本祇園）

還御の儀

【受当迎え】午後五時半、本宿はお仮屋に集合し、引き継ぎの雌雄の獅子頭と尾（鹿島神社所蔵）をお仮屋に安置する。そして、祭典係二人は、受当（来年の当番町）の門前町まで、獅子の準備ができた旨を伝えに行き、接待を受けた。昔は七度迎えに行ったが、その内に三度となり、近年は一度だけである。午後六時過ぎ、門前町が自前の獅子二匹を従えお仮屋に来た。明治四十一年「追加記録」(14)（以下、明治四十一年史料）に、参集時間は当番町の使を全廃とあるが、受当迎えだけは長年継承されている。

【還御の儀・当番引継】午後五時五十分、宮司、総代、各町の区長・祭典係などがお接待所に集合、夕食を御馳走になった。同六時四十分、お仮屋前で修祓、祝詞奏上、神酒奉盃の後に、手締め、獅子の異常有無点検があり、神社の獅子が受当の門前町世話人に渡された。神社の獅子が壊れるとたいへんなので、渡御中は各町所有の獅子が練り歩く。

【獅子の舞】緑色の唐草模様の幌が付いた雌雄二匹の獅子は、露払いとして見物客の頭を優しく咬みながらゆっくりと、時には荒々しく暴れまわり、中央十字路まで神輿を先導する。行列は、①獅子二匹、②高張提灯二灯、③五色を結んだ榊（お仮屋左右柱の榊）二本、④賽銭箱、⑤神輿、⑥宮司、⑦総代、⑧各町役員、⑨囃子・太鼓、⑩神酒の順であった。どんなに獅子が遅くても、神輿は獅子を抜かすことはできない。各町内はその役員がハナとなって先導した。

午後七時五分から中央十字路で約一〇分間、獅子二匹は高く低く素早く身を交わして回転と、大きく舞った。幌の周囲を約一〇人が持ち、「ワッショイ、ワッショイ」と大暴れすると、見物客からは大きな歓声や拍手が沸いた（写真7）。

写真7　獅子の舞（22日）

【神輿振り】勇ましい二〇人余の若い衆に担がれた神輿は、中央十字路で約一〇分間酔ったように激しく揉まれ、壮観であった。その後、獅子や神輿は三〇分以上かけて揉まれ、見物客を楽しませ、鹿島神社まで練り歩いた。

御神体還御

【鹿島神社御神体の還御】午後八時半、神輿がようやく鹿島神社に着くと祝詞奏上があり、すべての明かりが消された。鹿島神社の御神体が本殿に、続いて八坂神社の御神体が内陣入口左の唐櫃に遷された。神酒奉盃の後、夜食を取った。そして、神輿頭が担ぎ手などにお礼を述べ、別れの挨拶をした。

午後九時、太鼓の合図でお囃子が流れ、「お立ーちー」で高張提灯を先頭に、宮司、役員、若い衆、唐櫃、囃子・太鼓、神酒の一行は八坂神社へ向かった。

【八坂神社御神体の還御】暗闇のなか、幽玄な囃子と共に唐櫃が八坂神社に着

写真8　千秋楽の儀

くと、一行（高張提灯・宮司・役員・若い衆・唐櫃）は社殿周囲を三度右まわりした。太鼓が響くと囃子は止み、修祓、祝詞奏上の後に、御神体は本殿に遷された。

【千秋楽の儀】神酒奉盃の後、本宿祭典係二人が拝殿中央の宮司の前に三つ重ねの盃を載せた三方を置き、神酒を注いだ。宮司は「一献目の盃を頂戴します」といって飲み干す。そして、「お願い致します」というと、祭典係の背後に座した沼田の山岡家の当主(15)が最初の謡「邯鄲《かんたん》」を奉納する。続いて宮司が二献目を飲み干し、「お願い致します」というと、謡「高砂」が奉納された。同様に三献目には「千秋楽」が奉納された。宮司口上があり、三本締めをして、太鼓の合図でめでたく祇園祭の千秋楽を迎えた（写真8）。

当番町本宿は、唐櫃を鹿島神社に運び、神輿とともに総代立会いで異常の有無を調べ、受当の門前町に引き継いだ。

七　祭りの後

【後片付け】鹿島神社と八坂神社の御神体が還御すると、当番町の務めが終わる。翌日、受当の門前町が神輿格納、お仮屋解体、テント撤収、鳥居の注連縄などの後片付けをする。他の町も、注連縄や山車を片付けた。各町ともこの日を「お日待」と呼び、一斉に仕事を休んで片付け、その後に近隣の飲食店で慰労会を開いた(16)。

【合力代】翌二十三日午前十時までに、各町の祭典係は社務所の総代に合力代を納める。当番町になるとお金がかかるので、本宿では平成二十六年から町会費を倍にして積み立てたが、町会費は家により異なり一律ではない。門前町は町会費から毎年一定額を積み立てている。戸数が減り経費も高騰しているので、節約している。

【お札配符】合力代納付後に、当番長から各町へ戸数分のお札「鹿島神社　八坂神社　広前家内安全之攸」が渡された。

八　山車と囃子

山車

飾り立てた屋台を曳き、笛や太鼓で賑やかに囃し立て祭りを盛り上げるのが山車である。昔から山車を曳いていたのは本町と戸張町で、戦前は佐原（千葉県）や市内の伊佐部をはじめ近隣の囃子連に頼んでいた。

【形態】山車は門前町を除く九町に計九台ある。(17) 台座の中心部に軸棒が通り、舞台が左右自在にまわる廻り山車である。西町の山車は幕末期（一八四八～六七）の総欅造りとされ最古である。多くは昭和二十年代作であるが、どの山車も平成十五年頃より一〇年間にリニューアルされた。山車には巡行安全のお札が掲げられ、明るい提灯や色鮮やかな花棒が多数飾られる。以前は木造車輪であったが、重い上にアスファルト道路を傷つけるのでゴムタイヤとなった。

【分廻し・叩き別れ（叩き上げ）】以前の山車は各町内を自由にまわっていたが、現在は決められた二コースに分かれてまわる。山車がハナ（御祝儀）を戴いた時、舞台の正面をその家に向け礼をする。二十一日と二十二日の午後七時半から八時半まで、山車八台が中央十字路にそれぞれ二台ずつ勢揃いする場面は、山車の見せ場である。まず、当番順に「通し砂切」をする。そして、当番順に十字路内に入り、早調子の囃子で舞台を素早くまわす「分廻し」をすると、屋根の花棒が開いて拍手喝采となり一層盛り上がる。最後に全山車がそれぞれ最も得意の曲で「叩き別れ」をする。

【天王町への山車巡行】二十一日午後二時過ぎから、大宿・戸張・浜・荒宿の山車が順々に天王町に入り歓迎された。

囃子

【芸座連】江戸崎の祇園祭が盛んになったのは、昭和三年の御大典以降である。それまでは、ひょっとこ中心であったが、戦前にアンバ囃子や佐原囃子が広まった。戦後、佐原や伊佐部の囃子を頼めなくなり、町内に芸座連を結成する機運が高まった。昭和二十二年に浜町芸座連が結成されると、三十二年に西町、三十五年に田宿町、三十六年に戸張町、三十七年に大宿町、三十八年に根宿町、四十七年に本宿町、四十八年に荒宿町と、次々に芸座連が誕生した。(18)

【囃子】茨城県南で一番知られるのが、市内大杉神社の「アンバ囃子」であり、輪になって踊るテンポの遅い「八幡山」と、列になって踊るテンポの速い「いそべ」の二つがある。また、囃子は「アンバ」を含めた佐原囃子系で、次の三つに分けられる。①儀式的な曲で、山車曳きまわしの始めと終わり、また角を曲がる時に囃される「砂切」「馬鹿囃子」「花サンバ」の役物。②浄瑠璃や歌舞伎などの影響を受け、邦楽における段物と同様な「吾妻」「巣籠り」「神田」がかつてはあったが、江戸崎の芸座連のなかでは聞かれなくなった。③「大漁節」「松飾り」「船頭小唄」「ラバウル小唄」などの民謡や流行歌などの端物。楽器は笛(篠笛)・大鼓・小鼓・大太鼓・小太鼓・摺鉦の六種である。(19)ときどき山車が停まり、囃子に合わせ曳き手が一斉に踊る姿は優美であり、さらに総踊りや合同踊りは壮観である。

踊りのパレード

祭りの第一日目午後七時から、荒宿十字路からJRバス江戸崎駅の中央通りで、江戸崎音頭保存会・商工会女性部・町女性の会・町金融団・JA女性の会・役場・交通安全母の会など約四〇〇人による華やかな踊りのパレードがあった。平成二年から始まり、曲目は「江戸崎音頭」、平成の合併後は「稲敷たから音頭」などである。

露店

初日はお仮屋を中心とした本宿に露店が一七店並んだ。二日目は土曜日のため七〇店余と多かったが、三日目は少し減り約六〇店であった。「江戸崎は良く捌ける」といわれ、露店商の間では評判が良い。

九　祇園祭の変遷

現在の祇園祭は、明治初期から末期にかけて関係者が協議し、順次整備されてきた。その変遷を探りたい。

【初市神祭り】『広報えどさき』三五〇号（昭和六十二年）によれば、昭和四十年代まで、旧正月十四日に二の鳥居下の参道で鯉二匹を供える儀式があり、続いて拝殿で本殿祭（祇園始めの行事）があった。戦前はこの日に、浜町の川岸でお尻を川に浸して清める川浸しが行われたという。昭和三年史料に、旧正月十四日早朝に本宿市場へ仮屋竹持参、市神作成とある。そして、当家は御供餅一重、仮屋竹四本、拭鮒二枚、君山蓙一枚、半紙三帖、御神酒一升を準備した。

【浜町川岸七五三下し】明治二十八年史料に、六月二十日、祭りの五日前に七五三下しとある。『広報えどさき』三五〇号には以下のように記されている。午後に宮司、氏子総代、荒宿町・当番町の祭典係と世話人が浜町の石野家に集まり、大正橋近くの沼里川岸に祭壇を設け供物を供えた。祝詞奏上後に、宮司を舟に乗せて常時立っていた二本の「天王棒杭」まで運ぶ。川に入った宮司は杭に七五三を張り、水中から一握りの藻を採る。最後に神酒奉盃の儀があり、祇園祭の無事執行を祈った。藻は神前に供え、神社の鳥居にも酒樽の付いた七五三を張った。

昭和三年史料には、旧六月二十日、村社並びに浜川岸へ七五三下しとあり、御神酒、君山薩、三組盃、当七五三添木四本、竹五本が用意された。そして、正副戸長・町々祭典世話人などへ、当番町が赤飯や神酒をふるまった。

宮司が藻を採り神前に供える神事は、二十四日まで五日間続けられていたが、諸般の事情で昭和四十二年頃中止され、現在は当締祭のみ宮司が引舟橋から藻を採り、毎日水を替え、祇園祭まで神前に供える。

【お浜下り】昭和三年史料に、旧六月二十六日お浜下りとして、正副戸長・人民総代が揃ったら、神酒を勧め午後八時に出立とある。そして、同日、人足八人を当家にて用意、晩にお仮屋敷物用意とある。現在、お浜下りはない。

【当家】文政七年(一八二四)史料に、文久三年(一八六三)までの本町(本宿町)と戸張町の当家の名前が隔年で記されている。そして、神輿は「当家江御帰り被成」「当家江御帰り被遊」とあり、お仮屋は当家に立った。

明治二十八年史料に、当家の主人は六月二十日より二十五日まで、日に三度宛水行すべしとある。来年の当家は祭り翌日の二十八日に町内で籤引をして決めた。その時、質素を基とし、ふるまいがましくしない、とある。明治四十一年史料に、旧来の当家の名称を廃し、神務は社務所一任とあり、当家制度はなくなった。

【供奉列(昭和三年の役割番組)】昭和三年史料に、旧六月二十七日(本祇園)の役割番組として表のように載る。

昭和3年　27日役割番組

一番	神馬
二番	代か(掻)き
三番	榊
四番	御鉾
五番	笠鉾
六番	猿田彦
七番	おほけ(おはけ)
八番	椀籠
九番	楊枝口会
一〇番	具足
一一番	獅子
一二番	御輿(神輿)
一三番	当(頭)殿
一四番	小殿
一五番	禰宜殿
一六番	太鼓
一七番	神輿台
一八番	釣台

また、二十七日に人足不足の時は市内の佐倉村・犬塚村より手伝いが来たが、改正により当番町で務めることとなった。文政七年史料に、弘化四年（一八四七）の祭礼議定があり、「番組之義、古例之通可相守事」とあるが、現在も引き継がれているのは三番榊・一一番獅子・一二番神輿・一五番禰宜殿・一六番太鼓・一七番神輿台だけとなってしまった。文政七年史料などから確認できる役割は次の通りである。

一番神馬　昭和期の本祇園ではお田植祭の先駆として、宮司のお祓いを受け、五色（青・赤・黄・白・黒）の幣束を背中に立てた神馬を、お仮屋から八坂神社まで走らせた。[20]しかし、大正十二年は牛であった。[21]

二番代掻き　弘化二年に寄進。

四番御鉾　昭和六十一年以前は、鹿島神社社殿前左に鉾が立った。[22]

五番笠鉾　文久二年に傘（笠）鉾寄付、昭和三年史料に傘一本とある。

六番猿田彦　天保十三年（一八四二）には下駄が寄進され、安政五年（一八五八）に面を塗替えた。

七番おはけ　おはけとは当家が持つ大幣束で、文政七年史料では未確認。

八番椀籠　万延元年（一八六〇）に御面付が一つ寄附。

九番楊枝口会　安政六年に衣装が寄付。

一〇番具足　鹿島神社神輿蔵に古い具足が保管されている。

一三番頭殿・一四番小殿　文政九年に「富蔵三歳ニ而頭殿相務申候」とあり、三歳の富蔵が頭殿装束を着て烏帽子を被った。同十三年には和泉屋文治郎が頭殿を務めた。安政二年には抹香屋与兵衛の寅松三歳が頭殿、ちから孫三郎の倅筆吉四歳が小殿を務めた。頭殿・小殿は稚児であり、装束、烏帽子・木刀が度々寄付された。

一八番釣台　弘化二年（一八四五）に造作。

以上から、江戸時代の祇園祭の隊列が推察できる。長い間継承され、昭和前期まではその古態を呈していた。

【両社お迎え】明治二十八年史料に、二十五日氏子一同で八坂の社より旧規によりお箱にて村社まで迎え、両社の神幣を神輿に遷し、当家まで舁くとある。両社の御神体は神幣で、八坂の神幣はお箱（唐櫃カ）で鹿島神社まで運ばれ、一緒に神輿に遷され、当家へ向かった。しかし、大正七年にはお箱でなく神輿とある。[23] その後、平成になってからも八坂神社まで神輿がお迎えに行ったが、平成二十三年頃からは担ぎ手不足のため、トラックに載せ御神体を迎えに行っている。

【神輿渡御】明治二十八年史料に、六月二十六日（中日）は当家より村社（鹿島神社）に至り、そして八坂神社鳥居前にて一〇分間、戸張町四つ角にて二〇分間、門前町外れにて一〇分間、お浜下りを執行後に当家の庭前にて一五分間、次に西町外れにおいて犬塚へ向け一〇分間、法楽を奏した。また、町長・助役・書記などの他に各町世話係一人が供奉、当番町は神輿の左右、翌年当番町は獅子を持ち神輿の前、前年当番町は神輿の真後ろに付き添った。さらに、花車及び踊屋台を奉納するにあたり神輿渡御に出会った時は、最も敬礼を表するとある。

また、同史料によれば、昭和七年の中日（宵祇園）には午後八時に鹿島神社を発輿し各町を渡御、午前〇時にお仮屋へ還御した。昭和五十六年の戸張町当番の時も、簡略化されたが中日に各町へ渡御した。[24] また、平成二十二年以前にも中日の午前中に神輿が当番町を一巡したが、[25] 中日渡御の有無は当番町に一任されている。

渡御初日、お仮屋での神事前に、かつては参列者全員が「出ぶ前」として神酒をいただいた。また、発輿前に神輿担ぎ手に豆腐がふるまわれた。これは体を柔らかくして怪我のないようにとの思いが込められていた。

【お焚き上げ】昭和四十年くらいまで、お仮屋前の道路であったが、道路交通法とアスファルトが傷むため空地となった。神輿は燃え盛る炎の周囲を右まわりで七周し、その後に若い衆は注連縄を腰に巻き付けて火と水の禊を七度したという。

【お田植祭り】昭和期までは、三日目に神輿の還御に先立ってお田植祭りが行われた(26)。そして、当番町の若い衆が早乙女に仮装して、苗を積んだ笊を天秤棒の前後に吊るし、氏子宅をまわった。

【祭典費】明治二十八年史料によると、鹿島神社年間一〇回の祭典費として全町より各戸金二銭を徴収し、六月二十五日までに産土世話人へ渡した。また、当番町への補助は一〇町は各町金一円五〇銭ずつ、そして上・下新宿町と天王町は一戸につき玄米一升を当番町へ六月十五日に届けた。大正七年には一〇町は各金三円ずつ、上・下新宿町は金五円ずつ、天王町は金六円、犬塚は金一円となった。大正十年の各戸の年間祭典費は社番費・当家費が加わり、明治二十八年の各戸金二銭から七〇銭と増えた(27)。不用祭具は神官・産子総代協議の上、減らされた。

【神官給】昭和三年史料に、当村・犬塚村・天王町三か村は一戸につき玄米五合ずつ、及び祭事中賽銭は十月三十日限り神官へ渡すとある。

【時間短縮】祇園祭は三日間夜通しであったが、昭和後期は午後十二時、平成以降は同十時、そして現在同九時までと段々短くなってきた。暑さ対策や仕事の関係もあり、始まりも夕方にずれ込み、祭り時間は短縮傾向にある。

【輪番制】文政七年史料によれば、天保四年六月二十六日のお浜下り後、根宿・切通・西町が理不尽に三町へ神輿をまわし、本宿のお仮屋に勝手に納めてしまった。その後、新規に神輿をまわして欲しいと願った。同十一年から十四年には、悪病が流行ったので、神輿をまわして欲しいと五町が願った。我が町に神輿が入って欲しい、我が町でも神輿を担ぎたいとの要求が高揚していた。明治十年に一〇町による輪番制となるが、その兆しは江戸期にあった。

おわりに

この年（平成三十年）猛暑に見舞われた三日間、氏子たちは全エネルギーを出し切り、祇園祭を盛大に執行した。しかし、昔は親戚が多く集まり、町から出た人も必ず帰ってきて、錐を立てる隙もないほど混んで、それは賑やかであったという。

神輿が小さくなった、揉みが足りない、まわりも静かで拍手や応援も少ないなどと、昔の祇園祭の賑やかさを懐かしむ声も多い。と同時に、大きな神輿を担いで、できたら馬を出して、と昔の伝統を復活させたいと願う声も聞かれた。しかし、目に見えない部分では、昔ながらのしきたりや伝統を重んじ、祇園祭が粛粛と執行されていた。

註

（1）先行研究には、木村謙一「町史編さんだより　江戸崎祇園祭①〜⑦」（『広報えどさき』三四九〜三五三・三六〇〜三六一、一九八七年・一九八八年、江戸崎町役場）がある。「江戸崎祇園祭について」（『江戸崎ばやし連合会』江戸崎町役場、二〇〇二年、三〇〜三八頁）は、前記の「江戸崎祇園祭①〜⑦」の再掲載。ビデオ「江戸崎祇園祭」（『江戸崎の祭礼と伝承』企画：江戸崎町企画財政課他、製作：ビデオパック、二〇〇五年）。

（2）明和七年「江戸崎輿誌」（稲敷市歴史民俗資料館寄託文書）。

（3）「江戸崎輿誌」（稲敷市歴史民俗資料館寄託文書）。

（4）『茨城県神社誌』（茨城県神社庁、一九七三年、一三一二頁）。

（5）「牛頭天王記録」（稲敷市歴史民俗資料館寄託文書）。
（6）昭和三年「鹿島・八坂両社祭典記録」（江戸崎鹿島神社所蔵文書）。
（7）明治二十八年「鹿島・八坂両社祭典記録」（江戸崎鹿島神社所蔵文書）。
（8）『広報えどさき』三六一。
（9）高張提灯・賽銭箱・酒箱・軒下の丸提灯などにも、八坂の三つ巴紋と土岐氏の桔梗紋の両方が付いている。
（10）八坂紋と土岐紋が表裏となっており、両方に「大正七年旧六月　塗換寄附」とある。
（11）「大念寺日鑑」（『広報えどさき』三四九）。
（12）担ぎ手不足の上、神輿にまだ御神体が入っていないので、平成二十三年頃から、この時だけはトラックで運ばれる。
（13）昭和三年史料に、旧六月二十五日晩、するめ一〇枚、梅干三〇、熨斗一把、若布五把、桃二〇、生大根五本、米ヲシトケ（キ）一升を調え置くとある。
（14）明治四十一年「追加記録」（江戸崎鹿島神社所蔵文書）。
（15）昔、浜町に謡の先生がいて、名主山岡家はその門人であった。平成二十年頃までは同じ沼田の分家小林氏と二人であったが、小林家の当主が亡くなったので、現在は同じ沼田の大野氏と二人。平成三十年は都合により一人。
（16）明治四十一年史料に、旧二十八日の諸式は全廃とある。
（17）本宿は当番町で神輿担ぎがあるため、山車は出せなかった。江戸崎山車まつり実行委員会を組織する。
（18）『江戸崎ばやし連合会』一四～二三頁。
（19）『江戸崎ばやし連合会』八～一一頁。
（20）『広報えどさき』三五一。『同』三六一に写真が載る。

(21) 酒の森田屋店頭の展示写真。同年の他の写真には金棒曳きの女性四人が写る。
(22) 『広報えどさき』三四九に写真が載る。
(23) 明治四十一年史料に、二十七日神輿八坂神社に還幸の際とあるので、明治期に八坂神社へ神輿が還御していた。
(24) 『広報えどさき』三五一。
(25) 「文化財ものがたり六　稲敷市「江戸崎祇園」」(『茨城新聞』二〇一〇年六月二十日付四面)。かつては全町内を隈なく巡行し、浜町のお休み場では、真菰を敷き詰め神輿を安置したという。
(26) 『広報えどさき』三五一。
(27) 昭和三年史料。

コラム❶
行方市五町田八坂神社の例祭

行方市五町田《ごちょうだ》（旧麻生《あそう》町）は霞ヶ浦湖岸の北端にあり、天王川を挟んで旧玉造町荒宿《あらじゅく》に接している。中世には荒宿を含めて五町田村であった。麻生藩設立後、二つに分割した。五町田にも荒宿にも八坂神社がある。もともとこの二つの神社は起源を異にする。室町時代の永享の乱で敗れた足利持氏に仕えていた下総国関宿の下河辺義親は常陸大掾を頼り、永享十一年（一四三九）船子に居を築いた。その港である於下の船津に祇園社を建立した。のちこの船津に悪疫が流行したため祇園社を湖に流したところ、五町田の曲田に祇園社が流れ着いた。天正元年（一五七三）この祇園社を現在地に祀り、慶長年間（一五九六〜一六一五）に五町田村の鎮守とし祭祀を始めた。一方荒宿の八坂神社は、旧北浦町小幡の六兵衛橋の天王社であった。祭礼で神輿が橋を渡る際、六兵衛なるものを雑踏のなかで誤って殺してしまい、以後この神輿を恐れ五町田に流したとある(1)。

この二つの八坂神社は古くから争いが絶えなかったが、起源を異にするものの、祭日も行事も似ている。平成十六年（二〇〇四）現在の氏子は、五町田八五軒、荒宿七五軒。ここでは稚児の出てくる五町田の八坂神社について記す。

五町田八坂神社は旧六月一日の当注連降ろし、六月十七日の本殿での神事のあと、神輿を霞ヶ浦で船渡御をして、仮宮に安置する。翌十八日の朝、仮宮で駐輦祭を行い、本殿に還御した。現在、当注連降ろしは七月第二日

曜、例祭は七月第三土日で、土曜が宵祭り、日曜が本祭りで夕方に還御する。(2)

当家は四軒で、四軒のうちの一軒を「穀屋」といい、その年の当家になり家に注連縄が張られる。当家の順は家の並び順になっている。稚児は村内の小学校低学年くらいまでの男子がなる。

当注連は、国道(五町田の入口、村の東端)、お仮屋(村の南端)、お浜降りの場所(五町田漁港、村の西端)、神社裏荒宿境の四か所に竹を立てる。その日は当家で振る舞いがある。八坂神社は村の北端にあり、昔は本殿に注連縄を七度半まわした。幟は祭礼当日に神社とお仮屋に立てられる。

宵宮は午後四時に八坂神社で神事があり、御霊移しが行われる。本殿には宮司・稚児・氏子総代・祭事役員が並ぶ。稚児と当家は烏帽子を被り浴衣の上に浄衣を着て(写真1)黒の帯を締め、草履を履く。神輿には天狗の面が置かれている。神輿は当家が担ぎ、稚児は神輿の前を榊を持って歩き、宮司とともに道々お祓いをしながら進む(写真2)。神輿には賽銭のおひねりがあげられ、疫病除けになるとして神輿の下をくぐる。オモクといってウルチ米を蒸かしたものを四重箱に入れ配って食べる。神輿に五浜若連の囃子屋台がつく。

囃子屋台は午後三時に神社を出発、旧国道の船子地先まで行って引き返し、神社に戻り神輿の後につきお仮屋前を通りお浜降りの漁港に着く。そこで囃子は囃子舟に乗る。

囃子の曲は佐原囃子であるが、大漁節など銚子の囃子も入っている。荒宿では囃子に手踊りがつく。

お浜降りは、午後六時に、神輿や稚児・宮司・当家の乗る天王舟(御座船、写真3)と、囃子舟と、先輩役員の乗る舟の三艘が、囃しながら霞ヶ浦の湖上を七度半円を描き、六時半頃に戻ってくる。昔は夜に行ったので提灯をつけて華やかだった。

荒宿では同様のお浜降りの時間をずらし、午後六時半に御座船・御従舟・太鼓舟の三艘が出航、七時半くらいまで巡行するので、暗くなり、今でも提灯舟である。

五町田ではお浜降りののち、漁港から仮宮に神輿を移動し仮宮祭を行い、宵宮は終わる。夜は公民館で演芸大会がある。

翌日の本祭りは昼三時より、屋台の巡行があり、夜九時頃、仮宮を出発し、十時に本殿に戻り還御祭があり、当家渡しの儀礼をする。

写真１　五町田八坂神社の当家と稚児

写真２　五町田八坂神社の稚児によるお祓い

写真３　五町田八坂神社の船渡御

註

（1）鈴木久弥「五町田村と天王祭の一件」（『麻生の文化』二〇、麻生町郷土文化研究会、一九八九年）。

（2）高野悦男「五町田の祇園―祭りその変遷―」（『麻生の文化』二七、麻生町郷土文化研究会、一九九六年）。

高野悦男「祇園祭りの変遷（五町田八坂神社）」（『麻生の文化』三九、麻生町郷土文化研究会、二〇〇八年）。

（坂本　要）

コラム❷
行方市麻生大麻神社例大祭の稚児

大麻《おおあさ》神社の例大祭

行方市麻生《あそう》（旧麻生町麻生）は、霞ヶ浦の東南岸に位置し、行方市の政治・経済・文化の中心地で、官公署や学校が集中し、商店街を形成している。現在も行方市役所麻生庁舎・茨城県行方合同庁舎などが置かれている。中世は大掾氏の一族麻生氏の本拠であったが、天正十二年（一五八四）に同族の島崎氏に攻められ滅亡、島崎氏の支配下となった。同十九年の島崎氏滅亡後は佐竹氏領、慶長九年（一六〇四）に麻生藩領となり幕末まで続いた。藩政時代は陣屋の所在地として、武家屋敷が並び、年貢米などを積み出す河岸も整備された。明治十一年（一八七八）には行方郡役所が設置され、郡政の中心地であった。

大麻神社は、霞ヶ浦沿岸から東へ二㎞弱の台地上（標高二〇ｍ）に鎮座し、「大宮様」とも呼ばれる。祭神は武甕槌命・経津主命など七柱を祀る。中世、麻生城の北東鬼門に位置し、江戸時代の別当は神宮寺、明治初期は郷社であったという。

大麻神社の例大祭は、稚児が首座を務める祭りで、鹿島神宮の祭頭祭や、市内五町田・天王崎の祇園祭でも同様な事例が見られる。平成二年（一九九〇）までは、毎年十月十六日から十八日にかけて執行していたが、翌三年からは十月第三日曜日を中心にその前後の三日間となった。平成二十九年は十月十四日（渡御の儀）、十五日（本祭の儀）、十六日（還御の儀）の三日間で、全日雨に降られたが、風雨を全く感じさせない優雅な、城下町の誇りと伝統が溢れた祭りであった。

例大祭の組織

【氏子】大麻神社の氏子は、麻生の蒲縄《かばなわ》・下淵《したぶち》（下渕）・田町・本城《ほんじょう》（宿《しゅく》）・玄通《げんづう》の五区で組織され、各区一〇〇戸前後、計約五〇〇戸である。祭主は大麻神社神職が務める。五区が年番制で例大祭を執行し、大小神輿と五台の山車が町中を練り歩く。氏子総代は五区から各一人の計五人、氏子総代長は例大祭の当番区の氏子総代が務めるので、輪番で毎年変わる。

【当番】大正元年（一九一二）に玄通で神輿が修復されたことにより、蒲縄↓下淵↓田町↓本城↓玄通の当番順になったという。平成二十九年当番の蒲縄は、東・西・岡一・岡二の四班に分かれ、祭りには一戸一人の参加が要請されている。氏子総代長一人、祭典委員長一人、区長一人、班長四人、代議員四人、幹事八人、祭事四人、若連八人により祭り当番役員が組織された。また、警護責任者一人、山車責任者一人、臼夫長一人、子供臼夫長一人、子供神輿係二人、天狗一人、稚児係一人、接待係一人、賄・食事係二人、祭事係一人、御旗係一人などの係計二四人を決めた。

【稚児】稚児は神の依り代で、例大祭の首座を務める。ブク（喪中）でない当番区の七歳未満の男児が推薦により選出される。稚児になるのはたいへん名誉なことで、お祝である。しかし、該当者がなく、小学三年生が務めたこともあった。

平成二十九年の稚児は、幼稚園に通う五歳の子であった。三日間、祖母が着付けた稚児衣装に烏帽子を被り、

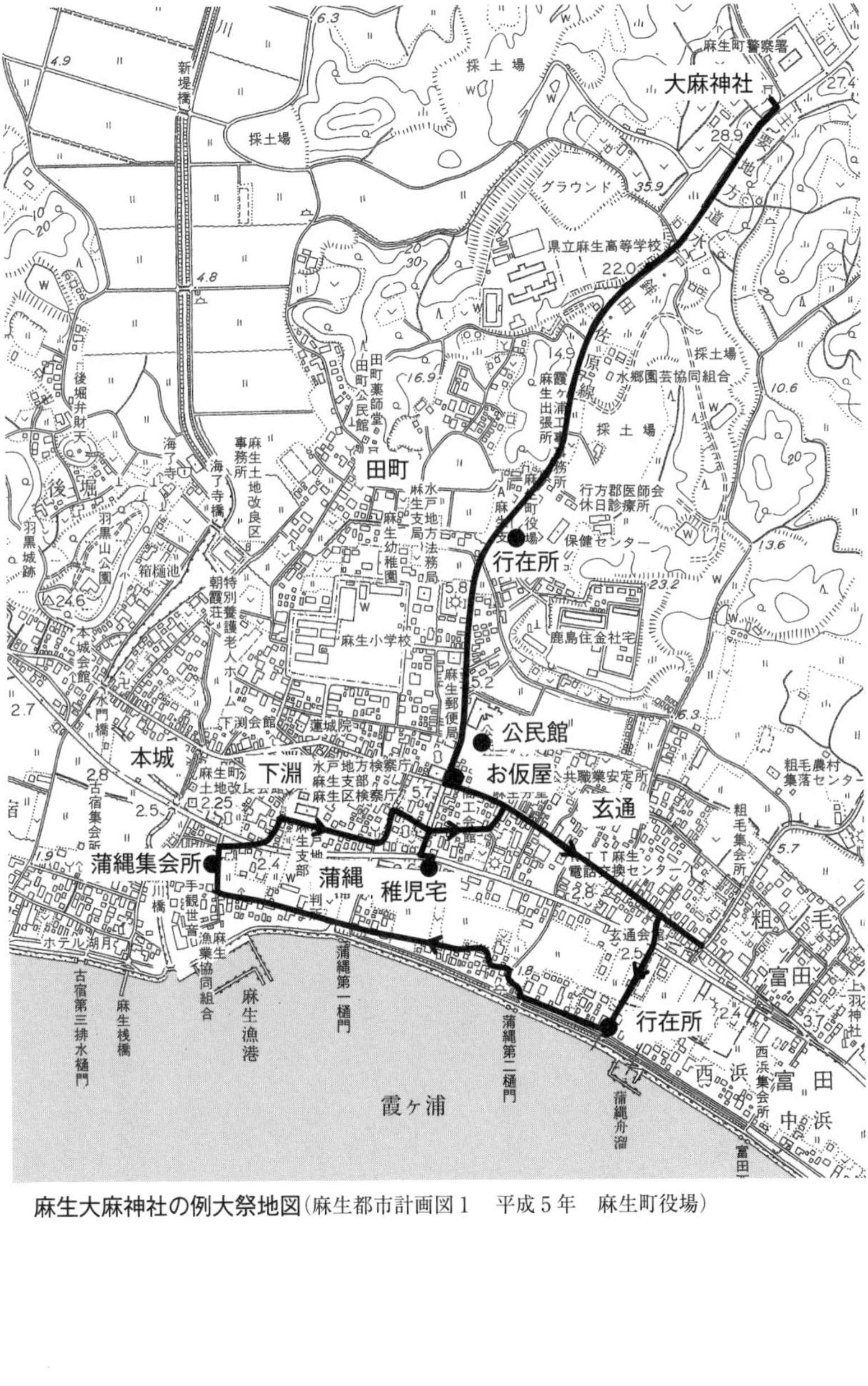

麻生大麻神社の例大祭地図（麻生都市計画図１　平成５年　麻生町役場）

鼻筋を白く塗り両手で笏を持った。稚児宅には事前に打診があり、六月吉日に氏子総代長・祭典委員長など五人が、稚児宅を正式に訪れお願いされた。その時は接待の宴が設けられた。祭り当日までの禁忌は特になく、父親が稚児付添役を務めた。鹿島神宮の祭頭祭や稲敷市古渡のように、祭りの間に稚児に地を歩かせてはいけないとの決まりはない。

首座を務める稚児

【稚児宅お迎え】十月十四日から十六日までの三日間、神事の前に蒲縄の氏子総代長・祭典委員長など役員五人が、注連縄が張られた稚児宅へお迎えに行く。玄関先で「稚児様をお迎えに参りました」と挨拶、座敷に上がって「でぼけ(出迎え酒)」をいただく。そして、稚児と付添役の父は、迎えの黒いベンツのオープンカーに乗り、大麻神社やお仮屋に向かった(写真1)。三日目の還御の日には、役員が酒二升と御酒肴料一万円を持参し、稚児宅で「でぼけ」と料理の振る舞いを受けた(写真2)。稚児宅の負担にならないように、料理は一人二〇〇〇円程度、時間は一時間と申し合わせている。

【神事】大麻神社やお仮屋の祭壇には、神饌の神酒・白米・水・塩・昆布・メロン・鯛などの他に、左右両側に五升の白丸餅の上に四升の紅丸餅が載った大鏡餅一対があり、右は「奉納　稚児(名前)」、左は「奉納　蒲縄区」とあった。

出御の儀、お仮屋安置の儀、本祭の儀などの神事では、一番上座に稚児が着席、玉串奉奠の最初は稚児である。

【渡御】渡御は、幡→猿田彦→大榊→大神輿→子供神輿→稚児・父・祭主のオープンカーの順であった。行在所《あんざいしょ》では、祝詞奏上に続き稚児のみが玉串奉奠を行う。

【総踊り】二日目の本祭には、午後六時から麻生公民館駐車場で五区の総踊りが開かれた。奥の特設舞台の上座には稚児が着席、大きな声で「大麻神社例大祭、おめでとうございます」と挨拶し、拍手喝采を浴びた。

【稚児宅振舞】還御の日、蒲縄集会所での神事では、稚児の玉串奉奠、稚児親族代表挨拶（祖父）、稚児当家挨拶（父）があった。続いて稚児・神職・氏子総代長・祭典委員長が四斗樽の鏡割りをし、乾杯は正面に「（稚児の名前と家紋）大麻神社例大祭　平成二十九年九月吉日」と焼印された一合枡で行われた。

蒲縄集会所内と外のテント二張において、各区役員と蒲縄の人計約一〇〇人に稚児宅振舞があった。テーブル

写真１　オープンカーで渡御する稚児

写真２　還御の日の稚児宅お迎え

には、刺身、川エビの掻き揚げ天、オードブル、おにぎりなどの御馳走が並んだ。

還御途中の午後三時半、神輿は注連縄が張られた稚児宅に着いた。そして、軽食・菓子・飲み物の御接待があった。

例大祭の変遷

【稚児宅振舞】昔は子供が多かったので稚児にはなかなかなれず、選ばれることは家族にとっても親族にとっても非常に名誉であった。畳を替え、テーブルや座布団を新たに買い求め、飲食物にもかなりお金を使った。少子化もあり、このままでは引き受け手がいなくなるので、平成十五年頃から、稚児宅振舞は集会所を使い、区の費用で賄うこととなった。親族代表挨拶も親戚の人が務めたが、最近は祖父が多い。かつては七五三や結婚式のように一族挙げてのお祝であった。

【馬出し・お浜下り】同じ麻生の八坂神社では、古宿と新田が七月の最終日曜日に祇園馬出し祭りを行う。宵祭では、神輿を先頭に馬に乗った稚児が行列をなし区内を練り歩く。本祭では、神輿を祭神の須佐乃男命、祭り馬を八岐大蛇に見立て、神輿が大声を出しながら駆け足で馬を追い払う。そして、神輿は、霞ヶ浦にお浜下りをする。

大麻神社の稚児も昭和五十年頃は馬に乗って渡御した。行方台地は古代から馬の産地で、かつては玉造大宮神社や行方国神神社などの祭礼には馬が登場した。そして、大麻神社の神輿もかつてはお浜下りしたといわれる。

行方市麻生は千葉県に近く、「千葉城《ちばらき》」と呼ばれる地域である。神輿は小見川で修理され、山車・囃子は佐原の影響が明らかである。また、鏡割りの酒樽、踊り手の半纏・足袋、特にこの年（平成二十九年）はビニール合羽を買いに佐原に行く人が多かった。佐原の祭りは大きく有名なので、祭り用品が揃っているという。同じ市内でも北の玉造は、霞ヶ浦対岸のかすみがうら市・土浦市・石岡市等との結び付きが強く、囃子や山車もその影響下にあり、対照的である。

稚児が祭りの首座を務めることを随所で確認できた。大麻神社例大祭は堅固な組織の下で、礼を尽くし、伝統を守りながら執行された。三日間、雨に祟られたが、雨が降ろうが鎗が降ろうが、風雨を全く物ともせず華やかに繰り広げられたのである。

（近江礼子）

コラム❸
石岡市高浜神社の青屋祭

平成二十五年（二〇一三）調査（坂本要編『高浜入りの民俗』筑波学院大学民俗ゼミナール、二〇一五年、所載）

【青屋祭】

山車・大人獅子・子供獅子が巡行する祇園祭の形式である。しかし、別名「青屋祭《あおやまつり》」ということからもわかるように、本来はススキなどで仮殿（青屋）を作り、ススキの箸でうどんを食べるような形式であったと思われる。現在、高浜では言い伝えしか残っていないが、石岡の元真地にある青屋神社では、今も社殿内の本殿の屋根をススキで葺き替え、ススキの箸でうどんを食べる祭事が行われている。また、天明四年（一七八四）山口仙栄によって書かれた『常府古跡案内しるべ』には、青屋祭について、六月二十一日に府中の名家である税所《さいしょ》氏と小仁所《こにしょ》氏が公家装束で侍姿の大勢の供をつれ、青竹・青ススキで仮殿が作られた元真地の青屋神社を参拝後、高浜へ移り、高浜神社を参詣、祈禱があって亥の刻（午後十時）頃に帰宅すると記述されている。

以上、いつ頃から祇園祭の形式になったかは定かでないが、高浜尋常高等小学校が大正初めにまとめた（発行年不明）『高浜町郷土誌』（石岡市教育委員会『石岡の地誌』一九八六年所載）の「年中行事附休日制度」には、青屋祭の記載はなく、六月の欄に「八坂祭　高浜十日」とあること、さらに昭和四十八年（一九七三）の高浜小学校創立百周年記念誌『かたり草』の山口ちよ氏「母校の思い出」の中に、明治三十三年（一九〇〇）に行われた新校舎開校式の際、山車が高台の校庭まで上がってきたとの記述があることから、青屋祭を執り行っていた税所氏・小仁所氏が絶えた明治中期から後期の間に、現在の形になっていったものと思われる。

【期日】

毎年七月の最終土曜・日曜日に行われる。かつては、旧暦の六月二十・二十一・二十二日に合わせて行われていたが、後に新暦の七月二十・二十一・二十二日となり、さらに子供たちが参加しやすいよう、学校の夏休みに合わせて七月二十五・二十六日、と変遷した。そして現在、参加者の大部分がサラリーマンになったことから、皆が無理なく参加できるよう、土曜・日曜日に合わせる形になった。

【年番町制度】

かつては、高浜郵便局前の市道を境にして、東若（東側）と上若（西側）に分かれて祭礼が行われていた。東若は幌獅子のみ、上若は幌獅子または山車を出し、山車を出した時には、囃子方を三村または染谷から招いた。若者がたくさん参加した当時は、東若と上若の幌獅子や山車がすれ違う際には必ず喧嘩になり、子供にとって夜の祭りはとても怖いものだったという。

その後、時代の変化とともに参加者が減少してきたことから、町内が一つにまとまって祭礼を行うようになったが、参加者の減少を止めることはできず、年番町制が導入されることになった。

【青屋囃子】

青屋囃子は、昭和五十年代に高浜町内の自営業者の集まりである「恋瀬会」の有志が、自発的に染谷はやし連の会員からお囃子を教わったことに始まる。当初は東上町公民館で練習が始められたが、何度か場所を変えた後、現在は高齢者福祉センター白雲荘の弓道場で毎週木曜日に練習日が設けられている。若い世代の加入により、恋瀬会の有志から引き継がれる形で組織化されていき、平成十五年には茨城県指定無形民俗文化財「石岡ばやし」の保持団体である石岡囃子連合保存会に加入し、同保存会青屋はやし連となった。会員は三五人ほどで、高浜神社祭礼の際には、山車の上で青屋囃子の演奏および踊りが演じられる。

平成二十六年調査

【祭礼―山車・獅子の巡行】

祭礼一日目は神事がないことから、午後二時から神社役員等の合図で巡行が始められる。祭礼二日目は午前十時からの神事の後、神職から子供獅子・大人獅子・山車の順に修祓を受け(写真1)、巡行に出発する。昔から神輿の渡御はなく、山車・幌獅子が巡行する形式である。

	年番町	応援町
山車	城南町	宮本町・西町・上町・大作台・稲荷下町
大人獅子	稲荷上町	東下町・東上町・霞町
子供獅子	稲荷仲町	緑仲町・琴平町・富士見台

山車(写真2)は重量があるうえに鉄の輪をはめた木製の車輪であることから、踏切を渡ることが困難なため、祭礼一日目・二日目ともに、常磐線より東側の地域のみ(高台の富士見台は除く)を巡行する。

幌獅子は、大きな獅子頭とタイヤを付けた移動式の小屋を幌でつないだもので、機動性があることから、踏切から西側の高台にある稲荷上町・城南町や、高浜小学校裏の高台にある富士見台も巡行をする。例年、祭礼一日目は山車と同じく、常磐線より東側の地域を中心に巡行し、祭礼二日目に稲荷上町・城南町・富士見台を含めた全町内を巡行するが、巡行ルートに関しては年番町の常会長または神社役員に一任されるので、年によって変わる場合がある。

平成二十六年の祭礼では、大人獅子の担当が稲荷上町だったことから、祭礼一日目にも踏切を越えて自分の町内まで巡行した。また、道幅の狭い富士見台の巡行については、大人獅子より一回り小さく小回りが利く子供獅子のみが巡行した。

【祭礼—神事】

祭礼二日目の十時から行われる。

写真１　高浜神社の幌獅子への祓い

写真２　高浜神社祭礼での山車の巡行

神前には社宝である「保昌五郎貞宗」の剣、「備前長船盛秀」の太刀の二振りと、米、酒、餅、水、塩、スルメ・昆布などの海のもの、季節の野菜や果物など野のものが捧げられる。

拝殿に、氏子総代、各町内の神社役員、神社監査委員、高浜区長、高浜公民館長、高浜小学校長、城南中学校長、青屋はやし連関係者が昇殿し、神職による修祓・祝詞奏上の後、玉串奉奠が行われ、終わりに直会として昇殿者に神酒が注がれる。また、神社境内において神職による子供獅子・大人獅子・山車へ修祓とお札の配布が行われる。

【笠ぬき】

祭礼の一週間後に、氏子総代と神社役員および年番町の祭礼参加者による、慰労を兼ねた会費制の酒宴が開かれる。参加は任意で、毎年二〇人ほどの参加がある。会場は、いづみ荘など高浜町内の飲食店で行われており、平成二十六年はシャトル可祝で催された。

この笠ぬきをもって、一連の祭礼の行事は終了となる。

（木植　繁）

コラム❹　潮来市素鵞熊野神社祇園祭礼の獅子と猿田彦

潮来の祇園祭

潮来の素鵞熊野神社は素鵞社と熊野社の二社を祀る。素鵞社は古くは天安年間(八五七～五九)に浪逆浦から現れた御神体を天王原に祀ったが、元禄九年(一六九六)現在の大六天山(天王山)に遷し、四丁目以西の鎮守とした。熊野社は天正年間(一五七三～九二)、村人が熊野三社大権現として勧請し五丁目以東の鎮守とし、元禄九年に大六天山に祀った。この時より祇園祭が潮来市の祭礼になる。天保十五年(一八四四)水戸藩内の神仏分離令により、牛頭天王は素鵞神社、熊野三社大権現は熊野神社となり、明治十年(一八七七)素鵞熊野神社となった。

したがって祭礼の神輿は天王神輿と権現神輿が出る。当初二丁目から四丁目までの祭礼として始まり、暫時増えて一四町になった。お浜下りの仮宮は四丁目の天王河岸に置かれ、三丁目が猿田彦と獅子を担当する。人形屋台は明治二十三年に始まる。祭りは八月七日～九日であったが、現在八月の第一金曜・土曜・日曜に行われる。潮来の祇園祭は一四台の人形山車の出ることで有名であるが、山車に先行する猿田彦(天狗様)と獅子舞(神楽)が独特である。ここではこの二つについて主に記述する。

猿田彦役の精進潔斎

祭礼の第一日目、素鵞熊野神社の神事に続いて、天王河岸の仮宮でのお浜降りがあるが、五年に一度十番御分社渡御があり、戻って神輿は仮殿に遷座する。十番御分社とは、常陸利根川沿いに四㎞ほど下ったところにある潮来の干拓地にある素鵞神社の分社で、五年に一度神輿が渡御する。昭和三十七年(一九六二)に中断したが昭和五十四年に再開した。

二日目の土曜は、町内渡御で山車の合同曳きや連合式がある。三日目にお山上りといって天王山の素鵞熊野神社に還御する。

祭りの準備は七月第一日曜に、お山会議という各町の集まりがあり、その年の段取りを決めることから始まる。

七月二十日、三丁目神事。午後、神社での幸霊殿招魂祭があり、猿田彦役も加わる。夕刻七時より三丁目会館で神事がある。猿田彦の面、獅子頭を前に、区長・氏子総代・猿田彦役・神楽(獅子舞)役が祓いを受ける。七月二十九日(祭礼一週間前)、トウジメ降ろし。各町の境に竹の注連を張る。十番御分社渡御のある年は十番社より始める。十番社では鯉の腹合わせが御分社の石碑に吊り下げて奉納される。この日より猿田彦役は精進潔斎に入る。

猿田彦役は、三丁目の役員が三丁目町内から引き受け手を選び依頼するが、いない場合、潮来町内から探す。素鵞熊野神社の階段を一本歯の下駄で上るなど体力がいるので、健康な壮年者が選ばれる。一度受けると最低三年、長くて五年その大役を担う。素鵞熊野神社の境内に猿田彦碑があり、裏に歴代二〇人の猿田彦命奉仕者の名前が刻まれている。かつては素鵞神社本殿脇の幸霊殿に籠ったという。

猿田彦役は「天狗さん」と呼ばれ、神役とされる。自宅の一室が精進部屋になり注連縄が張られ「猿田彦大神」の姿絵の掛け軸が祀られる。トウジメより祭礼二日目の神輿町内巡行までの八日間、女人禁制・別火である。別火のため家族と火を別にし、自炊となる。また神池での水行に入る。水行および自炊の道具（さらし一反褌《ふんどし》用・やかん・急須・鍋・バケツ・柄杓・水瓶）を三丁目より準備される。

神池の禊は一日二回、日の出（午前四時四十分頃）、日の入り（午後六時四十分頃）に行う。神池は天王河岸近くの石田川沿いにあり、「みたらし池」ともいい、祠があり、水が湧いている。昭和六十年、それまで木の鳥居のみであったものを、コンクリートで池のまわりを改修し網蓋をつけた。神池脇は神田になっている。

禊の行は、入念に池のまわりを掃除し、網蓋を開け、池の中のごみをとり清浄にしたあと、祠に榊・塩・水を供え、池の四隅に塩を置く。褌一つの裸形になり池に入り、祓いの唱えをして終わる（写真1）。禊は祭礼第一日目の朝まで行う。

猿田彦と獅子

祭礼第一日目、獅子頭を乗せた三丁目の山車は、三丁目町内をまわって仮宮前を通り、素鵞熊野神社の階段を上る。猿田彦（写真2）は行列の先頭に立つ。一本歯の高下駄で階段を上る時、脇に手引きの人がつくが、危険で体力がいる。神社本殿では、神事のあと神楽（獅子舞）が奉納される（写真3）。獅子は二人が入って手に鈴と御幣を持って舞う。歌詞は「このせい　天の岩戸を押し開き　下座や神楽を舞い遊ぶ　神をいさめて一踊り　皆神前の御幣をもうしては　悪魔を祓う　そつこのせい　太平楽と世おさまる」である。この間猿田彦は本殿前に座っている。

写真 1　神池での禊の行

写真 2　猿田彦（天狗さま）

写真 3　獅子舞（神楽）

写真 5　十番御分社での川もみ

写真 4　三丁目の山車に載る獅子頭

その後、猿田彦は神社の階段を下り、神輿巡行の道案内として先導する。神輿の列は、太鼓・提灯のあとに、猿田彦・三丁目の山車（獅子頭を載せる。写真4）・宮司（大傘）・素鵞神社神輿・神職・熊野神社神輿・神社総代・区長・各町人形山車と続く。天王河岸仮宮到着後、お浜下りの神事でこの日は終わるが、十番御分社渡御の平成三十年は、御座船・囃子船他、六番船までの船が十番御分社に向かった。御座船には素鵞神社・熊野神社の両神輿に猿田彦・宮司が乗る。天王河岸から前川を常陸利根川まで下り、付き添い船をしたがえて囃しながら十番御分社に向かう。

十番御分社では神事と獅子舞があり、昼食となる。神事・獅子舞の間、猿田彦は御分社の祠前に座る。猿田彦は三丁目会館出立から御分社までしゃべってはならないとされている。昼食後、素鵞神社の天王神輿は、常陸利根川で「川もみ」といって水中渡御をした（写真5）。その後川を戻り、天王河岸に戻る。猿田彦は三丁目会館に戻りその日の任を終える。天王河岸では各町の山車の神輿参詣が続く。夜八時半には三丁目にある天満宮で獅子舞が奉納される。

翌二日目は、町内御神幸で午前十二時より仮宮の神事・獅子舞があり、町内を神輿と山車が巡行する。猿田彦は前日同様、神輿の先導役を務め、神幸後、神役が解かれる。

三日目の猿田彦は、還御には供奉しない。還御が終わって夜九時半、天満宮で再び獅子舞がある。

翌日の月曜の三丁目の「高祓い」に猿田彦の掛け軸を返して、一連の行事が終わる。

このように、神役としての猿田彦（天狗さま）と祓いの獅子は、三丁目の扱いとして神事的役割を担っている。

（坂本　要）

コラム❺ 鹿島神宮祭頭祭の新発意

祭頭祭《さいとうさい》と神宮寺常楽会《じょうらくえ》

鹿島神宮の祭頭祭は九月一日の例大祭に次ぐ行事である。三月九日、近郷六六郷（現在五〇郷）から卜定（神事占い）によって選ばれた南北二郷が、本殿に囃しながら参詣する。纏《まとい》（馬簾《ばれん》）を先頭に五色の襷を背にした囃し人が円陣を組み、樫の棒をたたき合う勇壮な姿は有名である。古くは、室町時代初期に書かれたとされる『鹿島神宮年中行事』に、二月十五日の神宮寺の常楽会に東西の大頭が五穀豊穣を祈ったとある。

文政六年（一八二三）の『鹿嶋志』に次のような記述がある。

毎年二月十五日、常楽会の仏事神宮寺にて行はる。是を祭頭といふ。次第は昼夜二度なり。まず晝のさほふ（作法）は上下村々の末寺等、右方・左方と称し毎年順番を謹む。さてこの祭頭に当りたる上下両村左右二手に別れ、各々祭頭新発意《さいとうしぼち》といへる、甲冑《よろひかぶと》を着、大将のすがたにて真先に進み、（中略）神宮寺に囃し至る也。夜に入ればまた神前にまゐり、楼門のうちに舞台をかまへ、児《ちご》二人をして舞をまはす。然して又寺に集まり、本堂の前に舞台をかまえ祭頭新発意篝《かがり》を焼《たき》て児《ちご》の舞有。

それより以前の寛政九年（一七九七）の『廿八社略縁起誌』の「斎藤祭（ママ）」の項には次のようにある。

二月十五日斎藤祭あり。十四日の夜より神官、氏子神前に集まり、児二人を作り立て、菊の花笠をかぶり歌舞し祭る。俗にこれを御児《みこ》といふなり。十五日に至って政道祭、神官、氏子数多く集会し、祭頭の式は郡内六十六村を左右に頒《わかち》て、卅三を左方と定め卅三を右方とし年毎に二村をもって左右の大頭《だいとう》とし、その頭に当たる一村その所の寺院の大神を勧請し、(中略)十五日の暁天にまず左方をもって本宮の神前に至る。その行飾り至って厳重なり。前に児あり。鳥毛様の物をかむる。俗にいうササラ獅子に似たり。是を祭頭坊主といふ。(中略)同日酉の刻に神宮寺本堂において、五箇院五十口の僧侶及び集会して終夜密法を修す。堂外に児二人、椿の花笠をかぶり歌舞す。

現在の当番字は、鹿島神宮を境として北の北郷二四字、南の南郷二六字から、毎年の春季祭の神占によって選ばれた南北一字ずつの二字で、「大頭《だいとう》」という。鹿島神宮本殿の左方が北郷、右方が南郷である。かつては六六か村であった。調査をした平成十九年(二〇〇七)は左方が小宮作、右方が平井であったが、右方の参加はなく小宮作のみで行った。

稚児である新発意は、『鹿嶋志』と『廿八社略縁起誌』では記述が異なるが、現在は『鹿嶋志』の記述に近い。『鹿嶋志』では「新発意」といい、『廿八社略縁起誌』では「祭頭坊主」といわれるものが、囃子の先頭にたった。それとは別に「御児《みこ》」とか「児《ちご》」という童子二人が「歌舞」を伴ったようで、これを舞堂儀式という。二児が酒を注ぎ、舞を舞った。『鹿嶋志』によると「児」は正等寺・広徳寺より出せる役で、正月より寺中に籠らしめたとある。聖性を保つためであろう。毎年二か寺が順に当番にあたった。現在ではこの舞はないものの「新発意」が「御児《みこ》」としての神役を担い、囃子の先頭にたつ。

鹿島山神宮寺は鹿島神宮境内の現在の鹿園のところにあった。祭頭祭は、神宮寺の常楽会すなわち釈迦入滅の涅槃会の一環として行われていた。仏教色は強いものの、祈念の意を込めた年頭の神を囃して迎える行事である。神役は新発意である。

この行事は明治以降、祈年祭や防人の出立式として脚色された。この祭頭祭には新発意《しぼち》という稚児が登場する。新発意という仏教色の強い名を持っているが、もとは御子《みこ》役と考えられ、「地を踏みしめない」として終始肩車で随行し、祭頭祭には大総督として采配を振るう。大総督の名は、祭頭祭を防人の出立式とした昭和八年(一九三三)以降のことである。

一年の大頭の行事

以下、平成十九年の小宮作を例に新発意の儀礼を記述する。

この当番字(大頭)は、三月九日午後六時の春季祭より、翌年の三月九日午前十時からの祭頭祭までの一年間、さまざまな行事が行われる。

【卜定《ぼくじょう》】

まず三月九日は、祭頭祭が終わって午後六時より春季祭が本殿で行われ、神占の儀が執り行われる。神占の儀とは、三方に字名を書いた紙片を載せ、それを小幣束に付着させて神意を卜定するもので、吸い寄せられた紙片の字が当番字となる。結果は差符状《さしふじょう》に書かれ、物申《ものもうし》神職によって本殿より大音声で読み上げられる。「物申《ものもうし》」とは、当番字を一年間担当する神職で、左方・右方一人ずつ任にあたる。翌日、物申が当番字に出向き準備を進める。

【降神祭《こうじんさい》】

鹿島神宮より分霊を当番字の鎮守に迎える行事である。神輿に入った分霊（御神葉《ごしんよう》の榊）に物申神職が付き、当番字の寺院に寄り、囃子に迎えられながら鎮守まで巡行する（写真1）。字の寺院は御当寺《みとうでら》といわれ祭頭祭大頭事務所になる。小宮作では五月二十一日に降神祭が行われ、海賢寺が事務所になり、鎮守住吉神社に分霊を迎えた。

【大豊竹《だいほうだけ》の注連掛け】

祭頭祭に鹿島神宮拝殿前に立てられる大竹で、当番字の竹山の竹を用いる。竹山で神事を行い、竹に注連を張る。大豊竹は春季祭の卜定の時、倒し、粉々に砕きささら状にする。豊作を願うためとされる。小宮作では六月

写真１　降神祭　小宮作の住吉神社に向かう鹿島神宮の分霊

写真２　大豊竹の注連掛け

写真３　大総督の注連掛け（結納の儀）

二十四日、沼尾常福寺脇の竹林に本竹と予備竹に注連を張った。竹林に分け入り、本竹と予備竹に供物を供え、祝詞を唱える(写真2)。竹には御幣を供え、細かい紙の注連が巻かれる。

【大総督の注連掛け】

当番字では新発意(大総督)の子供を頼み、縁組をする。子供は三歳・五歳・七歳にあたる子供一人を字地区内から選ぶが、いない場合、他地区の親戚を頼むこともある。小宮作の場合、字外に住む親戚の五歳の子に頼んだ。七月九日、その家を祭頭祭役員一同(委員長・書記・会計)と物申神職が訪れ、神事と結納の儀を行う。部屋の床の間に鹿島神宮の掛け軸が掛けられ、脇に祭頭祭当日に着す鎧甲が置かれている。神事のあと結納の儀が行われる(写真3)。文字通り結婚式前の結納と同じで、新発意役に当番字から結納の五品と準備金が手渡される。神棚に鹿島神宮の玉串が奉納される。

【年頭の諸行事】

年が明けると一月十三日、新発意の鹿島神宮への「大総督初参拝」がある。続いて一月二十八日、奉納金寄進者への「寄進振る舞い」が鹿島の新仲屋で行われる。二月三日、「棒揃え」といって鎮守住吉神社に集まり神事を行う。二月十一日、「大豊竹奉納」。この日、大豊竹を掘り起こし鹿島神宮に奉納する。新発意・物申神職・祭頭祭役員が出る。

二月十七日、「廻《まわ》り祭頭」。この日、当番字内の各所を本番さながらに囃して歩く。小宮作では鎮守住吉神社・平出漁港・波野小学校・祭事委員長宅・大寄進者宅をまわる。新発意は鎧甲で中央に座り、赤い頭巾を被った「馬」といわれる担ぎ人に肩車されて移動する。字の囃子は坂神社・沼尾神社を参拝して囃子を奉納する(写真4・

写真 5　勢揃いした廻り祭頭

写真 6　神事に臨む大総督

写真 4　廻り祭頭　馬という担ぎ手に肩車される大総督

写真７　出陣式に臨む大総督

写真８　祭頭祭の囃し

5）。

三月四日、昇神祭。鎮守に祀られている分霊を鹿島神宮に戻す。

【祭頭祭】

三月九日、祭頭祭の当番字は鹿島神宮近くに本陣を設け、午前十時よりの祭頭祭神事に臨む（写真6）。小宮作は新仲屋を本陣とした。新発意は烏帽子・狩衣姿に肩車で移動する。本殿での神事後、左方は物申神官と当番字関係者で年社《としのやしろ》に参詣する。年社はＪＲ鹿島神宮駅近くにあり、神饌田の神である。右方は桜町通りの月読み社に参詣するが、平成三十年は右方不参加であった。午後一時より本陣前で出立式を行う。新発意は鎧甲姿で、役員は羽織袴で陣笠を被る。囃し人は手甲・鉢巻きに色とりどりの襷を下げ、樫棒を持ってたたき合う。くるり纏・金馬簾・大軍配・甲冑姿の侍大将（大人）などが付く（写真7）。本陣には花万灯が立てられるが、夕方の春季大祭の時、大豊竹といっしょに粉々にされる。

囃子の行列は伊勢神社の角をまわり、仲町通り・大通りを練って鹿島神宮本殿前で新発意、陣笠の役員の見守るなか、激しく棒をたたき合う（写真8）。囃し歌は「イヤハーエー　鹿島の豊竹豊穂　ヨトホイヤ　イヤトホートホイヤー　アーソラ　御社楽《おんしゃらく》　トホヨー　トホイヤーハエ」。以下即興の歌詞が付く。組ごとの囃子が参詣して終わる。新発意一行は本陣に戻り、午後六時からの春季大祭に臨む。

当番字は大頭の名にあるようにトウヤ（当屋・当家・頭屋）役で、鹿島神宮の分霊を字の鎮守に迎えて一年間祀り守る。字の寺院をお当寺として、ここに祭礼事務所を置くのは、祭頭祭が仏事であった名残であろう。大総督（新発意）の注連掛け以降、神事は新発意と世話役の物申神官を中心に執り行われ、新発意がいつも神前中央に座る。神役であり地を踏みしめないということから、常時「馬」という男性の肩車によって移動する。祭頭祭は色とりどりの襷を掛けた囃し人の囃子の行事であり、大頭の字がこれを担う年頭の祝賀行事である。囃し歌や大豊竹にみるように、五穀豊穣を願う予祝行事でもあった。江戸時代には新発意が鎧兜の戦陣姿になったが、これを防人の出陣式になぞらえたのは、軍事色の強まる昭和になってからの潤色であった。

（坂本　要）

コラム❻
香取神宮お田植祭の早乙女

香取神宮のお田植祭に稚児が出る。お田植祭は、かつては旧暦四月五・六日に行ったが、現在は四月第一土曜・日曜に行う。お田植祭はすでに、『香取社年中神事目録』の明徳四年(一三九三)の書き付けにみられ、その当時より始められていたと考えられる。神田(御斎田)は大鳥居前にあり、大正二年(一九一三)までは新田で祭事と田植えが行われたが、大正三年からは、一日目は神宮本殿前斎庭で耕田式祭事のみが、二日目に、前日同様の耕田式祭事の後、本殿より大鳥居まで行列を組み新田にて田植式を行うようになった。

天保五年(一八三四)の『香取志』には次のようにある。

大御田植祭　同月(四月)五日也。世俗御田植ノ神事と云。此日ノ神事に早小女《さおとめ》と云ひて、少女八人手ニ早苗を持テ、色々ノ美服を著《き》、上着ノ右ノ肩を襷《かたすき》を掛ク。長柄ノ傘《からかさ》の如キ物に色々ノ花を飾リ、上ニ白木綿《しらゆう》ノ垂《しで》を掛ケ、吹流を多ク附ク。此傘ニ大御田ノ字《あざな》ヲ書キ附ルも有リ。犬丸・金丸・大神司田・理介田・駒田等是也。少女一人毎《ごと》ニ是を指シ掛ク。又神ノ面ヲ蒙《かぶ》リたる者赤装束に大口ヲ著《き》、眞先キに立て薙刀を乍《ながら》レ振リ東より西ニ行キ、又西より東ニ帰ル。如斯《かく》する事数廻、次ニ立ル者モ同ク面を蒙《かぶ》リ、鍬を持チ、又早苗を持ツ。其次々楽人鼓・笛を以テ楽をなして相従フ。往昔ハ祭祀畢テ後大御田ニ往て此事有しと云伝フ。(後略)

ここにいう早乙女《さおとめ》の年齢はわからないが、現在、早乙女とされるのは、お稚児さんといわれる三歳から五歳までの幼女をいい、実際は早乙女手代《てじろ》という大人の女性が田植えに当たる。稚児の早乙女は父親に肩車され、大人の使丁が大華傘を差す。早乙女は八人で天冠を被り、振袖・緋袴に茜襷を掛けている。

大華傘（写真1）には、椿の葉と花びら四枚を張った垂《しで》が垂れさがる。傘の上に御幣が立てられている。大華傘には以下のような田の名が書かれている（写真2。括弧に記した田が、それぞれの田に当たる）。大神田（香取社の神田）・司田《つかさた》（大宮司の田）・犬丸田（大禰宜の田）・金丸田（大禰宜の田）・駒田（物申神職の田）・利助田《としすけ》（権禰宜の田）・狭田《さだ》（神稲の田）・長田（神稲の田）。神稲の田名のみは実際にはない。この大華傘は式の間、立てられている。

写真1　御田植祭の大華傘

写真2　大華傘　左手前から「金丸田」「犬丸田」「司田」「大神田」

写真3　一日目の耕田儀礼（本殿斎庭）

写真4　納曽利（荒神）・大悪魅〈べしみ〉（田の神）・姥（稲荷）

写真5　肩車される早乙女の稚児　右手で苗を持つ

写真6　お田植え祭の神田

写真7　お田植え祭の山下の帰り道

お田植祭の式は二日にわたり、初日は本殿前の斎庭で耕田儀礼（写真3）が行われる。まず祓いといって、薙刀を持つ納曽利（荒神）、鋤を持つ大悪魅《べしみ》（田の神）、苗を手にする姥（稲荷）が、それぞれの仮面を被り早乙女稚児のまわりを巡る（写真4）。次に鎌行事・鋤行事・鍬行事・牛方の代掻きが農耕の所作を行う。その後、舞手六人、唄方二人、笏《しゃく》拍子一人の緋袴の少女が、田舞唄（苗種・粟蒔・白玉・福万石）に合わせて舞う。苗長より早乙女《さおとめ》手《し》代《ろ》に苗が渡され、田植え歌とともに田植の所作を斎庭で行う。

初日はこれで終わり、二日目は田植式である。斎庭で神事・祓いの儀式のあと、田舞の舞方が早乙女稚児より苗を受け取り、田舞を舞い、田植え歌で田植えの所作を行う。式後、一行は列をつくり楼門・参道を下り、大鳥居をくぐり、神田に至る。早乙女稚児は肩車に大華傘を差す（写真5）。神田では神事の後、早乙女稚児より早乙女手代に苗が渡され、田植え歌とともに田植えが行われる（写真6）。田植え歌詞は「見上ぐる御山はおかんどり見下ろす津の宮鳥居河岸　香取で名所は桜馬場　潮来が見えますほのぼのと」他である。

田植え後、宮司が虫除け札を苗代主に授け、田に立てる。一行は田の山下の道を通り（写真7）本殿に帰着するが、大華傘は最後にばらばらに崩し、参詣客が持ち帰る。

この日は、「かとりまち」といって市が立ち、利根川を挟んで潮来方面から船で来るなど大層な賑わいであった。近隣では、香取神宮のお田植祭前に田植えをしてはいけないとされた。近年ではそのこともあって、五月のお田植祭を四月に繰り上げた経緯がある。

（坂本　要）

コラム⑦ 潮来市大生神社巫女舞の巫女

大生《おおう》神社と物忌

大生神社は、潮来市の北部、北浦から上がる台地上にある。鹿島神社の元宮ともいわれ、暖地性樹林に囲まれ、付近には大生古墳群といわれる古墳が点在する。大生の名は、ここに古代豪族の多《おう》氏がいたからという説と、奈良県田原本町にある「大生邑大明神（多坐《おおにます》弥志理都比古《みしりつひこ》神社）」を勧請したからとの説があり、鹿島神宮より古い地元の神とされている。神護景雲二年（七六八）奈良の春日大社が鹿島の祭神を勧請した後、大同二年（八〇七）還幸の際に大生郷に遷座したともいわれ、祭神を鹿島神宮と同じにした。

鹿島神宮には「物忌」という巫女がいて、精進潔斎すなわち物忌して生涯神に仕える女性がいた。『鹿嶋志』（文政六年〔一八二三〕）に次のようにある。

身潔斎して神に仕奉るの称なり。毎年正月七日の夜、御戸《おんと》開《ひらき》の神事の時、正殿の御戸を開き幣帛《みてぐら》を納奉る。又去年の幣帛をバ取おろすなり。是を出納の役といふよし例伝記に見る。さて物忌は亀卜をもてその職を定む。（後略）

物忌は鹿島神宮の南にある神野《かの》の物忌屋敷で過ごし、肉親との縁も絶ち、男性を近づけることはない。館の中では火を守り酒を造る。館を出るのは鹿島神宮祭祀と大生神社の祭礼の年四回であった。この四祭とは、正月七日の白馬の節会、四月五日と十一月五日の奥宮の祭祀、七月十一日の三韓降伏の凱陣祭である。正月の七日深夜の御戸開きは、物忌にとっては最も重要な行事である。物忌のみが鹿島神宮の本殿の内陣に入ることができる。七月十一日は物忌の制度を定めたとする神功皇后の由来にちなむ行事である。

物忌が大生神社の祭礼に出るは、大生の人が神野に移り住んだという説と、東夷征伐の戦場鎮護の祈願をここで行ったとの説がある。物忌は常時神野の宮（跡宮）に住んでいた。十一月十五日の祭礼には、物忌は神野の屋敷（跡宮）より輿に乗り、北浦の対岸である沼尾から船で渡り大生の釜屋の岸に着き、甕森神社を通って大生神社に至った。大生神社は沼尾神社・坂神社と並んで元宮とされ、沼尾神社・坂神社にも立ち寄ったと思われる。物忌の世話には当禰宜のほか、大生祝《ほうり》の職が任じられていた。

しかし明治以降の職制の改変により、物忌と当禰宜の職は廃止され、祭祀は大生郷の人々によって行われるようになって現在に至る。

かつては十一月十四日より十六日までの二夜三日、物忌行事と祭祀が行われたが、明治以降は十五日に献幣使を迎えて行っていた。現在は十一月第三日曜に、大生神社の例大祭として庭上祭と巫女舞神事が行われる。

庭上祭と巫女舞

以下、平成三十年（二〇一八）を例に述べる。祭りは、ひと月前の十月第三日曜に「〆入り祭」として、その年の予定が組まれる。巫女役は大生の家の七歳から十三歳までの少女のなかから籤引きで決めた。籤引きは十一月一日の「巫女付け」で行われる。最近は少子化で該当者がいなくて、ここ四年間は巫女舞がなく庭上祭のみであった。

一日に巫女役が決まるとその家を当家《とうけ》として、当家に夜十二時過ぎに注連縄を張りに行く。巫女は「物忌さん」と呼ばれ、巫女になる家は名誉なこととして受ける。翌日からは花車の寄付に村内をまわった。花車は巫女役の乗る山車のことで、紙花で飾られている。平成二年頃まであった。坂道は巫女をおぶった。現在この山車はないが、寄付金集めは一日から五日まで祭事係が行う。大生集落は大賀・大生・釜谷・水原からなり約六〇軒である。

祭礼の一〇日前に「乗っ込み」の儀がある。神社に区長はじめ役員・祭神係・奏楽員が神社に集まり、下座連の囃しで公民館に向かう。公民館には巫女とその親戚が集まり、大生神社の掛け軸が移されている。挨拶を受け練習が始まる。以後、前夜祭まで毎夜練習が続く。奏楽員は、笛二人、神楽太鼓一人、太鼓一人、小太鼓一人、大鼓一人、小鼓一人の七人囃子である。

練習五日目に「中祝い」として一同が公民館に集まり、巫女舞ので出来具合をみて、祝辞を述べ宴会を開く。祭日前日「前夜」祭として、神社で神官を招き、神事の後、「座慣らし」として巫女舞を奉納する。祭礼当日は午前十一時頃、当家より巫女が背負われて七人囃子とともに神社に到着する(写真1)。以前は花車に乗り、囃子とともに入場した。

巫女は斎殿に入り待機する(写真2)。斎殿脇に神饌所があり階段状に供物台が設けられ、白米・酒・餅・魚(鯛。元来は鯉の腹合わせ)・野鳥(雉《きじ》)・昆布・野菜・果物・塩が並ぶ。庭上祭で本殿に運ばれる。本殿から斎殿と祓い所まで、巫女の移動する道に荒薦が敷かれる。荒薦は三〇枚ほどで新藁で作り、村の各家が奉納する。

庭上祭は午前十二時に始まる。巫女は赤い大傘を差しかけられ、荒薦を歩いて(写真3)祓い所で祓いを受け、本殿前に巫女・座主(父親)・宮司・祭事委員長・区長の順に座る。対面に奏楽員の七人が座る。五人の祭事員が

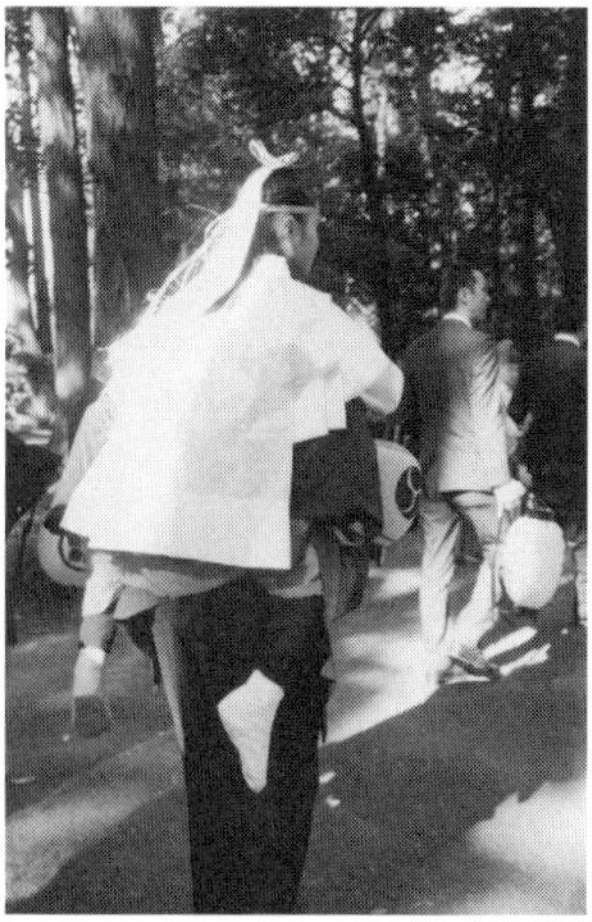

写真１　背負われて移動する巫女

写真２　斎殿に入った巫女

写真３　祓い所まで巫女の移動する道に荒薦が敷かれる

写真４　供物の伝送の儀

写真 7　巫女舞　五十鈴と御幣

写真 8　七人囃子で送られる巫女

写真 5　伝送の儀の供物（山鳥）

写真 6　巫女舞　座付き

伝送の儀を行う(写真4)。五人が手渡しで神饌所の供物(写真5)を本殿に納める儀式で、厳かに行われる。

庭上祭が終わると、全員が本殿に上がり、神事ののち巫女舞が演じられる。巫女は浄衣・緋袴で垂髪に頭を紅白の水引きで結ぶ。背に幣を縛る。右手に幣束、左手の五十鈴を持つ(写真6)。巫女舞は、まず座して幣束と五十鈴を交互に上下して祈り、立って三回前後し、一まわりする(写真7)。囃子は、座した時の座付きと立った時が異なる。これを以って一座となし、五座(五回)ないし七座(七回)繰り返して終わる。三〇分から四〇分くらいの時間である。

帰りも巫女は背負われて帰る。帰りは鹿島の祭頭祭の「鹿島の宮山　トホイヤ　イヤトホートホイヤー」という囃子で送られる(写真8)。

以上、古い巫女神楽と、神子としての巫女の様子がうかがい知れる行事である。巫女は輿や花車の乗るか背負われているかで、地に足をつけない。巫女の歩く道には荒薦(ゴザ)が敷かれ、その上を歩く。

(坂本　要)

コラム❽
傘鉾の話―小川祇園祭礼をめぐって―

歴史のなかの傘鉾

傘鉾・笠鉾（以下、傘鉾と表記する）は風流傘の名称もあり（風流傘については本書Ⅲ論考「福原「傘に吊るす御守」」を参照）、長柄の大傘の縁より下に飾り幕をまわし、その多くの傘上に、御幣・松・生花・造花や、人形などの造り物が飾られる。『日本国語大辞典』（第二版、小学館）などの辞書類では、祭りなど祝賀の飾り物とされ、初期用例として同辞典には二つの俳諧書が載り、「笠ほこ」は慶安二年（一六四九）の『望一千句』四、「傘鉾」は明暦二年（一六五六）の『玉海集』が挙げられる。

傘鉾の造形的成立は、儀仗の矛（鉾）や、貴人に差す威儀具である絹傘（衣笠・蓋・繖）に関わるであろうが、本稿で対象とする傘鉾は本来、雨傘・日傘や絹傘などのような「人（のため）に差す傘」（差し傘）ではない（前掲Ⅲ論考「福原」を参照）。傘鉾の初期の機能は、祭り、年中行事や臨時の行事において疫神などを依りつかせ、病気が流行らないように、囃し立てながら居住地外に送る依代であり、行事終了後、流されたり壊される。

平安時代末期に原本が成立した『年中行事絵巻』には、造り物で飾られた傘鉾と被り笠が描かれるが、両者とも、同時代には「笠」とのみ記される文献史料が散見される。それらのなかで、風流傘や傘鉾であると認識できる根拠が、傘上の飾り物と傘下の飾り幕「帽額《もこう》」である。

たとえば、『長秋記』大治五年(一一三〇)十一月八日条に、春日祭において、洲(浜)に松を立てて鶴を据える造り物の傘に錦の母(帽)額が飾られ、同東宮使の傘は縹(薄青色)の唐綾で、帽額は赤地の錦、傘上は唐垣に牡丹の造り物で飾られた。また、『山槐記』治承三年(一一七九)四月二十一日条の賀茂祭近衛使の傘の帽額は、赤地の錦に蝶紋であり、これらは華やかな飾り幕の風流傘や傘鉾に他ならないものの、史料上は単に「笠」とある。

京都御霊社祭礼の傘鉾

傘鉾は後述するように、すでに祇園祭をはじめとする中世京都の祭礼記事に散見される。そこでまず、上下御霊社の祭礼について検討する。

『洛中洛外図屏風』(上杉本・歴博乙本)に剣鉾が描かれる御霊社祭礼について、『上御霊神社文書』文禄五年(一五九六)八月二十一日条によると、前田玄以よりの命の一節として、神輿渡御は古来、七月十八日がお旅所への神幸、八月十八日が還幸とある(京都市編『史料京都の歴史』7上京区、平凡社、一九八〇年)。

『吾妻鑑』嘉禎四年(一二三八)八月十九日条によると、御霊社祭礼の還幸において、鎌倉将軍家の上覧があり、「渡物風流」が殊のほか良かったと記される。

『康富記』応永二十五年(一四一八)八月十八日条によると、お旅所と一条東洞院辺りにおいて、三所(散所)より「ハヤシ物」(風流囃子物)が出ており、『建内記』文安四年(一四四七)七月十八日条には「〔上〕御霊社御輿迎也、鉾□〔笠等〕祭礼〔神行〕了被召室町殿、当時御坐(烏丸)資任卿宿所、被御覧」と記され、剣鉾と傘鉾が出ていたものと思われる。

応仁の乱の最中、文明三年(一四七一)八月から閏八月にかけて、「疱瘡之悪神」「赤疹」と呼ばれた疫病が大流行したため、東陣の「御構」中の住民らは、それを忌避する手段として、風流囃子物を以て鎮送した。具体的には老尼人形を載せた船や車付きの「作山」、花傘を背負う山伏仮装、甲冑人など五、六〇人による行列を大々的に催し、最終的には上御霊社を目指して同社へ鎮めて解散している(『親長卿記』『宗賢卿記』)。古代以来の御霊会とは本来、疫病などを忌避する信仰に基づくことに加え、同時期は御霊社祭礼還幸の季節であり、この疫神送りは同祭の風流的要素が変奏されたものではなかろうか。

中御門宣胤の『宣胤卿記』永正十五年(一五一八)七月十八日条によると、御霊社祭礼には近年と同様、風流の鐘勧進(仮装)と笠桙(鉾)四本が出、集まった人びとが御霊社門外で見物したとある。

また、豊臣秀吉七回忌を記念して慶長九年(一六〇四)八月に行われた祭礼の記録(『豊国大明神臨時御祭礼記録』)によると、上・下京の躍衆五〇〇人が参加し、下立売組一〇〇人は鳳凰の造り物の「笠鉾」、新在家組一〇〇人は桜(季節的に造花)の「笠鉾」が中心であった。前者は豊国神社・徳川黎明会蔵の両「豊国祭礼図」屏風の左隻第三扇に、後者は豊国神社蔵同屏風の左隻第一扇に描かれている。

南都においても、春日若宮御祭の「風流傘」は早く、傘鉾も『多聞院日記』天正十年(一五八二)七月九日条によると、築垣風流に際し「笠ホコ以下、可被馳走」とされ、建築の風流行事にも出ていたことがわかる。

いずれにせよ、右のように依代性を遺す傘鉾もあるものの、その多くは祭礼風流の飾り物や、祭りに参加する集団の象徴(町印など)となっていった。

京都祇園祭の傘鉾

京都祇園祭では現在、鶏の造り物の綾傘鉾と、花瓶に挿した若松と御幣の四条傘鉾の二本の傘鉾が出る。

『師守記』貞治三年(一三六四)六月十四日条によると、今年の祇園会後祭には「笠鷺桙(鉾)」が出ないとあるので、この傘鉾の成立はそれ以前に遡る。

八坂神社蔵の「祇園会山鉾事」（応仁乱前分）、「祇園会山鉾次第以鬮定之」（明応九年再興）によると、六月七日の前祭に以下の傘鉾が出ている。四条油小路と西洞院間の町は乱前に「こきやこはやし」、乱後に「かさはやし」を出しており、綾小路と室町間の町は乱後に「こきやこはやし」を出している。

「こきやこ」とは、「コケコッコー」の室町時代における鶏の擬声語であり、大蔵虎寛本狂言の「鶏婿」や「二人大名」にみえる。つまり、「こきやこ・はやし」とは、鶏の造り物の傘鉾を周りで囃す風流囃子物（現在の棒振りの室町時代の姿）であり、乱前後では出す町が異なっている。

原本が乱前とされる『月次祭礼図模本』（東京国立博物館）第六幅に描かれた諫鼓鶏の傘鉾を周りで囃す一団がこきりこはやしに相当するが、後世の洛中洛外図屏風や祇園祭礼図では諫鼓が確認できず、現綾傘鉾の鶏の飾りの姿となり、『祇園会細記』によると金鶏が片足で一つの卵を持つとあり、近世の画証も多い。

また乱前の六月十四日の後祭に大舎衛（大舎人）が「かさほく」、北畠散所が「さき（鷺）ほく」を出しており、笠鷺鉾は右模本の同幅に描かれるが、乱後には失われてしまったようである。

一方、現四条傘鉾の前身は、一六世紀の『上杉本洛中洛外図屏風』に描かれ、傘上には白い木垣（柵）中に真松らしきものがあり、松は木垣に固定されたのであろう。『祇園会細記』にも「生の松」とあり、『滑稽雑談』巻一や、『祇園会細記』では、真松を花瓶に挿すとある。

小川祇園祭礼傘鉾の挿絵と記録

近世における霞ヶ浦の小川河岸を構成する数か町による在郷町祭礼、小川祇園祭礼の出し物は各町ごとの総称

小川祇園祭礼の横町傘鉾（「横町覚書」小美玉市小川資料館蔵）

として「風流物」と記される。

本稿では、小川河岸の横町が書き継いだ「横町覚書」のなかから、「風流物」の一つとして出された傘鉾について検討する（近江礼子「小美玉市小川素鵞神社の祇園祭「横町覚書」」（『小美玉市史料館報』一一、二〇一七年）より引用、以下、覚書と略す）。

傘鉾の絵は唯一、寛政五・六年（一七九三・九四）条に挟まれた年未詳の記事中に描かれ（上図）、傘上に造り物はない。長柄に旗がつけられて風になびき、大型化しているようにもみえるが、覚書における傘鉾の数詞は「本」が多く、一人による手持ちの運行である。

挿絵の記事には「巳六月十三日、首尾渡御目出度」の文字が棒墨線で消され、帳面の綴じ違いと思われるが、傘鉾は「祭礼十三日　目出度渡御」とある寛政九巳年の記事であろう。

天明元年（一七八一）の条によると、横町では傘鉾一七本と「れんぼく」二本が出され、前者として表店は二軒、裏店は三、四軒が共同で一本ずつ出している。たとえば表店が二六軒ならば一三本、裏店が一二～一六軒ならば四本となり、計一七本となる。店借層などは措き、基本的に全町家が制作・参加したのであろう。

筆者は右の「れんぼく」を連鉾と解し、以下の二つの可能性を想定する。一つは連合傘鉾であり、二～三軒で出す傘鉾より豪華な、表店連合・裏店連合として各一本を出す。もう一つは、地縁ではなく「…連」のような自由な繋がりによる傘鉾奉納である。

翌天明二年、横町の「町内傘鉾」は二五本と前年より増え、翌三年は表店は二軒で一本、裏店は三軒で一本を出し、計二〇本余を出している。

横町以外では、寛政元年に上宿町が「笠ぼく」を出しており、小川祇園祭礼では鉾は「ぼく」と転訛したらしい。

覚書には造り物で飾られた万度・万灯の絵が載り（本書283・294・295・298頁）、町全体で一〜二本を出す大がかりなものである一方、傘鉾は数軒が共同して数多く出し、万度に比べて簡素であったことがわかる。

小川祇園祭礼の笠揃と笠抜

小川祇園祭礼は、基本的には毎年六月一日から十三日までの期間とされ、十三日の本祭に三基の神輿が氏子町を巡幸して御旅所へ神幸し、神社へ還幸したが、それに伴い、各氏子町が風流物を出して競った。横町ではその前後、十二日に「笠揃」と称して神社へ夜宮（宵宮）参詣を行い、翌十四日には「笠抜」をして町方の祭礼は終了した（横町以外の町でも同様の呼称があったものと推測される）。

笠揃に関しては、安永八年（一七七九）六月十二日条に「笠揃ひセツ」と記され、「笠揃の節」の意であり、嘉永二年（一八四九）六月は「世柄」（景気）も宜しく、祭礼の仕度も万端整い、「十二日笠揃、夜宮参詣殊之外賑々敷」とある。

常陸国の都市祭礼においては、四月十七日（本祭）の水戸東照宮祭礼に関する記録として、明和六年（一七六九）以前成立の『水戸祭事記』があり、その四月十四日条に、「祭ノ用意大抵出来シテ、今日ナトヲトリノ笠ソロヒトテ、町々ヲヲトリアルク」と記される（秋山房子校訂『水戸祭事記』〈『日本庶民生活史料集成』二三　年中行事、三一書房、一九八一年〉土浦市立博物館）。

また土浦城下町祭礼においても、色川三中実弟の美年の日記「家事記」巻一四、天保九年(一八三八)六月十二日条に「大町祭礼当番、今日笠揃ニ而中条町入江迄出ル、おとり屋台出来ル、尤江戸より参る」、同十六日条に「大町笠ぬきをどり」との記事がある(土浦市立博物館市史編さん係編『土浦市史資料　家事志　色川三中・美年日記』第四巻〔二〇一〇年〕土浦市立博物館)。

祭り始めの「笠揃」は、水戸では踊り、土浦では江戸より調達した踊り屋台ができたことをいい、土浦における「笠抜」は踊りで締めたのである。

全国的に本祭の前夜祭(宵宮・夜宮)における総稽古や準備を、祭り参加者全員集合の「笠揃」と称する事例は多く、本来は横町のように、表店・裏店を問わず全戸が分相応に負担した傘鉾が、宵宮にすべて完成して揃うので、「笠揃」といった事例もあろう(後述するように、踊りなどの被り笠の事例もある)。

また、文政七年(一八二四)条によると、本祭日の翌六月十四日、参加した五町内の若者が「いせ勘」の前に招待され「笠抜之狂言」が行われたが、その「笠抜之芸」は三部構成であった。ここでは、後宴の慰労的娯楽芝居を「笠抜」と称しているが、本来「笠抜」とは長柄より笠の部分が抜かれ壊される意であろう。

さらに、各地で祭りの終了に関して、笠抜・笠脱以外にも、笠壊し・笠こぼち(毀ち)・笠破りなどと称し、傘鉾を壊したり、費用精算の実務や、後宴(打上げ)をする事例は数多い。

祭りとは本来、期間中、物忌みの緊張を伴うものであり、終わりに神送りをして日常生活に戻らねばならない。そのためにも、祭りの後片づけが終わると、緊張を解く賑やかな慰労宴を催すところは数多く、それらを関東では「鉢払い」、大阪では「落索」、京都祇園祭や福井県若狭地方では「足洗い」、福井県三国では「後ふき」などの民俗語彙が伝承されている。

横町においては右のように、町方祭礼の実質的開始を「笠揃」、終了を「笠抜」と称したのは、傘鉾には参加する町を誇示（標示）・象徴する町印としての意味があり、プラカードのように、風流物を先導したのではなかろうか。

つまり、祭礼に参加する町家は、参加資格として傘鉾を出し、表・裏店を問わず、傘鉾制作を通じ、傘鉾を奉じて風流物の一行として行列することにより、祭礼参加のアイデンティティーを得たものと思われる。

祭礼開始と終了に関する民俗語彙

最後に祭礼の開始と終了に関して、傘・笠にまつわる民俗語彙を、以下の二書にみてみよう（柳田国男監修『分類祭祀習俗語彙』〔一九六三、角川書店〕、以下、祭祀と略す。民俗学研究所編『改訂綜合日本民俗語彙』第一巻〔一九七〇年、平凡社〕、以下、綜合と略す）。

まず、祭礼開始に関して「カサソロエ（笠揃え）」があり、長野県伊那郡泰阜村の五百石祭は、もと七月二十日から二十四日までであり、その年初めての踊りに、「御座をつくれ座をつくれ　これが子供の笠揃え（以下、この祭の由来を述べる）」と、念仏か御詠歌のような歌をうたう（祭祀一六四頁）。

終了を表す「カサヤブリ（笠破り）」に関して、鳥取県東伯郡成美村（現赤崎町）では八朔を笠破りといい、岩手県下閉伊郡ではカサバライというが、盆踊りには笠が入用だったことがわかる。長野県伊那郡泰阜村では八月二十二日の榑木踊りのなかにカサヤブリウタがあるが、これは踊りの日の終曲であろう（祭祀一七二頁・綜合三四二頁）。

「カサバライ（笠払い・祓い）」は、岩手県下閉伊郡釜津田の鹿踊で、八月一日の踊りしまいをいい、一番太夫の家で踊りおさめる。同県志波郡では踊りしまいをカサコシといって九月二十日頃である。これに対して、踊りはじめは七月七日で「カサソロイ」という（綜合三四二頁）。

「カサコシ」は、岩手県では祭りの翌日のこと（「旅と伝説」五ノ二）であり、笠コワシの意か。『遠野方言集』では踊の翌日と説明している（祭祀二五頁）。踊の催しの後に行われる慰労の宴（『遠野物語』、綜合三四一頁）。

「カサヤブチ」は、和歌山県の東牟婁郡や日高郡で祭の最後の日とか、祭りの後宴の意に用いる（祭祀二五頁）笠破りのこと（綜合三四四頁）。

「カサヤブシ」は、広島県山県郡中野村（現芸北町）で半夏の日に行う田囃しをいい、この日以後に田植え歌をうたうとサンバイサン（田の神）の機嫌が悪いという（祭祀一七五頁）。

これらの語彙には、具体的には踊りにおける「被り笠」の事例が多いものの、郡司正勝氏は以下のように、「祭り全体の始終」を象徴するとの説を立てている。

> 「笠揃え」「笠抜き」とは、その祭の期間中は、笠の中に籠ることであった。神や仏にみずから成ることであった。（『風流の図像誌』角川書店、一九八七年、一七八頁）
>
> 笠破り、笠壊し、笠焼きは、祭の終ったことを意味し、世界が破れ、終ったことを意表としたのである。（同書二二三頁）

筆者が二〇一七年より一九年現在調査中の和歌山県田辺市田辺祭では、七月二十五日夕刻、江川地区より奉納された傘鉾「住矢《すみや》」が壊される「カサヤブチ」によって、氏子の祭は儀礼的に終了するのである。その直前には傘上の松が闘鶏神社拝殿で役の者により抜き取られるやいなや、境内・馬場を走って右の場所に行き、瞬時に飾り幕が取られて傘が閉じられる。

おわりに

中世後期の西日本を中心とする都市部において、傘鉾を中心とした風流囃子物や練物のなかから、都市民が財と技術を傾注した山・鉾・屋台類が建造され、巡行されるようになった。

現今の山や鉾の成立伝承として、傘鉾を母胎とする事例が散見されるように、その始まりの多くは、廉価な材料で簡易に自作可能な一人持ちの傘鉾であろう(一人持ちの万度・万灯の問題に関しては今後に期したい)。たとえば、埼玉県秩父地方の農村部のように、山・鉾・屋台には展開せず、現在でも傘鉾が数多く分布している地域もある。

一人持ちの傘鉾のうち、漸次、下台や舁き棒が付いて舁かれ、台車が付いて綱で曳かれるようになった山・鉾・山車類もあり、さらに上部(出し)が飾られ、櫓構造になるなど、多様な造形へと展開していったのである。

末筆ながら、泉万里、植木行宣、近江礼子、大田由紀、垣東敏博、河内将芳、坂本要、蘇理剛志、段上達雄、萩谷良太、早瀬輝美諸氏(五十音順)よりの学恩に、深く感謝いたします。

(福原敏男)

コラム❾

小美玉市小川祇園祭礼覚書―「横町覚書」から―

「横町覚書」 近世後期の小川祇園祭礼を記録した史料として、本書Ⅱ史料二に抄録した「横町覚書」(以下「覚書」)がある。本史料は、横町の祭り当番が安永八年(一七七九)から明治三年(一八七〇)までの素鵞神社祇園祭の記録を代々綴ったもので、内容は主にその年の横町の作り物と踊りであるが、他町の出し物や祭りの様子、また事件についても綴られているので、江戸時代の素鵞神社祇園祭を知る上で、大変貴重な史料である。

ただ、本史料は出し物の覚書であるため、神事についての記載はほとんどなく、小川素鵞神社祇園祭の代名詞である「四度のまつり」は確認できない。現在、当家祭祀が行われているのは、小川九町のうち横町・上宿町・大町・中田宿の四町である。素鵞神社の祇園祭は基本的には毎年六月一日から十三日までであった。しかし、神事を除き実際には十二日に笠揃い、夜宮(宵宮)参詣をし、十三日に神輿渡御があり、各町から出し物が出た。翌十四日は笠抜をして祭りは終了した。当初は横町・大町・田町の三町で祀られていたが、本史料では横町・上宿町・大町・田宿両町(元は田町)・河岸町の五町(以下の町名は「覚書」のまま)の祭礼の様子が窺える。因みに現在は七月第三金曜日から海の日の次の火曜日の五日間で、九町により執行されている。以下、本史料に基づいて、いくつか記しておく。なお、本史料は、近江礼子「小美玉市小川素鵞神社の祇園祭「横町覚書」」(『小美玉市史料館報』第一一号、小美玉市史料館、二〇一七年、六五~九三頁)に全文翻刻されている。以下の文中の( )の数字は、同書による史料番号で、各年ごとの通し番号。そのうち、1 11 13 14 15 17 18 19 22 28 29 30 31 32 33 34 35 36 については、本書に収録した。

風流(出し物)「覚書」からは、現在の祇園祭では想像できないような華やかな風流の数々が確認できる。

安永八年六月、横町では鳴物付で桃太郎をしたが、「出来至極宜ク評判御座候」とある。田宿と田町は大名、川(河)岸町は俄《にわか》寒山拾得であった(1)。翌九年に横町は、通り物として膏薬売や春駒踊り・おででこ(御出木偶)・裸踊りをした(2)。

天明元年(一七八一)、表店は二軒ずつ、裏店は三、四軒ずつ組んで見事な傘(笠)鉾を計一七本出した(3)。翌二年は雨で十四日に延びたが、傘鉾二五本(4)、同三年は二〇本余であった(5)。寛政二年(一七九〇)の風流物は大万灯(大万度とも)・子供万灯・柳屋一騎万灯(10)、同五年には子供踊りの風流物が大当りした(13)。同八年には張子の象を作り、大王が馬に乗り、大人と子供の唐人が供奉した。これはたいへん美しく、近郷へも伝わり、大評判であった(17)。天明八年から寛政九年までの各町の出し物は、表の通りである。

文化十一年(一八一四)には三村(石岡市)から曳屋台を金二分二朱で借り、屋台の上で吉原雀を踊った。子供万灯は籠の中に細工の福良雀を入れた。出来が良く近年にない賑わいであった。上宿・大町・中田宿・下田宿も曳屋台の上で手踊りをした(23)。

文政七年(一八二四)の横町は花屋台と太神楽、上宿は万灯三本で、他町内は風流物を出さなかった。上宿が先に繰り出したいといい先に出たが、一通りの万灯なので人は集まらなかった。横町は、鳴物その他、至極賑々しく、近郷近在の老若男女が我も我もと見物に来て、筆にも嘶にも尽し難しであった。翌十四日の笠抜では五町内の若者をいせ勘前に招待し狂言を行ったが、これも賑々しく大当りであった(27)。

各町の出し物（天明８年〜寛政９年）

	横町	上宿町	大町	田宿両町（中田宿・下田宿）	河岸町（川岸）	出典
天明８年（1788）	若衆狂言	若衆狂言	富士巻狩	大名	太神楽・鞠曲芸	8
寛政元年（1789）	地踊り 酒樽引	笠鉾	神楽	木遣り踊り（田宿） 座頭（下田宿）		9
寛政２年（1790）	大万灯 子供万灯					10
寛政３年（1791）	大万灯 小万灯他	万灯 子供万灯 屋台踊り	神楽	薬売・独楽廻し（両田町）	独楽廻し	11
寛政４年（1792）	大万灯 小万灯	大万灯 子供万灯	大万灯 庭踊り	蛸の大入道（中田宿） 舞台踊り（下田宿）	大万灯 手踊り	12
寛政５年（1793）	子供踊り					13
寛政６年（1794）		大名	担ぎ屋台	猿芸（中田宿）		15
寛政７年（1795）	踊り 子供狂言	子供狂言	万灯	大名（両田町）	狂言踊り	16
寛政８年（1796）	象　唐人 大王	大万灯 神楽おかめ	大万灯	武士（両田町）		17
寛政９年（1797）	大万灯 女万灯	武士	子供角力 車屋台	浄瑠璃（田町）		18

「覚書」による。斜線は記載ナシ。出典欄の数字は史料番号。

文政八年は小田原ういろう売(28)、同九年は江戸小網町の風流物にある人の目を驚かす飾りをつけた(29)。同十年には三六貫目(約一三五kg)の大万灯と一七貫目余の小万灯で、若者四五人が揃いの衣裳で供奉した。当町百年来の上出来で、末世の人はこの年の祭りを手本にして劣らないようにすべきとしている。一方、上宿町は土浦から唐人装束を借りたが、甚だ不出来で、近郷近在その他一三里四方に不出来の評判が立ち、気の毒であった(30)。

弘化二年(一八四五)は張子の高さ二丈(約六m)余の大きな真赤な達磨大師で、夜には蠟燭数百丁を灯したので老若が群集した。上宿は水戸大薩摩人形踊りであった(31)。

文久三年（一八六三）八月にはコレラが流行り、神輿がたびたび出張したようである。祭礼には張子で直径一丈五尺（約四・五m）もある大きな供え餅一重ねと高さ一丈余の瓶子一対を出した(34)。

明治二年六月十二日には、時代を反映し、俄調練の仮装行列をして、至極上出来だった(35)。

延期・中止　天明元年は「村掛り合」（事件カ、咎カ）があり、八月に延期となったが、朔日より十三日まで何事もなく祭りは済んだ(3)。翌二年は祭礼の十三日が雨天のため翌日に延び(4)、翌三年は昼出社の予定が雨のため午後四時頃出社となった(5)。同六年には十三日と十四日が雨天のため、渡御は十五日となった。若者の思い付きにより、単物二七反を染め着し、若者と子供は万灯を出し、目出度く済んだ(7)。六月十三日前後は雨に降られることが多かったようである。

天明七年は凶作につき何も出さず、若者は袴・羽織にて神輿供奉だけをした。しかし、若者中の思い付きにより紙細工で傀儡師を拵え、座敷にて長唄を唄い夜祭りを賑やかに実施した(6)。寛政二年も十一日夕方より十四日まで雨が降り続き、十五日に渡御が済んだ(10)。

寛政十一年・十二年は村定につき祭礼は休みとなった(20)。翌享和元年（一八〇一）も村定により風流は休みであったが、横町は担ぎ屋台を出した(21)。翌二年も村定にて風流物は休みであったが、少々なら良いと思い、万灯と子供万灯を出したところ、差し止められ丸損となった(22)。

文化十一年の故障（差障り）により翌年から同十四年まで、出し物は休みとなった(24)。

規則　寛政五年には曳屋台が法度となったので、栩板三枚それぞれに大層な仕立てをして、屋台よりも手重となった(13)。享和二年六月十三日、神輿前で神酒を頂戴する時は袴姿であるが、渡御が夜になったので咎めもないだろうと、若者衆は揃いの単物で済ませた。しかし、翌日村役所より咎めがあり、筑後守（神官）や天聖寺より詫びを入れてもらったが済まず、十七日の夜に漸く解決した。十八日に若者一統が集まりお金を集め、天聖寺と筑後守にお礼に行った(22)。

文化十一年、水戸藩御陣屋の御達で風流物・日除踊りは朝五ツ(八時頃)に始め、暮六ツ(六時頃)までとなった。繰出しの順を籤引きし、一番中田宿、二番横町となった。しかし、三番の大町は、横町の屋台も踊りも大出来なので、横町が通った後に大町が通るのは難渋であるといい、取替えてほしいと無心した。そのため二番大町、三番横町、四番下田宿、五番上宿となった(23)。

小川稽医館の創立者本間玄琢の骨折りにより久しぶりの祭礼となった文政元年、横町は桜・牡丹・桔梗の花車であった。繰出し順は籤により一番大宿、二番田宿、三番河岸町、四番上宿、五番横町となった(25)。

弘化元年まで祇園祭はしばらく休みであった。今年弘化二年から二町内ずつ組となり、今年は横町・上宿組合、来年は河岸町・大町組合、再来年は両田宿と、三年に一度となった(31)。

口論・事件　祭りには喧嘩がつきもので、安永八年に田町・田宿と川岸町が口論となり、上宿と横町が貰った(仲裁に預かった)。今後のために記しておくとある(1)。天明二年には上宿町の踊りが高札場へ舞台を作ったため、往来を防ぐ(妨げる)とのことで、田宿両町の武士の仮装をした町民と問題が起きた(4)。寛政三年には河岸町若衆が鬮取る前に鳴物をしたので、両田町若者より押し戻され口論となった。他町貰いとなって済んだ(11)。同八年には、喧嘩口論が二八件あり、言語道断と記している(17)。

文政元年、横町の風流物が天聖寺下へさしかかった時、寺長屋の藪から礫が投げられ、屋台の障子や鳴物が破れる事件が起きた。上宿小頭に掛け合ったところ、今晩の祭りは渡して(任せて)くれといわれたので、渡した。帰途は上宿若者が堅固に守り送ってくれた。この事件の解決には二十四日までかかり、お世話になった寛随様

（川岸寺一三世）へ、小頭より銭二〇〇文、若者より金二朱をお礼に出した。無事済んだので「水無月に濁去たる言の葉や　其済際に揃ふ花笠」と詠んだ（25）。

忌避　寛政元年六月十三日、横町は地踊りと、風流として車にて酒樽引を計画したが、水戸役人が来るとのことで踊りは中止とし、酒樽引だけを行った（9）。

嘉永二年（一八四九）六月十二日、横町では笠揃いをして夜宮（宵宮）参詣をし、重さ三六貫目（約一三五kg）の大万灯と小万灯、そして子供手踊りをした。しかし、十二日に十二代将軍徳川家慶の姫逝去により、鳴物停止のお触が出て、翌日の風流物は見合わせとなった。残念ながら居祭りとし、川岸寺の子供小踊りで済ませた（32）。

神徳　寛政七年六月、下河岸清左衛門の帳場に藁荷物が五、六〇箇あったが、そこで狂言踊りをするため荷物を蔵に入れておいた。翌日、帳場が出火したが、荷主の荷物は全く焼けなかった。これは「天王（素鵞神社）の神徳」であるとした（16）。

その他　寛政八年七月二十三日に横町当番で相撲が実施され、賞品は扇子・手拭・木綿であった（17）。明治三年十一月二十四日、新嘗祭の当番となった世話人と若者衆が、来年六月の鎮守祭礼の風流物を飛騨の工による山車と決め、約六か月余前に金二朱の手付金を払った（36）。

巻末には「町内記録後世大切ニ致し、紛失無之様第一心掛可申候也」とあり、大切に伝えられてきた。「今後のために記しておく」、また「この祭りを手本とするように」などとの助言もあり、「覚書」は祇園祭の出し物の指南書でもあった。このなかには横町の自信と誇りが詰まっている。

（近江礼子）

参考文献

近江礼子　二〇一七年「小美玉市小川素鵞神社の祇園祭「横町覚書」」『小美玉市史料館報』第一一号　小美玉市史料館　六五～九三頁

柳橋正雄　二〇〇八年「横町覚書　概要」小美玉市史料館　一～一二頁

本田信之　二〇一五年「素鵞神社祇園祭（当屋祭）記録調査の概要報告」『小美玉市史料館報』第九号　小美玉市史料館　八四～八九頁

坂本　要　二〇一七年「茨城県小美玉市小川素鵞神社の祇園祭礼」『筑波学院大学紀要』第一二集　筑波学院大学　一六七～一九〇頁（本書所収）

Ⅱ　史料

凡　例

一、参考史料として、以下の四種を収録した。
・小美玉市小川素鵞神社祭礼史料
・小美玉市小川「横町覚書」抄
・稲敷市古渡須賀神社「諸祭典令」
・稲敷市江戸崎鹿嶋・八坂両社祭典記録
各史料の書誌情報・翻刻担当者などについては、各史料の冒頭に掲載した。

二、翻刻にあたっては、以下のようにした。
・漢字は常用漢字を使用した。
・読みやすくするため、適宜、読点（、）・並列点（・）を加えた。底本に句読点がある場合はそのまま表記しているので、上記、編者による読点と区別が付かないが、特に註記は加えていない。
・編者による註記は〔　〕で示した。なお特に断らないかぎり、（　）は底本による表記である。
・見セ消チ（抹消文字）は――で示した。
・その他、各史料ごとに加えた事項については、それぞれの冒頭に記した。

一　小美玉市小川素鵞神社祭礼史料

小川の素鵞神社祭礼史料として、以下の三種を収録した。

1　香取芳忠氏覚え書

長年、素鵞神社の代表総代を務めてきた小美玉市大町の香取芳忠氏の祇園祭神事の覚え書で、平成四年（一九九二）のもの。表紙・標題ナシ。席順を含め記述は詳細にわたっている。この年は十一日当家祭、十七日当家祭はなかったが、席順を含めて記されている。

2「素鵞神社祭礼規約」

大正十三年（一九二四）に祭礼を新規にした時の規約。現在とは神輿巡幸の時間等が異なる。小川の年番町引継ぎ文書に入っている。なお、本史料には、「祭礼年番受渡表」「大正十四年屋臺新調明細簿」が付けられているが、収録しなかった。

3「年番記録帳」抄（大正十三年・大正十五年）

年番に受け渡しされる記録簿で大正十三年（一九二四）から現在まで記されている。ここでは、そのうち始めの大正十三年と十五年を収録した。これも小川の年番町引き継ぎ文書に入っている。

（坂本　要）

1 香取芳忠氏覚え書

十一日 当家祭

一、前日、呼使二人招待状を持参する。

一、招待人員

宮司・御供盛・各当家・各氏子当家・長谷川重次殿

一、神座及祭壇

床の間に祭神御分霊の掛軸を掲け机を置く。おしとぎ・おふかしを入れた行器(ほかい)を供え、神燈一対を立てる。三ツ組盃を用意。

一、神祭用品

イ、御神酒一升

ロ、おしとぎ・おふかし

注 おしとぎは米一升を水に浸し置き、適宜水をきって茶碗に三杯をとり、擂鉢で摺る。おふかしは前の残りを蒸す。

右品は女性の手に触れぬ様、当家主が前夜丑の刻に製する。但し現在では右の量にては不足するので、多少加減する。

ハ、甘酒(固作り、小丼一杯位)

座位左図の通り

神座	宮司	十一日当家	十七日当家	饗倍
	御供盛	二十三日当家	二十一日当家	給仕

総代長及び長谷川重次殿は別室にて控え、総代長を正座に、本田町より天道廻りに着座し、斎場より神酒下らば、給仕は座位の順に廻す。饗倍一人、列座最後に神酒を納める。

一、祭式

〔一頁欠〕

ニ、榊(三尺位のもの一本)

ホ、生半紙二帖

ヘ、麻

ト、みごわら(十二本を半紙でくるみ、紅白の水引で結ぶ) 上宿町は三十六本

一、注連縄

当家四箇所　　素鵞神社鳥居片側
稲田姫神社　　宮司居宅（長注連）

一、参列員座位

斎場は、宮司・御供盛・当家四人・饗倍一人・給仕一人。

先ず　着座。

次　　修祓。

次　　宮司、甘酒を供える。

次　　宮司、祝詞奏上。

次　　銚子所役（給仕）饗倍の指図にて、宮司御供盛、十一・十七・二十一・二十三各当家の順に神酒を酌み、最後に饗倍これを納める。終って神酒を別室総代に廻す。

次　　直会（給仕膳を運ぶ）。
　　お茶は開式前に出すこと。

十七日　当家祭

一、招待の方法　神座、祭壇、座位、祭式、十一日当家祭に準ずる。

一、神祭用品

十一日、神祭用品の内、注連を除き外は全部用意する。

八丁注連十八ヶ所、半紙（水戸半紙）九帖、篠十八組。

注連縄は左より右よりを組み合わせ、二本の竹に付け、中央に幣そくをたて、左右二ヶ所宛（四ヶ所）かき垂れを付ける。

位置左の通り

イ、素鵞神社前　ロ、本田町池曲がり角　ハ、鉾田玉造道路を跨ぐ　ニ、本田町仲田宿境　ホ、仲田宿大町境　へ、大町横町坂下町三ツ又　ト、大町通り河岸町へ下り口　チ、河岸町下川岸通りはずれ　リ、橋向町―石岡高浜道を跨ぐ　ヌ、磯出式場（お浜降り）　ル、橋向町駅通りはずれ　ヲ、横町曲がり角　ワ、仮殿前　カ、素鵞神社参道入口　ヨ、坂下町坂上町境　タ、坂上町二本松境　レ、二本松外

れ　ソ、河岸町橋際　　　　　　　　以上十八ヶ所

一、直会終って宮司・御供盛・各当家・各総代町内全員にて右の順に修祓しつつ廻る。

二十一日　当家祭

一、当家前に仮殿を設ける。

一、御山下りの儀

宮司・御供盛・二十一日当家、三名にて時刻社殿に参入（台傘持ち随う）。

氏子総代・世話人・行司は、時刻迄に随時社殿に参入、諸役の参入を待つ。

輿長は浄衣を着し、園部川にて禊をなし、社殿に参着する。全員参着すれば開式する。

（神輿は開式前に社前に安置する）

先ず着座。

次　修祓。

次　宮司祝詞奏上。

次　御霊代奉遷。

次　退。

神輿に力綱を掛け、化粧布を付ける。用意終らば発輿する。宮司・御供盛・二十一日当家に幣そくを奉持し、台傘をさしかけ、神輿に前行する。各当家・各総代・世話人・行司供奉する。当家に到り、幣そく切替え等、祭事の準備をする。

二十一日　当家前仮殿祭

一、招待の方法

人員座位、祭式等、二十一日当屋祭に準ずる。但し仮殿上にて執行するをもって、当家の座敷は使用せず。

（祭壇破格、当家と同じく床に準備する。総代は屋敷に控える）

一、神祭用品

注連縄を除く外は十一日当家と同じく準備する

他に用意するもの

御神体を包む晒五尺新調。

神輿力綱、不足分補給。

神輿胴巻、緋木綿一反、新調。

化粧布、うこん木綿、緋木綿、補給。

手桶、柄杓、お磨き用布一尺宛、四ツ切。

幣そく用、西の内七枚。

幣そく用、紺土佐七枚。

半紙十枚、こも五枚、麻一こり。

稲穂、半紙に包み水引にて結ぶ。

（神酒一升持参川仲子石橋氏より迎える）

前腕・祝箸・土器、各十人前。

神酒一升（前掲の外）。

開式前稲穂取替え、お磨き儀あり。各当家、予め園部川より新しき手桶に汲み来る水をもって布片に浸し、神輿を磨く

祭庭仮殿祭

神輿が磯出式を終って仮殿に入御し、各総代、長谷川重次殿社前に着座、所役、予め薦を敷き置く。所役、予め釣台におしとぎ・おふかし・甘酒を入れた行器《ほかい》、及び神酒を持参して置く。

宮司祝詞終れば配膳する。土器に神酒を酌み、半紙を折っておしとぎ・おふかしをのせ、椀に甘酒を入れる。固作り杓子は木製。総代これをいただいて祭儀終了。

二十三日当家祭

一、人員座位、祭式等、十一日当屋祭に準ずる。神祭用品、注連を除いては同じ。
みごわらは二回分用意する。

神酒は三回分用意する（当家祭稲田姫祭神饌儀）。

稲田姫神社大前の儀。

稲田姫神社
宮司　氏子総代
御供盛り　氏子総代
神輿

祭式

先ず　修祓。
次　甘酒奉献。
次　おしとぎ・おふかし奉献。

次　祝詞奏上。
次　前腕を配り神酒等を供する。

お山入り儀
各当家・各総代列席、御霊代を納める。

神饌の儀
座位　　　　　　　　渡し当
　神座　宮司　三方　十一日十七日二十一日二十三日
　　　　　　　　　　十一日十七日二十一日二十三日
　　　　　　　　　　受け当
当家町より(二十三日)所役一人、神酒を廻す。宮司先ず頂き、渡し当より天道廻りに廻す。

平成四年七月　香取芳忠記

2『素鵞神社祭礼規約』

〔表紙〕

鎮守素鵞神社祭礼規約并ニ年番送簿　小川町大字小川

鎮守素鵞神社祭礼ハ、古来恒例ヲ重ジ大化ナシト雖モ、輓近幾多ノ変遷ニ伴ヒ稍々改善ヲ加フベキ処アリ、茲ニ小川町長及神職立会ノ上、各町会氏子総代幷町世話係、会同協議シ規約ヲ設クル、左ノ如シ。

神輿渡御幷祭式心得

一、祭礼中使用スル道路之使用願ハ、七月十一日前ニ社務所ヨリ警察署ニ出願スル事。

一、七月廿一日、御神輿磯出之時間ハ八時三十分、当屋前仮殿出御、午後十一時三十分、祭典地仮殿ニ入御之事。

一、七月廿三日、御神輿渡御ハ午後八時三十分、仮殿御出輿、毎町御時間ヲ定メ必ズ励行スル事。

　但シ時間割ハ別表之通リトス。

一、御神輿ヲ故ナク駐輿シ、漫ニ不潔ノ器具ニ下ス事ヲ禁シ、若止ムヲ得サル事故ニヨリ御駐輿ノ場合ハ、必ス神輿台ヲ以テ奉安シ、不敬神ノ所為無之様注意スル事。

一、御神輿渡御時間ヲ励行セズ、故ナク長時間ニ渉リ、又ハ神輿舁人ノ虚勢暴挙ニ出テ、恒例ヲ弊リ御神輿ヲ濫舁シ、益々不敬之所為アル場合、各町警護ノ役員及係員全部ハ、自己町ト他町ヲ論ゼズ、協同一致、其責任ヲ以テ専心防御ニ盡力シ、互ニ傍観セザル事。

一、当屋祭式ニ参列スル当屋人数幷公吏ハ、午後五時に参会シ饗宴ヲ受ケ、同八時納盃ノ事。

一、当屋に参列スル招客ノ饗宴ニ、少量ノ燗酒ヲ供シ引物等ハ、慣例ニ依ル事。

年番送リ心得

一、祭礼年番送ハ古来ノ慣例ニヨリ、上宿、横町、河岸、大町、中田宿、本田町ヲ経テ復、上宿ニ環回ス。

一、年番ヲ受ケタル町ハ、擅ニ年延ベヲ為サザル事、若シ天災事変、又ハ非常事故ヲ生シ止ムヲ得ズ延期スル場合ハ、各町ト協議ノ上実行スル事。

一、年番町ノ余興ハ、慣例ノ〔ママ〕ヨリ一層抽ンテ、必ズ踊屋台ヲ仕組、浄瑠璃所作事ヲ以テ演ズル、事屋台巡行ハ旧例ニヨリ、本田町ヲ始メトシ、中田宿、大町、河岸、横町、上宿トス。

一、年番町踊屋台、他町ニ巡行ノ際ハ、前以テ渡リヲ付ケ置キ繰込ムコト、其渡リヲ受ケタル町内ハ、親シク歓迎ヲナシ、休憩所ニ導キ饗応シ、諸事懇篤警護スル事。

一、年番屋台演芸ノ場所ハ、其町ノ当屋及休憩所ノ二ヶ所トス。

　但シ当家ナキ町ニ在リテハ、其ノ町ノ都合宜敷場所ニ於テ取作スルモノトス。

一、年番町踊屋台巡行ハ、二十一日ヨリ二十三日ニ亘リ、連続巡行スルモノトス。

但シ年番町ノ都合ニ依リ、二十三日ヲ以テ巡行スルコトヲ得。

一、年番受渡シノ際ハ、送リ簿ニ其旨ヲ記載シ、両町役員署名捺印、年番受取町ニ引継ギ置クモノトス。

尚、年番町ハ年当歳ノ七月二十日迄ニ年番ヲ執行スル旨ヲ、各町内ニ通告スルモノトス。

右協議決定シ爰ニ署名捺印ス

大正十三年七月

以下署名　各町世話人・氏子総代

小川町長・社掌・参與

3『年番記録帳』抄　大正十三年・十五年

〔表紙〕〔竪帳〕

年番記録帳

大正十三年度年番執行記録

年番　上宿町

一、踊屋台　芸人水戸市上市冨栄亭

常磐津一行　二挺　三枚

所作芸題

一、御仮殿御前　小宝三番叟　つり狐（七月二十二日）

一、本田町　休憩所前　乗合船全通し一段（七月二十二日）

一、中田宿町　同　上　将門　当家前　将門（七月二十三日）

一、大町　同　上　関の戸（上）　当家前　靭

一、川岸町　同　上　及町内ニ於テ鞘当全通し一段　（七月二十三日）

一、横町　同　上　忠信（上）　当家前　忠信（下）　（七月二十三日）

一、上宿町　同　上　桜川　当家前　喜撰　（七月二十三日）

一、町内は伊能町長宅前を初めし要所数ヶ所に於て、豊年万歳楽に因み、右芸題を取替演芸す　（自七月二十二日至七月二十三日）

一、金棒引

伊能君枝子　当九歳　石川とよ子　当十歳

幡谷さた子　当十一歳

右服装　上衣友禅模様絽縮緬、合着友禅模様金紗縮緬、襦袢緋紋縮緬、たすき欝金及緋縮緬、扱帯水色及緋縮緬、裁着（伊賀袴）友禅模様羽二重地、紅白寄合せ之五枚重ね福草履（右三名共揃へ之着付）

足立静枝子　当十一歳

右服装　上衣友禅模様塩瀬金紗、合着友禅絽金紗、襦袢緋紋金紗ニ揺軒を金子にて練繍及白紋金紗、腹懸け累襦未、緞子黒襦未ハ金糸にて波に千鳥を練繍、扱帯緋、明色及白縮緬、福草履、前同断

一、拍子木

石川晃三　当十歳　加瀬清　当十一歳

右服装　黒襦未の腹懸け・股引・法被姿、法被は背に上、襟に「上宿町」と金糸にて練繍す。

一、経費

一、総額金壱阡五百円也

一、記事

一、七月二十二日当町祭事当家中村勘次郎氏宅に於て笠揃へを為す。

一、本田町、休憩所は赤中下十字路突当りへ山水之景をしつらひ、町内係員及若衆達総出にて警護せられ、麦湯之饗応を受く。

一、中田宿町、町之中央空地へ休憩所を設け、氷水之饗応を受く。係員・若衆連総出にて本田町同様熱心なる

送迎を受く。

一、大町は上田三之介宅側へ休憩所を設け、町内名家之手に為る生花十数杯を段上に飾り、ボルドー液の饗応を受く。尚沖本町は古来合町之故を以て羽生若連之お囃し山車を以て、揃へ之衣裳姿頼も敷送迎を受け、町内物出之歓迎を受く。

一、川岸町に於ては、川岸前広場へ庭園之景をあしらへたる休憩所を設け、各町同様執心籠入なる歓待を受く。

一、横町ハ在ては繭市場構内へ大杉数本を植付け、芝生を設け、打水冷して、大自然之野景に卓子・椅子を配置し、休憩所となし、氷水の饗応を受く、又前同様係員・若衆達之警護並に歓待を受く。

一、当町内は軒提灯及同枠を新調し、町内を装飾し、屋台引廻し之節は、区長二名・世話係二名・常任行事四名・祭事行事十一名は揃へ之霰模様羽織・袴・笠・扇子・手拭にて警護し、若衆連・大人・子供百数十名揃への衣裳姿に、友禅模様長襦袢勇ましく、木遣音頭にて練廻り、事故なく目出度年番終了を告げたり　　以上

右之通りに候也

大正十三年七月二十四日記ス

上宿町世話係　萩原清次郎㊞

加瀬春吉㊞

〔中略〕

大正十五年度祭礼年番執行記録　　河岸町

当町ハ今年祭礼年番ニ相当リ、恒例規約ニ基き踊屋台各町巡行の景況及執行の次第を録する事、左の如し、

一、七月廿一日、川岸前広場ニ於て踊り屋台を仕組ミ、軒先ニハ造花藤花数十枝咲下り、装飾全く整へたり、

一、同廿二日、係員一同揃の羽織袴にて、一般の揃衣ハ、御納戸地の石畳格子㊉形散しに染め抜きたる揃衣ニて、花笠揃の風流姿ニ扮し、金棒引拍子木打を真先に、河岸広場に一同参集、列を整へ爰にて屋台所作事

を演じたる芸題ハ左の如し、

小宝三番叟　一段

江戸桜手事の産（鞘当）一段

一、同廿二日、御仮殿詣をして踊屋台を遼り、御仮殿前に参詣所作事を演じたる芸題ハ左ニ

忍夜恋の曲者（政門）　一段

踊屋台各町巡行の景況

一、屋台巡行中各所ニ於てハ、思〳〵に山色勝景風流に富ミたる庭園を作り、年番町休憩所の設けありて、本田町を始めとして町毎ニ渉りを遂け、順次踊屋台を繰込や、待受けの係員及若衆ハ惣出にて、鄭重なる接待、麦湯・氷水等の饗応を受け、殊ニ深厚なる警護を受く、町毎此の如し、

左に列記したるは、巡行中各町ニ於て屋台所作事を演じたる場所なり、芸題左の如し、

廿二日　本田町　恋忠車初音旅（忠信道行）

下、休憩所前　二ヶ所

同　中田宿町　花舞台霞猿曳（うつぼ）当家前

休憩所前　二ヶ所

同　大町　四天王大江山入（山姥）

当屋前

藤田屋前　二ヶ所

廿三日横町　寄罠娼釣髭（釣狐）

当家前

休憩所前　二ヶ所

同　上宿町　積恋雪関ノ扉（関の戸上下）当屋前

休憩所前

伊能町長前三ヶ所

右各町巡行事故なく終了す

一、同廿三日、各町の世話係衆を招待し、踊屋台所作事を演じたる、芸題ハ左之通り

若木花曽我佐恵引（曽我対面）　一段

一　金棒引連名

沼田とめ子　十四歳　井崎もと子　十二歳

橋本勝江子　十三歳　小島とし子　十二歳

本田まさ子　　十三歳　　成田みよ子　　十歳
　一　拍子木打連盟
本田正太郎　　十四歳　　長谷川惣造　　十二歳
大竹英雄　　十三歳　　長谷川政雄　　十一歳
長谷川勝雄　　十三歳　　郡司豊次郎　　十一歳
秋山厳　　八歳　　戸塚清治　　六歳
金棒引、拍子木打、十二名選定の処、外ニ二名の希望者ありて、総員十五名、金棒引の服装ハ、新時代模様ニ擬し、派手やかなる裁付姿の揃いにて、拍子木打ハ黒繻子ニ㊢の印半纏、腹掛、股引揃の装へなり、
一、七月廿四日、笠抜余興として、町内各所屋台所作事を演じたる場所、左ノ通り
橋向藤枝藤四郎殿角　乗合舟恵方万歳(のり合舟)
一段
橋向菊地勝太郎殿前　恩愛矒関守(宗清)　段切二ヶ所
　数登政雄殿前
上河岸井崎定介殿前　旅雀恋の島当(鳥さし)　一段
内田繁松殿前　道行旅路花聟(おかる勘平道行)一段
小島熊吉殿角上河岸向　歌合姿の色取(喜撰)　一段
爰にて目出度き老松の千秋楽を告げたり
　娘踊子芸人
　　水戸市上市南町
舞鶴連　大夫元　石田きよ
常磐津踊子連中
大夫　三名　三味線　二名
踊子　七名　囃子方　三名
　経費
一総額　金　壱千八百円也
茲ニ首尾克く年番執行を完了す、
右之通ニ候也、
大正十五年七月二十四日誌す
川岸町世話係　今宮雄之介
　菊地周次
　井崎定介

二　小美玉市小川「横町覚書」抄

一、本史料は、横町の祭り当番が安永八年(一七七九)から明治三年(一八七〇)までの素鵞神社祇園祭の記録を代々綴ったもので、三十六年分ある。小川横町所蔵。縦二四cm、横一六cmの半紙本で、一〇三丁からなる四つ目綴じの和装本である。表紙および裏表紙は後世のもので、表紙はもとの表紙「よこ町」を切り抜き、厚紙に貼り付けたものである。厚紙の裏表紙裏下部に「小川町史編さん委員会」とあるので、昭和五十年代前後に補修されたと推察できる。

二、内容は主にその年の横町の作り物と踊りであるが、他町の出し物や祭りの様子、また事件についても綴られているので、江戸時代の素鵞神社祇園祭を知る上で、大変貴重な史料である。さらに、地元の細工人桜井忠蔵や画人春蛟などが描いた挿絵が随所に盛り込まれ、祭りの様子を髣髴させる。

三、本史料はすでに、近江礼子「小美玉市小川素鵞神社の祇園祭「横町覚書」」(『小美玉市史料館報』第一一号、小美玉市史料館、二〇一七年、六五~九三頁)に全文翻刻されているため、ここでは、挿絵の含まれている年の記事を中心に抄録した。

四、各年の見出しおよびその上の番号は、前記『史料館報』によるもので、全体の通し番号となっているので、ここでも、そのまま採用した。

五、挿絵については、すべて掲載した。挿絵中の説明文は、〈 〉で示した。挿絵には前記史料番号と同じ番号を付し、できるだけ該当箇所に挿入した。該当箇所がわかりにくい場合は、本文中に〔図〇〕と記し、その箇所を示した。

六、本史料は、その年の祭り当番が祭りの出し物を考える上で、貴重な現用文書だったので、毎年幾度もめくられた。そのため柱下部（丁表の左下と、丁裏の右下）は指で擦れていて、前記『史料館報』では翻刻が困難となっているところがあったが、抄録に際して、ほぼ解読できている。

七、解説が必要と思われる語句には、註番号を（）で付し、史料末に註記した。なお本史料については、「コラム⑨「小美玉市小川祇園祭礼覚書―「横町覚書」から―」（近江執筆）を参照。

（近江礼子）

〈よこ町〉

1　安永八年（一七七九）

覚

一　百文　　物並指

一　五拾文　　裏店分

〆

外ニ若者モライ

安永八年六月
なりもの付
一　桃太郎　　壱人
一　鬼　　弐拾七人
　下帯黄色染ニて荒之波ニ成
一　万灯　　三人持
　隠しみぬ〔のカ〕笠・巻物・小提・珊瑚珠
一　幡　　筆者峨嵋山人
　鬼島渡と書付ル
一　黍弁当　　山城屋痩男
　弐人かつぎ、是も鬼ニて
右ハ出来至極宜ク評判御座候、如〔為カ〕念印置申候、以上
　跡之沙汰者不宜候
　同年
一　大名凡八、九十人　　田宿・田町両丁ゟ
一　俄寒山十徳〔拾得〕　　川岸町より
右両町天王前ニて行合、口論ニ相成申候ニ付、上宿・此町両丁ニて、其夕ウ〔ママ〕まて預りニ致、其夜より取かゝり、両町貰イニ而相済申候、尤大名ハ大勢ニて下知茂相届キかね候ものニ有之候間、川岸町ニて指ひかへ候ハヽ、口論ニも相成申間敷候所、けいごの者強勢ニ有之様、其節取沙汰有之候、為後日相印置申候、以上
　十二日　笠揃ひせつ

11　寛政三年（一七九一）
　同三歳亥六月
　　風流物
大万灯　　鶏卵色単物
　　廿壱人　若もの

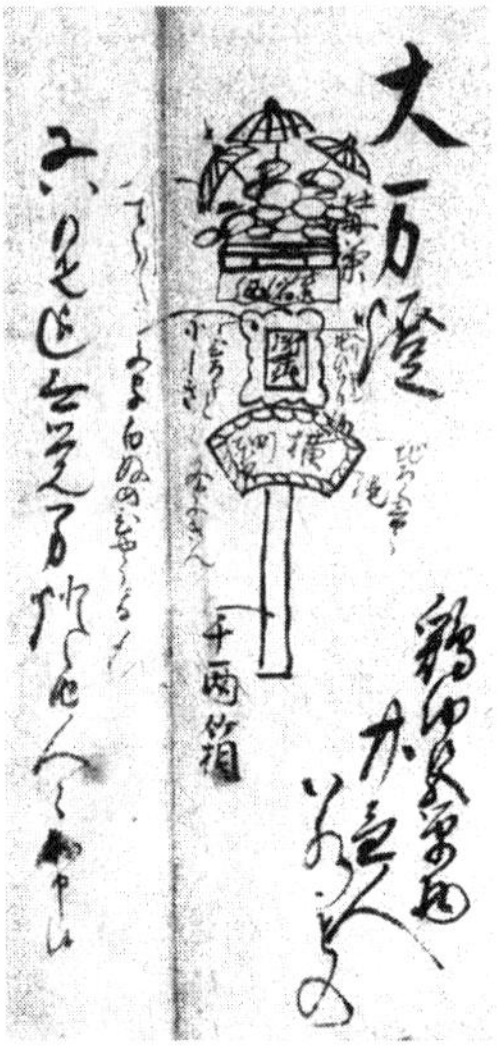

図11

〈牡丹　菊　紫縮緬　ヘリキン　地ひちり緬　御祭礼　ひろう
とにしき　地ろくしやう　縄　横町東中　文字きん　千両箱〉
〈其外〳〵ノ文字白ぬめひやうニ而〆〉

右是迄無覚万灯之由、人々申候

小万灯　　ちりめんしばん

惣子供中

風車

八重団は、がくあふき弐本

しなゐ

木綿　とめ団ニ而拵、あんどう紅絵

至極結構出来

惣かゝり〆

行司　新　蔵
佐　吉
与　八

右続て天気宜ク、十三日出社相済、上宿万灯惣若衆大和がき単もの、同子供万灯、車やたいおとり至極賑合、大町神楽、両田町薬売・こま廻し、惣若衆単物、河岸もこま廻し、是も惣単物、何れも至極賑合申候、この節田宿ふり出し口論、河岸町若衆鬮取前ニ、なりもの相立候由ニ而、両田町若者方ゟ押もとされ、口論六ツケ敷候所、余町もらいニ而相済申所、河岸町ハ手前勝手の風流ものゆへか、桟敷前無げいニ而罷通り、あとニ而勝手〳〵の桟敷前計ニ而、駒廻しけい仕候

当前七日　おわりや長七

13　寛政五年（一七九三）

寛政五丑六月

右天気能、首尾能祭礼相済候
子共おとりの風流物、別而当町内大当りの様ニ御座候

女おとり子　八人　単物浅黄紅もやう
下着ひちりめんもやう

男おとり子　七人　単物浅黄紅模様
下着ちりめんもよう付

此節引やたい、はつと〔法度〕ゝ成、(1)椽板三枚拵、一枚〳〵ニ為

荷セ、大そうな仕立ニて、やたいよりも手おもく御座候

長唄　福田喜兵衛　大鼓　和吉

伊勢さし　小鼓　兵吉

三味線　橋本忠三　大鼓

スケ重市　ふり付　要七

笛　宮田重市　別而惣上手ニ御座候

14 年不詳

巳六月祭礼十三日、

首尾渡

御目出度

〈奉納〉

図14

15 寛政六年(一七九四)

寛政六年六月十三日

右天気能、御祭礼首尾能相済、三町目出度

風流もの

上宿　大名八、九十人

至極道具等もよろしく、かくへつ賑々敷御座

候

大町　かつきやたい、はかつわニ而天王様御渡

供不仕候

中田宿　さるけいニ少々有之候

右外之町　さらになし

しかれとも賑々敷御座候、已上

十三日　当前　したや新蔵

17 寛政八年(一七九六)

象画至得術

図17－1

寛政八年辰六月

当祭礼之義、打続雨天ニ而、風流もの拵等迄難義いたし
候、然ル所田町ゟ願之由、十四日雨天ニ而渡御
当町之義、外下座ニ候へハ、雨中鳴物不相成候ニ付、十
五日迄日延相願候所、八ツ時分ゟ雨止、七ツ過ニ風流も
のさし出し、田町池ノはたゟ御殿山へ相かゝり、上宿町
へ罷出、右町ゟ相下ケ、外川や角ゟ河岸町へ引下り可申
与、上川岸茂左衛門角迄参り候処、川岸若衆ゟ不引止、
甚夕六ツかしく相成候
尤風流もの外川屋角通り不申ニ付、横町ゟ引廻し、国屋
前ニ而右之義罷成、大町・両田町・上町もらいニ而相済
申候、此後逆うち之義相崩可申事ニ御座候、此節かし丁
小頭与惣次殿出、かし宗十殿小頭ニ而下知いたし候へ
共、若者一向相用イ不申、さか打風流もの咎メニ而及深
更、甚夕他町迄大骨折ニ御座候、翌十五日かし丁両小頭
罷立不申候ニ付、村御役所へ罷出、同十六日かし丁若衆
一同村役所へ被呼出、川岸組頭取扱ニ而相済申候

当町風流もの

象　弐間四、五尺
尾頭共ニ三間余

右白木綿廿一反ニ而相つゝみ、細工人桜井忠蔵との外一
同相かゝり、至極出来よろしく〱
大評判候て記
そうつかい丸屋専衛門也
衣裳もたちつけきこし、ぽんしん大ニ似合、目出度出来
御座候

持物火とひ口、思之外之支度驚入申候

若もの支度

唐人しやうそく　十五人

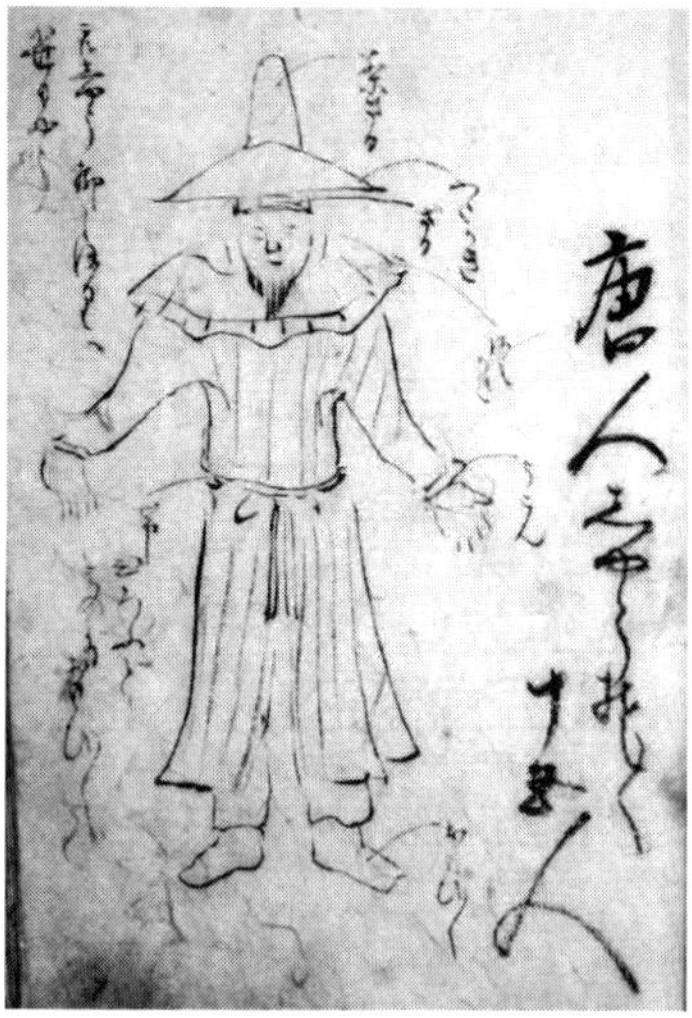

図17-2

〈茶さる　ふたかきざる　あみわれ　うこん　をもひ〳〵〉〈ゑしやう柳しほりへ、笹もやう　帯　ひろうと　その外おもひ〳〵〉

大王　鶴田屋兵蔵かんむり

ひんとたころもけん、道具殊之外よろしく、馬上ニ而御供仕候、尤くらハ其録老様ゟ借り、結構な支度ニ相見へ

子供唐人

弐拾人

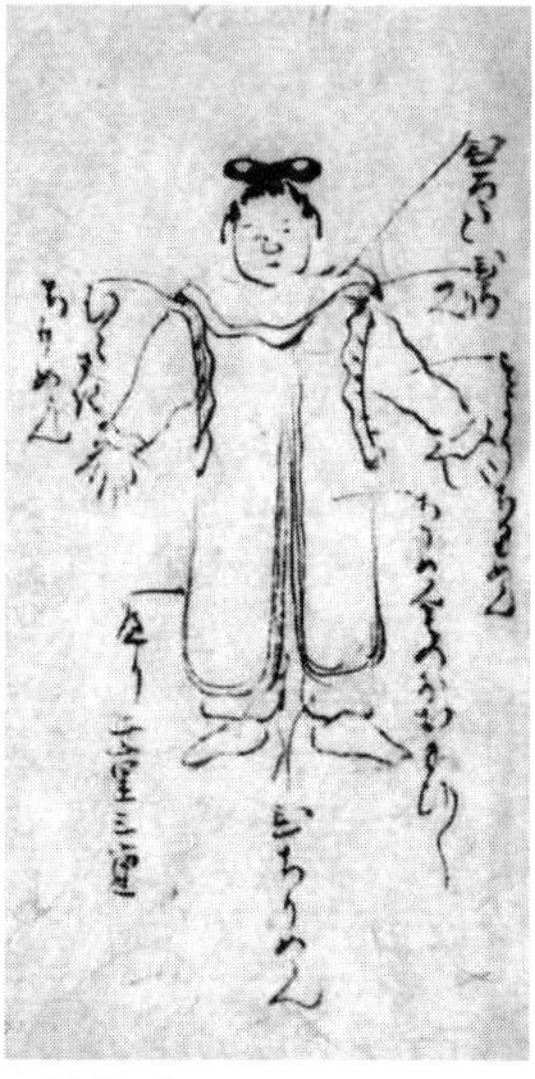

図17-3

〈ひろうと　ひちりめん　もようちりめん　ちりめん　その外おもひ〳〵〉〈ひちりめん〉〈むらさきちりめん　へり二重三連〉

右美れいなる事、所ふそうの出来、近郷他村へ相聞、大そうな大評判、うてんさん念ニ覚候

当主十三日

川中子屋　太兵衛

上町風流もの大万度、若者単物、神楽おかめ美事ニ御座候

大町も同断、大万度弐挺、若衆惣単物
両田町武士
他町何れも六ツかしく、喧嘩口論〆弐十八
けしからす大もめ、ごんご同断事ニ御座候

寛政八年辰七月廿三日
　相撲覚　当町当番
一　角力番数凡　扇子八拾番余
　　　　　　　　手拭弐拾番
中人前　七拾わたり程、此内手拭三筋
初切取　手拭弐本、両名乗
中入後　扇子廿渡り、本数四拾中程
　　　　手拭弐拾筋
三番落　木綿弐反、但し九半くらゐ
結　両名乗
まわし弐本
番数〆凡百弐拾渡余

買物位〔控〕
一　手拭　九拾くらゐ
一　扇子　九半十一くらゐ
一　白綿　九反半くらゐ
〆
行事礼儀　豊三丸
同　行事道具　足袋　壱足
　　紙尾〔緒〕(2)　そうり　壱足
　　扇子　壱本
　　酒手　凡弐百人くらゐ
三番勝　木綿弐反指出し候ニ付、町々へ相廻候
　再さしの控
上町　当町
一　弐百四十八文　一　弐百五十文
大町　〆壱貫四百文
一　弐百文

かし丁　　　　　　　　右並さしより、高弐割之つ
一　弐百文　　　　　　もりを以、もらい申候
田しく
一　百五十文
同
一　百五十文

18　**寛政九年（一七九七）**

大万度　枇杷の実、鈴ニ而拵、下へひちりめんニ而お
もと、その下へふし棚、あんとうがく、殊之
外念入候事、言悟〔語〕同断の細工、とう梁さくら
ゐ忠蔵、その外手伝人

女万度
みきかんさしへかせ元結、その外花元結、女手支の
品々とり付ケ、美々敷事ニ候
まんとう持小とも思ひ〳〵の裳束、尤単物紅絞り
小ともとうりやう広義・鶴兵
両人相添手おとり

お七ハこたつにうた、ねの　サアやアとやア
右之外唄数々
大当り〳〵
巳のとし
〈春蛟画〉

〈御祭礼〉

寛政九年巳六月
祭礼十三日　目出度渡御相済

図18

大町

子供角力
車屋台美事
　上宿　　　田町
武士　　夜祭浄留理〔瑠璃〕
　めてたし

19　寛政十年（一七九八）

　寛政十午歳六月
御祭礼十三日、目出度渡御相済
子供　紅麻上下ニ而けゐこ
若者　大あたま弐拾弐人おとり、単物おもひ〱
うた　八さく梅、至而面白し
　さまに逢とて　せとやへ行ハ
さまにやあわいて　ひんのけざくらに
うひもつらいも　ヲゝしよんかへ
お出やりまて　つつ□すべいとハ
てんこちない事　ゆるしやれ
申せなさも　かてんくり
つんてる　こんたえ
大あたり〱
三町目出たし〱〱

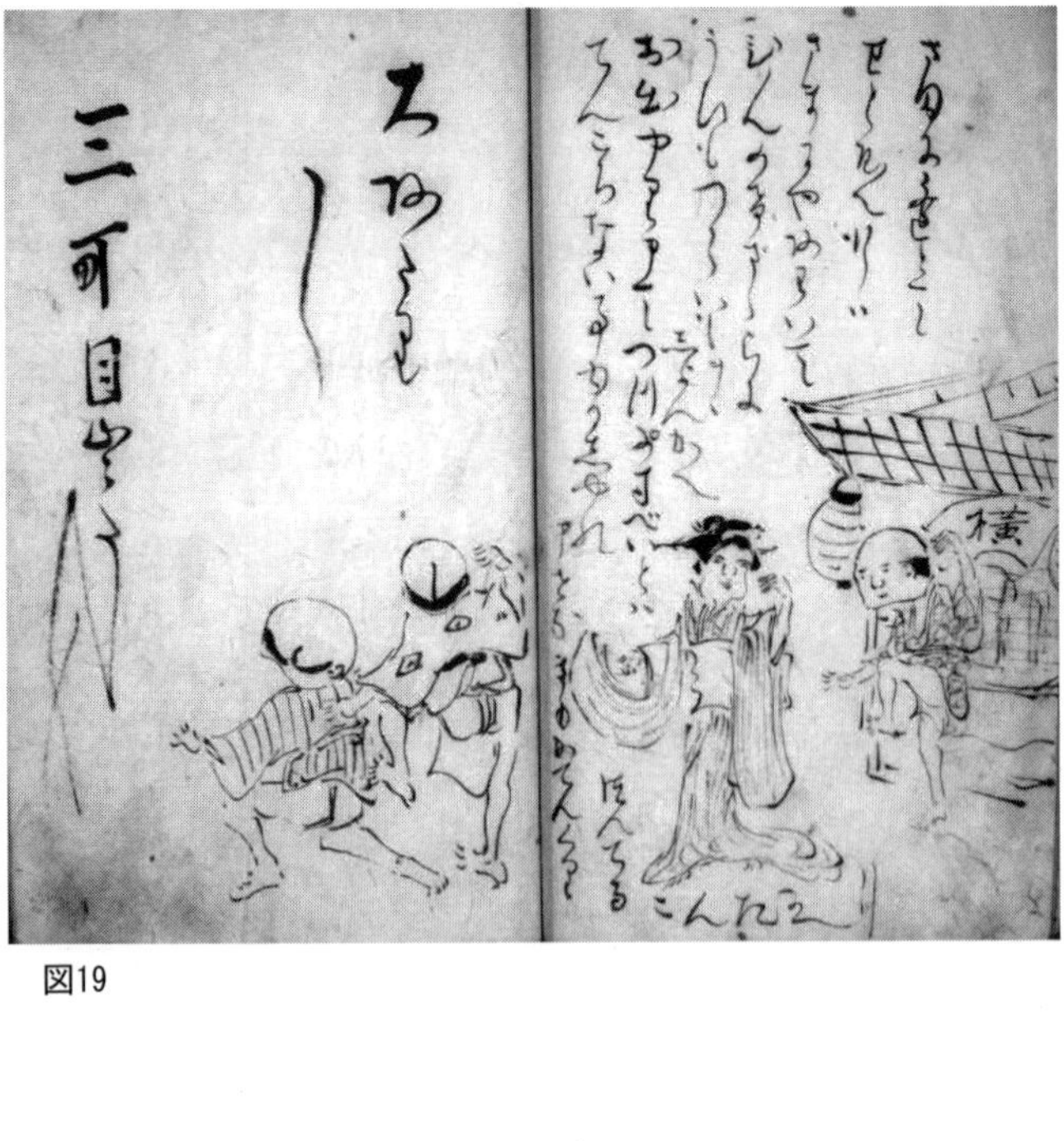

図19

22　享和二年（一八〇二）

享和弐戌六月

　十三日　当主　ふくたや　惣兵衛

打続天気快晴、目出度渡御相済

風流物万度　ふり付　吉兵衛　子供手躍

当戌年之義、右同様村内定ニ而祭礼風流物更ニ相休ニ御座候処、御つれ送方ハ扱ニ相成候故、御出入之者内々承、少々之風流もの指出候而も、宜様被噺候ニ付、大町風流もの裸鬼、惣若者其外種々持もの等、支配出来候由、上宿町者子供万度、若衆廿人計惣揃単物水草計ニ、かた先上の字、其外裾模様染ぬき見事ニ出来、万度等念入出来候由、当町茂子供万度、若もの拾八人揃単物白地、かた先・裾、子供翫道具（案山子・風車・犬・凧・達磨などの絵。図22右）、其外さまく〵の道具紅粉すりこみ、甚見事ニ出来、万度二通（万度の絵、二つ。図22左）絵図之通出来極候処

十一日之夜、右之風流物指出候義、更ニ不相成趣、必至

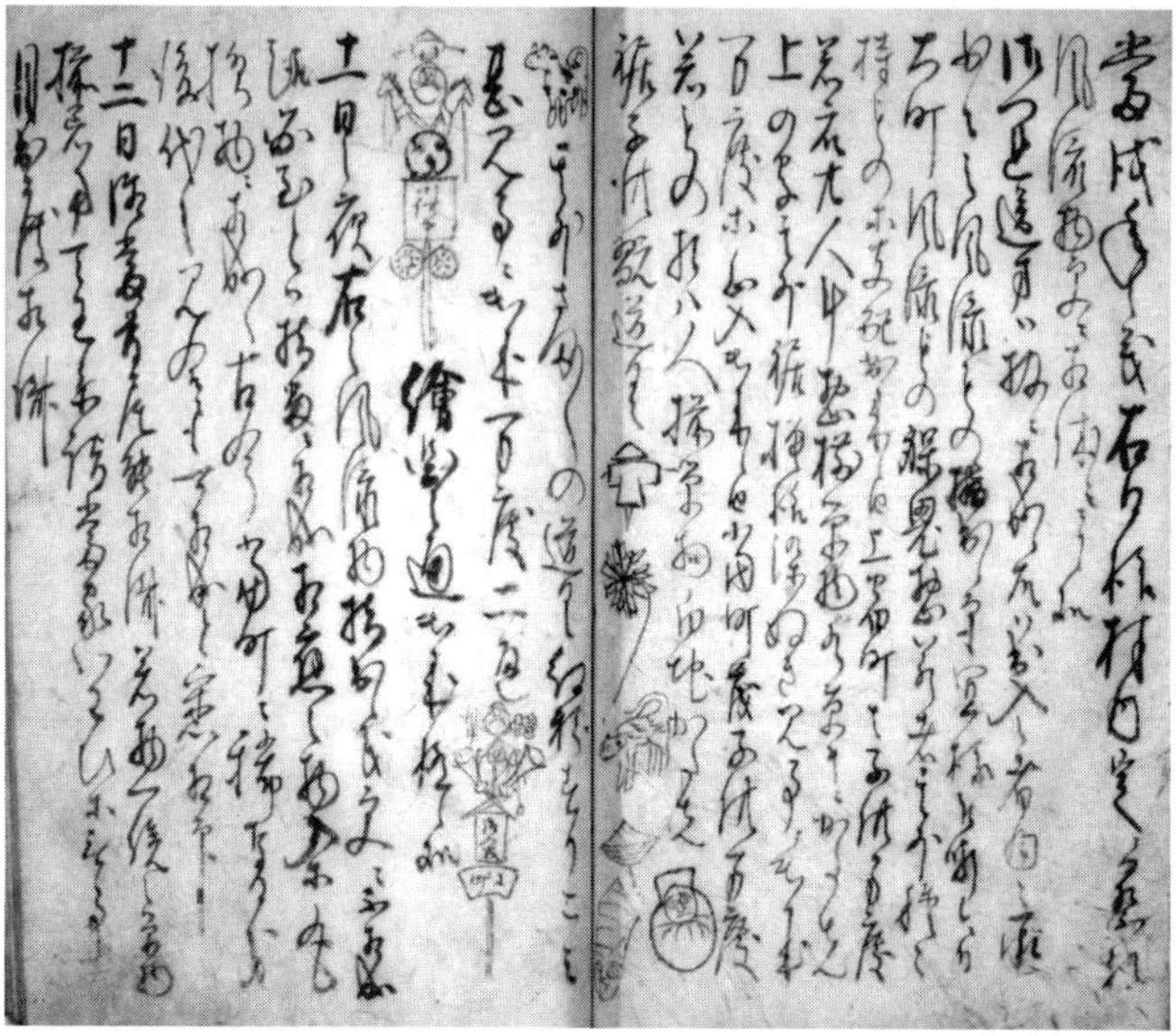

図22

と御指留ニ相成、相応之物入等、丸損物ニ相成候、古今当町ニ稀なる義、後代之見合ニも可相成と悉相印
十二日御当首尾能相済、若物〔者〕一統之単物揃着用、天王参詣・当家いわひ等無事目出度相済

同　藤兵衛
行司　伊衛門
忠　八
与兵衛

28　文政八年（一八二五）

文政八酉六月祇園祭礼之義ハ同十二日、御当番ハ伊勢屋半兵衛殿宅ニ而首尾よく相済申候処、其夜五ツ半時頃俄に心付、明日祭礼風流もの指出度与被申候而、彼是相談致候処、小田原うゐろう売抔面白事之よし思付、則揃々ハうこん単もの、背中ニかなのよの字ヲ付、裾模様ニ者竹ニ虎のちらしニ付、紺の足袋・紺脚伴〔絆〕・ふじくら草履(3)、こし廻中ハ黒織留なり、荷物先江菰包のたんす幷ニ虎をかつき、小田原うゐらうと書印たる両掛ケ、其跡さしもの也

長竹上下幷帯刀、杉まりの笠ヲかむり、はし向大坂屋惣七を番頭として、其跡ハうり手不残両側へならび、長持ハきく・きりの紋付たるゆたん(4)を掛ケ罷出たる事、至極にき〳〵敷相見え申候、其日渡御も相済申候

依之右之通書記置申候、且又余町、下田宿ハ万灯揃之単物、大町ハかざりもの、川岸町琉球樽上菰に致し弐拾たる積上申候、上宿ハ屋台踊り、是ハ町内居祭りにいたし、町内ニて踊り申候

小頭　伊右衛門
勘兵衛
行司　橋　忠
桜　忠
笹　儀
大　甚
則左ニ

図28-1

大将　さし物屋　長助
口上
一私しいはいでも
みな様御存
毎年御ひろふ仕舞
小田原うゐろふ
こふのふ第
一ハ　しよき払
むし　しよくしよふ
婦人がたにハ
血の道血方
小仁方ニは
五かんときよふ
ふうふめ・鳥め・
人馬□・きのこ
などの喰合
腹一の妙薬
〳〵とふウかいどふウ

図28-2

中五十三次の　上明方ウ
小田原うゐろふウ
〽万病団腹気付
どくけ／＼

此人数弐拾壱人

右画　桜忠

〈うゐろふ　相州小田原虎屋町ゟ〉
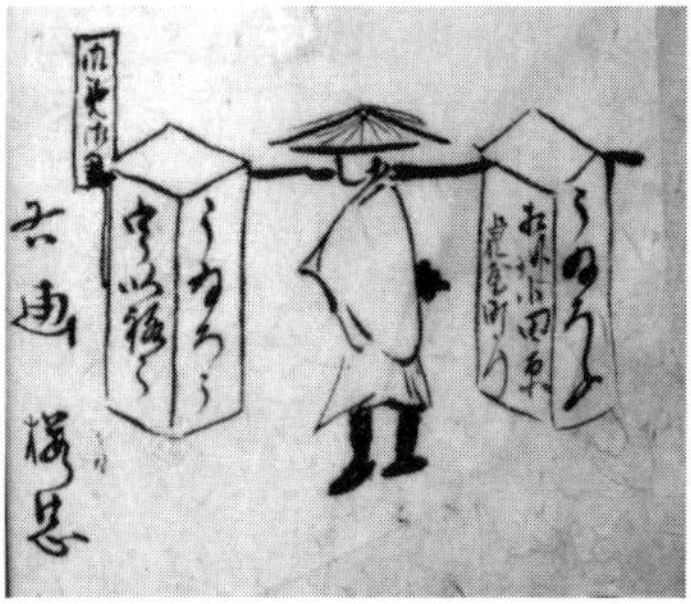
〈うゐろう　ういろう　御免御用〉
図28-3

29　文政九年（一八二六）

文政九戌六月十三日

祇園祭礼飾りもの、義八、江戸小網町之風流物ニ有之候処、至極面白、随神門ニ而人之目を驚し候程のかざり物故、中嶋屋元兵衛殿方ゟ貰請、居町若もの中へ進上被致候、夫ニ付横町川岸寺門前ニ、往還天王御仮り屋

30　文政十年（一八二七）

文政十亥六月十三日

小頭　いせや　勘兵衛
　　　かまや　伊衛門
行司　福　惣
　　　柳　庄
　　　大　甚
　　　山　吉

目　三拾六貫目
〈ヒチリメン〉

大万度
図30-1　〈よこ　モイキ〉

小万度

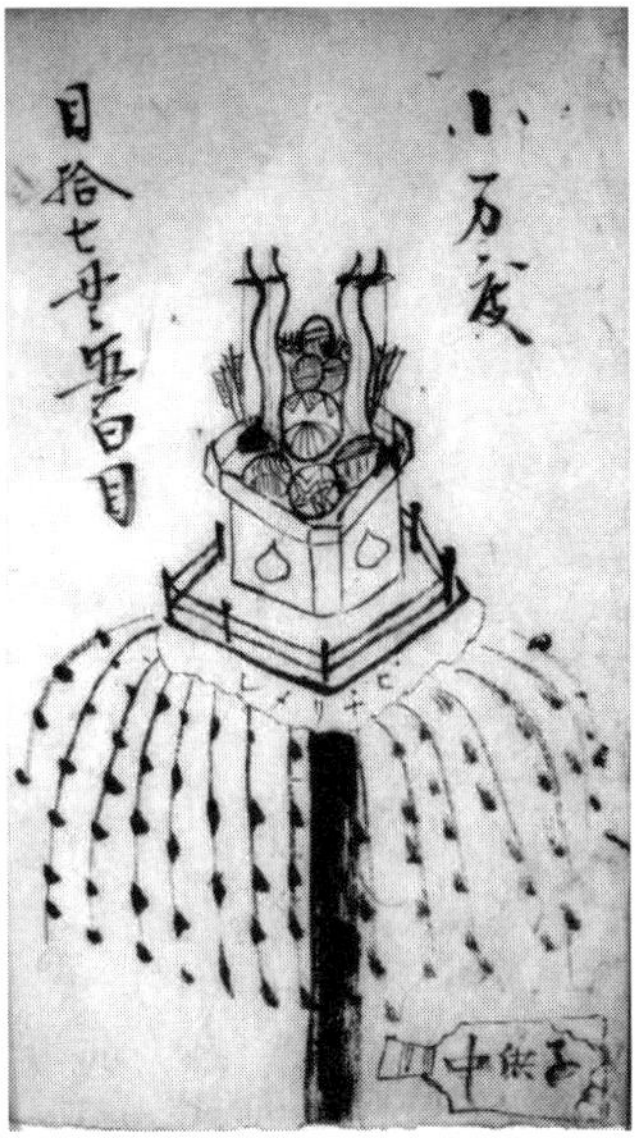

〈子供中〉

図30-2　〈ヒチリメン〉

目拾七貫五百目

若者四拾五人揃

一　抜〆ちりめん　半じばん壱

一　もへき中形同　同壱まひ

一　瀧染むらさき同　長しばん壱まひ

一　すじかへむらさき大形　長丈ケ壱まひ

一　どぶ鼠紋つくし

ひとゑ物皆揃壱まひ

外ニじゆばん付物思ひ〳〵　猶又提物思ひ〳〵

壱人前〆五まひツヽ

此時上宿町、土浦ゟ唐人しよふぞく持来書□候処、甚タ大不出来ニて、近門〔郷〕近村其外拾三里四方不出来のひよふばん、知らぬ物〔者〕更ニ無御座候、気のどくながら、当町百年来の上出来、誠ニ山ゟ東の物供〔者共〕みゝをおどろかし候事、古今とつぽのほまれニ候、末世の見る人、此年の祭り手本ニして、おとらざるよふも致べく候、あなかしこ〳〵

作者

筑波庵近見

31　弘化二年（一八四五）

弘化二年六月　祭礼風流物ノ図

図31-1

図31-2

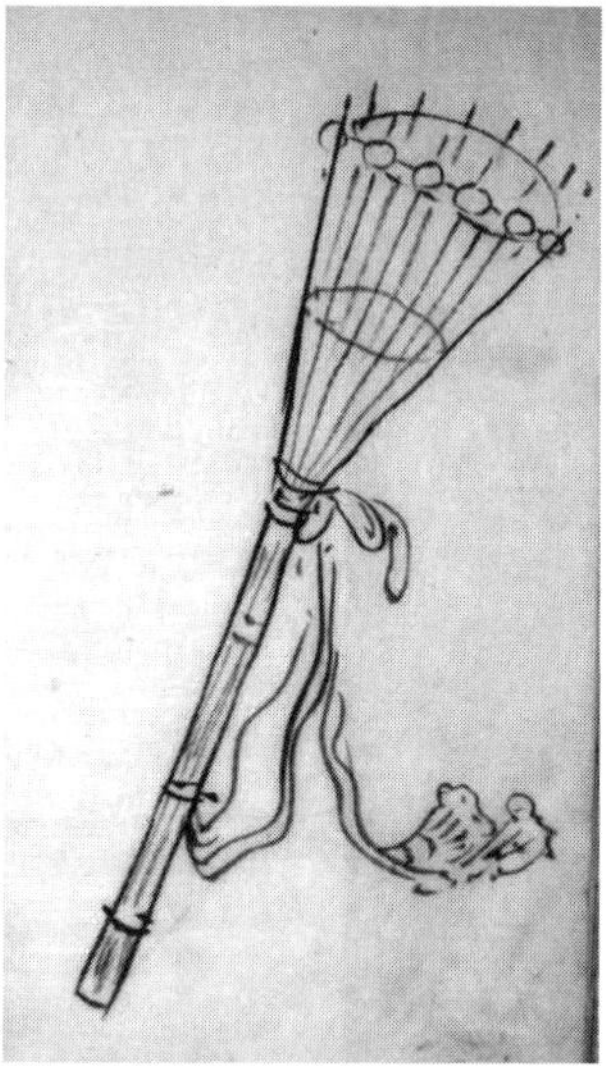

図31-3

天保十五年辰暮、弘化元年と改る、翌巳年弘化弐年六月
祭礼風流もの丶図、如此

作者　橋本吉兵衛
山城屋徳左衛門也

御当家　橋本茂兵衛勤
当日ハ十一日也、殊ニ快晴ニて首尾能相済

小頭　井坂伊兵衛

右風流御大師ハはりこの細工ニて、高さ二丈余尺を積れり、こゝに赤紅の色ヲ求るに、蘇枋(5)のおやゝす一〆目ニ

越へたり、さあれと幸イニ色求るより外によく出来あがりたり、夜に入し時ハ、蠟燭数百丁をてらしぬれハ、其の光りかゞやく事、他町をてらし、此作り近年の見ものなりとて、老若群集をなしたりけり

一　揃着四拾五人
　　水戸白した地
　　　但し瓢単〔箪〕形絞り
　帯紫縮緬四十五本

上宿ハ水戸大薩摩人形踊り、車屋台ニて、揃イ少々

十一日より十三日迄天気よくつゝき、祭日首尾よく相済、誠ニ無事目出度し

祇園祭暫ヤスミヲリ候処、今年弘化二年ニアタツテ、当年ヨリ二町内ツヽ組ニテ、三ヶ年目マハリ、当年ヨコ町・上宿組合イ、来年め川岸町・大町組合、未年両田宿、六町三組と申被渡候　控イ

天保十四卯年、天王面寄附町々江割配被申付、無余義寄進指出し集金調イ候処、金高三十両余金也、右金役元内蔵太殿預り田面、惣村寄附之所、未夕聢と場所も不相定趣キ、扨々なけかハしき事ニ候、より合イまの評義ニ候候〔衍カ〕得ハ、たれあつて改むへき人もなく、一体仕法之義ハ右田徳之内ニて、年々町々之当家を賄ひ、余力ハ社徳に残し、永久をいのるの第一也、不行届キニ相成候得ハ、其罪あさからす、町々小頭たるぬしの人も心をあハせ、信心成就なさしめ、村繁栄をいのり度キものなり

　　弘化二年巳六月

32　嘉永二年（一八四九）

　嘉永二酉年六月　覚

重サ　三十六貫目　　力士　笹屋　平　介
鯛　縮緬細工　大万灯ノ図　高橋　与　七
幕　緋チリメン　　泉屋　清　介
　　　　国沢　茂兵衛

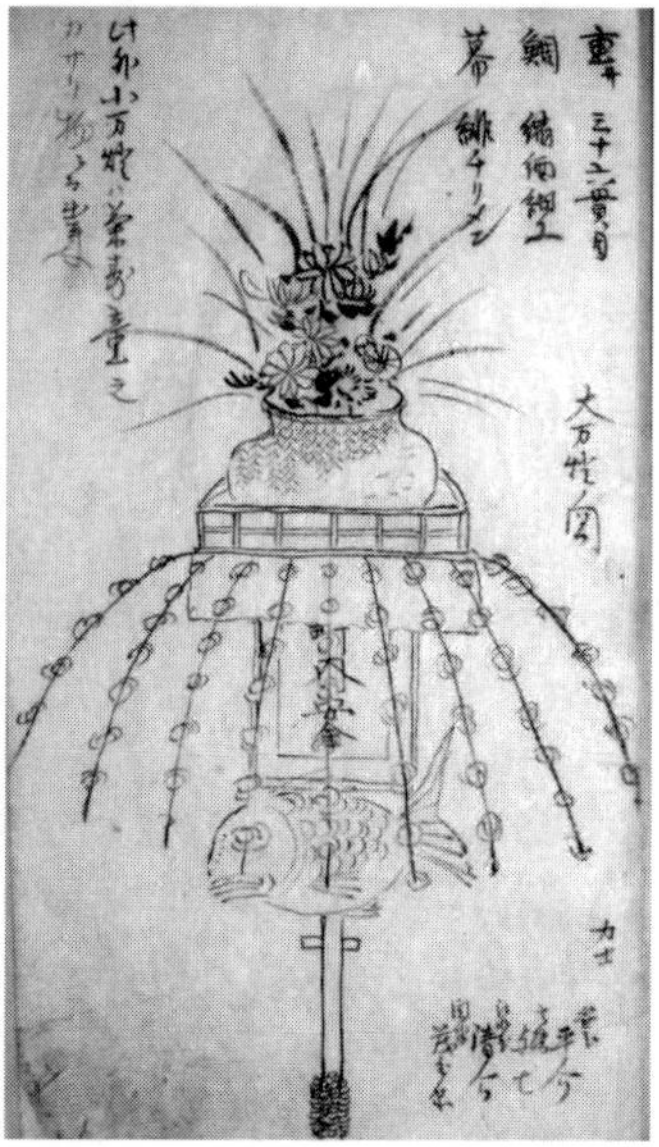

図32

〈町内安全〉

此外小万灯ハ菊寿〔慈〕童之カサリ物ニ而出来

右万灯振着物

　黒ビロウド腹掛

　紋リバナシ、縮緬放ヂバン

　緋縮緬ノフントシ

　白足袋、ハタシ

右若者幷子供等揃単物

　白地竪筋ニ蝶ノ形付

　　縮緬襦半〔袢〕　五枚或ハ三枚、又ハ壱枚、模様

　　　色々

今年世柄宜鋪ニ付、潔く仕度相揃、十二日笠揃、夜宮参詣殊之外賑々敷、小供等手踊大当り也

上宿ハ踊屋台、是も出来宜敷候、此夜、　御公辺御姫御逝去之御隔止〔停〕御触有之、十三日ハ風流物見合ニ相成、乍残念居祭ニ相成、川岸寺ニ於て小供小踊ニ而相済申候

　嘉永二酉年六月

33　嘉永六年（一八五三）

　嘉永六癸丑年六月　祇園祭

踊屋台　踊子三人

　拍子木打　唐てんの通し(6)、ゑり付

　鉄棒引　ちりめん長襦半〔袢〕

　　　三枚ツヽ四人

　各揃単物　八代目形

　揃花笠

34　文久三年（一八六三）

于時文久三亥年八月ニ而虎狼痢（7）与言ふ病流行ニ付、御
神外かり、度々出張ニ而御座候
此備〔供〕大キサ、下備壱丈五尺余通、上備壱丈位ニ、三宝〔方〕八
六尺四寸ニ而、誠ニ古今大出来ニ御座候
大八車積、町内一統夜ニ入、かり屋奉納糯之入高弐俵半
程ニ御座候
　但し四斗五升入ニ而

〈六尺　壱尺五寸　六尺〉

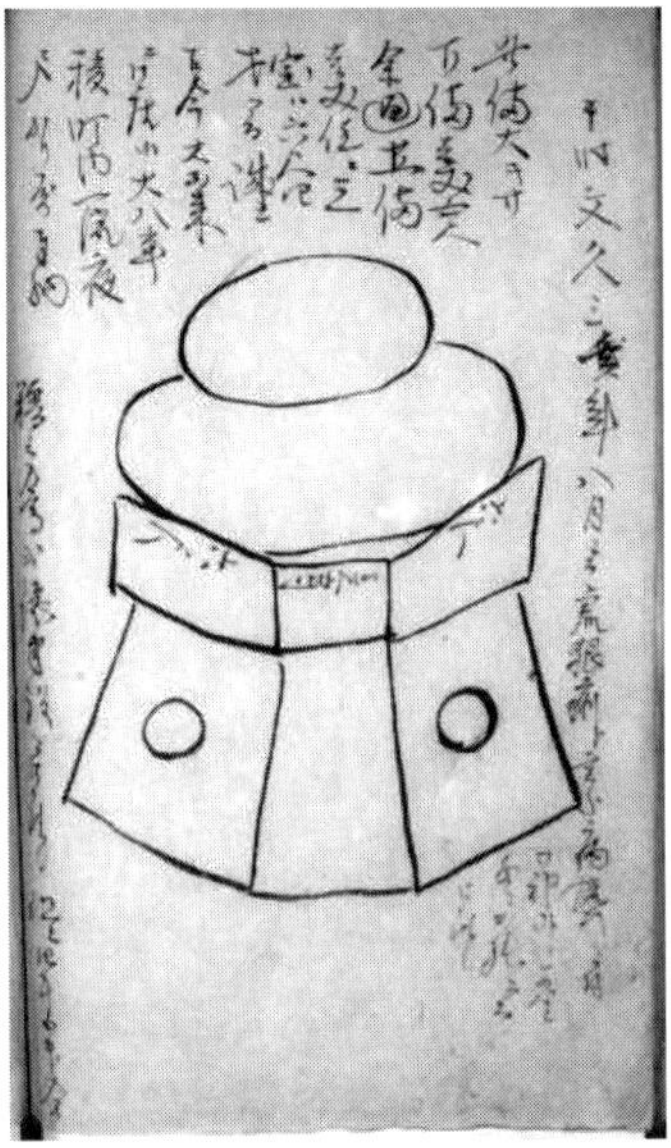

図34-1

此時町内一統餅ニ而振舞致候事、誠ニ目出度、御代之た
めしとぞしられけり

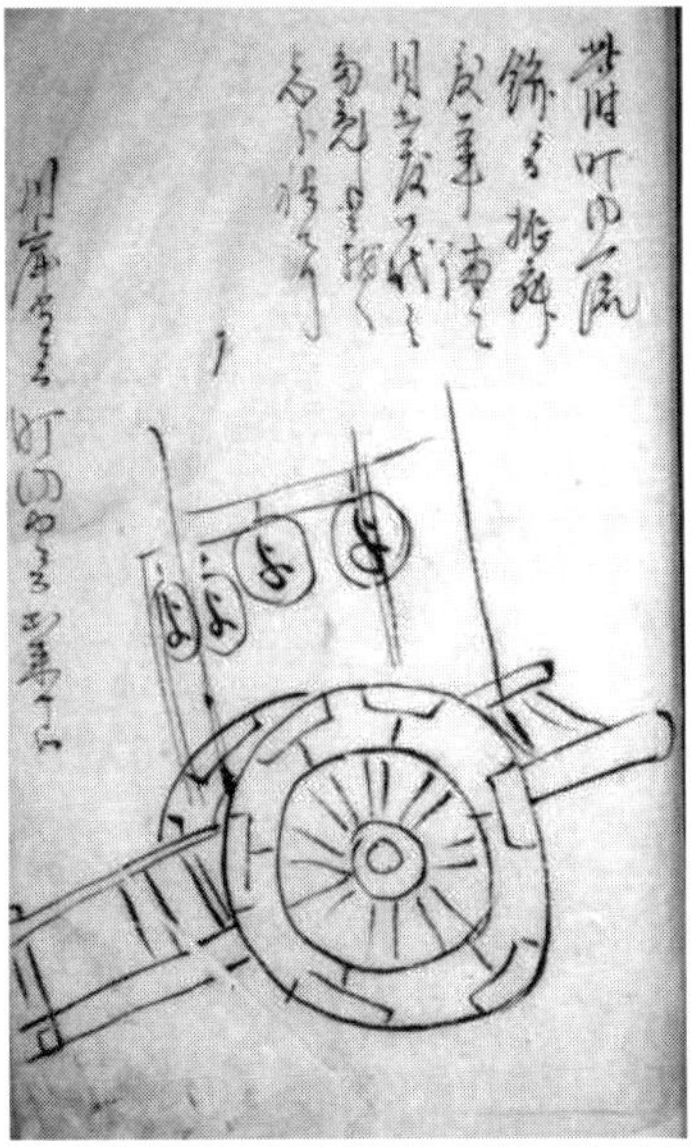

図34-2

川岸寺ニ而、町内中ニ而、出来申候
是も誠ニ大出来ニ而御座候
但瓶子者茶瓶ニ而、口者小麦わら
上ヲ□□ニ而張、上者緋毛饌〔氈〕ニ而出来申候

〈此口ハもふせん也　瓶子壱高サ壱丈余〉
〈六尺　一尺五寸　六尺〉

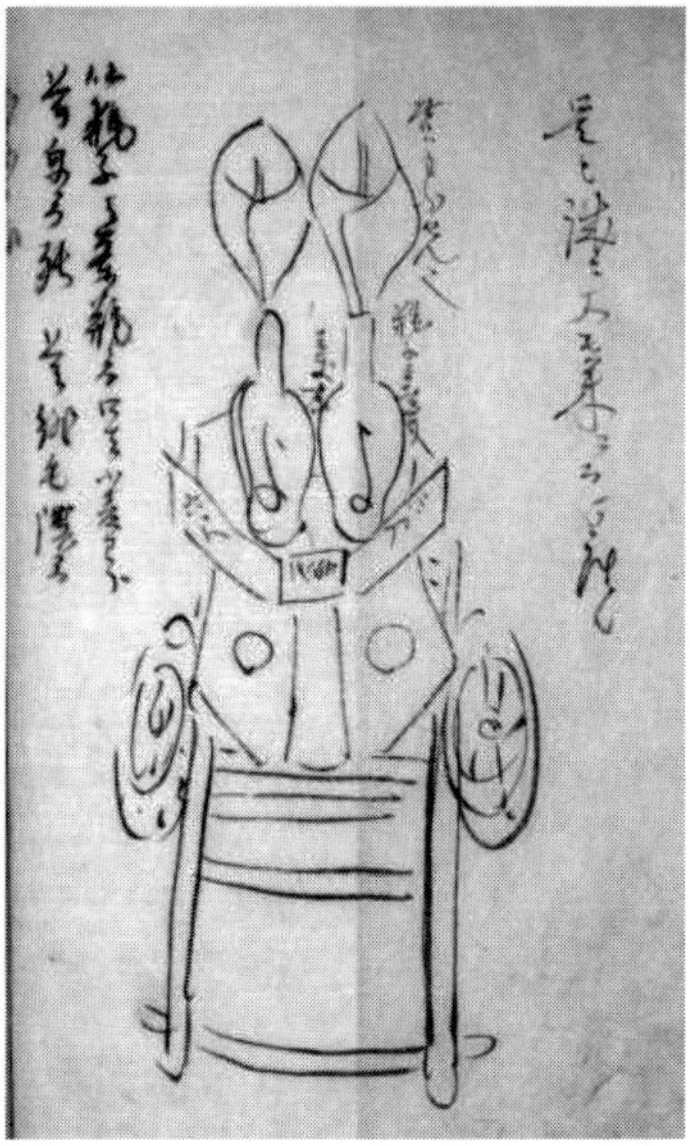

図34-3

図34-4

是ハ鉄炮者筒者竹也、台貫ニ而出来申候

図34-5

35　明治二年（一八六九）

是ハ明次〔治〕二年六月十二日、にわか調練、至極上出来御座候

図35

36　明治三年（一八七〇）

明次〔治〕三庚午十一月廿四日
新嘗祭当番ニ相成
　　　　　せ八人　高安庄兵衛
　　　　　　　　　井崎次三郎
　　　　若衆　　　惣掛行
当日雨天御座候

　　明治三庚午十一月廿四日取極
来未六月鎮守祭礼ニ而、飛騨之工之出し〔山車〕出来可申心得
ニ而、高安庄兵衛殿雇ニ付、此度約定仕候通り、左ニ
金弐朱也、御同人出金割合記置
町内記録後世大切ニ致し、紛失無之様第一心掛可申候也

註

（1）栩板。古来、能舞台や堂社の屋根を葺くのに用いる。
（2）紙を巻いて作った鼻緒。
（3）藤倉草履。藺で編み、表に木綿鼻緒を付けた草履。
（4）一重の布・紙などに油を引いて、簞笥や長持等に掛ける覆いの布。
（5）マメ科の小高木。インド・マレー原産の赤色染料植物。
（6）唐天。舶来のビロード。別珍。
（7）虎列刺。コレラ菌の経口感染による急性腸管感染症。守谷市本町八坂神社の神輿は、文政十三年（一八三〇）の疫病流行時に担ぎ出された（拙編著『守谷総鎮守八坂神社の祇園祭』守谷市教育委員会、二〇一六年、四一頁）。

三　稲敷市古渡須賀神社「諸祭典令」

須賀神社所蔵の明治四十二年（一九〇九）「諸祭典令」の翻刻である。昭和十年（一九三五）に多くの改定がされているため、その部分を「　」で該当個所に挿入した。また、昭和三十三年・四十四年の改正については末尾に付記した。

（坂本　要）

〔表紙〕

明治四拾弐年
諸祭典令
三町

〔昭和十年版　新記〕

「　村社　須賀神社祭典規定書

当古渡村大字古渡谷津弐百五拾番地鎮座須賀神社諸祭典ノ儀、明治四十二年旧五月前例ニ拠リ祭典令ヲ定メ、今日迄執行到セシ、□今回茨城県告示第七百五十参号ヲ以テ勅令第九十六号ニ依リ、神饌幣帛料ヲ共進スベキ神社ニ指定セラレ、依ッテ改正並附加事項有之ニ付キ、神職氏子総代三町世話人協議ノ結果、本年度ヨリ記録トナシ執行スルコトニ決議決定ス、

昭和十年十二月十日

〔昭和十五年旧九月二十八日、右祭典令永久保存ノ目的ノタメ写ス〕

正月元日　須賀神社ノ広前ニ於テ村内安全ノ祈禱ヲ執行ス、但シ社掌ニ対シテハ別ニ祈禱料ヲ進セズ、本日ノ賽銭及ビ其他ノ祈禱料ヲ其収入トナス、

愛宕神社湯立祭

正月廿四日　七月廿四日ノ弐回、愛宕神社ニ於テ湯立祭ヲ執行ス、但シ毎年田宿町ニ於テ執行ス、

御供物

一御神酒　壱升

一御供物　代金

一西之内半紙色紙　代金

一麻竹草履　代金

一御祈禱料　金五拾戔

一御札料　百五拾枚　金五拾戔

右三町割之事

〔昭和十年版　改定〕

「正月廿四日　七月廿四日→旧正月二十四日　旧七月二十四日

毎年田宿町ニ於テ執行ス→但シ三町毎年各番トス」

稲荷奉社湯立祭

二月初午、稲荷奉社湯立祭ヲ須賀神社ノ庭前ニ於テ執行ス、

三町毎年各番ノ事

御供物

一御神酒　壱升

一御供物　代金

一西之内半紙色紙　代金

一竹麻草履　代金

一御祈禱料　金五拾戔

一御札料　百五拾枚　金五拾戔

右三町割之事

当番町外　宿祈禱料ハ金弐拾銭

〔昭和十年版　新記〕

「五、大祭　新年祭

一新暦二月十七日午前十時、須賀神社大前ニ於テ新年祭ヲ執行ス。

但シ当分旧例ヲ守リ、旧正月十八日ニ行フコト。

右時刻、幣帛料供進使タル村長、神官、氏子総代、三町世話人、下宿町梅沢藤右衛門、宮本長吉、大久保治左衛門、柳町与惣兵衛、大久保三左衛門（後継者決定マデ中止）ノ前記参列者ニ通達ヲ置クコト。

一服装ハ礼服タル事、羽織袴着用ノ事、

一当日ノ祭典経費ハ、神社会計ヲ以テ支払ヒ、三町ニハ関係セザルモノトス、

一古渡村ヨリノ神饌料ハ金弐園〔ママ〕。幣帛料金六円供進サセラル、

一右大祭当番ハ三町交互ニ当リ、準備通知一切ヲ行フトス、

一指定村社昇格記念トシテ、奉納角力ヲ行フ。但シ経費ハ三町割トス。右ハ三町協議ノ上、変スルモ差支エナシ」

七五三祭〔昭和十年版　加筆〕「当注連」

五月廿一日、須賀神社ノ七五三祭ヲ当家ニ於テ執行ス、

当番町順位

下宿町ヨリ田宿町へ　田宿町ヨリ下宿町へ

下宿町ヨリ上宿町へ　上宿町ヨリ下宿町へ

招待人員

一村長　一社掌　一頭殿

一氏子総代　一当家　一来当

一来々当　一梅沢作兵衛

一宮本長吉　一大久保三左衛門

一大久保次左衛門〔ママ〕　一柳町与惣兵衛

一大字村会議員　一大字常設委員

一学務委員　一学校職員

一駐在巡査　一田宿町世話人

一上宿町世話人　　一下宿町世話人
〔昭和十年版　改定〕
「大字村会議員　大字常設委員　学校委員　学校職員
↓両学校長」

七五三飾ノ場所

一田宿町東之入口
一手洗石鳥居前〔昭和十年版〕「御手洗川岸　神社右ノ鳥居前」
一須賀神社馬場先宿ヲ跨キテ〔昭和十年版〕「神社馬場先県道ヲ跨ギテ」
一下宿町橋際〔昭和十年版　追加〕「当家毎朝水浴決斎ノ場所」
七五三縄役ハ柳町与惣兵衛、
当家ノ正前ニ青葦ヲ以テ青家ヲ出来、七五三縄ヲ張リテ御幣ヲ安置ス、
当日オモクヲ三町毎戸ニ配布スル事、

祭式時間
午後五時　　招待員着席
同　六時　　祭式開始
〔昭和十年版　追加〕
「一午後四時招待員　礼服ヲ以テ参集所定席ニ着席コト、
一祭式開始　祭式閉会ハ午後十時トス、
追記　舟は用意しない。　　」

献立

膳部

一煙草盆　一御茶　一御菓子
一飯　一汁　一皿
一壺　一猪口　一平
一上酒　弐合瓶壱本
一蓬莱山　一男蝶　一女蝶
一大皿　ススキ腹合
一吸物　一大皿　一甘酒
〔昭和十年版　追加〕

「一皿　　さしみ
一壺　　小豆ヲ用ヒ必ズ鰻ヲ入レル事
一大皿　鯛　海老　きんぴら」
献数三献、但シ祭事用規定ノ三ツ組ニテ、
尚、御祝ノ謡モ慣例ニヨリ依リ謡役ニ於テ承ル事、
祭式閉会後、抽籤法ニヨリ大祭典役割ヲ定ムル事、
一御祭礼役割順序　〔以下「　」内は昭和十年版追記〕
一御神輿「四名」　一猿田彦「一名」
一大天狗「一名」　一小天狗「一名」
一具足「一名」　一新具足「二名」
一具足　　　　一頭殿「三才以上七才マデノ男児一名」
一田奉行「一名」　一四神「二名」
一御鉾「四名」　一御旗
一釣台　　　　一脚立
一代掻「本祭ノ宵、下宿町ノ所定地ニ設備ス」
一御亀「本祭ノ午後、若衆一同ニテ行フ、道順ハ宵祭際ト同ジ」

一笛吹　　　　一太鼓
一長刀
「一榊　以下三役ハ十才前后ノ小学生ニ於テ定ム」
一太刀　　　　一柄杓
一御酌「四神役ト協力シテ行フヲ可トス」
七五三祭祈禱料金壱円「三円」三町割

本祭典
本祭日　新七月廿日
法令ニテ旧暦ハ不都合ニ就キ、本祭日ヲ上ノ通リ届ケ出ツ、然トモ従来ノ慣例ニ依リ、旧六月十三日以テ手臨時祭トシ、当分旧例ニ倣ラフ、
祭日順
祭日　旧六月十一日御迎、十二日宵祭、十三日本祭、
十一日　御迎
御神輿役ニ於テ、神殿開扉、御出御ノ準備ヲナス、
御神輿午後十時本殿出御、社殿ヲ三廻シテ、上宿町ヨリ

下宿町へ御仮宮ヲ三廻シテ安座ス、

〔昭和十年版　改定〕

「午后八時マデニ、関係供奉氏子ハ神前ニ参集シ、氏子総代、祭典委員参列ノ上、午后九時ヲ期シ必ズ御発輿スルモノトス。但シ、当番町世話人ハ、氏子総代ニ対シ出席方ヲ求ムル事トス。

社殿ヲ左ヨリ三廻シテ、上宿町ヨリ下宿町へ御仮宮（宮本長吉氏宅前）ヲ三廻シテ、午後十二時マデニ安座ス」

神輿役ハ、御神輿守護ノ大任ヲ帯ヒ居ルモノナレバ、渡御中御神輿ノ整粛ヲ保シ、本殿三廻ノ際モ一名守護ノ為メ神輿ニ乗リ、馬場先大行灯ヲ過キルト同時ニ降リ、又下宿町ヨリ一名乗リ、御仮宮ヲ三廻シテ降ルル事、

御鉾始終神輿ノ先払タル事、

獅子神輿出御ノ前、社殿ヲ三廻シ、馬場先大行灯ヲ過キテ待チ受ケ、神輿ノ先ニ立チテ仮宮ヲ三廻シ、神輿ノ御仮宮ニ安座スルヲ待テ開《ママ》散スル事、

〔昭和十年版　改定〕

「御仮宮ヲ三廻（下宿福田屋前ヨリ駆歩）、梅沢作兵衛宅ニテ休ミ、神輿ノ御仮宮安座スルヲ待ツテ開散スル事）

猿田彦、大天狗、小天狗、具足役ハ何レモ御神輿出御前ニ三廻シ、馬先ニテ待受ケ、御神輿ノ先ニ立チテ御仮宮ヲ三廻シ、御神輿ノ御仮宮ニ安座スルヲ待チテ、開散スル事、

頭殿ハ始終御神輿ノ後ニ附ク、

太鼓及笛ハ始終御神輿ノ後ニ附ク事、」

十二日　宵祭

午前　御神輿ヲ当家前ニ遷御ス、

午后六時　祭典関係者、当家ニ参集シ祭式ヲ執行ス、

祭式　一御茶　一御菓子　一御神酒

午後九時　　御神輿渡御開始、

渡御順序

当家ヨリ御手洗石川岸ニ御浜降リヲナシ、此処ニテ社掌

御祈禱、
田宿町毘沙門ニ至リ、此処ニテ御祈禱、
是ヨリ田宿町へ東口ニ至リ、此処ニテ御祈禱、
是より還御、上宿ヲ経テ下宿町横町へ、此処ニテ御祈禱、
是より下宿町橋際ニ至リ、此処ニテ御祈禱、
還リテ下宿町小谷坪界ニ渡御、此処ニテ御祈禱、
渡御列順位
一鉾　一先払
一獅子　一神輿
〔昭和十年版〕
「一神」
一頭殿　一太鼓
一笛　一柄杓
一大刀　一長刀
脚立釣台ハ、社掌、祈禱ニ差支ナキ様準備スル事、
十三日　本祭

午后弐時　御亀
午后四時　学校生徒参拜式
〔昭和十年版　追加〕
「午後四時、御仮宮大前ニ於テ例祭、並ニ学校生徒参拝式ヲ執行ス、時刻前、当番町世話人ハ、幣帛料供進使タル村長殿、並氏子総代ニ出向ヲ求メ、当家ヲ控室トシ、時刻、祭典ヲ執行スルモノトス、」
午后五時　当家ニテ祭式執行
御茶　御菓子　御神酒
還御
午后七時　御神輿御仮宮御立チ
御鉾神輿、御立前、御仮宮ヲ三廻シ、横町ニテ待受ケ、還御順路ヲ経テ本殿ヲ三廻シ、御神輿安座スルヲ待チテ開散スル事、
獅子神輿、御立前ニ御仮宮ヲ三廻シ、下宿川岸降リ口

（福田屋側ニテ）待受ケ、神輿ノ先立チ、本殿ヲ三廻シ、神輿ノ本殿ニ安座スルヲ待チテ開散スル事、
猿田彦大神以下、諸供奉神輿御立前ニ三廻シ、下宿町外レニテ御神輿ヲ待受、還御順路ヲ経テ社殿三廻シ、神輿ヲ本殿ニ安座スルヲ待チテ開散スル事、
御神輿、御仮宮ヲ三廻シ、此間神輿役壱名守護ノ為ニ乗リ、早足ニテ下宿川岸降リ口（七津屋角）マテ、此処ニテ神輿役降リ、最モ整粛ニ還御、石鳥居前ニテ神輿役壱名乗リ、社殿ヲ三廻シテ安座スル事、
右何レモ適宜ノ距離ヲ取リ、整粛ニ渡御シ混雑アルベカラズ、

挿秧女供奉順序

本日三町出生ノ男児ハ、弐才ヨリ七才迄、挿秧女ト称シ古来慣例依リ、御神輿之御供ナス、御神輿御立前参拝ヲ了シ、御仮宮ノ（三廻シ）ニ詰メヲリ、神輿御立ト共ニ其後列ニ加ハリ、一列ニ順序正シク接近セス、下宿、上宿ノ町界ヨリ、御神輿ニ先立、上宿町南房吉兵衛角ヨリ川岸ニ至リ、口ヲ嗽キ、同町広木屋角ヨリ亦御神輿ノ後列ニ加ハリ、整粛ニ社殿ヲ三廻シ開散スル事、

〔昭和十年版　追加〕

「祭事中、花車及ビ踊屋台等奉納スルニ当タリ、神輿渡御ニ出会タ場合、最モ敬礼ヲ表スルタメ、引綱ヲ引縮シ進行ヲ止ムル事、
祭事中ハ時刻ヲ確守シ、オクレタル者ハ駆付供奉シ、亮モ異議ヲ唱エザル事、
古渡村ヨリ神饌料金四円、幣帛料金拾円供進セラレル、」

十四日　御当家ニ渡シ

本日当番町ヨリ、来年ノ当番町ニ御祭礼道具一式持参シ受渡シヲナス事、

〔昭和十年版　追加〕

「但御神輿ハ須賀神社社前ニ於テ受渡シヲナシ、御仮宮ハ本年ノ当番町ニ於テ建設シ、受渡シト同時ニ来年ノ当番町取片付ケヲナス事、受渡ニ付キ、当家並ニ町世話人

連名ノ受取証ヲ取ル事、」

十五日幟返シ

本日幟ヲ返シ、総勘定ヲナシ、三町分担ノ勘定ヲ済ス事、

大祭祈禱料金参円　神輿役ヨリ出ス事、

剣祓代〔谷津他五坪分〕参町割ノコト、

〔剣祓一体ニ付キ金五銭、谷津ノ他部落ヨリ貰フコト、

獅子着物　神輿備品ハ三町割トス〕

節分御祈禱

一　節分当夜、須賀神社霊前ニ於テ御祈禱ヲ執行ス。別祈禱料ハ町内ヨリ進ゼス。

当夜ノ賽銭及ビ己《(個)》人祈禱料ヲ以テ、社掌ノ収得トス。

〔昭和十年版　追加〕

「秋大祭　新嘗祭

新暦十一月二十四日

法令ニ依リ、旧暦ハ不都合ノタメ、上記通リ決定セリ。

而シ乍ラ当分旧例ニ倣ヒ、旧暦九月二十八日各氏子氏神祭日ヲ以テ執行ス。

以下、大祭、新年祭に同じ」

〔付記1　昭和三十三年に「祭典改正要項」を作り追加改正を行っている。大きな点は当番町の順を、下宿→田宿→下宿→上宿から、下宿→田宿→上宿に変えた。また、獅子・鉾・四天王の待ち場所や神輿の立ち寄り先を変えた。〕

〔付記2　昭和四十四年の「祭典規定一部改正」では、以下のように、神輿の渡御ができなくなって、お浜降りのみになった。また当注連式を当屋でなく神社でやることにし、当家は廃止し、当番町の氏子総代がその役を担うようになった。〕

「祭典規定一部改正
祭典規定一部改訂は警察よりの道路使用上の規制交通の
激増に依るものとす
一渡御はせず御浜降りだけ行う
一御浜降りは宵祭〔廿二日〕に行う。神輿その他一斉は
当番町で行う事
一当注連式は須賀神社境内で行う。式は当番町主催
出席者　氏子総代　親戚　三町世話人
膳部は鰻あづきを付けて簡単な折詰
青竹は今迄通り六箇所へ祭る
一幟に付いては町内別に協議する
一宮薙は今迄通り〔七月十一日〕に行う
一当家　来当　来々当　祭典係は廃止但し当番町の引継
は氏子総代に引継
一青家は当番町が神社に祭る
一当家へ飾る舟は神社に飾る
一四天王　頭殿は三日出席する
一本役は須賀神社拝殿に飾る　但し笛太鼓は三日間出席
する事
尚バイパス開通後は復活する
以上の改正は昭和四十四年七月廿一日より実施する
右規定は昭和四十四年七月一日当注連式にて決定す
当番町　下宿町」

四　稲敷市江戸崎鹿島・八坂両社祭典記録

ここには、鹿島神社所蔵の三種の祭典記録を収録した。

1「鹿嶋・八坂両社祭典記録」（明治二十八年七月）

明治二十八年（一八九五）の記録には、大正七年（一九一八）・昭和七年（一九三二）の追記がある。

2「追加記録」（明治四十一年七月）

3「鹿島・八坂両社祭典記録」（昭和三年七月）

昭和三年の記録は、それまでの記録をまとめたもので、初めに明治二十八年の記録のあと、同四十一年の追加記録（ここでは省略）があり、そのあとに大正七年の記録が続く。

（近江礼子）

1「鹿嶋・八坂両社祭典記録」（明治二十八年七月）

〔表紙〕〔竪帳〕

> 明治廿八年第七月
> 鹿嶋
> 八坂　両社祭典記録
> 常陸国信太郡江戸崎町
> 産子中

当江戸崎町鎮座村社鹿島神社、及ヒ八坂神社合幣祭典執行候処、去ル明治十年度ヲ以テ始メテ各町順次当番ヲ相勤ムルコトト決シ、尚同弐十年ヨリ前例ニ拠リ執行候処、今回改正ノ見込有之ニ付、神官・産子総代始メ、各町ノ会議員一同協議ノ上、更ニ本年ヨリ永久新記録トシテ執行スルコトヲ決定ス

明治廿八年七月

一祭事当番各町順次、左ノ如シ
　西町
　浜町
　本宿町
　門前町
　切通町
　戸張町
　荒宿町
　根宿町
　田宿町
　大宿町
　但、右拾ヶ町ヲ以テ当番順次ニ相務メ、終リナキ事
一年々六月二十日村社祭、浜町川岸七五三下シノコト
　但、廿日ヨリ廿五日迄、当家ノ主人日ニ三度宛水行
　可致事
一両社御迎ヒノ式ハ、廿五日氏子一同ニテ八坂ノ社ヨリ、旧規ニヨリ御箱ニテ村社迄迎ヒ置キ、夫ヨリ両社神幣御輿ニ遷シ、当家迄舁キ致ル事

一総町氏子供奉ノ儀ハ、当日午後四時詰合、神輿出立ハ午後八時ヲ定規トシ、各町ノ内詰合遅延ノ節ハ、馳付供奉可致事
一廿六日御神輿御巡行式ハ、当家ヨリ村社ニ至リ、夫ヨリ字天王町八坂神社鳥居前ニテ十分間、次ニ戸張町四ツ角ニテ弐十分間、次ニ字門前町外レニテ十分間、次ニ御浜降ハ前規ニヨリ執行シ、次ニ西町外レニ於テ犬塚ニ向ケ十分間、各其時間毎ニ御奉楽〔法〕ヲ奏シ、夫ヨリ出座攸々御鎮霊可致事
一惣町村社神前詰合之義〔儀〕ハ、廿五日同断ノ時刻トシ、同日町長・助役幷ニ書記・常設委員・産子総代、一同礼服・羽織袴着用、警固トシテ供奉可致事
一御仮屋ノ義ハ、前規ニヨリ当番町ヘ設立ノ事
　但、当番町ト戸張町トノ協議ニヨリ、祭事中、大蠟燭四丁・小蠟燭弐十丁差出シ、御仮屋掛解、及ヒ真菰付飾等ハ、悉皆依頼ノ約定
一神輿渡御ノ際、各町世話係壱名宛附添ヘ、注意ヲ加ヘ保護スル事

一祭典中御浜下リノ際、当家ノ庭前ニ於テ十五分間御輿ヲ懸ケ、御奉〔法〕楽ヲ上ル事

一同廿七日、御仮家ヨリ両社神輿還御ノ義ハ、午後三時総町詰合、同四時御発輿、若シ遅参ノ町内ハ、馳付供奉ノ事

一毎年祭事中、警護供奉ノ義ハ、其年当番ハ神輿ノ左右ニ、翌年当番町ハ獅子ヲ持チ輿ノ前ニ、前年当番町ハ神輿ノ真後ニ、其外詰合町々ハ各順次付添執行可致事

一御閉扉ノ当日、八坂本社拝殿ノ周〔囲〕回ヲ天王町若衆一同案内ニテ、産子総代・当番世話人ト共ニ神輿ヲ警護シ三周スル事

一同廿八日、各町年番鬮引ヲ以テ当家ヲ定ムルトキハ、総テ質素ヲ基トシ、一通ノ神酒ヲ差出シ、振舞ケ間敷義無之様致スベシ、祠掌千田氏ヨリ当家ノ神前ニテ鬮頂戴可致事

一来ル当番へ御分霊引継ノ際ハ、赤飯三升・神酒壱升神献ノ事

一祭具ノ義ハ、神官・産子総代協議ノ上、不用品ハ滅スル事

一年々大祭典中、神献神酒・諸品調進ノ義ハ、当番町々ニ於テ負担スル事

一当番町へ祭典費用助合トシテ、壱町ニ付金壱円五拾銭宛、旧六月十五日ヲ期シ相渡可申事

但シ、強力日当ハ各町ヨリ金弐拾銭宛当番町へ持参スル事

上・下新宿町、天王町ハ、旧規ニヨリ壱戸ニ付玄米壱升宛助合トシテ、当番町へ可差出事

一祭典ノ神具・什物等、当番町ヨリ各品寄附相増ストキハ、詳細ニ記載シ、帳簿トモ後番へ相渡可申事

一当番ハ新加入ノ申込ミ有之トキハ、各町ノ協議ヲ経テ取定ムル事

一壱ヶ年度拾回ノ祭典費打切額トシテ、全町ヨリ壱戸ニ付金弐銭宛、旧六月廿五日夜、必ス各町内世話人ヨリ取揃ヒ、産子世話人係リへ相渡可申事

一祭事中、花車及ヒ踊屋台等奉納スルニアタリ、神輿渡御ニ出会スル場合ハ、最モ警〔敬〕礼ヲ表スル為メ、引キ綱

ヲ束綏シ進行ヲ止ムル事

右者総町協議相整、違約無之為メ茲ニ連署誓約ス

明治廿八年　月　日

郷社高田神社祠官
右神社兼務祠掌
千田正義㊞

右産子総代
福田謙之助㊞
関口与右エ門㊞
高橋東里㊞

一廿五日両社御迎ヒノ式、八坂神社ノ神霊ハ、従来ノ御箱ニテ天王町ヨリ鹿島神社ニ到ルヲ廃シ、当番町ハ神輿ヲ天王町ニ送リ、八坂神社ノ神霊ヲ神輿ニ遷シ、氏子一同供奉シ鹿島神社ニ到リ、更ニ鹿島神社神霊ヲ遷ス事

一廿六日神輿巡行ノ順序・駐輿等ハ、従来ノ慣例ヲ守ルハ勿論ナルモ、神輿各町通過ノ際ハ、祭典役員・世話人ニテ先導案内スル事

一祭典当番町ヘハ各町ヨリ金参円宛補助スル事

一上・下新宿ハ従来ノ米代ヲ廃シ、金五円ヲ当番町ヘ差出ス事

一天王町ハ従来ノ米代ヲ廃シ、金六円ヲ当番町ヘ差出ス事

一大字犬塚ヨリ金壱円ヲ当番町ヘ差出ス事

一天王町八坂神社維持基本積立金参百円ノ内、壱百五拾円ハ天王町於テ負担シ、壱百五拾円ハ大字江戸崎各町ニ於テ負担ス、同社修繕及神職督務所賛助金ハ、天王町ニ於テ負担支弁スル事

一右積立金負担額ハ、大正七年八月ヨリ九年八月迄、三ケ年ニ分□支弁トシテ、毎年祭典ノ際氏子総代ニ差出ス事

大正七年八月　日

追加記録

廿五日　両社御迎ヒ式ノ際、各町氏子ハ午後八時迄ニ八坂神社ニ参集シ、同社崇敬者総代参列ノ上、九時ヲ期シ必ズ御発輿スルモノトス

但シ、当番町ヨリ崇敬者総代ニ対シ、出席ヲ求ムル事

廿六日　神輿ハ午後八時鹿島神社ヲ出発シ、規定ノ順序ヲ経テ、十二時ヲ期シ御仮屋へ還御ノ事

但シ、已ヲ得ザル事情生シタル時ハ、一時間以内延長スル事ヲ得

廿七日　午後九時御発輿、荒宿町及根宿町・大宿町当番ノ際ハ、獅子先払ニテ根宿町ヲ経テ、戸張町四辻ヨリ本宿町ヲ通過シ、鹿島神社ニ到ルモノトス

祭事中ハ以上ノ時間ヲ確守シ、遅参ノ者ハ駈付供奉シ、毫モ異議ヲ唱へザル事

昭和七年七月廿七日

〔信徒総代四名、門前町・田宿町・戸張町・新宿町・浜町・本宿町・荒宿町・大宿町・天王町・根宿町・切通町・西町・犬塚祭典係計二五名、略〕

2「追加記録」（明治四十一年七月）

〔表紙〕〔竪帳〕

明治四十一年七月 追　加　記　録 鹿島神社・八坂神社 氏子中

記録追加

一村社鹿島神社臨時祭ハ、旧暦ヲ用フルコト

一正月十四日市神祭ハ、旧例ニ則リ執行スルモ、諸式其他人夫等ハ社務所ニ一任スルコト

一六月二十日当〆式執行ノ際ハ、当番町祭典係・世話人及荒宿（宮元）町祭典係・世話人ノ内出場スルコト

一旧来ノ当家ノ名称ヲ廃シ、祭事ニ係ル神務ハ、悉皆社務所ニ一任スルコト

一祭器・祭具ノ信徒ニ授与等ニ関スル取扱ハ、社務所ニ一任スルコト

一御仮屋ハ六月弐拾五日、当番町ニ於テ建設シ、二拾八日ニハ明年ノ当番町取片付ヲナスコト

一祭事中ニ於ケル参集時間ハ、当番町ノ使ヲ全廃セシニヨリ、規定ノ通リ午後七時ニハ必ズ参集スルコト

一弐拾七日、御神輿村社ヨリ八坂神社ニ御還幸ノ際ハ、天王町一同ニテ先導案内スルコト

一前条祭典ニ係ル総テノ費額ハ、各町ノ戸数ニ割当テ分担シ、六月弐拾日迄ニ取纏メ、社務所ニ送納ノ手続ヲナスコト

但シ、本条費用ノ分担ハ、本宿町五個〔箇〕年、門前町三個年ヲ免ジ、天王町ハ更ニ徴収セズ

一六月弐拾八日ノ諸式ハ総テ全廃スルコト

一鹿島神社及八坂神社等ノ修繕費ハ、各町ノ戸数ニ割リ当テ分担スルコト

右ハ総町一同ノ協議相整ヘ、違約無之為メ茲ニ連署誓約ス

明治四拾壱年七月四日

右神社々掌

千田正義㊞

右氏子総代
関口与右衛門㊞
福田謙之助㊞

3 「鹿島・八坂両社祭典記録」（昭和三年七月）

〔表紙〕〔竪帳〕

昭和参年七月吉日 鹿島 八坂両社祭典記録 常陸国稲敷郡江戸崎町 氏子中

田所忠助
栗山忠輔
瀬尾権六
岡崎悦太郎
大久保惣助
高橋東里
広田五重郎
鈴木茂左衛門
山崎七左衛門

当江戸崎町鎮座村社鹿島神社、及ヒ八坂神社合幣祭典執

行候処、去ル明治十年度ヲ以テ、始メテ各町順次当番ヲ相勤ムルコトト決シ、尚、同弐拾年ヨリ前例ニ拠リ執行候処、今回改正ノ見込有之ニ付、神官・産子総代始メ、各町ノ会議員一同協議ノ上、更ニ本年ヨリ永久新記録トシテ執行スルコトニ決定ス

明治弐拾八年七月

一祭事当番各町順次左ノ如シ

西町
浜町
本宿町
門前町
切通町
戸張町
荒宿町
根宿町　十、上・下新宿町〔十から十二迄は後筆〕
田宿町　十一、天王町
大宿町　十二、大〔犬〕塚町

但シ、右拾ヶ町ヲ以テ当番順次ニ相務メ、終リナキ事

一年々陰暦六月弐拾日村社祭、浜町川岸ニ七五三降シノ事

但シ、二十日ヨリ廿五日迄、当家ノ主人日ニ三度宛水行可致事

一両社御迎ヒノ式ハ、廿五日氏子一同ニテ八坂ノ社ヨリ、旧規ニヨリ御箱ニテ村社迄迎ヒ置キ、夫ヨリ両社神霊神幣御輿ニ遷シ、当家迄昇キ至ル事

一総町氏子供奉ノ儀ハ、当日午後四時詰合、神輿出立ハ午後八時ヲ定規トシ、各町ノ内詰合遅延ノ節ハ馳付供奉可致事

一廿六日、御神輿御巡行式ハ、当家ヨリ村社ニ至リ、夫ヨリ字天王町八坂神社鳥居前ニテ十分間、次ニ戸張町四ツ角ニテ二十分間、次ニ字門前町外レニテ十分間、次ニ御浜降リハ前規ニヨリ執行シ、次ニ西町外レニ於テ犬塚ニ向ケ十分間、各其時間毎ニ御詔刀ヲ奏ゲ、夫ヨリ出座悠々御鎮霊可致事

一総町村社神前詰合ノ義〔儀〕ハ、廿五日同断ノ時刻トシ、同日町長・助役幷ニ書記・常設委員・産子総代、一同礼服・羽織袴着用、警護トシテ供奉可致事

一御仮屋ノ義ハ、前規ニヨリ当番町ヘ設立ノ事

　但シ、当番町ト戸張町トノ協議ニヨリ、祭事中、大蠟燭四挺・小蠟燭弐拾挺差出シ、御仮屋掛解及ヒ真菰付飾等ハ、悉皆依頼ノ約定

一神輿渡御ノ際、各町世話係壱名宛付添ヘ、注意ヲ加ヘ警護スル事

一祭典中、御浜降リノ際、当家ノ庭前ニ於テ十五分間御輿ヲ懸ケ、御詔刀ヲ奏ル事

一同廿七日、御仮家ヨリ両社神輿還御ノ義ハ、午後三時総町詰合、同四時御発輿、若シ遅参ノ町内ハ、馳付供奉ノ事

一毎年祭事中、警護供奉ノ義ハ、其年当番ハ神輿ノ左右ニ、翌年当番町ハ獅子ヲ持チ輿ノ前ニ、前年当番町ハ神輿ノ真後ニ、其外詰合町々ハ各順次付添執行可致事

一御閉扉ノ当日、八坂本社拝殿ノ周回〔囲〕ヲ、天王町若衆一同案内ニテ、産子総代・当番世話人ト共ニ神輿ヲ警護シ、三周スル事

一同廿八日、各町年番鬮引ヲ以テ当家ヲ定ムルトキハ、総テ質素ヲ基トシ、一通ノ神酒ヲ差出シ、振舞ゲ間敷義無之様致スベシ、祠掌千田氏ヨリ当家ノ神前ニテ鬮頂戴可致事

一来ル当番ヘ御分霊引継ノ際ハ、赤飯三升・神酒壱升神献ノ事

一祭具ノ義ハ、神官・産子総代協議ノ上、不用品ハ減ズル事

一年々大祭典中神献神酒・諸品調進ノ義ハ、当番町々ニ於テ負担スル事

一当番町ヘ祭典費用助合トシテ、壱町ニ付金壱円五拾銭宛、旧六月十五日ヲ期シ相渡可申事

　但シ、強力日当ハ各町ヨリ金弐拾銭宛、当番町ヘ持参スル事

　上・下新宿町、天王町ハ、旧規ニヨリ壱戸ニ付玄米壱升宛、助合トシテ当番町ヘ可差出事

一祭典ノ神具・什物等、当番町ヨリ各品寄附相増ストキハ、詳細ニ記載シ、帳簿トモ後番へ相渡可申事
一当番ハ新加入ノ申込ミ有之トキハ、各町ノ協議ヲ経テ取定ムル事
一壱ヶ年度拾回ノ祭典費打切額トシテ、全町ヨリ壱戸ニ付金弐銭宛、旧六月廿五日夜必ス各町内世話人ヨリ取揃ヒ、産子世話人へ相渡可申事
一祭事中、花車及ヒ踊屋台等奉納スルニ当リ、神輿渡御ニ出会スル場合ハ、最モ敬礼ヲ表スル為メ、引キ綱ヲ束綏シ進行ヲ止ムル事
右者総町協議相整ヒ、違約無之為メ茲ニ連署誓約ス
明治廿八年九月　日
郷社高田神社祠官　村社鹿島神社
兼務祠掌
千田正義
右産子総代
大室龍太郎
松本松太郎
田宿町世話人
鹿中丑松
田村庄太郎

記録追加〔史料(2)とほぼ同文につき、略〕

当家記録
旧正月十四日初市神祭之事
一御備　壱重
一仮家竹　四本
一拭鮒　弐枚
一君山蓙　壱枚
一半紙　参状〔帖〕
一御神酒　壱升
右者、正月十四日早朝ニ本宿市場へ仮家竹持参仕リ、市神作成候事、尤モ御備ハ年内餅搗之節、当家ニテ調置候事

旧六月二十日

村社幷ニ浜川岸江七五三下之事

一御神酒

一君山葩　　壱枚

一三組盃　　是ハ前々当家ニテ調置キ可申候事

一当七五三添木四本・竹五本　　同上

右之通リ

同二十日赤飯・神酒配リ之事

一正副戸長衆

一町々祭典世話人

一役付之人々

同日、当番町氏子早朝ヨリ打寄リ、家七五三ヲ飾リ、御神殿ヲ遷シ候事

同六月二十五日

御迎出立之節、町々祭典世話人江御神酒ヲ遣シ、銚子・盃持参可致事

一するめ　　拾枚

一梅干　　参拾

一熨斗　　壱把

一若布　　五把

一桃　　弐拾

一生大根　　五本

一米ヲシトケ〔キ〕　　壱升

右者、廿五日晩ヨリ調置候事

旧六月廿六日御浜下之事

一正副戸長・人民総代御揃ニ相成リテ、御神酒ヲ進メ、午後八時出立ノ事

一同日、人足八人当家ニテ用意可致候事

一同日晩、御仮家敷物用意之事

一同日晩、御仮家ニテ神主ニ夜食遣ハス事　但、そうめん

一同廿七日人足ノ儀ハ、従前佐倉村・犬塚村ヨリ信心ノ手伝トシテ参リ候得共、改正ニ付キ、当番町ノ適宜ニ

候事

但シ、此ノ人足ハ当番ニテ相勤メ候事

廿七日役割番組

一番　神馬
二番　代かき
三番　榊
四番　御鉾
五番　笠鉾
六番　猿田彦
七番　おほけ
八番　椀籠
九番　楊枝口会
十番　具足
十一番　獅子
十二番　御輿
十三番　当殿
十四番　小殿
十五番　禰宜殿
十六番　太鼓
十七番　神輿台
十八番　釣台

右之通御供仕リ、御祭典首尾克ク相済ミ候ハヾ、町々世話人ハ村内扱所江一礼ニ可申出事

同廿八日、籤引之儀ハ、振舞ゲ間敷キ事決シテ不相成候事

一玄米　五合宛　壱戸ニ付

右者、当鹿島明神ヲ当明治十年ヨリ村社祭ト為シ、祭典修行候ニ付、神官給分ノ儀ハ、当村幷犬塚村・天王村ノ三ヶ村ヨリ壱戸ニ付玄米五合宛、人民総代ニ於テ揃米致シ、神官壱ヶ年分ノ給料ト為シ、祭事中賽銭ノ儀ハ、是迄ノ通神官ニ遣シ候筈、一同取合極リ候ニ付、是又決裁致シ置候事、毎歳十月三十日限リ、揃米直チニ神官江可渡事

合祀神社十二社
門前　第六天神社
神ノ倉　龍蔵神社
同　山神神社
伊勢ノ台　大神神社
同　八幡神社
洲崎　厳島神社　弁財天ヲ祭ル（市杵姫命《イツクヒメノミコト》）
伊勢ノ台　天満神社
新山台　諏訪神社
西町　愛宕神社　大正七年七月廿七日、手洗鉢壱個、但台石ナシ、灯籠弐本、但火袋二ツナシ、天星一ツナシ、当番ノ本宿ニ於テ之ヲ右ノケ所ヨリ持来リ、
鹿島神社へ備ヘリ
西町裏通リ　八幡神社
天王町大松ノ下　八幡神社
大宿南　白山神社　大正七年七月廿七日、唐獅子弐個、内壱個破損ス、但シ台石ナシ、当番本宿ニ於テ、之ヲ右ノケ所ヨリ持チ来リ、鹿島神社へ備ヘリ

右十二社悉皆村社鹿島神社へ合祀シ、奉レル也
大正四年拾壱月拾日

神輿付属品衡目表
一わらび　壱箇　六百四拾匁
一けらば　壱箇　参百拾匁
一かゞみ　壱箇　四拾五匁
一ほうおう　壱羽　壱貫四百八拾匁
一つはめ　四羽　百五拾匁
一すゞ　弐拾箇　五百匁
一ふうりん　四箇　百匁

大正七年八月
本宿町ノ年番支出諸費ノ総額
一金
但、物価ハ左ノ如シ
一玄米ハ壱駄ニ付　金参拾五円也
一白米ハ壱升ニ付　金四拾八銭

一御神酒ハ壱升ニ付　金九拾銭
一白木綿ハ壱反ニ付　金壱円拾銭

鹿島八坂両社七月祭典ニ関スル事

一祭典当番町ヘハ各町ヨリ金参円宛補助スル事
一上・下新宿ハ従来ノ米代ヲ廃シ、金五円ヲ当番町ヘ差出ス事
一天王町ハ従来ノ米代ヲ廃シ、金六円ヲ当番町ヘ差出ス事
一大字犬塚ハ金壱円ヲ壱〔当カ〕番町ヘ差出ス事

大正七年八月　日

大正拾年度ヨリ
大正拾壱年度ヨリ
一金参拾銭　祭典費
一金弐拾銭　社番費　計金七拾銭也　壱戸ニ付
一金弐拾銭　当家費

記

一金四拾壱円参拾銭　戸張町　五拾九戸
一金拾七円五拾銭　浜町　弐拾五戸
一金七円也　下新宿　拾戸
一金弐拾壱円也　荒宿　参拾戸
一金弐拾参円拾銭　切通し町　参拾参戸
一金九円八拾銭　上新宿　拾四戸
一金拾七円五拾銭　大宿町　弐拾五戸
一金弐拾四円五拾銭　田宿町　参拾五戸
一金拾七円五拾銭　根宿　弐拾五戸
一金弐拾六円六拾銭　本宿町　参拾八戸
一金拾八円九拾銭　門前町　弐拾七戸
一金参拾壱円五拾銭　西町　四拾五戸
一金弐円也　犬塚　札六拾枚送ル
一金拾五円也　当家費除ク　天王町　参拾戸
合計金弐百七拾参円弐拾銭

年中行事

旧正月拾四日
市神祭
　供物表
一半紙　弐帖
一白米　壱升
一ゴザ　壱枚
一竹箒　壱本
一茶・菓子
一青竹　四本
一神酒　壱升　当番町持
一するめ　壱把　同
一鏡餅　壱重
一鮒　弐枚　イヅレニテモ随意

三月拾(四日)七日
祈念祭
　供物表
一するめ　弐拾枚

一切昆布　五把
一密〔蜜〕柑　弐拾個
一干昆　参把
一神酒　壱升
一半紙　壱帖
一白米　壱升
一茶・菓子

旧六月二十日
当七五三　供物表
一神酒　壱升　当番町持
一松・竹　四本ヅヽ
一麻　若干
一晒木綿　手拭・下帯
一莚　壱枚
一傘　壱本
一麦稈帽子　壱個
一茶碗　壱個

一白米　壱升
一半紙　参帖
一茶・菓子
一白足袋　壱足
一下駄　壱足
一切昆布　参玉
一白衣　壱枚
一晒帯　壱本
一人夫　弐人

九月壱日
例祭
供物表
一するめ　参把
一かんこん　五把
一切昆布　参玉
一梨　七個
一神酒　壱升　外直会アリ

一白米　壱升
一莚　壱枚
一鏡餅　壱升　壱重
一半紙　弐帖
一青竹　四本
一人夫　弐人
一茶・菓子

十一月二十四日
新嘗祭
供物表
一半紙　弐帖
一白米　壱升
一神酒　壱升
一かんこん　五ツ
一するめ　参把
一柿　拾五個
一切昆布　参ツ

Ⅲ 論考

祇園祭礼にみる稚児儀礼と傘・吊り下げ物

坂本　要

はじめに

霞ヶ浦周辺の祇園祭の儀礼については本書「報告」編ですでに記述してある。ここではそのなかで、稚児の出る祇園と傘の出る祇園について、京都祇園祭の比較を試みる。

稚児や殿といわれる子供が登場するのは、かすみがうら市柏崎素鵞神社・牛渡有河八坂神社、小美玉市小川素鵞神社、行方市五町田八坂神社・麻生天王崎八坂神社、稲敷市古渡八坂神社であるが、霞ヶ浦から少し離れた龍ヶ崎市貝原塚八坂神社の祇園祭でも子供が役を担う。そのうち肩車され傘を差しかけられるのは、古渡と貝原塚である。稚児が出てくるのは、祇園祭以外にも行方市麻生の大麻神社祭礼、鹿島神宮祭頭祭の大将（新発意《しぼち》）、香取神宮のお田植祭の早乙女の幼女が肩車されて出てくる。香取神社の早乙女は女子で大傘が差しかけられる。潮来市大生神社の巫女舞の巫女役の少女、潮来市延方相撲の幼児なども肩車される。小川素鵞神社は当家の組の子供が給仕役として出てくる。

また大傘・傘ブクなどの傘が出るのは、かすみがうら市大和田とかすみがうら市柏崎である。その傘に吊り下げ物があるのは大和田と古渡と貝原塚である。

子供が肩車され傘を差しかけられ、その傘に吊り下げ物があるというのは、古渡と貝原塚でみられる。これと同じ光景が一五、六世紀の祇園祭礼図や洛中洛外図屏風に描かれている。典型は出光美術館蔵の祇園祭礼図屏風であるが、他にも多くみられる。以下このような図像と現地事例を参考に、その意味を探ってみよう。

一　稚児儀礼

1　霞ヶ浦周辺地域祭

霞ヶ浦周辺の事例はⅠ「報告」で詳述しているので、以下に稚児儀礼の概要を示す。

かすみがうら市柏崎では、トウドノという稚児役の子供が出て神事に携わる。七度半の路上儀礼は当殿に対する儀礼である。同牛渡有河《うしわたあるが》では、本宮のオトノイリの際、刀持ちという男の子どもが出て、神輿を迎え入れる。

稲敷市古渡《ふっと》では、祇園祭に頭殿（つうどの）という子供が登場する。頭殿は二歳から七歳の当番町の子供がその任に当たる。頭殿は歩かせてはいけないとし、親が乗せ人（のせと）になって肩車で移動し、大傘が差しかけられる。扇人（おうぎと）として和服を着た親戚の女子がつき、風を送る。これとは別に挿秧女（さおとめ）という神輿の後に供奉させる子供がでた。二歳から七歳の男子で毎年参加することができる。挿秧女は乗せ人に肩車され傘を差しかけられる。傘には名入りの提灯をつけ、毎年十数人の挿秧女が参加し神輿についた。

行方市天王崎八坂神社の氏子は古宿と新田で順番に当屋組になる。当屋組の中から一軒の当屋を決める。稚児役は二歳から七歳の男子がなるが、稚児は当屋組の責任で選ぶ。稚児は注連降ろし・宵祭り・本祭りの神事に出て、渡御の際は神輿のあとの稚児馬に乗る。陣羽織で冠をかぶり、歩いてはいけないとされ、馬に乗らない時は馬出し役が肩車をして移動する。

行方市五町田《ごちょうだ》では、稚児は村内の小学校低学年くらいまでの男子がなる。宵宮で八坂神社の神事があり、本殿には宮司・稚児・氏子総代・祭事役員が並ぶ。神輿は当家が担ぎ、稚児は神輿の前を榊を持って歩き。宮司とともに道々お祓いをしながら進む。船渡御があり、神輿や稚児・宮司・当家の乗る天王舟（御座船）、囃し舟、先輩役員の乗る舟の三艘が囃しながら霞ヶ浦の湖上を七度半、円を描き、戻ってくる。

小美玉市小川の祇園祭には、当屋祭祀の給仕として子供が登場する。二十一日当家祭が当番町の仮宮で行われる。饗倍と給仕によって神酒がふるまわれる。饗倍は町内の長老、給仕は六、七歳までの男子である。酒を注ぐのは子供の給仕である。一方これとは別の場所で総代への接待があり、仮宮でふるまわれた神酒がその会場に運ばれ、饗倍と給仕によってふるまわれる。これは仮宮とは別の人があたるので男子二人の給仕役がいることになる。二十二日の午後、二十三日当家祭が行われる。二十一日当家祭と同じであるが、当家の神事と総代等の接待が同じ場所で行われ、同一の部屋が上下に衝立により仕切られている。饗倍と給仕は上と下では別の人があたるが、二十一日当家祭同様、饗倍は年長者が給仕は男の子があたる。御神酒は上の部屋が済むと下の部屋に渡される。

2　龍ヶ崎市貝原塚

ここでは霞ヶ浦周辺地域から少し離れた龍ヶ崎市貝原塚の事例をみてみよう。

貝原塚は龍ヶ崎市の北側台地にあり、中世の貝原塚城のまわりにできた村といわれる。七月三十日・三十一日に祇園祭が行われる。貝原塚は上宿・久保・下宿・山中の四つのツボ（組）があり当番を決める。当番の組から当屋を選び、宿となる。当屋では会合や準備に集まる。当番組から稚児を出す頭殿《ちゅうどの》の家を決める。稚児は四、五歳の男子で、冠を被るか鉢巻きをする。頭殿の庭には仮鳥居が立てられている。三十日の朝、宮司・総代・区長・当屋・当殿・稚児が集まり、仮鳥居の前で神事を行い、公民館に向かう。もとは当殿の家でお昼振る舞いをした。道中稚児は肩車（カタウマという）され赤い大傘が差しかけられる。大傘には宝船の絵馬と小刀が吊り下げられる。もとは銅鏡も下げられ、馬に乗った。お昼振る舞いには、七回酒をいただく七献の儀がある。その後各家に帰り、夕方、仮宮への神輿の渡御がある。大傘を差しかけられた稚児を先頭に、神輿がつく。

かつては神輿の渡御の前に裸馬の尻を竹で叩き走らせた。この行事は龍ヶ崎市上町八坂神社の神馬として現在も行われている。上町の神輿の還御の時、撞舞に続き、神馬の走り、獅子の走りがあり、その後、神輿が仮宮から上町の八坂神社に戻る。

三十一日は朝、草分けの七軒党の家で祓いがある。昼頃、稚児を迎えて神社で七献の儀があり、夕方、仮宮から神社へ神輿が戻る。その際も稚児の大傘を先頭に神輿の列を組む(1)。

3　京都祇園祭の稚児との比較

京都の八坂神社の祇園祭にも稚児が出る。有名なものは長刀鉾の稚児で、山鉾屋台巡行の開始の注連縄切りを行う。七月一日の八坂神社昇殿参詣の「お千度の儀」他の行事があるが、七月十三日の「稚児社参」以降、別火に入る。神の使いとして地面を歩かず「強力《ごうりき》」の肩車で移動、十七日は注連縄切りの他、屋台上で羯鼓を叩く稚児舞を演ずる。かつてはこのような生稚児《いきちご》が各山鉾に乗っていたとされるが、天保十年（一八三九）以降、暫時、稚児人形に替わって現在は長刀鉾のみ生稚児が乗る(2)。

またこの巡行には、山鉾以外二基の傘鉾が出る。綾傘鉾と四条傘鉾であるが、いずれも中断のあと、綾傘鉾は昭和五十四年（一九七九）に、四条傘鉾は昭和六十年に復活したもので、この二つの傘鉾にも稚児が出た。現在は四条傘鉾は棒振りと鞨鼓・鉦を子供が演じ、綾傘鉾は六人の稚児が歩いて先頭を行く。稚児には赤い大傘がさしかけられる。

京都にはもう一件、特異な稚児として「久世駒形稚児」がある。現在は、綾戸国中神社（京都市南区久世上久世町）の氏子から選ばれた稚児が、七月十七日夕刻の中御座の神輿に先行する行列に、木製の馬の頭である駒形を胸につけ、馬に乗り赤い大傘を差しかけられながら巡行する。駒形は素戔嗚尊《すさのおのみこと》の荒魂であり、稚児はその化身として神として扱われ、地に足をつけないとされる。この由来については諸説あるが、中世にあった仮宮の少将井の駒形座をもととするという説や、それ以前の馬長《うまおさ》の童《わらべ》に由来するという説があり、神馬《しんめ》の風流や芸能に端を発するとされる。(3)

馬長の童は平安時代の話であるが、現在は七月二十四日の後の祭りの花笠巡行に登場する。

このように各種の稚児が祇園祭に登場するが、神役として地に足をつけさせないとする一方、鞨鼓の舞を演ずる芸能稚児であり、稚児風流でもあった。

さてこれを霞ヶ浦周辺にみる稚児と比較すると、次のようなことがわかる。

まず神事の際、中央に座る。これは小川町以外のすべてに当てはまる。稚児に七度半の迎えを出す。天王崎がその典型例であるが、柏崎の路上で行う七度半も、神主と稚児の間を行き来するもので、稚児迎えの変形とみられる。柏崎・古渡・天王崎では稚児は肩車で移動する。また五町田では稚児が榊を持って祓って歩き、御座船に乗る。以上のように、神役として扱うことが顕著である。小川町では神役ではないが、当屋の組の稚児が当屋祭祀の時に給仕役で登場する。

霞ヶ浦周辺では祭りが当屋祭祀として行われているところが多く。稚児は当屋もしくは当屋の組から出すか探す。頭殿（つうどの）と呼ばれ当屋の神役である。京都の祇園にみられた芸能的要素はなく、当屋祭祀の神事役であることを特徴とする。京都祇園が地方に広がるに従って当屋祭祀に組み込まれ、神事性を増したと考えられる。一方、羯鼓舞などの芸能的要素はなくなっている。

稚児が馬に乗るのは天王崎と龍ヶ崎市貝原塚であるが、天王崎は、別に裸馬を走らせる馬出し神事がある。撞舞《つくまい》で有名な龍ヶ崎上町は、神輿の還御の際、撞舞が行われ、その後、神馬の走り、獅子の走りと続き、神輿が最後に還御する。柏崎の祇園も竹切り祇園といわれ、竹で囃しながら馬を先導させ、神輿の還御が行われた。このように、神輿の先駆けとして馬が使われている。

二　傘と吊り下げ物

稚児に傘を差すのは古渡・龍ヶ崎市貝原塚であるが、傘ブクとしてあるのは、かすみがうら市大和田と柏崎の祇園祭にみられる。稚児への差し傘・傘ブクについて論を進めよう。

1　傘ブクと差し傘

傘鉾とは祇園祭の傘と鉾が一体化したものとされ、幔幕を張り吊り下げ物を下げるものがある。通説では傘鉾がまって傘ブクとなったという。祇園祭の傘鉾には棒振りや羯鼓稚児を伴う。(4) 京都周辺には鉾立て祭りという祭りがあり、鉾を先頭にそれを奉納する。(5) 祇園祭の原形とも考えられている。傘は風流行列・風流踊りの傘がもとと考えられ、依り代とされる。傘の上には依り代としての松や花の他、さまざまな造り物が載せられる。風流とはこの造り物のことをさしていた。またやすらい花の傘のように、傘の中に入ると厄除けになるとされた。

図1は山形県酒田の『酒田山王例祭屏風絵』（小野太右衛門蔵）にみられるもので、傘の先に鉾がついている。新潟県村上市の村上大祭（西奈彌《せなみ》羽黒神社祭）にも鉾のついた傘が出される。祇園祭の傘鉾が他の祭礼に波及した例であるが、傘鉾は各種の風流系念仏踊り・盆行事・小正月行事にみられるようになる(6)。

一方、江戸時代中期に出版されたという『祇園会細図』の傘鉾（図2）をみると、次のことがわかる。図の右が綾傘鉾、左が四条傘鉾である。綾傘鉾の場合、御幣を持って歩いている烏帽子姿の稚児に、紋のある傘が差しかけられている。四条傘鉾の場合、羽織袴の稚児が肩車され傘が差しかけられて

図1　『酒田山王例祭屏風絵』の傘鉾

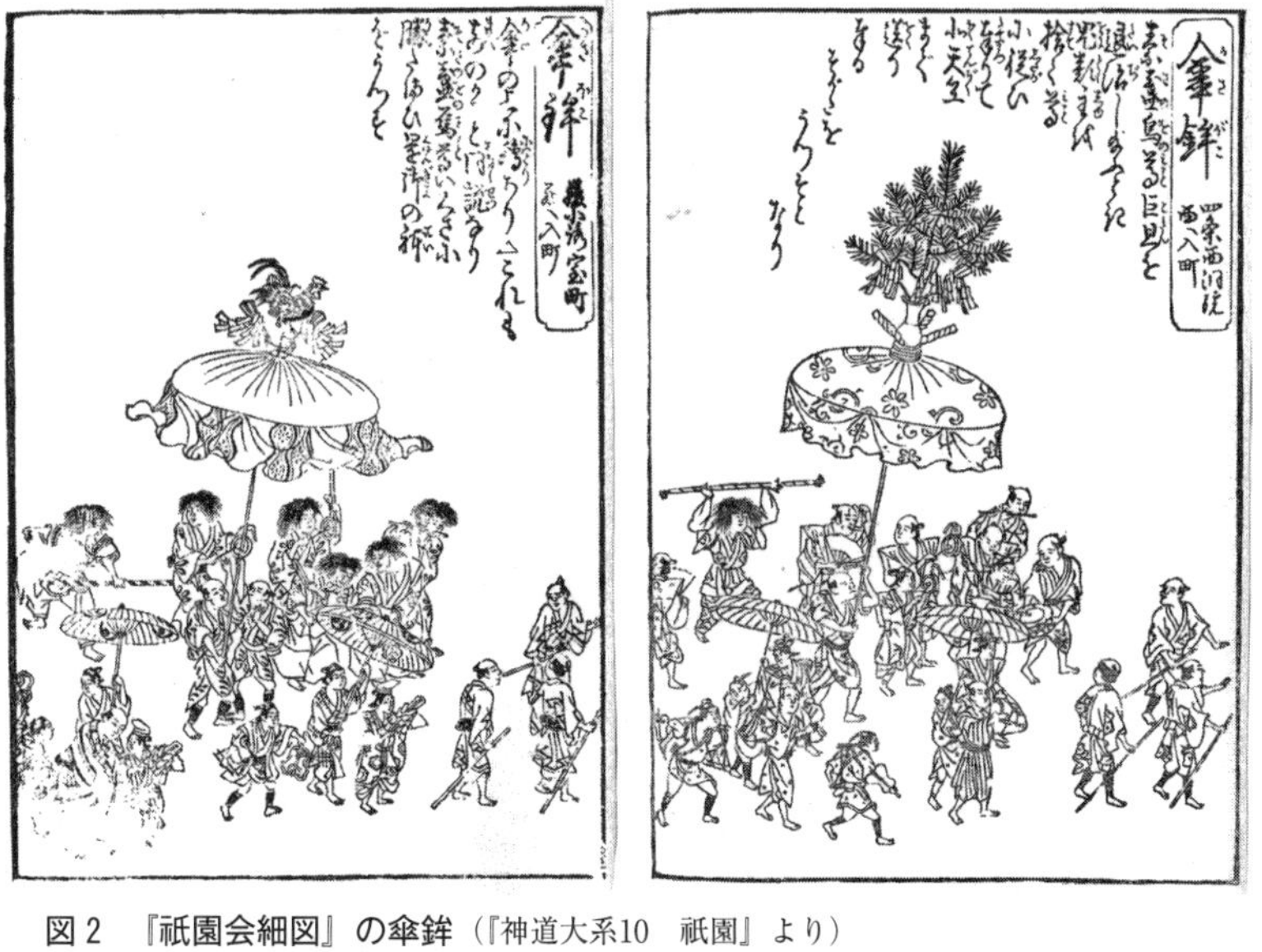

図2　『祇園会細図』の傘鉾（『神道大系10　祇園』より）

いる。

　文化十一年(一八一四)に『祇園会細図』の解説として出された『増補祇園御霊会細記』には、「幣持　十二三歳ノ小児三人上下を着す、児《チゴ》三人　金烏帽子狩衣を着す手に中啓を持」とあり、『祇園会細図』ではそのうちの二人が描かれている。烏帽子姿に御幣を持っている。現在の京都祇園祭では、六人の稚児が狩衣に金の立て烏帽子に扇子を持ち、大傘が差しかけられる。

　また『増補祇園御霊会細記』には、四条傘鉾は「児三人　頭櫛簪、衣装振袖のかたひら各々かたにのせ、朱長柄の傘さしかける」とある。『祇園会細図』では、裃に頭になにか冠のようなものをつけている男子が描かれているが、『増補祇園御霊会細記』では、振袖の女装のように書かれている。現在、長刀鉾の稚児が振袖姿である。四条傘鉾の稚児は現在は出ていない。問題は、このような稚児や子供に大傘が差しかけられていることであって、この傘の意味は傘鉾とは別のものと考えられる。

図3　お乳母が日傘(山東京傳『骨董集』)

　これがはっきりするのは出光美術館蔵の『祇園祭礼図屏風』(推定一六〇〇年頃)に描かれている肩車されて傘を差しかけられている子供の図である(一八一頁、写真13)。二本の傘があるが、右は肩車された二人の子供に、左は抱っこされた子供に差しかけられている。

　図3は、寛政の頃(一七八九～一八〇一)の絵をもとに山東京傳が『骨董集』(文化十一年)に載せたもので、「お乳母が日傘(ひからかさ)」という諺の解説の絵である。「お乳母が日傘」とは、大事に育

てられたことを揶揄する言葉で、侍女に日傘を差しかけられ大事に育てられたことを意味する。『祇園祭礼図屏風』の絵も、神役もしくはそれにあやかる子供（後述）に差しかけられたものである。『祇園会細図』はそれよりもっとはっきりする。御幣を持った子供や肩車された稚児に傘が差しかけられる。

これは古くは、蓋（きぬがさ）という天皇の頭上にかざしたものにあるように、高貴な人にかざす衣の傘（衣笠）である。[7] 時代が下って高僧や神主に差しかけられもので、巫女や稚児さらには大事な子に差しかけられたものである。『祇園会細図』の傘鉾の図に戻ると、傘鉾は傘の上に御幣や松（古くは鉾）で依り代とする傘で、風流傘や、やすらい花の傘に通ずるものである。

一方の差し傘は、権威や保護を象徴するものである。この差し傘には吊り下げ物がつくことが多い。次にそのことを考えてみよう。

2　吊り下げ物と身祓い

傘に吊り下げられているものは、巾着や紙入れといった身につけるものである。山形県酒田市の酒田祭り・山王例大祭には傘鉾が多く出るが、鐙屋という廻船問屋には幕末の吊り下げ物が残っている。懐中物の紙入れ・袋物・巾着・財布など、身につける物が並ぶ。盆行事の傘ブクとしては、志摩半島の傘ブクが有名であり、傘ブクに死者の遺品や遺物を吊り下げる。傘ブクとともに送り流すという観念が強い。[8] 女性の髪の毛というのが顕著な例だが、印籠・帯留め・鋏など、死者の使用した身のまわりのものを吊り下げる。

祇園祭は、貞観十一年（八六九）に疫病が流行り、卜部日良麻呂が六六本の鉾を立てて神泉苑にこの疫病を送ったことに始まる。祇園祭は、この疫病や災疫の祓いの儀礼が根幹にある。筆者が調査した茨城県稲敷市古渡の近辺には、身祓いという観念がある。祇園祭だけではなくオビシャにも出てくる観念で、剣鉾の形をした護符に「身祓い」の判が押されている。

　古渡の祇園祭の主たる役割を持つものは首に護符を差す（詳しくはⅠ「報告」第六章古渡の祇園祭参照）。身の悪疫を祓うという意味である。身につけていたものを傘に吊るして祇園祭の行列に加わり、自らの災疫や病疫を祓い送っていくということだと考えられる。古渡の祇園祭の古い写真（一八一頁、写真14）では、なにやら布のようなものが吊り下げられている。この古渡の祇園祭には、神役である頭殿と、挿秧女《さおとめ》という頭殿の身祓いにあやかり供奉する子供が出る。もう一度『祇園祭礼図屏風』の傘の子供をみると、この一群は神輿の先頭に立って行列に入っている。右の傘の下にいる子供は神役の稚児で、緑の陣羽織を着ている。古渡では最近まで頭殿は緑の陣羽織を着ていた。偶然の一致だろうか。また、左の傘の子供は抱っこされていて、これも挿秧女の写真（一八〇頁、写真12）に一致する。右の傘の陣羽織の稚児にあやかる子供であろうか。

写真1　貝原塚の吊り下げ物

　各種の「洛中洛外図屏風」には、祇園祭の見物人のなかに、肩車され差し傘を差しかけられている子供が多く描かれている。これも祇園会の身祓いにあやかろうとする子供と考えられる。

　なお傘には吊り下げ物のあるものとないものがある。また吊り下げ物が、紙入れや巾着の類のものと、布のようなものとがある（後掲図9・10参照）。龍ヶ崎市の貝原塚でも、子供を肩車に傘をさしかけた吊り下げ物がある。写真1の吊り下げ物は小刀に宝船の絵馬であるが、かつては和鏡も吊り下げたとある。吊り下げ物が身につけ

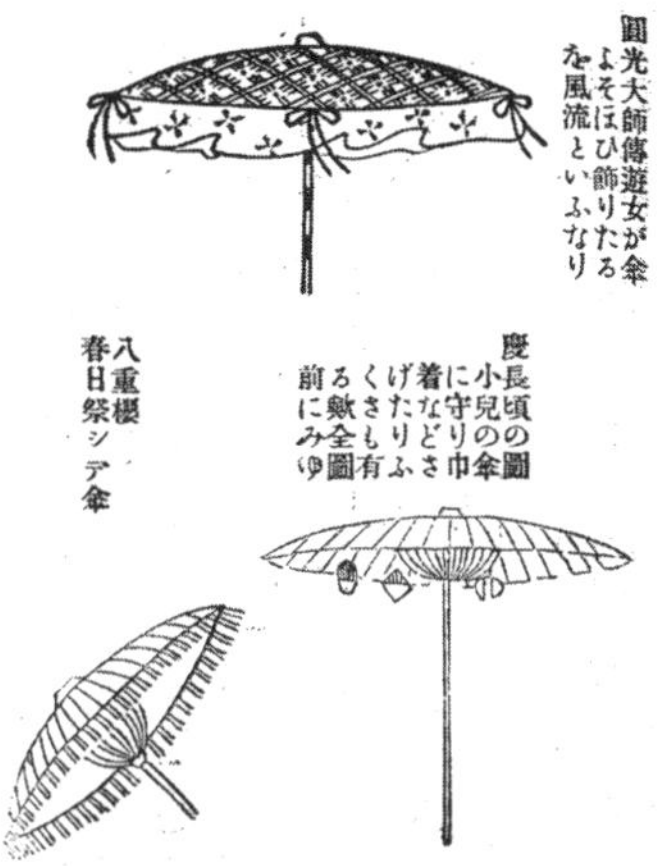

図４　喜多村信節『筠庭雑考』

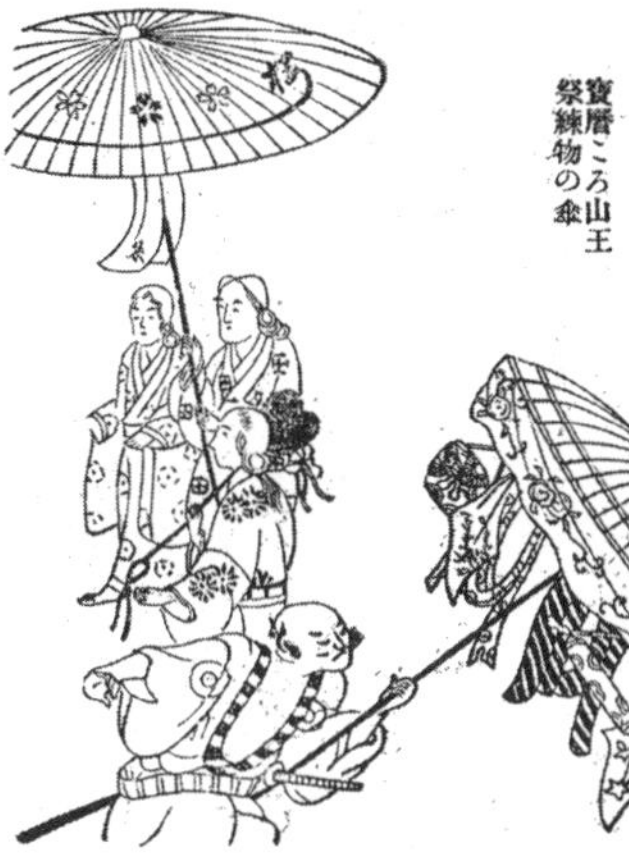

図５　喜多村信節『筠庭雑考』

たものであることは説明したが、宝船のようなおめでた物も吊り下げるようになる。酒田の鐙屋の例でも、宝袋や子育てを願うよだれかけ等がみられる(9)。吊り下げ物におめでた物や安産子育ての祈願物が加わるようになる。

図４は、江戸後期の国学者・考証学者である喜多村信節《のぶよ》の『筠庭《いんてい》雑考』の挿絵で、小児のまもりと説明されている（Ⅲ論考「福原「傘に吊るす御守」」参照）。

３　小袖と撫で物

図５は同じく『筠庭雑考』の挿絵で、傘の下に布が吊り下げられている。この布について植木行宣は、愛知県津島天王祭の小袖幕の例や、兵庫県姫路三つ山祭事などの山笠に小袖を掛ける例や、その他、傘鉾に小袖を覆う例をあげながら、「笠鉾に物を吊るす風習は小袖の風流の展開形ともいえるであろうが、傘鉾を装う小袖には転用という趣向とともに、衣類に託して災疫の防除を願う信仰が基層にあると考えられる」と述べている(10)。

志摩半島の死者の遺品を傘ブクに吊り下げて送る例は述べたが、大分県佐伯市米水津《よのうず》の宮野浦は傘ブクを傘を死者の衣服で覆う。宮野浦の隣の色利《いろり》では傘の長柄に衣服を結びつけて囃して送る。

傘ブクに衣服を覆う例は霞ヶ浦周辺でもみられる。かすみがうら市大和田では、祇園祭の行列に羽織で傘を覆い、石畳状に折った帯、機織りで使うオサとヒ、五穀（米・麦・ゴマ・小豆〔大角豆〕・大豆）の入った巾着袋をぶら下げる（写真2）。柏崎では、かつて傘ブクを出したが白い布で覆われていた（写真3）。

傘に布を下げる事例は「洛中洛外図屏風」にもみられる。図6は池田家本の二条城前を神輿が通過する図であるが、右の城壁の脇の二本の傘と城門の橋の左の傘に布切らしきものが吊り下げられている。図7は勝興寺本の二条城前の場面であるが、前図と同様に肩車された子供の差し傘に身のまわりの物や布らしきものが下がっている。前述の

写真2　大和田の傘ブク

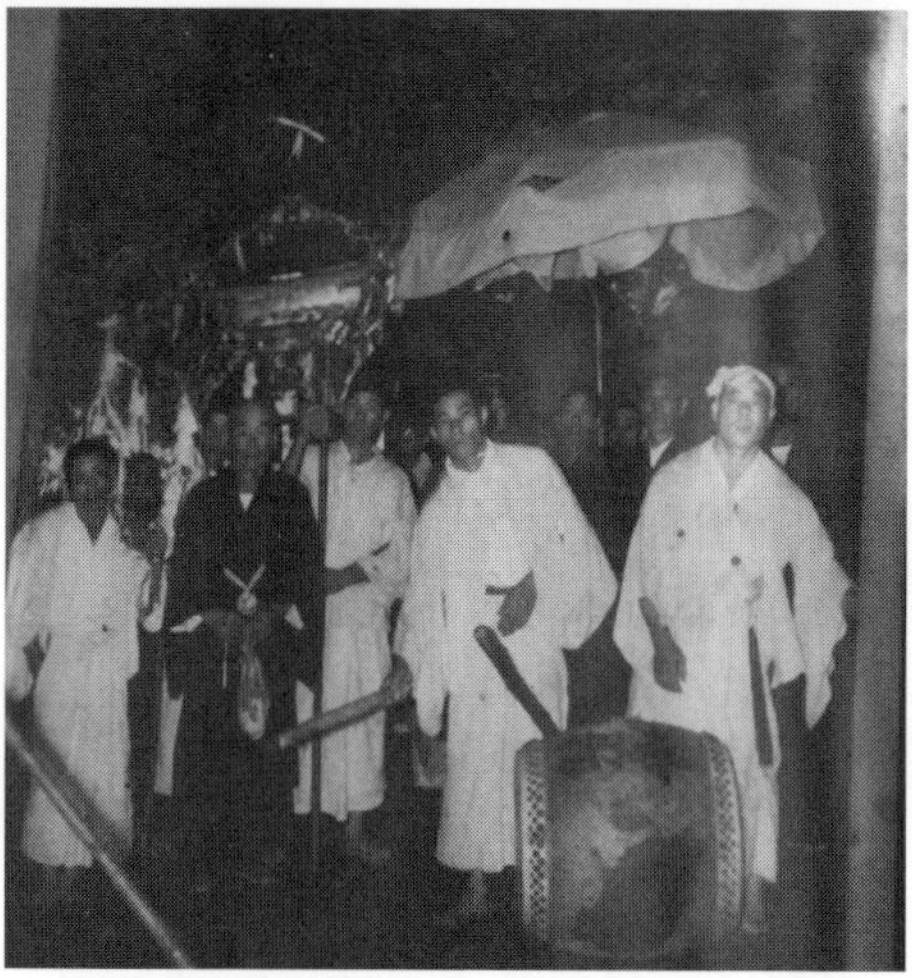

写真3　柏崎の傘ブク　昭和40年代

植木論文ではこれを細帯とも説明している。

古渡の写真（一八一頁、写真14）でも布巾に似たものが何本も下げられている。『筠庭雑考』の挿絵の説明では袱紗《ふくさ》の語が出ている。なにか手拭いのように身を拭《ぬぐ》った布であろうか。身祓い・身拭いの布のように思える。

布や衣服に厄疫をつけて身を祓う儀礼に、陰陽道の撫で物という儀礼がある。撫で物とは身の穢れを除くために用いる呪物である。一般に陰陽師が祓いや祈禱を行う際に、人形や衣類等を用意し、これに依頼者の穢れを撫でて移し、川に流し去るものである。平安時代、摂津難波津で行われた即位の儀礼である八十島《やそじま》祭では、天皇が下賜した御麻《ぬさ》の撫で物を振って人形に穢れを移し、海浜に棄却した。宮中陰陽寮の儀礼として行われたもので、同様の祓いに七瀬の祓いがある。これは加茂川の七つの瀬で穢れを祓う行事である(11)。神道では夏越しの祓い・大祓いに同様のことを行う。

以降、宮中の撫で物として小袖を使うことが幕末まであった(12)。中世に小袖を着るようになってからは、民間でも撫で物として小袖が使われた。伊勢貞丈の『貞丈雑記』（天保四年〔一八三三〕）の撫で物の項に「なで物というは是れも陰陽師に祈禱を頼む時、陰陽師の方より紙にて人形を作りて遣すを取りて身をなでて陰陽師の方へ送れば、其の人形を持って祈禱するなり。（中略）かたしろは人形の事也、又小袖の事をなで物云ふ事あり、是れも祈禱の時、きなれたる小袖を人形の代りに遣す也。常の小袖の異名の様に心得たるは誤り也」とある。小袖がすなわち撫で物ではないが、小袖を撫で物として人形代わりに使うことがあった、ということである。このように、小袖を着るようになってからは小袖を撫で物に使うことが多かったようである。さてこの小袖の撫で物化と祇園祭礼は、どのようなつながりがあったのであろうか。以下は推論である。

4　祇園社と陰陽道

祇園社すなわち八坂神社は、明治維新の神仏分離前は神仏習合で、境内に比叡山延暦寺の別院である観慶寺《かんぎょうじ》感神院《かんじんいん》があった。天台密教の寺であったが、祇園社が行疫神である牛頭天王を祀ることから、陰陽道との関係は深く、禊祓《みそぎはら》いの儀礼に密教や陰陽道の要素が入っていた。鎌倉時代に入ると感神院の社僧の陰陽道化が進み、社僧の名に「晴」の字を使うようになる。これは陰陽道の祖とされる安倍清明の清の青と明の日を合わせて「晴」としたものである。特に晴朝は鎌倉時代末に『簠簋内伝《ほきないでん》』を刊行したと目される人物で、以降、祇園社が陰陽道と習合して諸行事が行われるようになったとされる(13)。

このような状況のなかで、小袖が撫で物として厄疫や災疫を除く衣服と考えられ、祇園社の社僧の意図があったか、民間に流布した観念がそうしたのかはわからないが、民間に下って、傘に小袖を覆うとかその裂《きれ》を吊り下げることが始まったのではないかと推測する。また傘そのものにも厄疫を防ぐ力があるとも考えられ、傘の下に入ると病気にかからないとされたり、転じて祈願・予祝に用いられたりするようになる。

図 6　「洛中洛外図屛風」（池田家本）　東京国立博物館『京都 洛中洛外図と障壁画の美』2013より

図 7　「洛中洛外図屛風」（勝興寺本）
東京国立博物館『京都 洛中洛外図と障壁画の美』2013より

註

（1）「貝原塚町八坂神社の祇園祭礼」（『龍ヶ崎市伝統的祭礼調査報告書（平成23年度～24年度）』龍ヶ崎市教育委員会、二〇一六年）。二〇一五年、筆者調査による。
（2）稚児舞については、福原敏男「戦国織豊期における社告祇園会の鞨鼓稚児舞」（二木謙一編『戦国織豊期の社会と儀礼』吉川弘文館、二〇〇六年）、山路興造「祇園祭りの芸能と囃し」（『京都芸能と民俗の文化史』思文閣出版、二〇〇九年）、植木行宣「山鉾を囃す稚児舞」（『祇園囃子の源流』岩田書院、二〇一〇年）他多数あり。
（3）川原正彦「祇園祭の上久世駒形稚児について」（『文化史研究』一四、同志社大学日本文化研究会、一九六二年）。川原正彦「古代宮廷儀礼の社寺祭礼化―殊に祇園御霊会の駒形稚児をめぐって―」（『芸能史研究』七、芸能史研究会、一九六四年）、脇田晴子『中世京都と祇園祭』（中央公論社、一九九九年）。
（4）応仁・文明の乱で中断した祇園祭が明応三年（一四九四）に復興したが、それ以降の記録として、「御霊会山鉾記」には「かさほく」として、また明応九年の記録「祇園会山鉾次第」には「かさはやし」と記載されている。傘に囃しが伴うということであろう。現行の四条鉾・綾鉾からみると、囃子は棒振り・鞨鼓・太鼓・鉦の類であろう。
（5）古くは上杉本「洛中洛外図屛風」の上御霊社の御霊会の図がある。
（6）坂本要「伊勢・志摩大念仏と傘ブク」（『年報月曜ゼミナール』五、月曜ゼミナール、二〇一三年）。坂本要「上伊那の小正月と夏祭りの行事―傘ぼこと囃し言葉―」（『上伊那の祭りと行事30選　解説書』ヴィジュアルフォークロア、二〇一三年）。坂本要「傘ブクと吊り下げ物の民俗―傘ブクから雛の吊り下げ飾り―」（『福島の民俗』四五、福島県民俗学会、二〇一七年）。坂本要「宇佐地域及び大分・宮崎県境の傘の出る盆踊り」（『筑波学院大学紀要』一四、二〇一九年）。
（7）段上達夫「きぬがさ1～3」（『別府大学大学院紀要』一三～一五、二〇一一～一三年）。

（8）坂本前掲註（6）「伊勢・志摩大念仏と傘ブク」。
（9）酒田では、傘ブクのミニチュアを雛祭りの雛段の脇に飾ることから、雛の吊るし飾りが始まった。坂本前掲註（6）「傘ブクと吊り下げ物の民俗」。
（10）植木行宣「小袖の風流」（『芸能史研究』一四一、芸能史研究会、一九九八年。のち『山・鉾・屋台の祭り―風流の開花―』白水社、二〇〇一年、に収録）。植木行宣「笠鉾とその流れ」（『京都民俗』三五、京都民俗学会、二〇一七年）にも同様の趣旨のことが書かれている。
（11）平安時代初期、撫で物が、大麻から形代（人形）や衣服に変わる過程は、小坂真二「禊祓儀礼と陰陽道」（『早稲田大学大学院文学研究科紀要』別冊第三集、一九七七年）に詳しい。
（12）山形県高畠町亀岡文殊堂大聖寺の記事に、慶応元年（一八六五）勅願所になり、孝明天皇より撫で物として小袖を賜り、玉体安穏の加持を仰せつかったとある。また慶応三年に明治天皇より撫で物の取り換えを仰せつかったとある（『高畠町史』中巻、高畠町、一九六六年）。
（13）久保田収「祇園社と陰陽道」（『八坂神社の研究』臨川書店、一九六四年）。小杉達「祇園社の社僧（上）（下）」（『神道史研究』一八―二・三、神道史学会、一九六〇年）。脇田前掲註（6）『中世京都と祇園祭』。

近世都市祭礼の異国表象
―象の造り物と唐人仮装行列―

福原　敏男

はじめに

近世の都市祭礼では、町方（氏子町人）の出し物として、物珍しい異国文化を表象する造形が好まれ、一時期、流行した事例もある。たとえば、山車上で演技するからくり人形の唐子、外交使節の朝鮮通信使南蛮人の仮装行列、唐人囃子（唐人管弦）などが人気を博し、主に近世史研究者により研究が進展している（黒田　一九九三、黒田・トビ　一九九四、久留島　二〇〇四・二〇一二、国立歴史民俗博物館　二〇一二、福原　二〇一五・二〇一八）。

また、異国人（唐人）の仮装練物として、一頭の象（白象が多い）をかたどった造り物行列も散見されるが、管見の限り、これに関する専論研究はなく、本稿では数都市におけるこの出し物の比較検討を行なう。

ところで、古代の日本人は大陸からの情報により未見の象の存在を知り、象牙の模様が木目の檼《きさ》に似ているところから、象《きさ》と訓《よ》んだ。奈良時代、象は『万葉集』巻三―三一六や巻六―九二四に詠まれ、正倉院御物には象牙を材料とする宝物や、象の絵も伝来する（上代語辞典編修委員会　一九六七）。

一方仏教において、白象が普賢菩薩の霊獣として崇められ、後世、釈迦の誕生を祝う灌仏会につきものの造形として親しまれ、日本における白象のイメージの多くはここに由来する。

象は江戸時代、公式には享保十三年（一七二八）、文化十年（一八一三）、文久三年（一八六三）の三回の渡来が確認され、当時話題となった（高橋　一九五五）。特に、享保の象は長崎から江戸まで二か月以上の旅をして、翌十四年、将軍吉宗に献じられて、評判となり、全国的にこの異国の動物への興味が高まり、文字のみならず、摺物（瓦版）などの画像も出回った。

右の舶載の象よりの影響は確認していないが、白象の祭礼造形物として、熊本県の八代妙見祭や長崎県の長崎くんちの傘鉾上に飾られる造り物などが現存し、前者は唐子と組み合わせて中国趣味を、後者はオランダ人と組み合わせて出島よりの文化発信を表現している。

そして象は、祭礼の造り物として実物大を目指して造形化され、実際の大きさをイメージさせて話題を呼び、その異国の造形を盛り上げる脇役として、象遣い役が背に乗り、周りでは唐人の仮装が唐人笛（チャルメラ）を吹くなどの唐人囃子を奏したのである。

本稿ではまずはじめに、水戸と江戸をつなぐ河川流通の拠点の一つであった霞ヶ浦の小川河岸における祭礼事例を検討し、その上で、近世の数都市の祭礼における同様の出し物について触れ、小川の事例を位置付けることを目的とする。

一　小川祇園祭礼の事例

近世の小川祇園祭礼は六月十三日が本祭であり、三基の神輿が御旅所へ渡御し、数か町の氏子町が毎年のように変わる出し物を組んで行列し各所で演じた。

小川河岸を構成する町の一つ、横町《よこちょう》が書き継いだ「横町覚書」（茨城県小美玉市小川資料館蔵、以下、覚書とする）が伝来し、近江礼子氏が翻刻、解題を付している（近江　二〇一七）。

覚書によると、この各町毎の出し物の総称として、常陸地方に特徴的な「風流物」と記されるが、これは江戸祭礼などにおける附祭《つけまつり》に相当しよう。

「日立の風流《ふうりゅう》物」（茨城県日立市。二〇一六年、ユネスコ無形文化遺産に「山・鉾・屋台行事」の一つとして登録された）が巨大な山（山車）であるのに対し、小川の風流物は本稿でとりあげる象の造り物を除いて大きいものではなく、特定の出し物を指すものではなく、基本的に毎回新作された。

本稿は覚書のなかでも、寛政八年（一七九六）の横町による白象の造り物と唐人練物に注目するが、白象は高さ二間四、五尺（約五ｍ）、長さ三間（約五・五ｍ）の大きさであった。白象の細工人を桜井忠蔵といい、彼は翌年の大万度細工の棟梁であり、享和元年（一八〇一）の担ぎ屋台の飾り物の細工人などとしても記され、地元横町の大工棟梁と思われる。覚書全体をみると、この出し物はこれ一回限りであり、記載内容からすると新作されたものである。

白象の内部構造は記されていないものの、軽量化のため空洞であろう。後述する他都市の象の事例や、大工棟梁による細工であることを勘案すると、竹などを編んで外形を作ったものと思われ、それを白木綿二一反（大人二一人分の衣服の料）で包んだ。同年の本祭は雨天により六月十五日に延期され同日も雨天となったが、終了後白木綿は洗って再利用され、竹細工の内部は壊されたのであろう。つまり、白象はこれ以降、他所の祭礼に再利用されることはなかったものと推測される。

覚書には唐人仮装と象の絵が載り、その絵の左端に「道」字の右半分が書かれた大旗らしきものが描かれるが、これは朝鮮通信使一行を先導する形名旗の「清道」と思われる(図1)。

冒頭に述べたように、江戸の祭礼をはじめとする都市祭礼において、異国情緒溢れる外交使節行列である朝鮮通信使一行を模した仮装行列が氏子町人にとって非常に好まれた。たとえば、文化九年(一八一二)の土浦城下町祭礼を描いた「土浦御祭礼之図」(土浦市立博物館蔵)には、町人が扮した同使節の仮装練物が描かれており、同使節が通過しなかった常陸国の都市祭礼においても登場している(土浦市立博物館　一九九三、黒田・トビ　一九九四)。もちろん、本物の朝鮮通信使が象を伴わないように、その仮装行列にも象の造り物は加わらないのに対し、朝鮮通信使の仮装でなくとも、そのアイテム(装束・楽器や形名旗など)は多くの祭礼に拡散していった。

横町の白象造り物行列には外交使節は登場しないものの、異国趣味を醸し出すために形名旗を模した旗が先導し、象の周りでは唐人仮装が行列したのである。

図1の形名旗の右には、唐人の装束と帽子の象遣い役が餌の入った籠と、象を制御する火鳶口の造り物を持ち、その右には象の頭部と前脚が描かれている。実際には高さ五mもの造り物であるが、覚書画面の制約上、子象ほどの大きさである。象横には「狻画至得術」と記され、この絵の描写は上手の域に達している、という意味であろう。象の前脚一本に人の両素足がみえており、恐らく四人各自が全身で象の四脚となり、号令をかけ声と動きを合わせて、それらしく前進させたものと思われる。とはいえ、象の背丈や胴体の長さを考慮すると、四脚部の四人のみで支えられたものか不明である(高さ二間四、五尺は疑問である)。

覚書によると、象遣い役の丸屋専衛門は、裁着袴と「ぽんしん(不明)」を着、先の籠と火鳶口を持ち象に乗る。象の前後には図2のように、一五人の若者が後述する唐人装束にて随った。唐人帽子を茶ざると蓋かき(欠きか)ざるを以て作り、作り髭、襟のフリル飾りは「あみわれ」、袖口は鬱金など、各自思い思いの装束で参加した。帯は天

図１　唐人仮装と象
（「横町覚書」より）

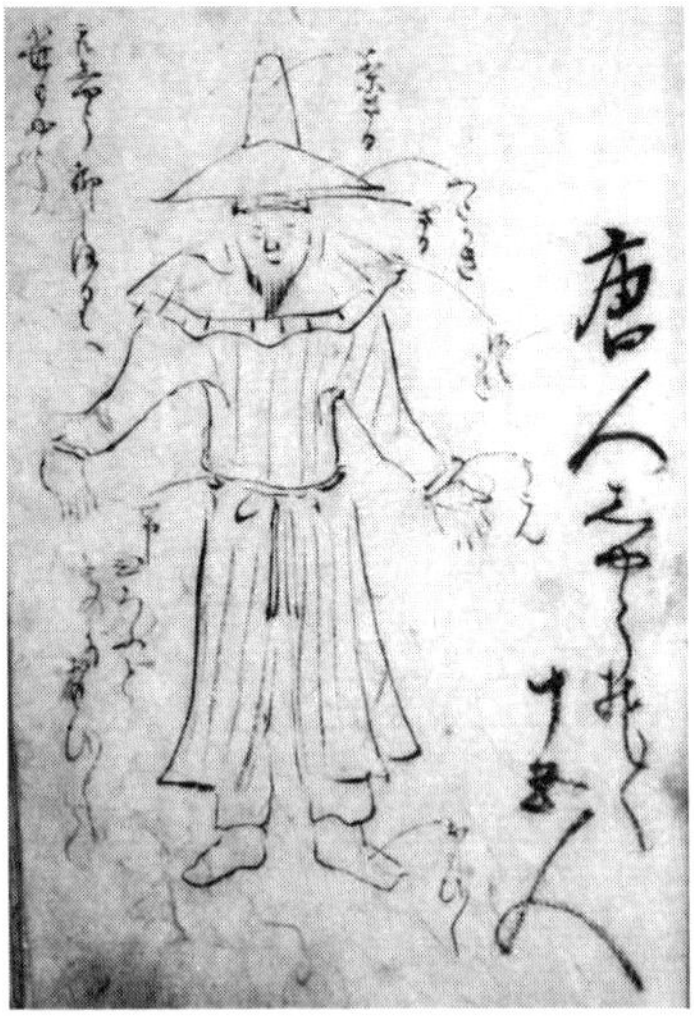

図２　唐人仮装の若者
（「横町覚書」より）

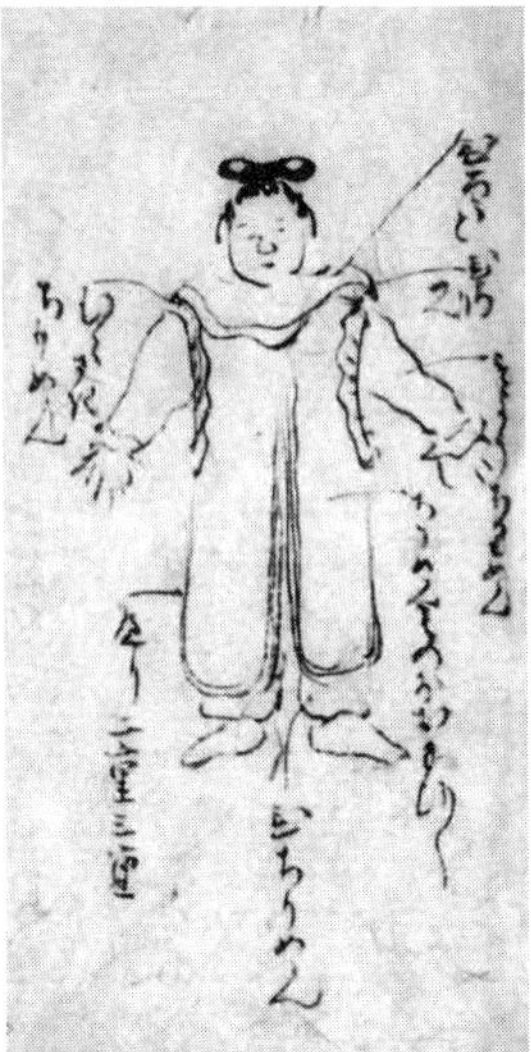

図３　唐人仮装の子ども
（「横町覚書」より）

鵞絨、衣装は「柳絞り」（『日本国語大辞典』第二版によると、芯に布を巻きつけて、柳のような柔らかい感じの線文様を染め上げる巻き絞り）に笹文様を施し、沓などは各自思い思いである。

また象一行には、異国の大王役として鶴田屋兵蔵が扮し、騎馬（借用の鞍）にて冠を被り、「ひんとたころも」剣（不明）を佩いて、象の御供をした。

さらに、図３の子ども唐人二〇人が、以下の行装にて付き随った。唐子髷、襟のフリルは天鵞絨や緋縮緬、袖は模様のある縮緬や紫縮緬で、衣装全体は思い思いの縮緬物、裾は緋縮緬である。

時代は下るが、覚書の文政十年(一八二七)六月十三日条によると、上宿町が出した唐人の趣向において、同町は土浦より唐人装束を「持来候」とあるので、土浦祇園祭礼の中古品を賃借か、購入したものと想像される。

二　江戸山王祭の事例

いずれにせよ、小川祇園祭礼の象は、小川内部のみの発案とは思われず、江戸祭礼など他所の影響を受けたものであろう。

当時の象の造り物の出し物といえば、江戸山王祭において山王権現氏子町の麴町が出した附祭が著名であり、図4の天保九年(一八三八)刊『東都歳事記』その他にみられる。象の四脚下に、人の二本の足がみえ、一人ずつ四脚に入り、おそらく周りや象遣いによる声(合図)に合わせ、右の前後脚と、左の前後脚とを交互に前進させたものと思われる。観客は造り物のみならず、ぎこちないが倒れない曲芸のような歩行をみて、喝采したものと思われる。

安藤幻怪坊編『川柳祭事記』(安藤　一九二三)には、山王祭の象に関する以下の句が載る。「祭礼に天竺を出すかうじ町」「麴町遠いところのものを出し」「祭にもけだものを出す麴町」「麴町役に立たずが足になり」「饅頭を足へのみこむ麴町」「象につゞいて暑いのは法師武者」「いづぐらの鼠木綿が象になり」。右を合わせて考えると、象にはインドのイメージがあり、象の四脚役の他には「役立たず」が務め、盛夏の山王祭の象内部は暑く、本町の呉服大店「伊豆蔵」で調達した鼠木綿(鼠色)で巻いて作ったことがわかる。

同様の象は「山王祭礼図屛風」(紙本著色、六曲一隻、東京国立博物館蔵)にも描かれているが、これは白象ではなく鼠色である(木下・福原　二〇〇九、豊橋市二川宿本陣資料館　一九九九、国立歴史民俗博物館　二〇一二)。

図４　山王祭附祭麴町の白象（『東都歳事記』平凡社東洋文庫より転載）

山王祭の象は『誹風柳多留』にも詠まれ、「御祭礼異国間近く御上覧」（四七-7）と、江戸城内将軍上覧所における麴町の象や、朝鮮通信使などの出し物を表現した句であろう。また「面白さ杵屋で狂ふ猫と象」（一二九-8）が載り、猫が山王祭附祭の長唄（三味線）に乗って浮かれ狂い、象の出し物が練り歩く様子が面白いことを詠んだのであろう。

前述した享保十四年の象の将軍への献上は、将軍吉宗の好むところであり、山王祭附祭における「象と唐人行列の学《まね》び」は、これよりさほど時をおかずに誕生したものと思われる。

また、象は江戸の見世物として、次の三様が確認されている。

一つ目は、文久三年渡来の牝象が江戸西両国の見世物に興行されている。

二つ目は、実物大の造り物の象であり、安政二年（一八五五）に浅草奥山において、松本喜三郎の生人形「異国人物・丸山遊女」と、竹田亀吉の大象造り物との合同興行がなされている（大木　二〇〇四）。白象は、庶民にとっての異界（高嶺の花）である長崎丸山遊郭と、異国人物をつなぐからくり仕掛けであり、丸山遊女は西行伝説の江口の遊女（白象に乗った普賢菩薩の化現）の仏教イメージをも喚起させ、異国人物は穴が空いた胴体など異界の人物造形であった。後者に関しては、鎖国期の日本人でも、空想の産物と知っていたものの、白象に合わせて「異国人物」としたのであろう。

三つ目は、細工見世物の菊人形の前身である菊細工による象で、弘化元年(一八四四)の江戸染井における菊細工に、白象が造形化されている(錦絵「流行菊花揃」、国立歴史民俗博物館　二〇一〇、同館蔵番号F三〇三―三〇〇)。

いずれにせよ、小川に象が出た寛政八年とは、享保十三年の渡来象が江戸に来てから七〇年弱も年も経過しており、渡来象の記憶はとうに喪われていたであろう。小川の白象は当時話題の山王祭附祭の影響を受けた出し物と考えられよう。

三　藪原・松代・金沢・広島・長崎の事例

本節では今後の象の祭礼出し物研究の前提として、現時点で筆者が確認している信州の宿場町と城下町、金沢と広島城下町及び肥前長崎くんちの事例について検討しよう。

まず、中山道の信州藪原宿場町の祭礼において、大勢の氏子が舁く白象をかたどった巨大灯籠が登場している。それは天保十二年(一八四一)の『岨俗一隅《そぞくいちぐう》』の「八幡祭、上街《カンマチ》の人、象の燈籠を将《モッテ》本祠に赴く図」(図5)に描かれている(服部　一九九二)。

同書の絵図注記によると、象が出た祭礼は文化末年(一八一八)の頃であり、同書の筆者は当時七、八歳で、象に伴う唐子役に扮しており、村の老人は皆、前代未聞の壮観と称したという。象は竹製の骨組みに紙を貼り、内に蠟燭数十挺を灯し、暗くなると輝いたものと思われる。象の背上の象遣い人形も同様の灯籠であり、唐人帽子を被り、鳶口を肩にする。「馴象貢献」と書かれた紙製の幟持ちが一行を先導し、六人の子どもが竹製で、紙を覆って作った唐人笛(チャルメラ)を吹き、傘を差しかけられた王様役が続く。

図５　藪原宿祭礼の象灯籠（『岨俗一隅』より転載）

図７　松代天王祭の白象（「松代天王祭図巻」（真田宝物館蔵、『城下町・松代』より転載））

図６　清代「儺以逐疫図」の白象（『中国舞踏文物図典』より転載）

本稿においては、本事例と広島の事例が、人が中に入って運行するものではない。本書例のように、灯籠と思われる長柄の白象の造り物は、中国清時代の町の儺儀の行列を描いた「儺以逐疫図」（図６）に掲げられている（対　二〇〇二：三九二）。

次に、同じ信州、真田氏の城下町松代の天王祭においても、実物大に近い白象の出し物が登場しており、「松代天王祭図巻」（紙本著色、真田宝物館蔵）に描かれている（図７）。『城下町・松代』（松代藩文化施設管理事務所　一九九九）の「口絵」解説によると、「朝鮮通信使をまねた一行」とあるが、小川祇園祭礼と同様、同使節の仮装練

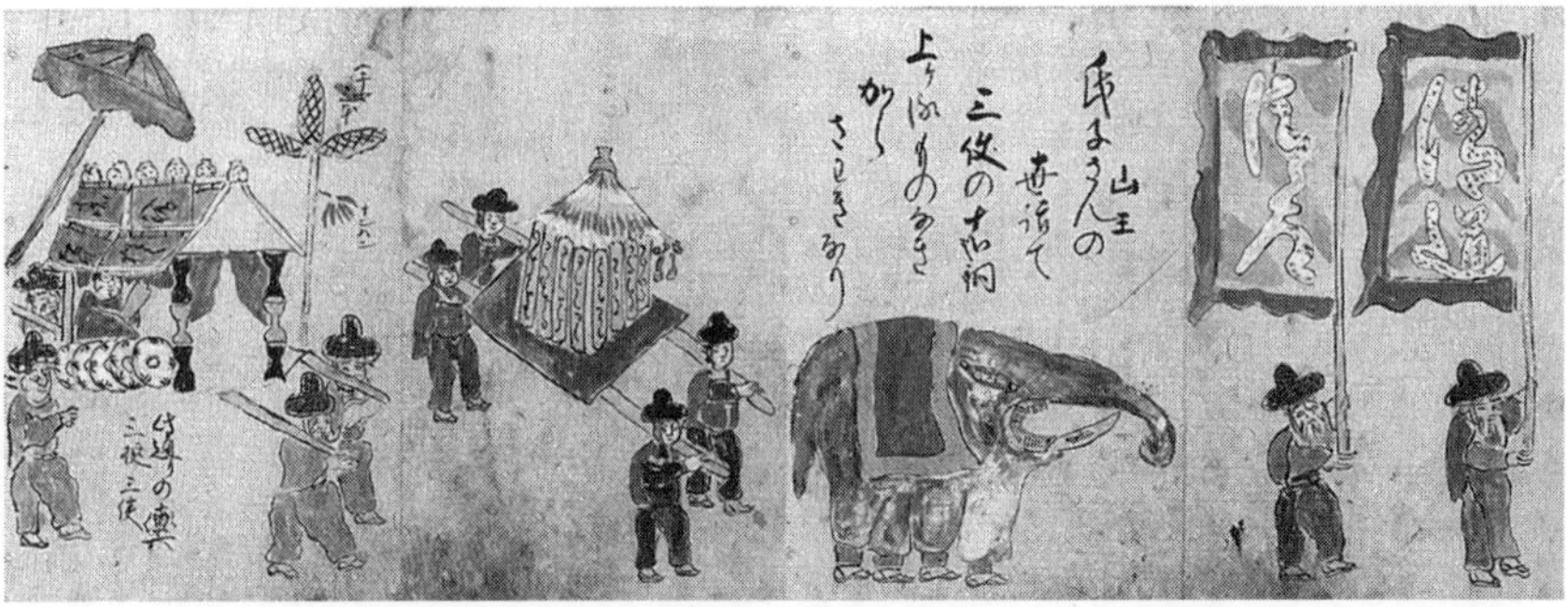

図8　広岡山王祭の象（「流聞軒其方狂歌絵日記」巻3（石川県立歴史博物館蔵、『城下町金沢はおおにぎわい！』展図録より転載））

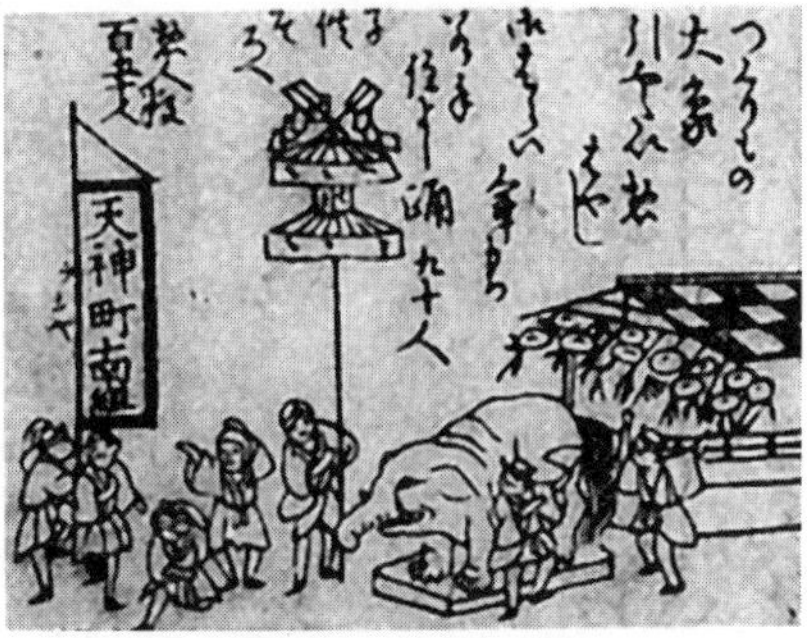

図9　広島城下砂持の象（「広島本川川ざらえ町中砂持加勢図」個人蔵、広島城『城下の祭り―砂持加勢』展図録より転載）

物ではない。白象を引き立て、異国情緒を誘う添景として、形名旗を模した旗が先導し、唐人の仮装が周りを練り歩き、象背の緋毛氈の上で象遣い役が唐人笛を吹いている。

さらに、金沢城下町の象の造り物について触れよう。金沢の近世風俗が活写される「流聞軒其方狂歌絵日記」（石川県立歴史博物館蔵）巻三に、張りぼての象の造り物が描かれている（塩崎　二〇一六）（図8）。これは小川祇園祭礼より遡る安永七年（一七七八）の金沢広岡山王社（現JR金沢駅近く）の祭礼に出された唐人行列の俄練物の一コマであり、同図では子象ほどの大きさである。朝鮮通信使節の輿も登場し、先導する「清道」の形名旗の後ろに象が続

図10　東浜町の象と唐人行列（「崎陽諏訪明神祭祀図」（『秘蔵！長崎くんち絵巻　大阪府立中之島図書館蔵絵巻』より転載））

き、前脚二本に一人、後脚二本に一人がズボンをはくように入って歩いている。同日記によると、使節の輿などは、同じ種類の材料（道具など）のみを用いて作る「一式造り物」による製法であり、瀬戸物・へちま・和本などを組み合わせている。

金沢の場合、一式造り物の趣向の方に重点が置かれて、実際に子象の大きさであったものと思われる。

さらに、文久二年（一八六二）の広島城下町の砂持に伴う仮装行列において、象の造り物練物が登場した。同砂持を描いた四枚続摺物「広島本川川ざらえ町中砂持加勢図」（個人蔵）には、天神町南組（現中区中島町に相当）の総計一五〇人による仮装行列が描かれている。図9の白象の造り物を車輪付きの台に載せた張子細工と思われ、横には唐人帽子の象遣いも付き、傘鉾の周りでは若者九〇人による住吉踊りが囃し立て、象の後ろには囃子屋台も続いた（広島城　二〇〇八）。

最後に、幕府長崎奉行直轄都市長崎の祭礼に参加した象の造り物について述べる。長崎は中国とオランダとの貿易の窓口であり、その惣町祭礼である諏訪神社の長崎くんちは、本稿で対象とする近世後期には九月九〜十一日が祭日であり、国際色豊かな出し物が登場した。近世後期のくんちの出し物（通り物）を描いた二種の絵画史料に象の造り物と唐人仮装が描かれている

図11　諏訪神社の東浜町の象（「諏方神事長坂之図」（『長崎古今集覧名勝図絵』より転載））

が、毎回参加町や出し物が異なる風流の祭礼の場合、現在でも世相や流行に敏感である。

一点目は「崎陽諏訪明神祭祀図」（紙本著色、大阪府立中之島図書館蔵）中巻であり、東浜町による巨大な象の造り物が描かれている（久留島・原田・河野二〇〇六）（図10）。

原田博二氏はこの出し物について、文化十年（一八一三）に渡来した象の造り物であり、これを以て同絵巻制作時期の上限と指摘している。また氏は、同年六月二十三日に船載され到着した象は八月三日に出島から市中を歩かされ、立山役所にて長崎奉行の見分を受けていることを指摘している。さらに、象の造り物には制作期間も要するため、同出し物を文化十一年以降とし、文政元年（一八一八）に石橋となった松森神社の神橋が木橋として描かれているので同年を下限として、同絵巻の景観年代を文化年間末の五年間（一八一四～一八）に絞っている。

筆者は象の出し物に関しては、話題性に即応した象船載の翌年、文化十一年と推定するものの、同絵巻は単一（同一）年のくんちを描いたものではなく、数年間の出し物を混ぜて描いた可能性は残されている。

象の背上の象遣い役は子どもによる仮装であり、象の四脚下には人の一本の足先が描かれている。つまり、前脚二本に一人、後脚二本に一人、計二人が前述の金沢の事例のように入っているようにもみえるものの、他の大人の大きさからすると、象脚役の二人は大きすぎ、実際には江戸山王祭のように四脚一本ずつに一人が入って運行したものと思われる。

東浜町行列先頭の傘鉾上の飾りは蜃気楼の造り物であり、大蛤より以下の通り物が現れたことをイメージしている。唐人仮装による銅鑼・旗・傘の一団、蓮葉鉦・小鐘・銅鑼・半鼓・長喇叭による唐人囃子の一団が続き、大象の造り物、皇后を乗せた二輪花車と唐風装束の従者、馬踊り、唐子踊り、半鼓、小鐘、唐人笛、長喇叭の楽隊が続き、踊りの背景大道具の竜宮城楼門（不老門か）の造り物が続き、最後尾に笛や締太鼓のシャギリが付く。

二点目は「長崎古今集覧名勝図絵」（越中　一九七五）であり、図11「諏方神事長坂之図」はおそらく、奉納踊り開始であった九月九日の諏訪社前を描いたものであろう。図の大鳥居の右には前述「崎陽諏訪明神祭祀図」と酷似する蜃気楼傘鉾が待機しており、同図と同じ文化十一年の東浜町の出し物を描いたものであろう。その前には裃帯刀の者が跪き、その先の桟敷席では長崎奉行が上覧しているのであろう。

長坂下には多くの唐人の三角幟などがひしめき合い、唐人行列であることがわかる。その左で待機する象の背や胴を飾る掛け物や唐人帽子を被った象遣いも描かれ、行列のみを描く「崎陽諏訪明神祭祀図」にはない描写である。

越中哲哉氏によると、同書は長崎の絵師石崎融思が出版目的で描き、くんち図は明和より文政年間（一七六四〜一八三〇）の景観とするが（越中　一九七五）、右の両絵画とも、東浜町の象の出し物は、唐風の異国や異界の雰囲気が横溢している通り物であり、話題性の点より文化十一年の景観であると考える。

おわりに

小川祇園祭礼の白象の風流物は、小川河岸の町人の発想のみにて完結するものではなく、歴史的特質を背景とし、江戸の祭礼の影響や、水戸や土浦の城下町祭礼よりの伝播が認められる（小川町史編さん委員会　一九八八）。

前述のように、朝鮮通信使行列を模した各地の祭礼仮装行列には象が登場することはなく、本稿の事例では異国をイメージさせる形象となっている。

象の造り物はその大きさの印象ともに、朝鮮通信使や唐人の仮装行列のように、日本人からみた異国の造形や趣味（楽器による異国の音色も含めて）を表象する出し物として、各地で憧憬の念を抱かせたのである。各地の象の造り物と唐人行列には、天竺・中国・朝鮮を区別するという認識はなく、見物にとっては異国風であればよかったのであろう。

今後は、本稿のような視点に立ち、江戸山王祭の可能性が高い「祭礼での象の行列写真」（国立歴史民俗博物館蔵「旧侯爵大久保家資料」H—一八九四—3—3—2—2）なども含めて、調査研究を行いたい。

参考文献

安藤幻怪坊編　一九二三『川柳祭事記』成光館書店
越中哲哉註解　一九七五『長崎古今集覧名勝図絵』長崎文献社
近江　礼子　二〇一七「小美玉市小川素鵞神社の祇園祭「横町覚書」」『小美玉市史料館報』一一

大木　透　二〇〇四『名匠　松本喜三郎』熊本市現代美術館（原版　昭文堂書店　一九六一）
小川町（茨城県）史編さん委員会編　一九八八『小川町史』第五章「近世の小川河岸と水運」小川町（茨城県）史編さん委員会
木下直之　福原敏男編著　二〇〇九『鬼がゆく―江戸の華　神田祭―』平凡社
久留島　浩　二〇〇四「都市祭礼と「異邦人」―異文化表象研究の視点から―」『歴博』一二二　国立歴史民俗博物館
久留島浩・原田博二・河野謙編著　二〇〇六『秘蔵！長崎くんち絵巻　大阪府立中之島図書館蔵絵巻　崎陽諏訪明神祭祀図』長崎文献社
久留島　浩　二〇一二「行列にみる近世の「異国人」認識」野林厚志編『東アジアの民族イメージ―前近代における認識と相互作用―』国立民族学博物館調査報告№104横並別冊
黒田日出男　一九九三「天下祭り絵巻の世界　龍ヶ崎市歴史民俗資料館所蔵「神田明神祭礼絵巻」」『王の身体　王の肖像』平凡社
黒田日出男　ロナルド・トビ　一九九四『朝日百科日本の歴史別冊　歴史を読みなおす』一七　行列と見世物　朝日新聞社
国立歴史民俗博物館編　二〇一〇『見世物関係資料コレクション目録』国立歴史民俗博物館
国立歴史民俗博物館編　二〇一二『行列にみる近世―武士と異国と祭礼と―』展図録　国立歴史民俗博物館
塩崎　久代　二〇一六「「流聞軒其方狂歌絵日記」の世界―城下町金沢の娯楽と信仰―」『城下町金沢は大にぎわい！』石川県立歴史博物館
上代語辞典編修委員会編　一九六七『時代別国語大辞典　上代編』三省堂
高橋　春雄　一九五五『動物渡来物語』学風書院

対恩伯編著　二〇〇二『中国舞踏文物図典』上海音楽出版社
土浦市立博物館編　一九九三『にぎわいの時間《とき》―城下町の祭礼とその系譜―』土浦市立博物館
豊橋市（愛知県）二川宿本陣資料館編　一九九九『動物の旅―ゾウとラクダ―』展図録　豊橋市二川宿本陣資料館
服部良男校注　一九九二『岨俗一隅』日本エディタースクール出版部
（広島市文化財団）広島城編　二〇〇八『城下の祭り―砂持加勢』展図録　広島市市民局文化スポーツ部文化財課
福原　敏男　二〇一五『江戸の祭礼屋台と山車絵巻―神田祭と山王祭―』渡辺出版
福原　敏男　二〇一八『江戸山王祭礼絵巻―練物・傘鉾・山車・屋台―』岩田書院
松代藩文化施設管理事務所編　一九九九『城下町・松代』長野市教育委員会・松代藩文化施設管理事務所

傘に吊るす御守
—子どもの魔除け—

福原　敏男

はじめに

本稿では、近世の京都祇園祭などの祭礼や寺社参詣、遊楽などに際し、肩車や抱いた子どもに差しかけた傘に吊るすものについて、近世風俗画をもとに考察する[1]（着物の着装上、足を揃えて片肩に乗る事例もあり、本稿ではその姿も便宜上、肩車とする）。その図像群は親と稚児との形姿が多いが、傘は雨除けや日除けのためとは思われない描写である。肩車した大人自身が傘を差すよりも、お供や従者が差しかける場面が多く、その場合、子の一家は富裕町人などと想定されよう。

本稿で対象とする事例のほとんどが近世絵画であるため、吊るすものの比定は難しく、その意味付けも、個人的発想による飾り、あるいは地域的な習俗などと、明確には解釈できない（本稿では、吊るすものや人を推定する「……らしき」の表現は、煩瑣のため省略するので、断定的な表現になることをお断りする）。

吊るしものが描かれた傘の多くは、実用の傘を利用したものであろうが、従来、「傘の呪力」のように、実用品に意外な信仰的・象徴的な意味を見出して解釈される傾向がある（郡司　一九八七）。

果たして、傘自体、傘に吊るすものや行為、子ども、いずれにいかなる意味が見出せるのであろうか。

1　筒守《つつまもり》を吊るす

本稿では傘に吊るす御守《おまもり》の習俗と思われる事例に注目するが、本稿の「御守」とは総称をいい、以下の具体的形態を包括する。

御守
- 護符：紙片や木片に神仏名や験《しるし》（霊験、利益《りやく》）を記す。木版印刷も含む。
- 御札：多くは紙製で家の内外に貼るが、仏壇や神棚に供える場合も含む。
- 守袋：護符をさまざまな袋に入れて、身につける。

護符を身体や衣服に直接つけるのは当該の神仏に畏れ多く、紛失や破損の恐れがあるため、袋に入れて「守袋」とした。福田博美氏は守袋を着装の仕方により、着衣上の「懸守」、着衣下の「胸守」（両者とも頸に懸ける）、帯につけ腰に提げる「守巾着」、腕に巻きつける「腕守」、衣服の背に縫いつける「背守」に分類している（福田　一九八六）。同氏は言及していないものの、護符を竹（紙）筒に入れて錦袋などで包み、両端の環に紐を結んで吊るす「筒守」もあるが、後述するように通常は子どもが「身につけずに携行するもの」であり、守袋ではない。筒守は日常生活でもハレの機会でも、頸に懸けて携帯することは例外のため、福田氏による着装の視点からは分類されなかったのであろう。

身につけない筒守を子どもの近くに掲げて周囲に見せつつ、携行する事例が本稿のテーマであり、冒頭で述べたように、祭礼や参詣というハレの外出を中心に、傘下の子どもの頭部近くに、筒を真横になるように吊るして携行したのである。

傘へ吊るすという一見奇妙にみえる携行こそ、筒守の一般的な姿であり、後述する長崎の事例（12・13・14項）のように、筒守が前提となって、傘に吊るす懸守もあったのではなかろうか。

その製法としては、『角川古語大辞典』が指摘する『攝州府志』巻七・土産門下「表挿嚢《ウハザシ》」に、「竹筒を尺ばかりにこれを截《た》ち、内に禁厭《きんえん》の霊符を盛り、唐織の絹をもってこれを巻き裹《つつ》み、両端に金を以て環を造り、左右より紅の緒を著け、両端よりこれを釣る」とされ、その目的は「邪祟を避けんがため」とあるように、「外出」の象徴である傘に吊るし、外での不慮の事故や治安の悪さなど、当時の現実的危機への御守としてよりも、霊的な魔除けとなったのである。

『日本国語大辞典』「筒守」には、「小さな竹筒に守り札を入れ、布でくるんだ守り袋。小児の守りとするもの。また、昔、正式の婚礼に携行して、厨子（ずし）に置いたもの。つつまぼり」として、寛永十五年（一六三八）の俳諧「毛吹草」の用例を挙げる。

『角川古語大辞典』は、「短い竹筒に鈴の付いた掛緒を付けたもの。小児が用い、また婚礼の際に花嫁が携行した」とし、両者は婚姻の筒守についても触れているが、前近代の嫁は年少の者が多かったろうし、本稿では専ら「小児の守り」について検討する。

また『広辞苑』「筒守」では、「小さな竹の筒に鈴をつけて小児の守りとするもの」として『好色二代男』の用例を挙げ、『角川古語大辞典』と同様、鈴をつけるとする。

喜多村信節（筠庭）の文政十三年（一八三〇）『嬉遊笑覧』（喜多村　一九九六）巻二上「護身《マモリ》」にも、「もと小児の守りは今いふぎをん守りの如く鈴を付たり」とある。信節による天保十四年（一八四三）の『筠庭雑考』（喜多村　一九七四）によると、祇園守とは筒守であり、後述する宝暦期（一七五一～六四）頃の江戸山王祭附祭の傘鉾に吊るされているが、筒自体（両端や紐）に鈴をつけたのではなく、傘に鈴と御守を吊るしている。

右の辞典類には携行方法は記載されないが、ウェブサイト「宝尽文様―筒守」（blog.livedoor.jp/halibako/archives

図1　装身具としての筒守（「扇屋軒先図」大阪市立美術館蔵、江戸時代初期、二曲一隻）

／52052697.html）によると、筒守の「紐を傘にくくりつけたり」との記述もみえる。

ところで懸守には小袋（巾着）形や比較的大きな袋物形などがあるが、後述するように筒守とは携帯方法が全く異なる。

斉藤研一氏は、懸守は日常的には携帯せず、旅行などを含めて「改まった外出時」のみとするが、確かに画証上は成人女性の旅装が多く、外出時の装身具としての要素もある（斉藤　二〇〇三）。

筒守も同様に、外出した際、周囲の人に見せる御守であり、本稿で論じるように、絵師が描く対象ともなったが、管見の限り、大人が身体につけている画証は僅かである。その一つの図1は京都の扇屋店先で煙管を手にして流行の先端をゆく女性を飾るファッションアイテムとしての筒守である。周りの人びとよりすると雨傘ではなく、装身具であるにせよ、筒守には傘が付き物なのであろう。

一方、懸守は大人が懸けるもので、斉藤氏によると、懸守の子どもの姿は、承久本『北野天神縁起』第二巻第一段が唯一である（斉藤　二〇〇三）のに対し、筒守は基本的には、本稿で論じる画証のように、子どもの御守である。

さて管見の限り、筒守を傘に吊るす事例に触れているのは斉藤氏であるが（斉藤　二〇〇三）、これが筒守のノーマルな携行の姿であるとは言及していない。

同氏は、室町時代末期の東京国立博物館蔵「月次風俗図屏風」（八曲一隻）の二図、第二扇上段の女性による三月桜

図２　駕籠前方に懸けた筒守（静嘉堂文庫美術館蔵「四条河原遊楽図屏風」『近世風俗図譜5 四条河原』より転載）

の花見と、第四扇上段の五月加茂競馬の場面を指摘しており、それぞれ、乳飲み子を抱いた被衣姿の女性に侍女が傘を差しかけ、傘には筒守が吊るされている。

斉藤氏はこの画像に関して、乳母《めのと》を雇える富裕な家の子が大切に育てられる「乳母日傘《おんばひがらがさ》」を連想し、『嬉遊笑覧』巻二上「護身《マモリ》」の「さるべき人の子乳母などの付添たるはさしかくる傘に筒護を付たり」の記述が、乳母日傘に筒守を吊ることであると指摘している(2)。

また同氏は同様の描写として、徳川美術館蔵「豊国祭礼図屏風」右隻第一扇（子どもは抱えられ、小走り）、相国寺承天閣美術館蔵「花下遊楽図屏風」第四扇、国立歴史民俗博物館蔵「江戸図屏風」左隻第一扇下（子どもは手を引かれ歩いている）を指摘している。

さらに同氏は、筒守を駕籠や輿の前方に懸けたり、内に吊るす事例についても言及し、その目的として前述『擁州府志』「表挿嚢《ウハザシ》」の「児女の他行、すなわち必ず乗る輿《こし》の前に懸く、これ邪祟を避けんがためなり」を引用する。氏が指摘しているのは以下の駕籠の事例であり、静嘉堂文庫美術館蔵「四条河原遊楽図屏風」右隻第一扇の子どもが乗った駕籠の前方には、筒守が懸けられている（図2）。また、住吉具慶筆の奈良興福院蔵「都鄙図巻」の駕籠に乗った幼い子どもの顔そばに吊るされた筒守や、船木本「洛中洛外図屏風」（東京国立博物館蔵）右隻第二扇の方広寺大仏殿前に、駕籠に乗った母子の一行が描かれ、筒守はその先

図４　肩車された頭屋稚児への傘の筒守（「大避神社祭礼絵巻」個人蔵、『描かれた祭礼』より転載）

図３　傘に吊るす筒守（「江戸名所図屛風」出光美術館蔵、『江戸名所図屛風　大江戸劇場の幕が開く』より転載）

祓いをするかのように、先頭を歩く侍女が差した傘に吊るされることを指摘している。

加えて、寛永期（一六二四～四四）の「江戸名所図屛風」（八曲一双、出光美術館蔵）には、傘へ吊るすものが左隻第五・七扇の二か所に描かれている。前者の三人の女の一行は斉藤氏が指摘している描写であり、被き姿が先導し、母が幼児を抱き、後ろから筒守と懸守が吊るされた傘を差しかける（内藤　二〇〇三：表紙カバー。図３）。後者は少女たちが手をつないで輪踊りをし、そのそばで二人の女が踊り子に傘を差しかけ、筒守・懸守・布などが吊るされている（出光美術館　一九八七：図版番号七―一〇）。

筒守は、宮座祭祀における頭屋の稚児（頭人児）を標示し、守るため傘に吊るされる事例もある（図４）。華麗な船渡御で著名な兵庫県赤穂市坂越の祭礼を近世後期に描いた「大避神社祭礼絵巻」（個人蔵）には、陸渡御において肩車された稚児に差された大傘に吊るされた筒守が描かれる（国立歴史民俗博物館　一九九四：五四）。

絵画資料には、筒守は傘裏の中心、長柄上部の傘骨が集まる弾《はずみ》（引用文献では轆轤とも表記される）の部分に吊るす事例が多い。一方、飾りの場合は、傘の縁より糸や紐を垂らして結んだり、紐なしで直接数多く吊るされる例が多いようであるが、一概にはいえない。

本稿では、形態的に識別しやすい筒守を吊るす類例を中心に絵画資料に探るが、結論からいうと、親などによる子どもの外出時の魔除けを祈願する御守と考察する。(3)

2　傘鉾とは何か

絵画資料には筒守を傘に吊るす事例とともに、傘鉾・笠鉾（本稿では傘鉾とする）へ吊るす事例が確認されるが、本項ではまず傘鉾について検討する。

平安時代末に原本が成立した『年中行事絵巻』をみると、平安京の祭礼において、特別な長柄傘の縁より下に飾り幕を廻し、傘の上に御幣・松・生花・造花や、人形などの造り物を飾った大型の飾り傘が登場している。右の絵巻には「被り笠」と「差し傘」両方の上に造り物が飾られ、後者は同時代の文献史料によると「帽額《もこう》」（飾り幕）が傘下に廻され、後世、風流傘や傘鉾と称されるようになる。

植木行宣氏によると、傘鉾とは元来、祭り、年中行事や臨時の行事に際し、災厄として発現した疫霊などの神霊を依りつかせ、疫病が流行しないように歌舞音曲により囃し立て、居住地外に鎮め送った上、傘鉾を流したり、壊すための「造り物」である（植木　二〇一七）。

つまり、後世、飾り物や集団の印となった傘鉾は人に差されるようになるものの、本来は、神霊(疫神)を憑依させる「造り物」(依代)であり、「人(のため)に差す傘」ではないのである。

段上達雄氏によれば、傘鉾や風流傘の造形的原点は「貴人に差す威儀具」の絹傘(衣笠・蓋・繖)にあるとし(段上二〇一二)、「風流傘」の初期用例として、京都南郊伏見郷の御香宮祭礼について記された『看聞日記』応永・永享年間(一三九四〜一四四二)の条を挙げる。この風流傘は個人の立願や宿願により奉納され、つまり、風流(装飾)のみならず、依代性が認められるので、貴人標示の威儀具より展開したものとは思われない。

右は機能を解釈する上での区別であり、絹傘／風流傘／傘鉾の構造や形態上の分類は難しい(福原　二〇一七)。

傘鉾は、室町時代の京都などで展開した風流囃子物において、踊りの中央にすえられ、「祇園会山鉾事」(『祇園社記』第十五)によると、応仁の乱前の一五世紀、祇園祭前祭に「こきやこはやし」(鶏の造り物の傘鉾を周りで囃す風流囃子物)が、後祭に大舎衛(大舎人)による「かさほく」、北畠散所による「さき(鷺)ほく」が出されており、原本が乱前とされる『月次祭礼図模本』(東京国立博物館)第六幅に描かれる。

このように、傘鉾は移動中も風流囃子物の中心であり、たとえ傘鉾下に演者が入っても、本来彼らのために差す傘(人への差し傘)ではなかった。

いずれにせよ、「風流傘」の用例が中央知識人層にほぼ留まるのに対し、全国的な都市祭礼を中心として、もっぱら「傘鉾」の称が伝播・展開した背景には、傘鉾が各地の風流囃子物のなかで成立・展開した歴史が刻まれている。

3　傘鉾に吊るす

福岡県柳川市の「日子山《ひこさん》神社風流」は風流囃子物の地方展開の一例であり、その傘鉾には「神様が入っているとされる布袋」が吊るされ、常に行列の先頭を行き、下をくぐると病気をしないとされるなど、現代においても依代性が伝承されている（八代市立博物館未来の森ミュージアム　二〇一七：二二四）。

植木氏は、傘鉾が「依代から、祭礼など祝賀の飾りへ」と展開していった過程において、傘に吊るしものが下げられるようになったとし、以下のように指摘している。

笠鉾には、山鉾や風流踊に至る過程でさまざまな物が吊るされてきた。除災招福から祝賀への動きはそこに反映している。鈴（三鈷鈴・五鈷鈴、以下「鐘」と記す）、懸守、細帯、初精霊の遺品、銭袋など富貴のシンボルや農作物の造り物がその吊り物である。（植木　二〇一七：一九八）

その吊り物は大きく、密教的な呪具や魔除けの護符、身にまとう形代的な細帯の類、福寿のシンボルや農作物の造り物に類別できるが、それは時と場所で遷り変わった笠鉾の帯びる依代性の反映に違いなかった。（同：二〇一）

笠鉾に物を吊るす風習は小袖の風流の展開形ともいえるであろうが、笠鉾を装う小袖には転用という趣向とともに、衣類に託した災厄の防除を願う信仰が基層にあると考えられる。（植木　一九九八：一二二）

そして、広島県竹原市、近世の竹原祇園会の傘鉾に、筒守を吊るす画証（「竹原史料」『芸藩通史』）を掲載し、「懸守（引用者註―形は筒守）は笠鉾図像に散見するが、練物の祭りに広がっていたらしく」「魔除けの意を含み笠鉾に吊られてきた」（植木　二〇一七：一九九）とする。

懸守の事例として、たとえば、寛永前半期（一六二四～三〇年代）の作とされる「祇園祭礼図屏風」（六曲一双、京都国立博物館蔵）左隻第三・四扇には、肩車の稚児に傘鉾が差しかけられ、そこに袋物形の懸守が吊るされている（京都国立博物館　一九九七：三三〇）。

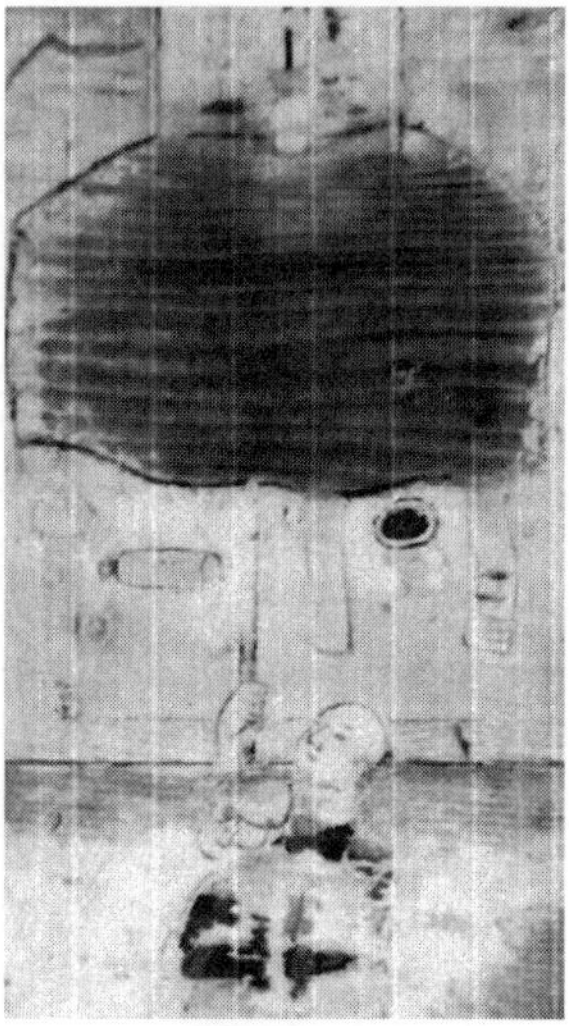

図５　鴨都波神社祭礼渡御図（鴨都波神社蔵）

図６　酒田山王祭亀傘鉾の巻物飾り（「日枝神社大祭図」本間美術館蔵、『雛の庄内二都物語　酒田と鶴岡のお雛さま拝見』より転載）

写真１　村上大祭の巻物飾り

一方、筒守の事例として、以下を挙げる。奈良県御所市の「鴨《かも》都《つ》波《ば》神社祭礼渡御図絵馬」（同神社蔵、板絵彩色額装）には、御所及び近郷五地区の氏神である同社の祭礼風流が描かれている。画面右上隅に社殿を配し、蛇行しながら左下へと向かう神輿渡御行列が描かれるが、造り物で飾り立てた傘鉾には筒守が吊るされている。同絵馬には、天和二年（一六八二）に奉納され、弘化四年（一八四七）に補筆が施された旨の墨書があり、慶長五年（一六〇〇）桑山氏入部以来の御所藩二万六〇〇〇石の城下町として発展した御所町人の繁栄ぶりが描かれている（図５）。

また、愛知県犬山市の犬山祭の寛政七年（一七九五）「犬山祭行粧絵巻」が挙げられ、四本の傘鉾下に筒守がみえ、内三本には二つずつ確認できる（四日市市立博物館　一九九五：八八・八九）。

さらに、神社の造営などに際し、大勢で川浚えした土砂を境内に運ぶ「砂持」が、特に近世後期の上方で多く催されたが、実際の運搬と共に、仮装の練物が中心となった。大坂の天保十一年（一八四〇）「露天神砂持」（一枚摺、高谷重夫氏旧蔵、高谷　一九八六：一五）によると、風流踊りを先導する傘鉾に筒守が吊るされている。

これらには傘下に子どもがおらず、装飾と解せようが、同様な吊るし飾りでも巻物の模造品の事例も数多い。たとえば、山形県酒田市の酒田山王祭を、加藤雪窓が明治二十六年（一八九三）に描いた「日枝神社大祭図」（三巻、酒田市本間美術館蔵）の「地」巻に、亀傘鉾が描かれている（藤田　二〇〇〇：二五九。図6）。その亀背上に立てられた傘鉾には色とりどりの飾り物が吊るされ、二つの筒形が描かれている。(4) その一つには、両端に房や小突起がみえ、巻物表題を表す短冊形の題箋があることから、軸頭まで描かれた巻物とするのが妥当であり、藤田順子氏も指摘するように、祭礼傘鉾に吊るされた宝尽くしの飾り（「虎の巻」など）と考えられよう。このミニチュアの一つが天保五年（一八三四）銘の亀傘福鉾であり、巻物の巻紐も造形化されている（山形県酒田市飛島の網元旧蔵、酒田あいおい工藤美術館蔵、庄内傘鉾研究会　二〇一四：四）。

また、民俗事例をみても、新潟県村上市の村上大祭において、傘下に筒形が吊るされており、調査の結果、巻物の模造と判明している（写真1）。

4「傘の下」

ではなぜ「傘下」空間に筒守を吊るすのか。

図７　女児に飾り、母に筒守（「祇園祭礼図屏風」八幡山保存会蔵、『近世風俗図譜８　祭礼（一）』より転載）

稚児にとって筒守は大きさが不釣り合いで身につけないなら、図７のように同行者の胸に懸ければよいものの、稚児の頭上近くに吊るすのは「肌身離さず」を周りに可視化し、筒守の下で守護されていることを示すためであろう。天候的には不要の傘が、筒守を吊るす演示具として、芸能舞台の演出道具のように用いられたものと思われる。

さらに、「傘の下」の意味について考える必要がある。傘や傘鉾の上に設えた造り物は、依代や装飾と解釈されるにせよ、従来、注目されてきたのは傘上であり、傘下への目配りはなされてこなかった。

しかしながら、「傘下」に関する言葉も紡がれ、たとえば、全体を一つの勢力としてまとめる指導的な人物や機関の下で、その統制や支配、庇護を受ける立場にあること（状態）を「傘下《さんか》」といい、「傘下に入る、置く」、権勢のある者を頼んで威張る「かさに着る」などの語がある。

また、斉藤氏が指摘したように、強い日射しを世間の荒波に譬えて、幼い子どもを傘の下に入れて、象徴的に守る意味の「乳母《おんば》日傘」は幼児に乳母をつけ、日傘を差しかけることから、子どもが大事に育てられることをいうが、その象徴として傘が選ばれたのは、頭上、さらに身体全体を覆い外界から守るイメージからであろう。

本稿では傘自体に、傘鉾のような依代性を想定するものではなく、「傘に御守を吊るす行為」に注目する。

祭りにおける肩車は、子に地を踏ませず清浄性を保つためではなく、傘下の子どもを筒守近くに保ち、それを周囲にみせるためであろう。

斉藤氏は、頸に懸ける懸守と、傘や駕籠に懸ける筒守の「懸ける」という行為に注目し、神聖な御守は本質的には直接手に触れて所持することは憚られ必ず守り袋に収められるが、さらにそれさえ手に触れずに、身近に携帯した結果、頸に懸けたり、傘に吊るしたとし、その意味を次にように論じる（斉藤　二〇〇三：八八・八九）。

根源的には空中に位置付いていることを象徴しているように思われる。（中略）「懸け」られたものは、「懸け」られた場所のほかならぬ標《しめ》（占）ともなろう。つまり、御守りが「懸け」られた場所には、その利益・偉効が及ぶ空間世界が現出するのであり、その場所とは、頸に御守りを懸けた我が身であり、また筒守りが懸けられた傘の下なのである。

胸前の懸守には宙に浮くイメージはないものの、筒守は傘下中央に浮かんでみえることにより、傘下空間が守護されると信じられたのであろう。

一方富家の女児の場合、祭りの場で良家より見初められるよう美貌への願いが込められ、化粧や衣装と同様、吊るしものにも装飾の要素が大きく、以下のような事例もみられる。

明暦年間（一六五五～五八）頃の作とされる海北友雪の「祇園祭礼図屏風」（六曲一隻、京都祇園祭の八幡山保存会蔵）第二扇下の神輿渡御横には、夫婦と女児がみえ、足を揃えた女児は下男に肩車され、下女が傘を差しかける（赤井・中島　一九八二：二三。図7）。そして傘下中心より、黄・緑・赤などの細布が数本吊るされるが、これは女児の華やかさを盛り立てる装飾と考えられる。一方、女児をみつめる母親の胸元には、子の魔除け祈願の筒守が真横に吊るされており、「傘の下」空間には、女児を霊的に守る筒守よりも、女児を目立たせる飾りの方が優先されたのであろう。

5　奉納物と雛祭りの傘と傘鉾

祭り特製の傘や傘鉾にせよ、移動することを前提とするが、本項では寺に奉納したり、雛壇に飾る民俗事例の吊るしものについて検討する（坂本　二〇一七・二〇一九）。

一つは、小型・ミニチュアの傘や傘鉾に縁起物を吊るし、地域の寺や堂に奉納する習俗であり、基本的には柄をつけずに天井より吊るす（内山　二〇一六・二〇一九）。総称としては傘鉾や傘福《かさぶく》であり、山形県庄内や福島県会津地方を中心とし、その間に位置する新潟県・山形県の内陸部にも散見される。縁起物は着物（本物やミニチュア）、猿や三角の布、巾着、野菜や果物の造り物など多様であり、後述する雛飾りと同様、各々に伝承地特有の意味付けもある。多くは安産や子どもの成長を祈願するもので、女性を中心とした地域の観音信仰や地蔵信仰と密接に結びついている。

内山大介氏の御教示によると、会津の場合、観音講の数人の女性が一つの傘鉾を作って奉納し、朽ち果てるまで参拝を続ける。庄内地方の酒田にも古い傘福が残っていることから、通常は定期的な供養（処分）はなかったものの、奉納した人たちがサイノカミ（小正月のどんど焼き）で燃やす事例もある。

もう一つは、近年町起こしの観光資源として、また手芸としても流行の「雛祭りの吊るし飾り」であり、色とりどりの布切れを縫い合わせて作った細工物を、傘や傘鉾のミニチュアに吊るす飾りである。前述の奉納物と同様の造形が多く、雛壇飾りの前や周りに、基本的には天井から吊るされる（山崎　二〇〇六）。

酒田では、前述した昔の山王祭に際し、亀傘鉾の他にも傘鉾が多く出され、それらにも吊るしものがなされ、なかには信仰的要素もみられる。酒田の中心部の旧廻船問屋「鐙屋」には、幕末頃の吊るしものとして、紙入れ・袋物・巾着・財布など身につける物に加え、祝賀の宝袋や子育て祈願のよだれ掛けなどが伝えられる。

一方酒田では、幕末から明治初期の雛飾りの吊るしものも報告され（庄内傘鉾研究会　二〇一四：三〜四）、古い雛飾

写真２　雛壇飾りの傘福一対（鶴岡・風間家旧蔵本間美術館蔵、『雛の庄内二都物語　酒田と鶴岡のお雛さま拝見』より転載）

りは飛島や、酒田の豪商本間家、城下町鶴岡の風間家旧蔵の雛壇飾り（写真２）など、旧家や上層の家のものが多い（藤田　二〇〇〇）。それらは天井から吊るさずに、下からスタンドで支えるもので、庄内傘鉾研究会では「祭礼系傘福」とし、元来はカサフ（ブ）ク・カサボコという民俗語彙であり、山王祭の傘鉾飾りより誕生したものと考えられている。

先の内山氏の御教示によると、酒田では前述の奉納物も盛んに行われ、現在は雛飾りと同様「傘福」の名称・漢字、同じ造形であり、明治二十五年（一八九二）の収納箱の墨書「笠福」が記録上、最古とされる。つまり、酒田では記録上は祭礼傘鉾が古く、雛飾り、奉納物の順に続く。

また、雛祭りの吊るし飾りで有名な静岡県東伊豆町稲取や福岡県柳川市の事例では、天辺が傘形ではなく丸い竹の輪が多く、それに紐や糸を垂らして細工物が組み合わされて吊るされる（山崎　二〇〇六）。竹の輪は、酒田のような祭礼傘鉾の残滓と指摘されるものの（長沢　二〇〇六）、稲取や柳川の祭礼に傘鉾が参加した史料は確認されておらず、初めから現行の竹の輪形の吊るし飾りとして始まったのであろう（山崎　二〇〇六）。

いずれにせよ、「上巳の祓い（除災）に淵源を持つ雛祭り」の吊るし飾りは、現在は装飾の意が基本であるものの、本来は、子どもの身辺を災厄から守る祈願から誕生したのであろう。

このように、奉納物と雛祭りの傘や傘鉾の吊るしものは、女性による産育祈願の習俗を主とし、「傘の下」で守られることが可視化されており、本稿で対象とする「傘下の御守」にも通底するものと思われる。

6　江戸祭礼の筒守

筒守を傘鉾に吊るす江戸祭礼の事例として、前述した喜多村信節の『筠庭雑考』（国立国会図書館蔵、請求記号午―

86、国立国会図書館デジタルコレクション同書1、第七三コマ。喜多村　一九七四：一五三〜一五四）が挙げられる（以下の引用は国立国会図書館デジタルコレクション）。

宝暦ころ山王祭練物の傘

守り袋、筒まもり、ふくさ手ほその類をさげたり、むかし小児のさしかけ傘の余風にして、もと風流のかさぼこより権輿したる物なり、今も此祭にこれあれども、筒守り付る迄にて和巾はなし、廻りの絹に鈴を付るなり

赤坂奴の作り髭も古きふり也、

図8の宝暦期（一七五一〜六四）頃の江戸山王祭練物とは、氏子町が山車以外に出す、歌舞音曲や仮装行列を中心とした附祭《つけまつり》であり、麹町などより傘鉾が多く出された。山王権現鎮座地にちなむ赤坂奴の仮装が、傘下の花模様の絹幕に鈴をつけ、筒守や袋物形の懸守・袱紗・「手ほそ」（手細巾か）などが吊るされた傘鉾を持って所作をする。

図8　江戸山王祭附祭傘鉾の筒守
（『筠庭雑考』国立国会図書館デジタルコレクション）

信節は、本来、山王祭の小児に差す風流の傘鉾であったが、宝暦頃には上図のような御守へ変遷したとするものの、同じ山王祭や、神田祭の附祭において、近世後期まで子どもの行列に差される傘や傘鉾に、筒守が吊るされる事例が数多くみられる。

事例は枚挙に暇はないが、まず山王祭に関して数事例を検討しよう。

文政七年（一八二四）の「江戸山王祭日本橋本石町・十軒店附祭絵巻」（個人蔵）によると、仕丁の学び《まね》（仮

装）の少女三人に差された傘鉾（図9）や、大名行列に見立てた花鑓（花籠とも）行列の駕籠に乗る稚児に差された傘鉾に筒守が吊るされている（福原 二〇一八：四八・四九）。後者は附祭を出す町の大店の稚児に、芝居の役者などの仮装をさせて、駕籠で行列する店警固（大店が費用負担する）の風流である（図10）。

文政九年（一八二六）の「山王祭西河岸附祭絵巻」（神田神社蔵）によると、鵺の学《まね》びにおいて、鵺に続く源三位頼政役の子どもなどに差された傘鉾には筒守が吊るされる（福原 二〇一五：七七。図11）。

文政十三年の「山王祭附祭松尽くし絵巻」（ドイツ・シュトゥットガルト・リンデン美術館蔵）には、公家（図12）、松風・村雨の汐汲み（図13）、龍宮の乙姫と浦島太郎（図14）の仮装に差された傘鉾に、筒守が吊るされている[5]。

次に神田祭であるが、文政六年の「神田祭湯島一丁目旅籠町附祭絵巻」（神田神社蔵）に描かれた花鑓行列や少年・少女に差された傘鉾九本に筒守が吊されている（福原 二〇一二：五九〜七四。図15）。

文政八年の「神田明神御祭礼御用御雇祭絵巻」（国立国会図書館蔵）においても、花鑓行列の稚児や伊達警固の少年に差された傘鉾一六本に、筒守が吊るされている。図16は、同絵巻において熊に肩車され、山姥にあやされる稚児の金太郎に差された傘鉾下の筒守である。

また、前述の「江戸名所図屏風」（出光美術館蔵）右隻第一・二扇には浅草三社祭が描かれ、浅草寺本堂前において、松を冠した傘鉾に色とりどりの布などが吊るされ、軍配を持った行司役とみられる少年に差されている（出光美術館 一九八七：図版番号七―一二）。傘鉾下の吊るしものにより少年を飾り、神役を標示するとも考えられようが、ここでは大役成就祈願の懸守（筒守ではない）と考える。

図９　仕丁の仮装への筒守（「江戸山王祭日本橋本石町・十軒店附祭絵巻」個人蔵）

図10　花鑓行列への筒守（「江戸山王祭日本橋本石町・十軒店附祭絵巻」個人蔵）

図11　鵺退治の頼政への筒守（「山王祭西河岸附祭絵巻」神田神社蔵）

図13　汐汲みへの筒守（「山王祭附祭松尽くし絵巻」ドイツ・リンデン美術館蔵）

図12　公家仮装への筒守（「山王祭附祭松尽くし絵巻」ドイツ・リンデン美術館蔵）

図14　乙姫・浦島への筒守（「山王祭附祭松尽くし絵巻」ドイツ・リンデン美術館蔵）

図16

図15

図15　楊貴妃の仮装と少女への筒守（「神田祭湯島一丁目旅籠町附祭絵巻」神田神社蔵）

図16　金太郎への筒守（「神田明神御祭礼御用御雇祭絵巻」国立国会図書館蔵）

7　祇園祭の神輿渡御と見物の稚児

本項より、10項まで4項にわたり、京都の祇園祭について論じるが、まず、神輿渡御に随行する稚児に差した傘へ吊るすものを検討する。

先ず、斉藤氏が指摘している事例である。

慶長年間（一五九六～一六一五）の成立とされる「祇園祭礼図屏風」（六曲一双、出光美術館蔵）は、右隻が山鉾巡行、左隻が神輿渡御を描き、六月十四日後祭のお旅所よりの還幸を描き、その左隻第二扇に子どもが描かれている。同第一扇最上部に神輿渡御一行が描かれ、先導として六人の犬神人、武者風流行列、図17の五人の子ども、大人の騎馬駒形、三基の神輿が続く。二人の男に肩車された少年二人と、三人の女に抱かれた幼女三人に差された二本の傘には、筒守・巾着・手巾・朱や球形の袋物（懸守）などが吊るされている。

図17　子どもへの筒守や懸守（「祇園祭礼図屏風」出光美術館蔵、『出光美術館蔵品図録　風俗画』より転載）

少年の一人は緑色の羽織袴を着、腰部には鞘がみえ、おそらく佩刀して神輿を先導する神役であろう。

筆者は、右の吊るしものは、魔除けに加え、夏季の病気除けや安全祈願と考えるが、特に神役と思われる一人の少年への御守は、祇園祭の重要な役目のつつがない執行祈願と考える。

また植木氏は、一六世紀半ば成立の「日吉山王・祇園祭礼図屏風」（六曲一双、サントリー美術館蔵）の祇園祭隻第一扇上の図像について、お旅所よりの「還御列の先頭を行く様子を

図18　神輿渡御側の子どもへの筒守（「洛中洛外図屏風　池田本」林原美術館蔵、『京都　洛中洛外図と障壁画の美』より転載）

図19　歩く少女に差す傘への筒守（「洛中洛外図屏風」個人蔵、『新発見・洛中洛外図屏風』より転載）

描くが、供を連れ肩車で傘を差しかけられて行く童（六人）の一団が後に続く。祈願の者たち」（植木　二〇一七：二〇四）とする（傘に吊るしものはない）。

いずれにせよ、神輿渡御に随行する彼らの位置や行装より、単なる見物ではない神役や願掛けの一行であり、魔除け、子育て祈願や病気除けの意味があるものと思われる。

次に祭礼行列の一行ではなく、見物する側の稚児の傘へ吊るすものについて考える。神輿渡御の道脇で見物する稚児が肩車され、傘が差される類例は、洛中洛外図や祇園祭礼図に散見され、そのなかでも吊るしもの事例の多くは、以下のように神輿渡御周辺の事例である。

まず、「洛中洛外図屏風　池田本」（六曲一双、岡山市の林原美術館蔵。図18）が挙げられる。本屏風は、将軍徳川家光にみせるため特別に二条城前の堀川通りを渡御する神輿を描く。その周辺では、複数の肩車の子どもに傘や傘鉾が差しかけられ、その下にはさまざまな吊るしものが描かれ、筒守や袋物形の懸守も確認できる（東京国立博物館・日本テレビ放送網　二〇一三：一三二～一三三。同書図20）。

　また、斉藤氏が指摘した「洛中洛外図屏風」（六曲一双、九州国立博物館蔵）左隻第四扇の祇園祭神輿渡御の場面にも、肩車の稚児に差された傘に筒守と袋物形の懸守が吊るされている（京都国立博物館　一九九七：一五四、高津文化会館旧蔵）。

　さらに、「洛中洛外図屏風　勝興寺本」（六曲一双、富山県高岡市勝興寺蔵）左隻第四扇の二条城門前堀川通りにおける神輿渡御の場面にも、肩車の稚児に傘を差しかける二図があり、一図には筒守が吊るされている（京都国立博物館　一九九七：九二）。

　このような稚児は、神輿渡御周辺以外にもみえ、「祇園祭礼・賀茂競馬図屏風」（六曲一双、個人蔵）の祇園祭礼隻には、見物人五人の一行がおり、肩車された稚児に女が差しかける朱傘には筒守がみえ、横からはもう一人の女が扇で稚児をあおいでいる（狩野　一九九一：五三）。

　また、歩行する少女に傘が差され、筒守が吊される図像（図19）もあり、「洛中洛外図屏風」（六曲一双、個人蔵）右隻第三扇には、祭礼見物の被き姿の少女に差しかけられる傘に筒守が吊るされる（狩野　二〇〇七：七七）。

8　長刀鉾稚児社参の筒守

　長刀鉾の生稚児《いき》は祇園祭が始まると、精進潔斎の生活を保ち、七月十三日に、立烏帽子、水干姿で二人の禿を従え、騎馬にて八坂神社に参拝する。生稚児は長刀鉾町より道中は騎馬、到着すると強力《ごうりき》が馬から肩に担いで南楼門内神域に入り、そこから歩いて本殿に上り、「お位もらい」の儀式を済ませた後は徒歩で南楼門まで向かい、再び強力に担がれて馬に乗るが、門前の中村楼で宴席があるため、馬に乗るやいなや下りる（福持昌之氏の御教示による）。騎馬の道中、朱傘に筒形が真横に吊るされるが（写真3）、橋本章氏の御教示によると、長刀鉾町では「懸守」と称し、現

写真3　長刀鉾生稚児社参の筒守

品は近年作のものらしい。筒中の護符は、毎年替わる稚児に授与されるのであろうが、筒や錦の袋(房付き)は長刀鉾町で保管・伝来するようである(本稿では筒守とする)。

稚児社参の騎馬道中の傘に筒守を吊るす習俗は、どこまで遡るのであろうか。

たとえば、『祇園祭』(祇園祭編纂委員会・祇園祭山鉾連合会　一九七六)の巻頭カラー口絵には「長刀鉾稚児社参」の写真が載り、二人の禿をお供に三人とも朱傘が差しかけられ、最後の騎馬の生稚児のみに筒守が吊るされる。

また、松田元氏著(松田　一九七七：二四)には、同氏のイラスト「一九六七年　長刀鉾稚児社参」が載り、騎馬の稚児に差された傘下に筒守が描かれ、「轆轤の下に祇園懸守《かけまもり》(お守りの古い形式で、錦で包んだ筒形房附の容器に入っている)を釣ったのを白丁が持つ」と記される。

さらに、稚児社参の筒守は、大正七年(一九一八)の第一二回文展に出品された三木翠山の「祇園会」(六曲一双、姫路市立美術館蔵)に描かれており、翠山は「祇園祭を相当研究した」(八反　二〇一八：二〇六)と評価されている。

翠山の「祇園会」とほぼ同一構図の高橋玄輝の「稚児社参図」(六曲一双)はその影響を受けたとされるが、左隻の傘下の筒守は若干様相を異にして描かれており、宵山の「屏風祭」に飾られたものとされる(谷・増井　一九九四：三五)。

生稚児は、本殿において形式的に五位少将の官位を授かる「お位もらい」の儀式に参列し、その後、御手洗開きに立ち会い、大政所お旅所における神剣奉戴にも参列するように、長刀鉾のみならず、「祇園祭全体の神聖稚児」のようにみなされている。

生稚児の筒守には、長刀鉾町や稚児の家族により、祭大役の無事成就の祈願が込められているのであろう。

9　近世の鉾稚児社参

生稚児社参における傘下の筒守は、近世まで遡るのであろうか。

前述『筠庭雑考』では、祇園祭に際し、祇園守（筒守）を吊るした傘を小児に差して道中したとあるが、これは文脈から鉾稚児の社参ではなかろう。

橋本章氏の御教示によると、同様の筒守は山伏山にも伝来して「祇園守」と呼ばれるが、もともと菊水鉾に伝わったもので、元治元年（一八六四）の大火で菊水鉾が焼失した後、復興を一旦断念し、明治二十四年（一八九一）に山伏山に譲渡したものである。つまり、大火以前の菊水鉾には祇園守（筒守）が伝来していたものの、稚児社参に用いられたものか不明である。

ところで、生稚児は本来、主に中世後期以降の西国にみられる風流囃子物としての羯鼓稚児舞の演者であり、原本が応仁の乱前に描かれたとされる「月次祭礼図模本」（第六幅、東京国立博物館蔵）の鉾稚児は少年であり躍動的な舞いをみせ、他の事例からも神聖視される存在ではなかった（福原　二〇〇六）。近世に入っても、京都所司代などに対して演じられたものの、以降の絵画の多くでは、鉾正面に飾り物・置物の如く鎮座している風に描かれることが多い。羯鼓舞が主ではなくなるに伴い、一つ物などと同様、神聖稚児と解されることにより、存在意義が保たれていった（福原　二〇〇六）。

鉾稚児社参について、祇園遊郭練物の最古番付とされる宝暦五年（一七五五）『祇園ねり物絵づくし』（新村出「重山文庫」蔵)に「鉾児祇園参」が描かれ、駕籠に稚児人形が載り、後ろに傘が差された少年の禿が続く(八反　二〇一八：七〇六)。しかし生稚児が人形に代わったのは、後述するように天保期以降とされ。右は練物の出し物であるため、駕籠に載せる人形としたのであろうが、それは当時、生稚児は騎馬ではなく、以下のように、駕籠移動が前提であったからである。

宝暦七年(一七五七)の『祇園会細記』には、鉾稚児が「桙の舞児祇園参りの事」「鉾の児ぎおんまいりの体」の二か所に記される(植木　一九七四)。いずれも「長刀鉾」の言及はなく、前者には六月朔日辰刻、「各本社へ参詣する」とあり、当時は長刀鉾以外にも鉾の舞児《まいちご》が各々社参していたのである。

また、『祇園会細記』後者と天明七年(一七八七)『拾遺都名所図会』の挿絵には、鉾稚児が祇園社に向かう場面の図が載り、稚児は駕籠に乗り、駕籠上には祇園社の三つ巴神紋の傘が差しかけられる。

さらに、横山崋山による天保六～八年(一八三五～三七)作の「祇園祭礼図巻」(二巻、個人蔵)巻頭に、長刀鉾稚児とされる社参が描かれる(永田・八反　二〇一八)。これは祇園社本殿における儀式が終わり、石鳥居を通って帰る場面であり、「明治以前、稚児はこのあと御所へ御挨拶に行く」(松田　一九七七：二二四)とされる。当時、南楼門の外は駕籠移動であったものと思われ、駕籠の後ろには朱の大傘を広げた差し手が随い、駕籠上に傘を差している。その傘下中央には、吊るされた朱の房飾りが二本みえるが、崋山はこれを上方より俯瞰して描いているため、傘内は描かれていない(右の二種の版本と絵巻の駕籠にも筒守はみえない[6])。

一方、同絵巻の本殿近くにも、朱傘を差されて歩く少年の後姿が描かれ、八反氏は「狩衣に施された金鯛の豪華な文様が袖に彩られており」(八反　二〇一八：四五二)とし、異時同図法により駕籠の稚児と同一と解するものの、こちらは少年であり、その傘下に筒守や房飾りはみえない。崋山の筆致は精緻を極め、この歩く少年を鉾稚児とするならば、前述のように、当時は他の鉾稚児も各々社参していたので、長刀鉾以外の鉾稚児であろう。

近世後期以降、生稚児は漸次、人形にとって代わられ、天保十年に函谷鉾が復興に際して稚児人形に代わったのを皮切りに、文久三年(一八六三)に鶏鉾、明治四十五年(一九一二)に月鉾、昭和四年(一九二九)に放下鉾、そして昭和三十一年の復興に際して菊水鉾が人形となった(松田　一九七七)(7)。

本稿では、近世の駕籠社参の傘下に吊るされた筒守が、近代の騎馬社参の筒守へ継承されたものと推定している。前近代の舞稚児から、馬上の一つ物のような威儀を正した神聖稚児と解されるようになり、翠山の「祇園会」に描かれたように、傘の柄は螺鈿製、孔雀の羽で飾った蝶トンボの冠と金の烏帽子を被り、神性を高める行装となり、傘の筒守もそれを可視化したものと思われる。傘自体も、「朱の妻折長柄傘には窠に唐草と巴の神紋、隷書風「長」の字紋を白抜きし」(松田　一九七七：二四)とある。窠とは、円弧を四～六個つないだもので、その形が木瓜《もくか》を輪切りにした形に似た文様や紋所のことで、ここでは祇園社の神紋である。

また現在、生稚児が肩車されつつ長刀鉾へ乗り、山鉾巡行のスタートを告げる「注連縄切り」の儀が四条麩屋町で行われる。村上忠喜氏の御教示によると、右は戦後生まれの儀礼であるものの、注連縄切り自体は古写真や伝承により、明治末年頃には確認できるとする。しかしそれは、巡行の見せ場ではなくお旅所の注連縄切りであり、長刀鉾が来る前に同鉾役員が注視されることもなく、切り下していたらしい。

現在の儀礼は戦後、宮中儀礼に詳しい有職故実家や能楽師などにより考案されたものだが、当時は高度経済成長期前夜の観光化への動きもあり、生稚児が鉾正面に鎮座する存在意義としても、その神性を可視化する儀礼が創出されたのであろう。

10 練り子と太子山の筒守及び山鉾の産育信仰

まず、山鉾巡行において、臨時的な練物行事に参加した練り子について記す。

祇園祭の練物とは、山鉾巡行の合間に、氏子町人が江戸祭礼の附祭のように、新作の歌舞音曲や仮装行列、大がかりな造り物が参加する出し物であり、前述した風流囃子物の近世的展開ともいえよう。なかには武者風流行列のような定番の練物もあり、演じた子どもを練り子と称した。

後述する図21・22『筠庭雑考』（国立国会図書館デジタルコレクション同書1、第六五コマ目。喜多村　一九七四：一四一）において、信節は、祇園社参詣に「護りの袋」を吊るした傘を小児に差して道中すると記した（本書395頁）後、「今も神祭のねり子ども、傘にきをんまもりとて筒にしたる物をさ《（下）》ぐる」と記す。同書の『日本随筆大成』翻刻本には「祈り子ども」とあり、願掛けの子と解せようが、国立国会図書館蔵写本のくずし字では「祢り」（ねり、練り）と読める。

いずれにせよ近世後期当時、祇園祭練り子の傘には筒守が吊るされ、「祇園守」との固有名詞が使われていたことがわかる。

次に、太子山の筒守について記す。現在、他の山には松が立てられ小鐘などが吊るされるが、太子山には唯一杉が立てられ、筒形が吊るされる（松田　一九七七）。前述の犀山の絵巻をみると、両端に朱房の付いた朱の筒守であり、松田氏が「『祇園山鉾考』（文化頃―北観音山蔵写本、引用者註）にも「真杉、守袋掛ル赤地錦」（松田　一九七七：一二三）と指摘するように、筒守は少くとも文化年間（一八〇四～一八）以前より吊るされていた。

この筒守も、聖徳太子にあやかり、子どもに知恵が授かるようにとの祈願であろう。

ところで、各山鉾にはさまざまな御利益があるとされ、宵山などの行事では、御神体人形の御守などが町会所などで授与されるが、特に山鉾の御神体人形や小袖にまつわる産育信仰についてみておこう。

前述の『祇園会細記』によると、船鉾と大船鉾では神功皇后（御神体人形）が締める腹帯を安産祈願のために貸し出していた。

橋本章氏の御教示によると、大船鉾には神功皇后の胸部に懸ける懸守（形は筒守）が伝来し、収めた木箱には嘉永五年（一八五二）の墨書がある。

また村上忠喜氏によれば、船鉾町には「神功皇后御神徳記」が伝来し、この書は禁裏女御の懐妊の際、安産祈願として船鉾の神功皇后の神面と腹帯を禁裏へ貸し出した記録であり、宝暦八年（一七五八）より幕末まで、一一二回が書き留められている（村上　二〇一〇）。

さらに前述の松田氏著（松田　一九七七）によると、神功皇后を御神体とする占出山では安産守や腹帯を授与し、宵山に町家で飾られる多くの小袖は、宮中の女性から安産祈願のために贈られたものであるという。

現代の長刀鉾生稚児は「祇園祭の神聖稚児」のようにみなされ、差される傘の筒守（祇園守）も神性を高める演出となっている。本来、祇園守は主に神功皇后にあやかる産育信仰を背景として授与され、祭りに参加・見物する子どもの魔除けとして傘に吊るされたが、近代以降は生稚児社参に継承され、神性の可視化に一役買ったのであろう。

以上のように、祇園祭にまつわる筒守や小袖には、宮中や京の女性たちによる産育祈願が込められていたのである。

11　京都の参詣図・遊楽図の筒守

祇園祭の季節ではないものの、祇園社への参詣や遊楽の添景として、肩車の子どもに差しかけた傘に、筒守が吊る

図21　小児の傘に守り巾着(懸守)
(『筠庭雑考』国立国会図書館デジタルコレクション)

図20　誓願寺参詣の稚児への筒守(「誓願寺門前図屏風」京都文化博物館蔵、『京を描く—洛中洛外図の時代—』より転載)

図22　傘に吊るす三角形の御守(『筠庭雑考』国立国会図書館デジタルコレクション)

される図像が散見される。
すでに斉藤氏が指摘しているように、桃山時代から近世前期成立とされる「誓願寺門前図屏風」（二曲一隻、京都文化博物館蔵）が早いもので、右側の同寺門前において女が肩車した女児が朱の傘を差され、傘骨に筒守が吊るされている（京都文化博物館　二〇一五：八三。図20）。
また、前述の『筠庭雑考』（国立国会図書館デジタルコレクション同書1、第七二・六五コマ目、喜多村　一九七四：一五三・一四二）には図21・22が掲載され、以下の文章が載る。
（図22、デジタルコレクション第六五コマ目）
慶長年間の屏風の絵の縮図なり
図は稚児の祇園社に詣つる処なり
是画中これのミならず打物もたせたる人物、両刀を帯たるハなし、こは武家にハあらぬにや
○傘に護りの袋さけたり、小児にさしかくる傘、道ゝまもりを下げし也（以下は392頁に引用したため、後略）
（図21、同右第七二コマ目、左下）
慶長頃の図
小児ノ傘に守り巾着などさげたり、ふくさも有るか
図22は喜多村信節が慶長期（一五九六〜一六一五）とされる祇園社参詣図より採った（転写）ものらしく、祇園祭か、祇園社参詣か、肩車された稚児に傘が差される。信節は町人の一家とし、傘に吊るした三角形の大小二つの袋状を、護り袋、守り巾着、袱紗とする。本稿5項の寺への奉納物や雛祭りの吊るし飾りには、サンカクと呼ばれる三角形が多く吊るされ、従来、「魔除けの火打ち（燧）袋」を象徴するものと解されてきた（長沢　一九九六）。

これに対し筆者は信仰的要素に加え、筒守は真横に吊るした筒形と、傘裏中央からその両端への紐が三角形を成し、筒形もサンカクも、意匠としても好まれたものと思われる。

次に、近世初期風俗画屛風の点景として、肩車で祇園社に参詣する稚児に筒守が吊るされた傘を差しかける事例を検討する。

まず、斉藤氏が指摘した「東山遊楽図屛風」（六曲一双、メトロポリタン美術館蔵）左隻第六扇には、祇園社南楼門内における二組がみえる。上部には女に肩車され女児に後ろから傘を差しかけ、朱袋形の懸守が吊るされ、下部では稚児を肩車した女自身が傘を差し、筒守が吊るされている（京都国立博物館　一九九七：二九七、高津文化会館旧蔵）。

朱傘に吊るす筒守は、「四条河原図巻」（個人蔵）の四条河原で興行する見世物の犬芝居の見物客にもみられる（京都国立博物館　一九九七：二七一）。

いずれにせよ、桃山時代より寛永期を中心とする近世初期風俗画の時代には、肩車稚児の傘に筒守を吊るす例がみえ、その目的は外出時の魔除けなどにあったものと思われる。

12　長崎くんちの稚児

長崎くんちは、三基の神輿が諏訪神社からお旅所である港の大波止まで往復する祭礼であり、本稿で対象とする近世後期には、旧九月九日がお旅所への渡御（お下り）、十一日が還御（お上り）であった。本稿では神輿還御に伴う稚児を対象とするが、お旅所から諏訪神社まで、外浦・大村・本博多・掘・本興善・豊後・桜・勝山・両馬場の諸町を通り筋としたので、描かれた場所はそのいずれかである。

その絵画とは、長崎奉行が文政年間の一八二〇年頃、饒田喩義《にぎたゆぎ》に命じて編纂させた『長崎名勝図絵稿本』であり、

図23　長崎くんち見物稚児への懸守
（『長崎名勝図絵』より転載）

野口文竜と画家打橋竹雲などが協力したものの、未刊のまま終わった。図23は詳訳本の『長崎名勝図絵』巻五上の挿図であり（丹羽　一九七四：三〇二〜三〇三）、母親が傘を差しかけ、父親に肩車された稚児の一行は、大宮司の輿の真横に描かれる。還御の最後尾である住吉神社の神輿、つまり神輿渡御全体の最後尾について歩いているのであろう。男児は髪を伸ばし始める「三歳の髪置き祝い」前の髪形であり、房付きの袋物形の懸守を吊るすものの、手前の同様の髪形の肩車稚児の傘下には吊るされず、長崎くんちにおける懸守は、長崎の一般的な習俗であったものかは不明である。

長崎くんちは、神輿が海辺に渡御して海水で清められ、海からの神を迎える浜下り行事の一種であり、太平洋沿岸地方に多く、神霊を迎えた後の還御こそが重要である。図の懸守には、くんちの神迎えにあやかって魔除けのみならず、子育てや病気除け祈願が込められているものと思われる。

13　長崎の「宮参り」図

近世長崎における赤子の「宮参り」図には、参詣道中で差した傘に吊るすものが確認できる。この宮参りは赤子の誕生日により日の決まる初宮参りと思われ、居住地の産土神に初めて参拝することにより、地域社会の一員（氏子）として氏神に承認される通過儀礼とされる（寺院参りもある）。

その図像は、長崎の絵師川原慶賀などが長崎の通過儀礼を描いた「日本人の一生」図の一部であり、彼の作画期より一九世紀前半の習俗を描いた記録画であろう。これらは出島に滞在したブロンホフ、フィッセル、シーボルトらが注文して描かせ収集した記録画であるが、伝来過程において「一度混乱したことがあるらしく、分類も形式的なもので、注文者と作例とを結びつける確証は見出せないと聞く」（岡　一九九三：二一九）とされる。

対象とする宮参り図五種の内四種は、夫婦と赤子、お供の女による参詣の道中、父親が母子と自らに傘を差し、その内三種には傘に大きな袋物形が吊るされる。その形態は筒守ではなく、懸守なのか、紙入れなどの容器なのか定かではないものの、初宮参りという社寺参拝は個人的行事であり、庶民の場合は人目に立つものではなく、袋物形は周囲に見せるための飾りではなかろう。

また、以下①～④の四種には神社到着後の儀式の様子が描かれており、これは次項で詳述する赤子の名付け儀式と考えられよう。

オランダのライデン国立民族学博物館蔵と、長崎市の長崎歴史文化博物館蔵の「（日本）人の一生」図には、前者に四種（後述の①〜④）、後者に一種（⑤）の宮参り図が描かれており、慶賀個人のみならず、複数の手の入った工房作のものもある。前者は長崎歴史文化博物館ウェブサイト「川原慶賀作品データベース」、後者は同館「全収蔵資料検索（博物館館の収蔵資料）」にて閲覧できる（ＵＲＬは後掲。以下№は所蔵両館の資料番号）。

①紙本墨画、冊子「宮参り」（No.1-4479-d-25）。

一点のみで、道中図はない。五種のうち唯一白描、冊子の一部（見開き）であり、神社拝殿での名付け儀式が描かれる。羽織姿の父親が拝殿の縁に腰かけ、拝殿内の御供の女は袋物形を抱え、ともに左の儀式を見ている。巫女は立ったままの姿で、手にした三方には紙片が置かれ、座った母親に抱かれた赤子の頭上で、三方と神楽鈴を振る。

②絹本彩色、まくり（掩、表装しない一枚絵）「宮参り⑴」「宮参り⑵」（No.360-4279・4280）。

「宮参り⑴」は、父親が差す傘下に赤い大きな袋物形が傘裏弾の部分より吊るされている（下妻　二〇一六：一六七）。夫婦が石鳥居下のお供の女を振り返り、父親は神社への謝礼らしき風呂敷包みを抱えたお供を指差している。

「宮参り⑵」は到着後の神社拝殿での儀式が描かれ、父親は①と異なり羽織を着ていない。お供が抱えていた風呂敷包みが描かれないのは①〜④とも同様であり、名付け儀式への謝礼として、到着後神社側に贈られたのであろう。

③紙本著色、まくり「宮参り⑴」「宮参り⑵」（⑴は唯一同データベースに掲載がない。⑵はNo.1-4481-3）図24・25。

両者とも構図は②と酷似するものの、⑴の黒紋付羽織を着ている父親の位置が異なる。⑵は①と酷似するが、縁に置いた傘の位置が逆である（①は③の下絵の可能性もあろう）（長崎歴史文化博物館　二〇〇五：一三九）。

④絹本彩色、折本「宮参り⑴」「宮参り⑵−1」「宮参り⑵−2」」（No.360-960-3・4・5）

図24　傘下の懸守には赤子の名前候補と推定
（『宮参り』ライデン国立民族学博物館蔵、『長崎大万華鏡』展図録より転載）

図25　巫女による名付けの儀式（『宮参り』ライデン国立民族学博物館蔵、『長崎大万華鏡』展図録より転載）

「ブロンホフ画帖」と称される折本仕立ての内三図で、「日本人の一生」図の内「最も古く、基本になったと考えられて」いる（岡　一九九三：二一九、陰里　一九九三：一〇・五八・五九、下条　二〇一六：一六四・一六五に掲載[8]）。(1)では、一行は石鳥居手前の町家板塀の前を行き、父親が差す傘には赤い袋物形が吊るされており、御供の娘が風呂敷包みを抱えて続く。(2)-1では、父親のみが手水を使い清めている。(2)-2では、絵馬が掛けられた拝殿前の石壇に置かれた草履は母親と御供の二人分で、父親の姿はない。拝殿内でお供が袋物形を抱え、巫女は中腰で紙片の載った三方と神楽鈴を、母親と赤子の頭上で振る。

⑤絹本著色、まくり「宮参り(1)」（No.A2ヽ0074）

①とは逆に、前半の参詣道中図のみであり、父親が差す水色の傘には吊るしものは描かれていない。⑤は明暗法や立体表現など画風の点からも慶賀作ではなく、同工房かそれ以外の絵師によるものであろう。母親は大きな赤い御包《おくるみ》の赤子を抱いて手水舎前を行き、石鳥居下の風呂敷包みを抱えたお供の女を振り返る。

さて、②〜⑤の参詣道中図は、衣装や赤子の御包などから、同じ一行ではないものの、同一や似ている人物表現もあり、なかにはモデルとなった同じ家族を描いた作品の可能性もあろう。

また②③⑤の石鳥居に掛けられた額には、「神社」の文字のみ書かれ、拝殿のみで本殿は描かれず、特定の神社ではなかろう。

14　長崎の名付けと懸守

前項の傘に吊るされた袋物形は、前述のように赤子の名付け習俗に関連するらしく、フィッセルは一八三三年に著した『日本知識への付与』第五章「画法と図法」において、収集品の「日本人の一生」図について解説するなかで、以下のように記している。「男の子は三十日目に、女の子は三十一日目に僧侶から名前をもらうために、両親または親戚たちに連れられて寺院へ行く」（陰里　一九九三：五九）とされ、これに相当する絵は管見の限り「宮参り」図以外にない。しかしながら、画題の「宮参り」や、画面内容からでは名付け習俗とはわからず、フィッセルは注文・収集に際し、絵師より右の解説を受けていたものと思われる。

また、文政九年（一八二六）、出島のオランダ商館長になったメイラン（一七八五〜一八三一）の素描記録『日本』にも同様の習俗が以下のように記されている（ここでは、オランダ・アムステルダムで出版された原版を翻訳した『長崎県史』〔長崎県県史編纂委員会　一九六六：四〇〇〜四〇一〕から引用する）。

子供は誕生後女児ならば三十日、男児なら三十一日に達すると、寺院(神社)に連れて行かれてそこで名前を貰う。この宮参りの際の仰々しい仕度は、まず何よりも子供たちの着ている沢山の晴着が第一であろう。またお寺では、他にやらなければならぬことも沢山あるので、僧侶の労に酬いるために必要な金銭を箱に入れたのを持った下女がついてくる。

この箱には、金銭の外に一枚の紙が入っている。この紙には三つの名前が書いてある。その名前は普通はその家族のなかで一番有名な人から取ったものである。僧侶の勤めは、この三つの名前の中どれが子供に一番幸福であるかを神に相談することであり、従って神のお告げがあると、僧侶はすぐその名を大きな字で紙に書き、畳んで板の上にのせて、この用のためにお寺に養われている婦人がその紙を子供に持ってくるのである。その婦人は、一方の手でその板を持ち、一方の手で前に述べた日本人が鈴と呼ぶ楽器を持って、この鈴を子供の名を呼びながら何度も鳴らす。こうして儀式は行われる。

「下女が持つ箱」に謝礼と名前の候補が入っているとされるが、慶賀などによる「宮参り」図(前掲②③④)では、箱ほどの大きな赤い袋物形が傘に吊るされ携行されている。そのなかに名前の候補があったのであろうが、この袋物形は単なる紙片を入れる容器や携行具ではなく、赤子の初外出を守る懸守と思われる。神社に着くと、袋物形から紙片が取り出されて三方に移され、神前の占いで名前が決まる(後述する近代長崎の町の事例のように、複数候補からの「籤引き」という表現もある)。巫女がその紙片を赤子の頭上で振って選び、命名の儀式が行われたのであろう。

長崎県における名付けの民俗事例を以下確認すると、対馬の厳原付近では、男児生後五日目、女児八日目に、紙片に三通りの名を記し、硯ふたなどに入れ、お伊勢様の「御祓箱」のお札に入っている串で紙片をすくって、ついて来た名や、お伊勢様に納めた箸で挟んだ名を採って付ける(恩賜財団母子愛育会　一九七五)。

また、壱岐郡では男女とも、生後八日か一二日目に名付け祝いをするが、近親者たちから名をもらって別々に紙札に書いて捻り、一升ますに入れて荒神様に供える。主人が目をつぶってその中から一つをつまみ、その名札を荒神棚に貼って供え、赤子に付ける。

さらに、東彼杵郡江上村（現佐世保市）では、名の選定に困った際には、いくつかの候補を紙片に書いて荒神様に供え、その御幣で紙片を撫でて、ついてきた一枚の名に定める。

右の農村や島嶼部の名付け習俗は赤子の自宅で行われたのに対し、「宮参り」図や、フィッセルやメイランの記録によると、長崎の町では外出して社寺で行われた。

長崎県を問わず、民俗事例の名付け習俗は生後七日目の「お七夜」頃が多く、長崎県を含め全国的に、生後三〇日目前後には初宮参りが多いものの、長崎市では以下の報告がなされている。

「男児三十一日目、女児三十三日目に氏神諏訪社に詣で、昔はこの日に鬮をとり、命名する。帰路親類知音に回礼する」（恩賜財団母子愛育会　一九七五：四三六）とあり、昔の長崎の町では、名付けと初宮参りを併せて行ったようで、まして戸籍制度のなかった幕末には、名付けと宮参りを一緒に行っていたものと考えられる。「宮参り」図ではおそらく近所の産土神に、民俗事例ではお伊勢様や荒神様の占い（籤）により、名前を決めてもらったのである。

また、初宮参りは赤子の忌み明きの初外出の場合が多く、儀礼的に傘を差して守り、懸守を吊るして道中の安全を祈願したのであろう。たとえば、壱岐郡では生後三三日目の忌み明き前に、やむを得ず赤子を屋外に連れ出す場合には頭に手拭を被せ、さらに釜蓋を戴かせる習俗があった（同書：四三六）。また、対馬厳原付近では、名付け式までは赤子に日の目をみせず、この日は顔に墨をつけて初めて外へ連れ出す（墨も日の光を避けるためであろう）。

このように初外出は霊的にも危険と考えられ、頭部を守る習俗があった。懸守に名の候補を入れることにより赤子

図26　袴着祝いの傘に吊るす大福帳（『二度生子掘出物』『江戸のくらし風俗大事典』より転載）

の健やかな成長や将来の成功を願うとともに、傘に吊るすことにより、上から霊的に守ろうとしたのであろう。

15　将来を願って吊るす

最後に、長崎以外の宮参り図として、天明五年（一七八五）の『二度生子掘出物』（棚橋・村田　二〇〇四：一五七）を検討する。おそらく江戸の事例であり、図26の左（進行前方）は、石鳥居の神社に入ろうとする女児の七歳の帯解祝いであり、着装からみて武家の一行とわかる。その後方（右）には「お上下《（裃）》のものハあんよ《（足）》をする《（摺）》ものた《（だ）》」と記されるように、五歳男児が初めて袴をはく袴着祝いの一行であり、幼児から童児になるための通過儀礼である。

これは旧暦十一月十五日の七五三の前身とされる祝いであり、家族は晴着の子どもを連れて産土社に参詣し、我が子の成長を氏神に祈り、親戚に挨拶回りをし、自宅に客を招いて祝宴を開くこともあった。

前を行く帯解祝いの女児一行に傘はないので、参道に続く袴着祝いの一行は、雨天でないにもかかわらず、儀礼的に傘を差したものであろう。

歩く男児の一行は、傘下の男の鉢巻や衣装からみて町人の家族連れと思われる。傘前方には二冊の大福帳のような帳面が吊るされているので、男児が将来商家を継ぎ、家運を盛り上げる期待や願いが込められたのではなかろうか。

天保九年（一八三八）刊『東都歳事記』（斎藤・朝倉　一九七二：六八）十一月十五日条の「嬰児宮参」図には、大傘の

縁下に幾つかの帳面が吊るされており、これも同様の意味があるものと思われる。

この事例は、将来を占い、家永続を願う象徴が吊るされており、長崎の名付け事例と同様、外出時の魔除けに加え、子の健やかな成長や将来を祈願する意味を有したのであろう。

おわりに

本稿では「傘に吊るす御守」習俗に関して、十六世紀以降の画証を検討してきたが、文献史料によると、さらに遡及することは言うまでもない。

たとえば、『経覚私要鈔』宝徳二年（一四五〇）七月十六日条によると、奈良町の盂蘭盆風流の練物として、興福寺の稚児と思われる如意賀丸に差した「笠ノ下ニ龍守」が出ており、龍形の御守が吊るされたものと思われる。

筒守は江戸時代、親などが子の外出に際して差した傘に吊るして携行したが、それは外での現実の危険（疫病・事故・誘拐などの災難）回避祈願というよりも、霊的な魔除けの方が勝っていたものと考えられる。

「七つまでは神の子」の語が、「いつ召されるか」という当時の乳幼児死亡率の高さと、神に近い無垢なる童児への信仰、の両義を示していたように、前近代の人びとにとっては、現実の危険と霊的な危機の感覚が、現代人のように乖離していなかったのであろう。

一方、本稿で対象とした吊るしものに関して、祭りや参詣というハレの場面であるにせよ、その全てを御守として、解釈できるものでもなかろう。

近世都市の人びとにとって、真摯に願いを込める「御守」と、派手で華やかな「飾り」を、峻別する意識があったものか。現代では、「信仰」と「装飾」の意味付けは全く異なる（「逆」に近い）ものの、近世における両者はどちらの側面もあったものと思われる。

「信心／飾り」「祭り・参詣／遊び」を「区別する意味や必要」がさしてなかった近世社会に対し、「区別するのが合理的・道徳的」と考えるのが近代社会なのであろう。

註

（1）坂本要氏は本書において、霞ヶ浦周辺地域における「傘へ布などを吊るす習俗」について報告・考察しており、本稿はその比較事例として参照されたい。

傘は夏祭りの日除けであり、肩車は人混みにおいて子どもの視界を確保し、長時間歩行させないため、傘下の吊るしものは目出つ装飾（子ども自身をも喜ばせる）や、人混みでの目印など、それぞれ実用的理由とする意見もあろう。それに対して本稿では、魔除けの御守とする解釈を裏付ける文献史料の調査（画証批判）が不足しており、類推で終わっている事例も多い。この反省を踏まえ、今後に期したい。

（2）文化十年（一八一三）の山東京伝『骨董集』の乳母日傘図には、筒守は描かれていない。

（3）筒形が飾りとして傘に吊るされる事例も多く、たとえば、小田切春江の『名陽見聞図会』によると、天保八年（一八三七）二月、名古屋城下清寿院にて曲馬の見世物興行があり、仙代（台）萩の出し物における宙吊りの場面で、傘下に筒形が吊るされているが、これは演技の安全を願う筒守というよりも、演出上の飾りであろう（小田切・服部　一九八七）。

（4）現在、酒田市総合文化センター（夢の倶楽・山居倉庫）に展示されているが、上部に傘はついていない。

（5）ドリス・クロワッサン・若林操子編著（一九九一）では、「松尽し図」である（同書：四二五・四二六、同館番号

８４４）。

（６）近世祇園祭の鉾稚児社参の駕籠道中に吊るされた筒守の同時代画証は確認できず、後世の編纂資料を挙げておこう（今後、膨大な近世絵画においてその存在が確認されるであろう）。

明治二十三年（一八九〇）十月十日発行の『風俗画報』二一号（東陽堂）に、住江松人による「祇園会私祭」が載り、図27は同誌一二頁の挿絵「六月一日長刀鉾児子八坂神社参拝之図」である。一行は稚児の「父を始め其所の町役人其後に供奉す各坊皆同じ稚児は網代又は飴塗にして繋く鋲打たる肩輿《かご》に乗り先に徒士を立せ薙刀を持せ前後に挟箱を担がせ朱の長柄傘に錦の袋に入れたる祇園守を繋《つ》けて之れを輿《かご》に指翳させ行列を整粛（静粛―引用者）ならしめ恰も雲の上人の参内する如くなりしも今は騎馬となりぬ」と記される。

江戸時代、長刀鉾のみならず生稚児社参のあった道中駕籠の上には、筒守の吊るされた傘が差されたものと推測される。

このような駕籠上の傘下に筒守を吊るす伝統は、宮中にもあったらしい。明治維新以降三十年を経た明治三十一年四月、東京で行われた祝賀行事を描いた図28の「奠都三十年祭祝賀会　奥女中行列之図」（三枚続、延一画）には、明治天皇の乗る菊紋の駕籠に奥女中が付き添う様子を、芸者連が見立てた仮装行列である。この菊紋の傘下には筒守が吊るされ、これは近世の宮中における天子の私的外出時の魔除け習俗だったのであろう。丸の内における奥女中行列仮装は筒守まで確認できないものの、『奠都三十年祝賀会写真帖』（宮内庁書陵部所蔵資料目録・画像公開システム https://shoryobu. kunaicho.go.jp/）にも写っている。

（７）橋本章氏の御教示によると、昭和四年（一九二九）まで生稚児が参加した放下鉾では稚児社参が行われ、大正期のモノクロ写真には鉾稚児に傘が差され、傘の下に房のみがみえる。橋本氏はこの房について、現在の綾傘鉾などにもみられる「房飾り」と解する。確かに、大正三年（一九一四）七月二十三日の放下鉾稚児社参の八坂神社南楼門前の集合写真を

図27　長刀鉾の稚児社参の道中駕籠の上に、筒守の吊るされた傘が差された（住江松人による江戸時代の想定図、『風俗画報』21号より転載）

図28　駕籠に差された傘下の筒守（「奠都三十年祭祝賀会　奥女中行列之図」、個人蔵）

みても、稚児に差された傘下に筒守は確認できない（京都市文化市民局文化芸術都市推進室文化財保護課　二〇一一）。

（8）　岡泰正氏は、慶賀の師匠である石崎融思の筆と推定している（岡　一九九三：二二〇）。

参考文献

赤井達郎・中島純司編著　一九八二『近世風俗図譜8　祭礼（一）』小学館

出光美術館編　一九八七『出光美術館蔵品図録　風俗画』平凡社

植木行宣校注　一九七四「祇園会細記」藝能史研究会編『日本庶民文化史料集成　第二巻田楽・猿楽』三一書房

植木　行宣　一九九八「小袖の風流」『藝能史研究』一四一　藝能史研究会

植木　行宣　二〇一七「笠鉾とその流れ―山・鉾・屋台の祭り研究拾遺Ⅰ―」『京都民俗』三五　京都民俗学会

内山　大介　二〇一六「産育祈願の吊るし飾り―福島県会津地方のカサボコ―」『民具研究』一五四　日本民具学会

内山　大介　二〇一九「東北日本における傘鉾の地域的展開―祭礼の傘と祈願の吊り下げ物―」民俗芸能学会第一七二回研究例会資料（二月二六日）

岡　　泰正　一九九三「人の一生」平山郁夫・小林忠編『秘蔵日本美術大観九　ライデン国立民族学博物館』講談社

小田切春江（服部良男編）　一九八七年『名陽見聞図会』文化史研究会

恩賜財団母子愛育会編　一九七五『日本産育資料集成』第一法規出版

陰里鐵郎編著　一九九三『日本の美術329　川原慶賀と長崎派』至文堂

狩野博幸編著　一九九一『近世風俗画4　祭りとしばい』淡交社

狩野博幸編著　二〇〇七『新発見・洛中洛外図屛風』青幻社

祇園祭編纂委員会・祇園祭山鉾連合会編　一九七六『祇園祭』筑摩書房
喜多村信節　一九七四「筠庭雑考」日本随筆大成編輯部編『日本随筆大成』二期八　吉川弘文館
喜多村信節　一九九六「嬉遊笑覧」日本随筆大成編輯部編『日本随筆大成』別巻八　吉川弘文館
京都国立博物館編　一九九七『洛中洛外図　都の形象—洛中洛外の世界』淡交社
京都市文化市民局文化芸術都市推進室文化財保護課編　二〇一一『写真でたどる祇園祭山鉾行事の近代』京都市文化市民局
　文化芸術都市推進室文化財保護課
京都文化博物館編　二〇一五『京を描く—洛中洛外図の時代—』展図録　京都府京都文化博物館
郡司　正勝　一九八七『風流の図像誌』三省堂
国立歴史民俗博物館編（福原敏男全文執筆記名）一九九四『描かれた祭礼』展図録　国立歴史民俗博物館
斎藤月岑（朝倉治彦校注）　一九七二『東都歳事記』3　平凡社東洋文庫
斉藤研一　二〇〇三「子どもの御守り」『子どもの中世史』吉川弘文館
坂本　要　二〇一七「傘ブクと吊り下げ物の民俗—傘ブクから雛の吊り下げ飾りへ—」『福島の民俗』四五　福島民俗学会
坂本　要　二〇一九「傘ブクと吊り下げ物」民俗芸能学会第一七二回研究例会資料（一月二六日）
下妻みどり　二〇一六『川原慶賀の「日本」画帳　シーボルトの絵師が描く歳時記』弦書房
庄内傘鉾研究会編　二〇一四『庄内の傘福を訪ねて』酒田あいおい工藤美術館
高谷　重夫　一九八六「砂持考—都市の民俗—」『近畿民俗』一〇九　近畿民俗学会
棚橋正博・村田裕司編著　二〇〇四『江戸のくらし風俗大事典』柏書房
谷直樹・増井正哉編著　一九九四『まち祇園祭すまい　都市祭礼の現代』思文閣出版

段上達雄　二〇一一「きぬがさ1―傘鉾と風流傘の源流―」『別府大学大学院紀要』一三　別府大学
東京国立博物館・日本テレビ放送網編　二〇一三『京都　洛中洛外図と障壁画の美』展図録　日本テレビ放送網
都市と祭礼研究会編　二〇一一『江戸天下祭絵巻の世界―うたい　おどり　ばける―』岩田書院
ドリス・クロワッサン・若林操子編　一九九一『リンデン美術館蔵　ベルツ・コレクション日本絵画　図版編』講談社
内藤　正人　二〇〇三『江戸名所図屛風　大江戸劇場の幕が開く』小学館
長崎歴史文化博物館編　二〇〇五『長崎大万華鏡　近世日蘭交流の華』展図録　長崎歴史文化博物館
長崎県県史編纂委員会編　一九六六『長崎県史　史料編三』長崎県
長沢　利明　一九九六「火打と這子」都留市郷土研究編集部編『郡内研究』六　都留市郷土研究編集部
長沢　利明　二〇〇六「吊るし飾りと祭礼装飾」『西郊民俗』一九七　西郊民俗談話会
永田生慈・八反裕太郎監修　二〇一八『横山崋山』展図録　日本経済新聞社
丹羽漢吉訳著　一九七四『長崎名勝図絵』（長崎文献叢書第一集第三巻）長崎文献社
八反裕太郎　二〇一八『描かれた祇園祭―山鉾巡行・ねりもの研究』思文閣出版
福田　博美　一九八六「守袋の変遷―懸守から胸守へ―」『文化女子大学研究紀要』一七　文化女子大学研究紀要編集委員会
福原　敏男　二〇〇六「戦国織豊期における諸国祇園会の羯鼓稚児舞―八撥をめぐって―」二木謙一編『戦国織豊期の社会と儀礼』吉川弘文館
福原　敏男　二〇一二『江戸最盛期の神田祭絵巻―文政六年御雇祭と附祭―』渡辺出版
福原　敏男　二〇一三「祭礼のねりもの―祇園ねりもの前史―」福原敏男・八反裕太郎『祇園祭・花街ねりものの歴史』臨川書店

福原　敏男　二〇一五『江戸の祭礼屋台と山車絵巻―神田祭と山王祭―』渡辺出版
福原　敏男　二〇一七「祭礼風流の万度・万灯・額―近世都市祭礼の事例―」『日本民俗学会第69回年会要旨集』編集・発行　日本民俗学会年会実行委員会
福原　敏男　二〇一八『江戸山王祭礼絵巻―練物・傘鉾・山車・屋台―』岩田書院
藤田　順子　二〇〇〇「傘福考」『雛の庄内二都物語　酒田と鶴岡のお雛さま拝見』SPOONの本
松田　元　一九七七『祇園祭細見（山鉾篇）』郷土行事の会
村上　忠喜　二〇一〇「神性を帯びる山鉾―近世祇園祭山鉾の変化―」『年中行事論叢―『日次紀事』からの出発―』岩田書院
八代市立博物館未来の森ミュージアム編　二〇一七『八代の歴史と文化二七　大笠鉾』展図録　八代市立博物館未来の森ミュージアム
山崎祐子編著　二〇〇六『雛の吊るし飾り』三弥井書店
横井清・河野元昭編著　一九八二『近世風俗図譜5　四条河原』小学館
四日市市立博物館編　一九九五『祭礼・山車・風流　近世都市祭礼の文化史』展図録　四日市市立博物館

〈参考ＵＲＬ〉
長崎歴史文化博物館「川原慶賀作品データベース　川原慶賀の見た江戸時代の日本1」https://www.nmhc.jp/keiga01/
同館「全収蔵資料検索（博物館の収蔵資料）」https://www.nmhc.jp/search.html

謝辞　本稿を草するにあたり、植木行宣・内山大介・大田由紀・坂本要・蘇理剛志・段上達雄・橋本章・八反裕太郎・福持昌之・村上忠喜・森本仙介・矢田純子諸氏（五十音順）には貴重な御教示を賜り、その学恩に感謝いたします。

土浦祇園祭の系譜
―漂着神伝承と浜降り、弥勒の出し、江戸志向―

萩谷　良太

はじめに

土浦は霞ヶ浦の北西岸に位置する旧城下町である。霞ヶ浦に注ぎこむ桜川の河口に、城が築かれ町が開かれた。慶長六年（一六〇一）の松平信一以来、西尾氏・朽木氏・土屋氏・松平氏と代々譜代大名が入り、貞享四年（一六八七）に土屋政直が二回目の入封をしてからは、明治初年まで土屋家の支配下にあった。土屋家は享保年間（一七一六～三六）の加増により九万五〇〇〇石となり、常陸国では水戸藩に次ぐ規模の藩であった。また土浦は、江戸から水戸街道で一泊二日の距離に位置しており、霞ヶ浦・利根川を介した水運の発達により、江戸への物資輸送の拠点ともなった。江戸地廻り経済の展開のなかで、関東有数の醤油醸造地に成長している。常陸国南部の政治・経済・交通の要地が、城下町土浦であった。

そのような城下町の祭礼として賑わいをみせたのが、城下を見下ろす高台（真鍋台）に鎮座する天王社の祭礼、すなわち祇園祭であった。土浦の祇園祭に関しては複数の祭礼図が現存しており、城下町祭礼の研究に寄与してきた。そして、研究が進展するなかで、当地の祭礼は天下祭をはじめとする江戸の都市祭礼の影響を受けていたことが指摘さ

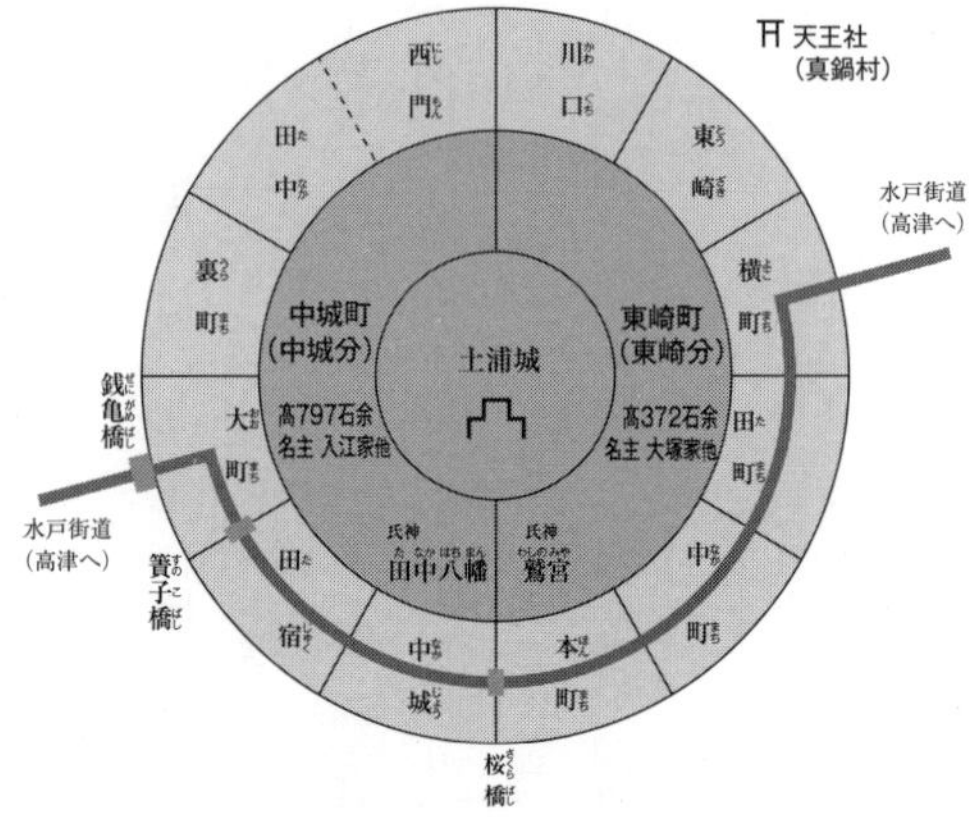

図１　城下町の構成模式図
（土浦市立博物館、2013年a）

れてきた。祭礼図には江戸に倣った出し物が描かれており、「江戸志向」ともいうべき江戸を意識した祭礼が行われていた。近年では土浦の祭礼図を紹介するにあたり、「江戸の天下祭の系譜を引く華やかな祭礼」と形容されることさえある（土浦市立博物館　二〇一五：六四）。だが、祭礼図を仔細にみていくと、そこには在地的な祭礼文化の要素（出し物）もみえる。また、霞ヶ浦周辺に広くみられる漂着神伝承と、それにもとづく儀礼については、これまであまり注目されることがなかった。そこで本稿では、祭礼図や史料をもとに、霞ヶ浦周辺の民俗事例も参照しながら、土浦祇園祭の特質について再考を試みたい。

以下、論を進めていく前提として、城下町土浦の構成について述べておく。土浦の町では城の東側を迂回するようにして南北方向に水戸街道が走り、商家が軒を連ねていた。行政単位としてみた場合、城下町は南側の中城町《なかじょうまち》（中城分）と北側の東崎町《とうざきまち》（東崎分）とに分かれ、両者にはそれぞれ名主・町年寄といった町役人がいた[1]。

中城分と東崎分の内部はさらにいくつかの組（以下、「町組」と呼称）に分かれる。中城分の町組は中城町・田宿町・大町・裏町・田中・西門、東崎分の町組は本町・中町・田町・横町・東崎町（下東崎）・川口町であった（図１）。これらの町組が祭礼当番における基本的な単位となり、普段の祇園祭では各町組が交代で当番をつとめた。

表１は文政期以降の当番町を一覧表にしたものである。中城分の町組と東崎分の町組が隔年で交互に当番をつとめ

表1　当番町と出し物　(　)内の町組は推定を示す

年号	西暦	町	町組	出し物	出典
文政元年	1818	中城分	田宿町		野中
文政2年	1819	(東崎分)	(田町)		
文政3年	1820	(中城分)	(田中・西門・裏町)		
文政4年	1821	(東崎分)	(横町)		
文政5年	1822	(中城分)	(大町)		
文政6年	1823	(東崎分)	(川口町)		
文政7年	1824	(中城分)	(中城町)		
文政8年	1825	(東崎分)	(東崎町)		
文政9年	1826	中城分	田宿町	屋台	志1
文政10年	1827	東崎分	本町	大津絵の学びか	志1
文政11年	1828	中城分	西門田中	屋台	志2
文政12年	1829	東崎分	中町	屋台	志4
文政13年	1830	中城分	大町	屋台	志5
天保2年	1831	(東崎分)	(田町)		
天保3年	1832	中城分	中城町	花車(土浦山車図譜)	図譜
天保4年	1833	(東崎分)	(横町)		
天保5年	1834	中城分	田宿町	出し	志8
天保6年	1835	東崎分	川口町		志10
天保7年	1836	中城分	田中西門		志11
天保8年	1837	東崎分	東崎町		記13
天保9年	1838	中城分	大町	おどり屋台(江戸より来る)	記14
天保10年	1839	東崎分	本町	屋台	記14
天保11年	1840	中城分	中城町	おどり屋台、はやし屋台、出し	記15
天保12年	1841	東崎分	中町		記16
天保13年	1842	中城分	田宿町		記18
天保14年	1843	(東崎分)	(田町)		
天保15年	1844	中城分	西門田中		記19
弘化2年	1845	東崎分	横町	行列ねり	記20
弘化3年	1846	(中城分)	(大町)		
弘化4年	1847	東崎分	川口町		記21
嘉永元年	1848	中城分	中城町	踊り1組、出しなど	記22
嘉永2年	1849	東崎分	東崎町	出し(鷲に日の出)	記22
嘉永3年	1850	中城分	田宿町	囃子屋台、踊屋台	記23
嘉永4年	1851	東崎分	本町	出し(閑古鳥)、踊り	記24・覚
嘉永5年	1852	中城分	田中西門	かつぎ屋台に手踊り	記24
嘉永6年	1853	東崎分	中町		覚
嘉永7年	1854	中城分	大町	おどり屋台、出し	記25
安政2年	1855	東崎分	田町	出し(みろく)	記25
安政3年	1856	中城分	中城町		覚
安政4年	1857	東崎分	横町	踊り1組、屋台	記26・覚
安政5年	1858	中城分	田宿町		覚
安政6年	1859	東崎分	川口町		覚
万延元年	1860	(中城分)	(西門田中)		
文久元年	1861	東崎分	下東崎町		覚
文久2年	1862	中城分	大町		覚
文久3年	1863	東崎分	本町		覚

典拠した史料　　野＝色川三中「野中廼清水」、志＝色川三中日記「家事志」(附留を含む、数字は巻数をあらわす)、記＝色川美年日記「家事記」(数字は巻数をあらわす)、図譜＝沼尻墨僊「土浦山車図譜」、覚＝「覚(天王祭礼諸入用につき)」(土浦市立博物館、寺嶋誠斎旧蔵資料180)　町組の(　　)書きは推定を示す。

たことがわかる。また、中城分では中城町→田宿町（裏町を含む）→西門田中→大町の順番で当番をまわしており、各町組は八年に一度当番をつとめることになる。東崎分では東崎町→本町→中町→田町→横町→川口町の順番であり、各町組は一二年に一度当番がまわってきた。当番は神輿の露払い役の獅子舞とともに、独自の趣向を凝らした出し物を行った。

また、大祭あるいは惣町大祭と呼ばれた特別な年があった。これは、東崎分・中城分をあわせたすべての町組が参加する形で行われた文字通りの大がかりな祭礼である。記録として明確な大祭の年は、寛政三年（一七九一）・寛政五年・寛政八年、そして文化九年（一八一二）の四回である。それ以前には、元禄十四年（一七〇一）や宝永七年（一七一〇）が大祭であったとみられる。

一　土浦祇園祭にみる「江戸志向」

1　祭礼図

土浦の祇園祭については、祭礼行列を描いた絵巻が三点現存している。

①「土浦町内祇園祭礼式真図」（土浦市指定文化財、個人蔵、寛政八年〔一七九六〕の大祭）
②「土浦御祭礼之図」（土浦市指定文化財、土浦市立博物館所蔵、文化九年〔一八一二〕の大祭）
③「東崎町御祭礼之図」（江戸東京博物館所蔵、文化九年の大祭、及び文久元年〔一八六一〕の祭礼）

①は、堀部猛氏によって絵巻の場面構成の検討や他の祭礼図との比較検証が行われ、寛政八年の大祭を描いたものとの推定がなされている（堀部　一九九三）。②は、土浦で初めて醤油醸造業を起こした国分家（大国屋勘兵衛家）に伝来

していたもので、文化九年の年紀をもつ。冒頭の露払いの獅子舞や榊、神輿渡御など他の祭礼図には描かれていない場面もみられ、もっとも完備された祭礼図となっている。

③は、巻末に文久元年の年紀がみえるが、そこに描かれた祭礼行列は②の内容と大半が一致しており、実際には文化九年の祭礼行列を描いたものとされてきた（土浦市立博物館　一九九三など）。これについては揺稿において、文久元年の当番町であった東崎町の祭礼行列と、その時の揃いの着物の雛形図により構成された祭礼図が裁断されて、文化九年の長大な祭礼図が間に挿入されたもの、すなわち二つの異なる祭礼図が一巻に仕立て直されたものであることを明らかにした（萩谷　二〇一六）。

これらの祭礼図の他にも、沼尻墨僊が描いた「土浦山車図譜」や、やはり墨僊が描いたと推測される「祭礼図」などがあり、土浦の城下町祭礼を視覚的に把握できる絵画資料が豊富に伝来してきた。こうした絵画資料が展覧会などで紹介されたことで、土浦の城下町祭礼に注目が集まり、そこから江戸の都市祭礼に倣った祇園祭が行われていたことが明らかとなった（土浦市立博物館　一九九三、堀部　一九九三ほか）。

2「土浦御祭礼之図」にみる出し物

文化九年の大祭を描いた②「土浦御祭礼之図」をもとに、土浦の祭礼行列の出し物をみていこう。先頭は在方の虫掛村が担った露払いの獅子舞と底抜け屋台のお囃子で、これに続いて神輿が渡御をしている。神輿に続いて、町組の出し物が東崎分の東崎町から始まり、本町・中町・田町・横町・川口町と続き、さらに中城分の中城町・田宿町・裏町・西門田中、最後に大町で終わっている。

各町組の出し物として最初に登場するのが、行灯《あんどん》部分に「東崎」「本町」など町組の名称が示された万度《まんど》で、横町を除くすべての町組にみられる(2)。万度には、子供が担ぐものと若者が担ぐものとがある。本町と中城町では大小二基の万度が、川口町・田宿町・大町では大中小三基、その他の町組では一基ずつ出ている。万度に続いて底抜け屋台や引き屋台・仮装行列など実に多様な出し物がみえる。これらの出し物を読み解くにあたって参考になるのが、中城町で私塾を営んだ町人学者沼尻墨僊により記されたとされる次の史料である。

〔史料1〕沼尻墨僊による祭礼記録（寺嶋誠斎『土浦史備考』第一巻　土浦市教育委員会、一九八九年、一四六頁）

（前略）中城町花車引物大万度、桃太郎竹田細工蘭鉄と云器用の人物細工也。本町金鳥《ママ》玉兔の大万度薄墨と云器用の人物細工也、川口町大釣鐘の大万度帆柱の五色吹流し。中町朝鮮人来朝の学びに而皆夷人仕立、横町諸侯の行列赤坂奴大鳥毛其外数本の見透槍、懸声呼吸を揃へ堂々として威光あり。当時田町は火災ありて、弥勒の出し延引ニ相成町内に飾付置申候。東崎町は角兵衛獅子の屋台、田宿町は丑の万度角力の所作、大町弁慶安宅の関の引屋台其外筆紙に難尽候。

墨僊の記述を手掛かりにして、各町組の出し物をみていきたい。

まず、五〇余人で参加した東崎町では、子供万度に続いて、底抜け屋台を出した。屋台の中には三匹の獅子頭と人物が描かれていて、これはいわゆる「棒ささら」と考えられる（後掲図7）。

続く本町は、一七〇人を擁した大行列であった。二基の万度のうち、一つには剣先烏帽子がつけられており、三番叟を表していると考えられる。そして警固役の裃姿の者たちに続いて、巨大な「金烏玉兎の大万度」を据え付けた曳き屋台が出た（図2）。金烏は八咫烏すなわち太陽を、玉兎は月を表しており、その下部には「一万度」「本町」と書かれた巨大な行灯がつく。薄墨という人物の手によるものであった。中町は剣菱の酒樽を三つ積み上げ、大きな盃を添えた万度が先頭に立ち、朝鮮通信使の仮装に扮した人々が続く（後掲図4）。

田町は万度が一基のみであった。「土浦御祭礼之図」の詞書に「去暮難渋ニ付万度斗リニ而御座候」とあり、墨僊が「当時田町は火災ありて、弥勒の出し延引ニ相成町内に飾付置申候」と記録していることからも、田町は前年の大火により「弥勒の出し」を出すことができず、行列には万度のみを参加させていた。「土浦御祭礼之図」の上部には町内に飾り置かれた「弥勒の出し」と思われる描写がある（後掲図8）。

横町は大名行列の仮装であった。家老や藩主なども描かれている。墨僊は赤坂奴について「懸声呼吸を揃へ堂々として威光あり」と評している。

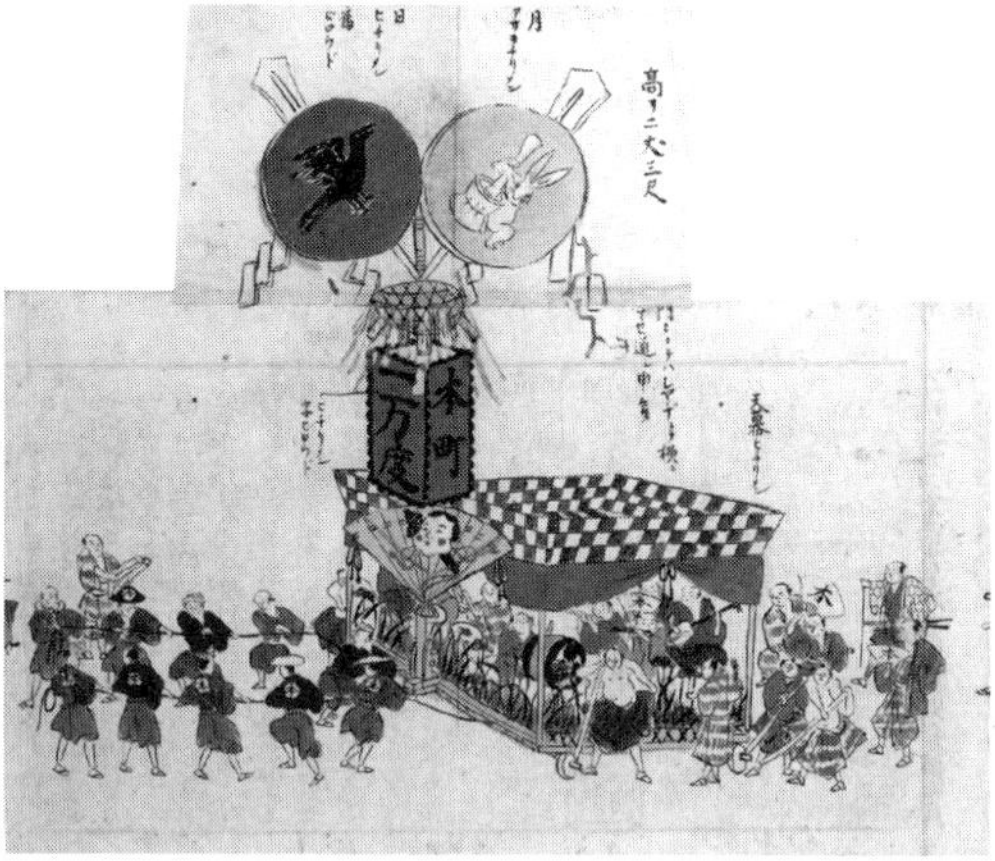

図2　本町の金烏玉兎の大万度（文化9年、「土浦御祭礼之図」土浦市立博物館所蔵、以下同）

東崎分の最後を飾るのは川口町である。三基の万度のうち、子供万度には作り物の筆がつけられ、筆子の子供たちが供奉したとみられる。続いて三番叟の万度、さらに道成寺から取材した万度がみえる（図3）。道成寺の万度は巨大な釣鐘の下に般若の面と変化の者がもつとされる打槌がつけられている。その後ろには底抜け屋台がみられ、大太鼓・小太鼓・笛・三味線によるお囃子の一団が続く。そして最後は高さ三丈にもなる吹流しを立てた曳き物であった。墨僊は「帆柱の五色吹流し」と記しており、川口町が河岸であることからも、高瀬船の帆柱を用いたものと推測される。頂きには上部に花をしならせて縁に幕を下げた傘がみえる。舞台の上では囃子が演奏されている（図3）。

東崎分に続いて中城分の出し物がみえる。先頭の中城町は、警固

図３　川口町の道成寺の万度と、「帆柱の五色吹流し」
（文化９年、「土浦御祭礼之図」）

の者も含めて二三〇人を擁する最大の行列となった。子供万度の後に桃太郎の万度がみえる。墨僊は「竹田細工」と記しており、仕掛けをほどこした万度であった可能性が高い。花車の曳き物をはさんで桃太郎の母の役とされる芸者がみえ、立場にて長唄を披露したようだ。

続く田宿町では三基の万度があり、中央のものは土俵が象られた相撲の万度であった。祭礼図の詞書や墨僊の記録から、ところどころで土俵入りの所作を披露したようである。三つ目の万度は「丑の万度」で、米俵を積んだ牛車が表現されている。最後に底抜け屋台がつく。

裏町は万度のみの参加であった。西門・田中は合同で万度を一基と底抜け屋台、そして上部に巨大な亀をあしらった曳き屋台を出している。中城分の最後は大町である。大町では三基の万度を出したが、このうち三つ目の万度には巨大な蛤がつけられている（後掲図5）。そして最後の曳き屋台では踊りが披露されている。墨僊によれば「弁慶安宅の関の引屋台」だという。

祭礼図全体を通してみれば、桃太郎や、道成寺、安宅の関（勧進帳）など、物語から取材した出し物が華やかに祭礼を彩っていたこ

図４　中町の朝鮮通信使の仮装行列（文化９年、「土浦御祭礼之図」）

とがわかる。また、町人が武士の格好に扮したり、異国の装束に身を包んで登場した。小規模な町組は万度のみの参加であったが、万度は高らかに掲げあげることによって、花を綺麗に開くことができ、その巡行には競演の要素があったはずだ。大祭の祭礼行列は、町組による華麗な万度の競演と、有力な町組による独自性をもった出し物に彩られていた。

３　江戸志向

すでにふれたように、土浦の祇園祭は、天下祭をはじめとする江戸の都市祭礼の影響を受けていたことが指摘されてきた。以下、その根拠を示しておきたい。

まず、江戸の都市祭礼の移入をもっとも象徴する出し物として、中町による朝鮮通信使の仮装行列があげられる（図４）。「清道旗」をもち、異国の装束を身にまとった人々がみられる。行列の最後には、兎をくくりつけた馬にまたがり、生で鳥を食べる人物も描かれ、獣肉を好むとされた異人のイメージが付与されている。朝鮮通信使は江戸時代を通じて一二回来ているが、実際には江戸までしか来ていないので、土浦の人々は江戸の都市祭礼で出された朝鮮通信使の出し物を模倣したのであろう。

また、沼尻墨僊の「墨僊漫筆之稿」の中には、「寛政六（五の誤りか――萩谷註）甲寅年天王二ト日大祭有て江戸職人等河内やニ来りて万度を作る」とあり、江戸の職人が万度の製作を行ったことが記されている（榎　一九九二）。土浦の大祭を彩っていた万度は、江戸の職人によって作られたものであった。

田宿町で薬種店を営んだ色川美年（国学者色川三中の弟）による天保九年（一八三八）の日記には、「大町祭礼当番、今日笠揃ニ而中条町入江迄出ル、おとり屋台出来ル、尤も江戸より参る」との記録があり、当番の大町が踊り屋台を出すにあたり、その踊り手を江戸から呼んだことがわかる（土浦市史資料『家事志』第四巻、一〇四頁。以下、三中・美年兄弟の日記については、『家事志　色川三中・美年日記』第一巻〜第六巻、土浦市立博物館、二〇〇四〜二〇一四年収録のもので、『家事志』第〇巻、〇頁のように表記する）。以上は、絵画資料や史料から直接的に読み取れる江戸の祭礼文化の要素である。続いて個別の研究者による指摘と、現代の民俗について取り上げておきたい。

榎陽介氏は、「墨僊漫筆之稿」を読み解くなかで、土浦の祭礼は江戸の影響が大きく感じられることを指摘するとともに、祭礼が藩主の保護と援助のもとに行われ神輿が城内まで入ったことから、江戸の山王祭や近世の城下町祭礼と同様の形をとっていたことに言及している（榎　一九九二）。

堀部猛氏は、安永八年（一七七九）製の中城町の大幟（土浦市立博物館所蔵）が、江戸の書家沢田東江に依頼したものであったことを明らかにした。堀部氏によると、祭礼の幟旗は大勢の見物人の鑑賞の対象であり、どの書家に揮毫してもらうかが重要であった。東江の手になる大幟は、江戸天下祭でも使用されており、江戸の著名な書家に土浦の人たちも依頼したと推測した（堀部　一九九六）。

鳶米黒和三（黒田日出男氏とロナルド・トビ氏のペンネーム）は、巨大な蛤と竜宮を表現したような大町の万度（図5）が、「蜃気楼」を表したものではないかと指摘した。かつて蜃気楼は、海中に棲む巨大な蛤が吐く気によって、海上にあらわれた楼台と考えられており、この万度はそれをシンボリックに表現したことになる。そして、この蜃気楼の万度は、文化九年（一八一二）の大祭での土浦のオリジナルの発想ではなく、それ以前の文化四年の江戸深川八幡宮の

図５　大町の蜃気楼の万度
（文化９年「土浦御祭礼之図」）

祭礼で、蛤丁が出した「しんきろう」「蛤つくり物」の引物を取り入れたのではないかと推測した（黒田、ロナルド・トビ　一九九四）。
江戸を意識した祭礼の在り方は、近代以降も同様であった。明治初年に大町は、三代目原舟月の山車人形を載せた江戸型山車を引いていた。この山車は後に青梅市本町に譲られ、人形は青梅市の指定文化財になっている。また、中央一丁目（旧中城町にあたる）の山車人形は、江戸最後の山車人形師として名高い古川長延が明治八年（一八七五）に制作したもので、当時の山車は江戸天下祭りと同様に木遣りで引かれた。この中央一丁目では、葛西囃子（東京都指定無形文化財）を呼んで山車に乗せていて、その伝統を現在も守っている。現在の土浦祇園祭でも、江戸型山車の系譜に連なる山車がみられる。土浦の人々の江戸（東京）を意識した祭りの在り方は、現代に引き継がれている。

二　神事と祭事

１　天王信仰

城下町土浦の祇園祭は江戸の祭礼を意識した「江戸志向」の祭礼であり、芸人も出し物も、祭りの設えも、江戸から取り入れていたものであった。しかし、江戸の影響を受けていた点について異論はないのだが、この祭礼には在地的な祭りの要素も多分に含まれており、すべてを江戸に倣ったものとは言い難い。以下、いくつかの史料と周辺の民俗事例を提示することにより、土浦祇園祭を在地の祭礼文化という観点から再評価してみたいと思う。

その前に、近世の土浦の人々にとって、そもそも天王社がどのような存在であったのか、その信仰についてうかがえる次の史料を紹介しておこう。土浦城下の田宿町で薬種業を営んだ国学者色川三中の日記「家事志」、天保五年三月八日の条からの引用である。

〔史料2〕色川三中「家事志」九、天保五年三月八日の条（『家事志』第三巻、一二二頁）

昨日より天王様御仮宮御願之上出し奉り、町中流行病も多く候間よけ奉りたきのよしニ而、夕べ川口本町抔夜ニ入奉り候、今日中城相済候而昼過より此町内へ請取候様相成申候。尤中城ハ軒ニ奉入候よし也、此町ニ而ハ軒毎ニ奉入候事恐れなきニあらす候まゝ、却而表ニ而むけ奉り家内見せ先へ出候而拝し候様ニいたし申候。若者へ酒壱樽遣ス。中城田宿大町三町ニ而金壱両也奉納。さいせんハ其まゝさるニ入奉納候。夕くれかた首尾よくうら町迄仕舞大町へわたし申候、請取候時ニ町内主人計ニ而請取候間、大町方ニ而も主人のミ被参被請取申候

ここには天保五年（一八三四）の流行り病に際して、疫病除けのために天王社から神輿を出御させたことが記されている。神輿は川口町から本町に入り、翌日に中城町・田宿町・裏町、そして大町へ渡御した。若者に酒樽を遣わしていることから、神輿は若者たちによって担がれたようだ。疫病除けのために、天王社がいわば臨時的に出御した記録である。天王社に対して土浦城下の人々が疫病除けの加護を期待していたことがわかる。

城下の人々にとって天王社は、町の外からやってきて疫病を祓い、人々を守護する存在であり、祇園祭はその神を毎年定期的に迎えて、囃し祀るものであった。祭礼図の華麗な行列につい目を奪われてしまいがちになるが、祇園祭の本義は天王を迎えて祀ることにより疫病を祓う「神事」である。華やかな祭礼はその一場面でしかなく、重要なの

は天王を迎えて送りかえすという儀礼であった。そこで、次に祇園祭における神事の様子を確認したい。

2　土浦城と神事

郷土史家の寺嶋誠斎氏が筆写し、のちに『土浦史備考』に採録された史料のなかに、「幕末の祇園祭」に関する次のような記述がある。これは幕末の祇園祭の様子を記した近代の史料を、寺嶋氏が翻刻したものである。

〔史料3〕「幕末の祇園祭」（寺嶋誠斎『土浦史備考』第一巻、土浦市教育委員会、一九八九年、一四七頁）

毎年六月十三日祭礼を執行ふ神職宮本大隅世襲たり。六月十二日早朝殿里なる神主宮本宅庭に御仮屋を設け神輿出御す。同日九ツ頃より御迎として徒目付壱人、下目付壱人、町方小頭弐人、町同心四人、町役人惣代等出頭す。藩主より乗馬三頭を貸与あり。神主三名の内宮本大隅・養子隼人等に乗馬許さる。付添として殿里有志御神輿脇に侍するを例とす。又一頭の馬は神馬として御神輿の後に連なる。各行列を作り、西真鍋より本道を経て、土浦本町小林嘉左衛門前の御仮屋に駐輿す。これは小林氏祖先天王の神躰を霞浦に拾ひ上げし由緒による。維新後此事廃止して各当番町に設くる事となれり。十三日正四ツ時天王御神輿御仮屋出御、中城町大手御門より内西町を通過し、二ノ門・三ノ門を経て、御城掛橋前天王松に駐輿す。夫より御城玄関に登輿し、神主大隅等祭典を執行す。藩主より御初穂として玄米弐俵金子千疋を備ふ。終て御神輿内西町より外西町・立田町・鷹匠町を通過、土浦全町巡行し、築地町を経て真鍋台天王社に還御す。此祭礼は土浦全町順次年番にて執行ひ、山車踊屋台等を出す。

二次的な資料だが、幕末における祇園祭の様子を把握できる。すなわち、六月十二日に天王社から神主宅に遷された神輿は、殿里村の人々によって担がれ、藩から貸与された神馬とともに藩士・町役人らに警護されて、小林家前のお仮屋に遷される。小林家の前にお仮屋が作られるのは、御神体を拾い上げたという由緒にもとづいている（後述）。そして、十三日にお仮屋を出発した神輿は土浦城の中に入り、城内の天王松に駐輿したのち、本丸御殿の玄関に移される。そこで神主による神事が執り行われ、藩主から初穂を受ける。その後、城内の武家屋敷である内西町や立田町などを通って、さらに町人たちの町の中を巡行し、その日のうちに真鍋台の天王社へ還御している。

土浦藩主は定府であり、藩主自身が実際に祇園祭を上覧する機会は少なかったと思われる。藩主の名代が初穂を献じたようだが、この時には藩の役人たちをはじめ、町役人らもこぞって登城をした。色川三中も文政十二年（一八二九）にわずか一〇か月の期間だが町年寄を務めており、この年の祇園祭に町役人として参加した。三中は裃姿で草履を履き、「秋広」という脇差を帯刀して、中城分・東崎分の名主・町年寄らとともに登城した。そして、お神酒をいただき、藩の役人たちに対してお礼のあいさつをしたと日記に記している（『家事志』第二巻、二三三頁）。このように、土浦城下の祭礼は天王社の神輿が城に入り、本丸御殿に降ろされ、そこで藩士と町役人らが揃って神事に参加することが重要であった。三中の日記には「天王様御城無滞相済候」（天保二年六月十三日、同二三〇頁）、「天王様町方御廻りハ相延び御城へ計り御上りニ成候」（天保四年六月十三日、同四二八頁）などの記述がみられ、神輿がお城に入ることが関心事であったことをうかがわせる。将軍の上覧を受けることを目的として町人たちによる練物が江戸城に入った天下祭とは異なり、藩と町人とが一体となった神事を催行するために神輿は土浦城に入ったと考えられよう。

3　祭礼行列と城下町の巡行

続いて祭礼行列の巡行ルートをみておきたい。以下に掲げるのは、町役人の中島家（中町）に伝わる御用留である。

〔史料4〕「諸事（天王祭礼附留）」（中島家文書、土浦市立博物館寄託）

十三日天王御神輿御城へ御入御下リ被遊候、内西丁郭御仕舞被成候頃、町々練もの大手より御番所へ断リ立入レ申候。大手内御番所御物頭御堅メ、大手より内西丁御馬屋番御目附御屋敷外西町口御門際へ御桟敷掛ル、是より外西丁西門、夫より帰し裏町へぬけ大町田宿、昼食後又大手より入り前川町御奉行所様前迄入、小屋方分小屋方ト右御屋敷方桟敷前ニ而致シ、鷹匠町奥之方江参、大蔵後堀きわ幷ニ松之際ニて相勤、返し、明カす御門より田町横町築地ト致シ、下東崎より川口へ出、河岸通ヲ本町へ出、練ものハ北御門迄御見送り。はやき町々は帰休ミ申候、中城分十三日、残ル箇所其翌日相廻リ申候、十三日ニは両名主も罷出申候。

年紀を欠くため、いつの祭礼の様子なのかは不明だが、行列がどのようなルートをたどったのかを具体的に把握できる(図6)。神輿が本丸御殿での神事を終えて下がったところで、町々の練物が大手門より入る。城内南側の武家屋敷がある内西町を通ってから外西町口より出て、町人たちの住む裏町や大町、田宿町といった中城分を巡行する。そして昼食後に再び大手門より城内に入り、城内北側の鷹匠町などを巡行して「開かず御門」(田町門)より町人地である田町・横町を通り、下東崎から川口町の河岸通りにそって本町へと東崎分を巡行して、城下町の北の出口である北門まで神輿を見送っている。

注目されるのは、土浦城を起点にして南側の中城分と北側の東崎分の二つの町を巡行している点である。すなわち、昼前は土浦城→中城分、田宿町での昼食をはさんで土浦城→東崎分と、城下町の二つの町を対等に巡行していることがわかる。神事が行われる土浦城を起点として、祭礼行列は城下町全体をカバーするかのように巡行しているのである。そして、この昼食をはさんで中城分と東崎分とを対等に巡行するルートが作られたのは、霞ヶ浦で御神体を拾い上げたとされる二つの家の在り方が関連していると筆者は考えている。

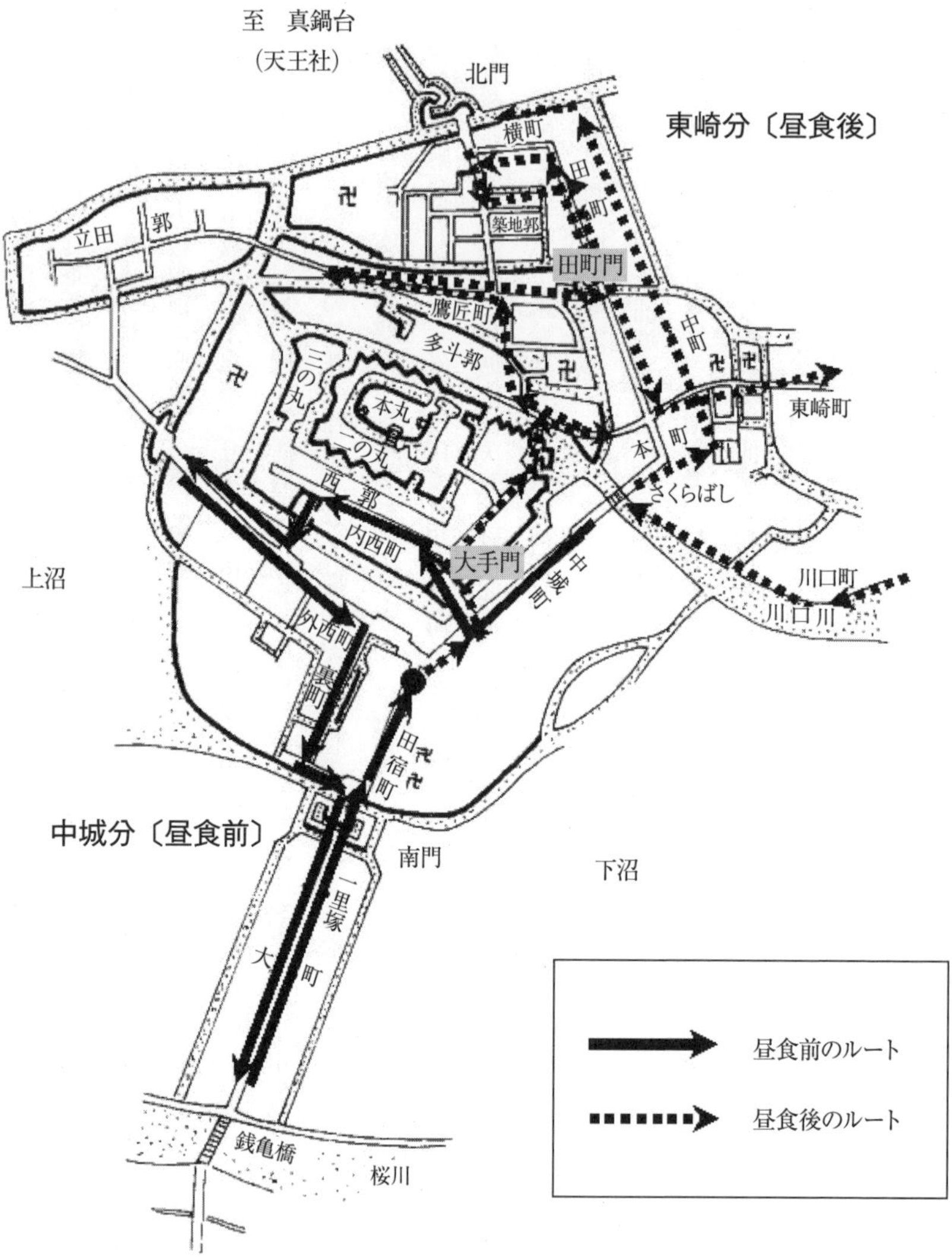

図６　練物の巡行航路
(土浦市史編さん委員会『土浦歴史地図』1974年、土浦市教育委員会、55頁所収の絵図に修正を加えて史料４の情報を加筆。推定を含む)

三　霞ヶ浦周辺の漂着神伝承と浜降り

1　土浦の天王社と漂着神伝承

霞ヶ浦周辺の八坂神社・素鵞神社の由緒には、流れ着いた天王の御神体や神輿を拾い上げ祀ったことする「漂着神伝承」が多くみられる。伝承によれば、土浦の天王社の御神体もまた、天正年間（一五七三〜九二）に漁師が霞ヶ浦で拾い上げたとされている。そのことを、近世後期に土浦藩に仕えた農政学者長嶋尉信の記録から紹介しておこう。

〔史料5〕長嶋尉信「遠中未来記」（『長嶋尉信著作集　土浦関係資料』、土浦市立博物館、二〇一一年、一〇四頁）

寛永水帳ニ天王松下田三畝歩一筆あり、今ハ松枯て田の中につかのこれり、卯改に三間四方九歩を除きをく也、むかし神輿湖上より此処へ流れより引あけたる処のしるしニ松を植置後大木と成りしか、後に枯れたるよし土人いふ、扨神輿を引あけたる者の子孫かやしきハ本町ト中町ト境の東側ニて、年々六月の祭礼に天王御旅所と成る古例也〈天王神輿ハ天正五丑年五月五日造営の由、元禄十四巳四月再興、宝永三年四月十一日御遷宮、此年正月神主庄太夫上京神位正一位ヲ賜、庄太夫出雲守ニ任〉古図ニ左兵衛とあり、元文図ニ善三郎後嘉左衛門ニ改

史料中に登場する天王松については、近世の絵図でも地名として確認することができる。これは史料3にあった土浦城内で神輿を駐輿した天王松とは別であり、現在もその場所は天王塚と呼ばれ、石碑が塚の上に立っている。長嶋によると、この神輿を引き上げた者の子孫の屋敷（佐兵衛、後に嘉左衛門と改名）は、土浦城下の本町と中町との境界の東側にあり、祇園祭の時にはお旅所となってきたという。

色川三中は洲から発達した東崎の成り立ちを考察するなかで天王松についてふれている。

〔史料6〕色川三中「野中廼清水」（『色川三中　野中廼清水』、土浦市立博物館、二〇一七年、五二頁）

天王松といひて昔天正五年ニ色川氏の先祖の天王宮ヲ上ケ奉りし処といひ伝ふる、天王松といへる田地の名処ハ是処より尚東の方ニあたりてある処なり、抑この東崎といへる地ハもとの桜川の東端ニありて、昔桜川の流れこゝに流たりし折ハ洲のこゝに出たる処にて、はやくこゝにハ人家なとも有しげ也

三中は、御神体（天王宮）を拾い上げた人物について、別の史料のなかで、慶長年間（一五九六〜一六一五）に土浦に移り住んだ色川家の先祖晴貞（庄次右衛門）ではないかと推測している。(3) 三中から数えて一二代前にあたる人物である。

これらの記述からうかがえるように、土浦の天王社は、小林家あるいは色川家の先祖が霞ヶ浦で神輿（天王宮）を引き上げ祀ったものである。そのことを、『土浦市史編集資料』に翻刻された「前沢家文書」からも確認しておきたい。前沢家文書では、さまざまな家の由緒が語られるが、そのなかに天王社に関する記述も散見される。

〔史料7〕（天王祭礼の古例）（『土浦市史編集資料』第五篇　前沢家文書、土浦市史編纂委員会、一九六九年、九頁）

古代漁師嘉左衛門、弥次兵衛同船ニて罷出候て天王をひろひ上け候は天王松之処と云。その頃は銭亀川之流坂田前より真直に桜橋江落候由、正慶二年癸酉四月初旬之旨嘉左衛門由緒書ニ相見へ又弥次兵衛由緒書にも右之段も書加へ且天王祭礼之節嘉左衛門所江仮屋ヲ建テ弥次兵衛処昼休古例也と云。（後略）

〔史料8〕「宮本山城由緒書」（『土浦市史編集資料』第五篇　前沢家文書、土浦市史編纂委員会、一九六九年、七頁）

私先祖之儀は下東崎ニ罷在候小前百姓にて庄太夫と申候者儀曽祖父以来小田殿勘気を蒙リ蟄居仕農業など仕り産桑仕来り候内大形村天王賞罰甚厳重にて農民共持扱兼候て川流に仕り候所流れ来箱に其旨書付御座候を漁士両客弥次兵衛、嘉左衛門拾い揚げ候。後真鍋台畑地之内少々荒地有之処に先達て畑主前沢伝之進殿自分信心の為明神様之小祠出来荒し置候も年来之儀に付多分損失にて再建と申も無之ひたすら原之様罷成之有り候処江右天王を其

御組下八拾騎を始両町元百姓方相談之上社地之儀相調候て社地と為、庄太夫儀頼まれ罷越候処、殿里村にて百姓に山を譲り欠家作仕り罷在候、其後信心帰依之者多分ニ相成土浦両町残らず真鍋村殿里村虫掛村常名村共世話致し呉し上重ねて神職仕り官位迠出来て罷在り信太治部少輔様御代より神輿登城仕来り候て神職之儀私にて八代に罷成申候。（後略）

〔史料9〕（色川家由緒）（『土浦市史編集資料』第五篇　前沢家文書、土浦市史編纂委員会、一九六九年、二九頁）

田宿町色川平右衛門儀は先祖之者天王之流れ着相ひろひ揚げ候後迠弥次兵衛と申候て老後病死仕候。其者若名ニ御座候条以来平三郎と申来候。古御水帳には弥次兵衛と相聞候は右之者祖父にて御座候。中興は皆平右衛門にて通用仕来候。願通信などの節平吉、平七など共申候義は御座候。右之者當廿日御祭礼には幼年訳故にて色川平吉天王昼休古例通仕候様申立仕候間御内意相伺旁申上置候。（後略）

史料7～史料9を総合すると、大形村（現つくば市大形）の農民たちが持ち兼ねる状況になった天王の御神体が銭亀川（桜川のこと）に流されて、色川弥次兵衛と小林嘉左衛門によって拾い上げられた。はじめは天王松のところに祀られ、後に真鍋台の前沢家の畑地で荒れたままとなっていた明神の祠に遷され、庄太夫が神職として奉仕することになった。土浦町はもとより周辺の村々にも信仰され、神輿が登城するまでになったという。また、祭礼にあたり嘉左衛門のところにはお仮屋が設けられ、田宿町の弥次兵衛のところで昼休みをとることを古例とした。

本史料ではさまざまな家の由緒が列記されているが、これらは前沢家との関わりのなかで編纂されたようであり、史実としては疑わしい部分が多い。ただ、もとより漂着神そのものが「伝説」として語られる対象であり、近世のある段階において、こうした伝承が作り出され、語られていたことは、ひとつの歴史的事実として受け止められるだろう。長嶋尉信や色川三中らにも漂着神伝承の大筋は共有されており、霞ヶ浦に流れ着いた神を拾い上げて祀ったとする故事は、近世の土浦の人々に広く認識されていたとみてよい。

そして、ここで筆者が注目したいのは、御神体を引き上げた家の一つが色川弥兵衛家で、その子孫は中城分の田宿町にあり、もう一つの家が小林嘉左衛門家で東崎分の本町にあったという点である。漂着神を拾い上げたという故事にもとづき、真鍋台から城下町へ降りてきた神輿は、まず小林家の前に設けられたお仮屋に一泊する。そして、翌日に神輿は大手門から土浦城内に入って神事が行われるが、史料4にみられたように神輿と練物は昼を休むために、一度、城を出てから色川家のある田宿に渡るのである。三中の弟の色川美年は、天保九年(一八三八)六月十四日の日記で、「天王様田宿御中食之所遅く相成り暮六ツ時御着、半時程御休み御立、祭礼明日迄延、東崎辺明日ニ相成」(『家事志』第四巻、一〇四頁)と記している。前にもふれたが、この年は当番町の大町が江戸から踊り手を呼んでおり、城内の武家屋敷での立場が多く手間取り、田宿への到着が大幅に遅れたのである。結果として祭礼を一日延長し、田宿での休憩後はお仮屋に神輿を戻して、翌日に東崎分の巡行をすることになった。

また、嘉永七年(一八五四)六月十三日の条(『家事志』第六巻、二一二頁)には、「天王様御休首尾好相済」との記述に続いて、「右御休ノ事四十九日ノ中ニ候間、忌有之如何可仕哉之趣名主様へ聞合候処」と、身内の不幸で四十九日を過ぎていないことから天王のお休みの役を務めてよいか名主に打診したところ、「三十五日相過候へハ不苦候様被仰候間相勤候事」と、三十五日を過ぎているのであればよいであろうとのことで務めることにした、と記録している。子孫にあたる色川家が、天王の昼休みにあたって特定の役割を果たしていたことをうかがわせる記述である。

さらに、安政四年(一八五七)六月十三日の条(『家事志』第六巻、二九六頁)では「天王様神馬御休場見せ建家ノ大黒柱へつなき申候」と記している。この時に色川家の薬種店は普請の最中であり、床をはっていなかったことから、神馬を大黒柱につなぐことができた。「願ニかなふて難有事と被存候」と述べており、天王の神馬を店の中に迎えられたことは、美年にとって喜びであった。

これらの記事からもわかるように、田宿町に神輿が渡御をし、そこで休みをとることは、土浦城下での祭礼において特別な意味をもっていた。前日の夜宮では東崎分の本町の小林家前に設けられたお仮屋に一泊し、翌日の本祭では土浦城に一度入ってから中城分の田宿町の色川家で休みをとるため渡御した。このことはすなわち、漂着神を拾い上げた家々の子孫にそれぞれ渡る儀礼でもあった。

お仮屋については明治時代以降に当番町へ置かれることになった。そのことは、史料3に小林家前のお仮屋が、「維新後此事廃止して各当番町に設くる事となれり」とあることや、『土浦史備考』のなかに「神輿御仮家ハ明治十一年西門町当番ヨリ、改正ニ拠リ年々当番町へ設置スル事」（「八坂祭執行結約書」寺嶋 一九八九：一五二）とあることからもわかる。現在は当番町ではなく、川口町にある高架道路下の広場にお仮屋が設けられるようになっている。また、近代以降の史料に色川家や昼の休みがでてこないのは、色川家の子孫が土浦から転出した事情によると考えられる。

写真１　小林家前での儀礼（2011年７月22日）

ところが、である。現在の祇園祭においても、真鍋台から降りてきた神輿はお仮屋に入る前に小林家の前に停まり、ここで小林家の当主が初穂を献じる儀礼が継続していることに着目したい。宵祇園にあたる七月第四金曜日の午前中、八坂神社（天王社）を出発した神輿は、真鍋台から降りてきて新川を渡って旧土浦城下に入る。そして、現在のお仮屋が置かれている川口町の広場に向かうのだが、その途中、旧水戸街道沿いにある小林嘉左衛門家の子孫宅の前で神輿が停まり、小林家の当主が神饌を奉納する儀礼が行われるのである（写真1）。このときに小林家の当主は紋付の羽織袴姿であり、夫人も留袖を着て神輿を出迎える。そして升に盛った米を供え、玉串奉奠を行う。すなわち家の前にお仮屋こそ設けられなくなったが、小林家の先祖が神輿を拾い上げたという故事が、現代の神輿渡御のなかでも当主の神饌の奉納という形で伝承されているのである。近代以降に色川家は土浦を離れてしまい、また、城が廃され祭りの在り方は大きな変化をとげたが、小林家の前に神輿が停まるという儀礼は今日まで連綿と続けられてきたのである。

2　漂着神伝承と浜降り

神輿の浜降り（浜下り）は、東日本の太平洋沿岸にみられる祭りの在り方である。神々が海岸や湖岸・川などの清浄な地に降りてきて禊を行うことで穢れを祓い、神威を回復させるのが目的といわれる。茨城県でも七二年ごとに磯出を行う東・西金砂神社をはじめ、太平洋の海浜に神輿を降ろす事例が、県北から県央部にかけてみられる。この地域の浜降りは春に行われ、数年の周期をもって浜降りをしたり、特定の海浜の神社に神幸する例が多い。

これに対して、県南の霞ヶ浦や北浦周辺の浜降りは、八坂神社や素鵞（須賀）神社など天王系の神社の祇園祭として行われ、毎年七月（旧暦六月）に行われるものが多い。藤田稔氏は、県内の浜降りを三つに分類したが、霞ヶ浦周辺のそれを「霞ヶ浦・北浦周辺型」と類型化して、「八坂、素鵞系神社を主とし、除疫を祈る祇園祭の中心行事としての浜降りである」とした（藤田　二〇〇二）。そして、藤田稔氏や佐藤次男氏により指摘されているとおり、霞ヶ浦沿岸には天王系の漂着神に関する伝承がみられ、それらを祀る神社で浜降りを行う事例が確認できる（藤田　一九六七・二〇〇二、佐藤　一九六九、一九七〇）。ここでは、漂着神伝承と浜降りの様相について、霞ヶ浦周辺の事例をいくつか示しておきたい。

まず、近世の府中平村（府中、現在の石岡市街地）の天王社の漂着神伝承について、史料10を掲げておく。

〔史料10〕「諸家蔵書写」（石岡市教育委員会編『石岡の地誌』、一九八六年、一二四頁）

一府中の天王由来

高崎天ノ宮といふ所あり、是は大掾清幹公を天王と祭り、仮殿を立、浜下夕等もありしと、然る処種々奇恠ありし故川流しにせし所、府中の者高浜にて見付拾ひとりて勧請したりと云伝ふ

高崎（小美玉市高崎）に天王として祀られていた大掾清幹とは、常陸平氏の系譜をひき府中を治めていたが、戦国大名佐竹氏によって自害においこまれた武将である。その御霊を慰めるためであろう、天王として祀られていたが、奇怪なことを起こすため川流しにされ、府中の者が高浜で拾い上げて祀ったのが、府中の天王の始まりだという。高浜（現石岡市高浜）は霞ヶ浦の高浜入りに位置する恋瀬川河口の河岸で、府中からは直線距離にして四㎞ほどの場所にある。そして、天王の神輿が高浜明神（高浜神社）へ渡御し、祈禱をうけることは「御浜下り」と呼ばれていた。

〔史料11〕「常府古跡案内しるべ」天明四年（石岡市教育委員会編『石岡の地誌』、一九八六年、四六頁）

（前略）市中の神社、牛頭天王を拝し奉る、抑当社は毎年六月祭りあり、先六月朔日より所々へ大竹を建、高く端立の縄を張り、此日より不浄の事を禁しむ、是を初停注連といふ、其後当家にて強飯にごり酒を製し、十二日に至りて是を町中懇意の家へ賦る、是を盛こぼしと名付く、神供をもるに満あふれてこぼれたるを所々へくばるのこころなるべし、十三日に神輿高浜へ出、此時祢宜は烏帽子装束、馬上にて御供す、当殿も納豆ゑぼし狩衣を着し、同じく馬上にて供奉し、高浜明神の御殿にて祈禱ある。是を御浜下りといふ、此日御帰輿、守木町香取明神の拝殿を御旅所とす、是を仮屋といふ、翌十四日神輿本社へ入御、此日町中より思い思いに作り物を出し、鳴物を揃、警固の人々は羽織袴着し御供す、是を祇園祭りといふ、此日他所人も集りて参詣群衆す、此夜丑の刻斗に

流鏑ありて神馬を納む（後略）

史料10・史料11は、府中平村の天王社が漂着した神であること、そして漂着した地である高浜の神社に渡る「御浜下り」を行うことを示唆してくれる。

江戸崎（現稲敷市江戸崎）の牛頭天王にも漂着神伝承があり、「抑当所牛頭天王者、天正年中たわめきの川にて、本町住石井甚右衛門先祖網ニて救ひあけ給ふ、其節大宿羽生田常喜、甚右衛門諸共信心して、当村鎮守ニ号御輿を作り、六月廿七日を祭礼日に究め、本町・戸張町者当所町之始也に仍而、年替ニ当番して、祭礼之取持仕来り」との記録がある（本書Ⅰ第七章参照）。

小川（現小美玉市小川）の牛頭天王も流れ着いたものである。享禄二年（一五二九）に園部川の川尻で橋本源左衛門・孫左衛門兄弟が拾い上げたものを、小川城主園部宮内少輔が陽神を天王宮として城外に、陰神を稲田姫神社として城内に祀ったとされる。この橋本家の子孫は後に木名瀬孫左衛門と姓が変わるが、「御供盛」と呼ばれる供物の世話をする家として世襲されている（本書Ⅰ第二章参照）。

古渡（現稲敷市古渡）の天王さまは、元弘二年（一三三二）に、霞ヶ浦で「わたり漁」（船に寝起きして漁をする）をしていた梅澤藤右衛門と宮本惣右衛門が流れてきた神輿を拾って古渡に帰り、大久保治左衛門と大久保三左衛門に相談のうえ、田宿の毘沙門社を借りて祀ったのが始まりだという。天王さまを毘沙門社まで運ぶ途中、柳町与惣兵衛が注連を綯ったことから、現在でも祇園祭の縄は柳町家の子孫が綯うことになっている。また、梅澤家・宮本家・大久保両家・柳町家の子孫は神事に参列して決められた席に着座する（桜川村史編さん委員会編　一九八六、および本書Ⅰ第六章参照）。

ここにあげた江戸崎・小川・古渡の漂着神伝承の事例についても、祇園祭で浜降りが行われている。これらを含め

表2　霞ヶ浦周辺の漂着神伝承と浜降り

	地名	神社	神名	漂着地	漂着物	拾い上げた者	年紀	浜降り	出典・参考
1	土浦市真鍋	八坂神社	牛頭天王	大形（つくば市）→桜川→東崎	神輿	小林嘉左衛門 色川弥次兵衛	天正五年（一五七七） ※応永年間とも	―	『土浦市史』、『土浦市史民俗編』他
2	土浦市木田余	八坂神社	牛頭天王	白鳥→神立→木田余				○	『土浦市史』民俗編
3	土浦市沖宿	―	牛頭天王	稲敷の方から→沖宿					『土浦市史』民俗編
4	小美玉市（旧小川町）小川	素鵞神社	素戔嗚尊	園部川→小川	神体	橋本源左衛門 橋本孫左衛門	享禄二年（一五二九）	○	本書I第二章
5	小美玉市（旧美野里町）竹原	八坂神社	牛頭天王	大谷（旧美野里町）→園部川→竹原	金幣		正保二年（一六四五）	○	『茨城の神事』
6	かすみがうら市（旧出島村）深谷	八坂神社	素戔嗚尊	霞ヶ浦→赤塚（かすみがうら市）	神体			○	『深谷・戸崎とその周辺の民俗』
7	かすみがうら市（旧出島村）高賀津	八坂神社	牛頭天王	岩坪（かすみがうら市）→高賀津	神体			○	『安食の民俗』
8	行方市（旧麻生町）麻生	八坂神社	牛頭天王	浮島（旧桜川村）→霞ヶ浦→麻生	神体			○	『麻生町史』、本書コラム②
9	行方市（旧麻生町）五町田	八坂神社	素戔嗚尊	於下（旧麻生町）→霞ヶ浦→五町田	神体			○	『麻生町史』
10	行方市（旧北浦町）山田	八坂神社	牛頭天王	白浜（または根小屋）→北浦→山田	神輿	儀右衛門		○	『麻生町史』、近江（二〇一八）
11	稲敷市（旧江戸崎町）江戸崎	八坂神社	牛頭天王	根本→小野川→江戸崎	神輿	石井甚右衛門 羽生田常喜	天正年間	○	『江戸崎町史』、本書I第七章
12	稲敷市（旧桜川村）古渡	須賀神社	牛頭天王	霞ヶ浦→古渡	神輿	藤沢藤右衛門 宮本惣右衛門他	元弘二年（一三三二）	○	『桜川村史考』VI、本書I第六章

て、市町村史や本書掲載の事例などを加えながら、霞ヶ浦周辺における天王系神社（八坂・須賀神社など）における漂着神伝承と浜降りの有無を一覧にしたものが表2である。一部、確認できない事例もあるが、漂着神伝承をもつ事例のほとんどで浜降りを行っていることがわかる。

佐藤次男氏によると、霞ヶ浦周辺の漂着神伝承については、①八坂神社系が多く、②したがって、牛頭天王・素戔嗚尊を祀り、③漂着の開始地点または漂流の理由が明瞭なものが多く、④漂着地が聖地とされ、祭礼の重要な場所とされる場合があり、⑤浜降り祭が行われるもの、⑥祭礼に北風が吹く例などがあるという。佐藤氏の整理に付け加えるならば、漂着の開始地点が明瞭なだけでなく、拾い上げた者（家）が特定されていること、ならびにその後の祭礼のなかで、その家筋のものが特定の役割を果たしている例があることも、その特徴としてあげておくべきであろう。

筆者の調査経験からの印象ではあるが、霞ヶ浦周辺の浜降りでは、神輿が川岸や湖岸（浜辺）などの水際に降りてきて、水中で揉まれたり、水を柄杓などで掬い上げて神輿にかける儀礼が行われるのが典型的のように思う。浜降りは、「神体が禊をして蓄積した穢れを払拭したり、弱体化した霊力を再生させることに目的がある」（岩崎　二〇〇〇）とされるが、霞ヶ浦周辺の祇園祭での浜降りもまた禊の意味をもっていることは疑いないだろう。

一方、近世における土浦の史料や、現行の祭事をみる限り、土浦の神輿渡御において禊にあたる儀礼が行われてきたことは確認できない。また、土浦では拾い上げた天王さまを最初に祀った「天王塚」が残されているにもかかわらず、そこには巡行しないことなどから、一般的な浜降りとは区別して考えるむきもあろう。

しかし、真鍋台の天王社から湖岸の低地へ神輿が降りてきて城下町全体を巡行していること、神輿を拾い上げたとされる東崎分の小林家にお仮屋が設けられ、中城分の色川家に昼休みと称して神輿が停まることなどは、他の漂着神伝承を伴う浜降りの事例に共通する要素をもっている。史料6において色川三中が述べているように、東崎を含む土浦城下はかつて桜川の洲であり、土浦城下そのものが水辺であった。府中平村の事例では高浜神社への渡御を浜降りとしており、必ずしも水際に降りて水をかけて禊を行うことをもって浜降りと捉える必要性はないように思う。漂着神伝承を再生する形で儀礼がなされていることから、土浦の祇園祭もまた「広義の浜降り」として捉えておくことは穏当なのではないか。

ちなみに、土浦八坂神社の本間隆雄氏によれば、昭和二十三年（一九四八）頃までは、祇園祭に先立ち神職（社家）が馬に乗り、天王塚へ参拝をしていた。また、昭和二十九〜三十年の祇園祭では、桜川から神輿を船に載せて霞ヶ浦へ出て、天王塚へ巡行させる神輿渡御が行われたという。これは、八坂神社の故事にもとづいて試みられた一時的な巡行であったようだが、こうした意識を生み出したのも漂着神伝承や浜降りに対する観念が背景にあったからだといえるだろう。

四　「棒ささら」と「棒みろく」

1　「棒ささら」

史料1で沼尻墨僊は、東崎町（下東崎）の出し物を「角兵衛獅子の屋台」と記録しているが、「土浦御祭礼之図」に描かれた東崎町の出し物は、底抜け屋台の中で獅子を人が操っているようにみえる。このことから、東崎町の出し物は、いわゆる「棒ささら」ではないかとされてきた（佐藤　一九八五他）。

「棒ささら」の具体例として、小美玉市竹原の「アワアワ祇園」を紹介しておきたい。「アワアワ祇園」の名称もまた漂着神伝承に由来するものである。正保二年（一六四五）に、大谷（小美玉市大谷）で疫病が流行ったことから、怒っ

写真２　園部川への浜降り（2013年７月20日）

写真３　竹原、上町の棒ささら（2013年７月21日）

た大谷の人々が天王の御神体を園部川に流した。園部川は石岡市に端を発し、小美玉市小川で霞ヶ浦に注ぐ河川である。流れ着いた御神体を竹原の人が引き上げたところ、寒さのために鳥肌（アワ）が生じ震えていたという（茨城の神事編集委員会　一九八九、俵木　二〇〇六）。竹原の人々はこれを祀りあげ、祇園祭の時には園部川に浜降りをして、口に手を当てて「アワアワ」と唱えながら神輿に川水をかける（写真２）。浜降り後、神輿は竹原集落の中を巡行してお仮屋に向かうが、その際には人々が屋敷の門で火を焚きつけ、神輿の担ぎ手たちがその火を蹴散らしながら渡御をする。この渡御に際して、神輿の先を歩くのが、上町の「棒ささら」である（写真３）。「棒ささら」は、竿の先につけた獅子を三体揃えたもので、底抜け屋台が伴う。

また、石岡の常陸国総社宮例大祭（石岡のおまつり）にも「棒ささら」が出ている（後掲写真５）。これは、富田町が出すもので、屋台のなかで三体の竿先につけた獅子が舞うものである。「富田のささら」は、祭礼行列の最初に出されることが伝統とされており、現在の総社宮の神輿渡御でも行列の先頭に立っている。「富田のささら」は近世の府中平村の祇園祭にも供奉していた（後掲史料13）。

「土浦御祭礼之図」で町組の最初に渡御をする東崎町の出し物（図７）をあらためてみると、現在の竹原や石岡のそれと同じく、底抜け屋台の中で人形の獅子を操っているようにみえ、やはり「棒ささら」とみてよいであろう。「棒ささら」は茨城県内に特徴的にみられる民俗芸能であり、在地の祭礼文化の要素として捉えられるものである。

さて、史料12の元禄十四年（一七〇一）の祭礼番付をみると、東崎町はここでも行列の一番先頭に渡御をしており、その出し物は「獅子ささら」であった。

〔史料12〕「心得書」（太田家文書、土浦市立博物館所蔵）

東崎町御祭礼番付覚

一番　獅子ささら　下東崎

二番　母衣てふり　本町

三番　獅子舞　中町

四番　みろくおとり　田町

五番　作り武士　横町

鉄砲町

右之通ニ御座候、以上

六月廿一日

甚五兵衛

八田儀右衛門様

本史料12には東崎分の全町組の出し物が掲載されている。この元禄十四年は「御宮建立」と「神輿再興」という二つの大きな出来事があったため、「天王御祭礼」は翌年が当たり年であったが、一年前倒しをして行った。詳細は別

図７　東崎町の棒ささら（文化９年、「土浦御祭礼之図」）

表3　茨城県内の「棒ささら」「棒みろく」(佐藤1985他より作成)

地名	祭礼名称または神社名	棒ささら	棒みろく
土浦城下(近世)	天王祭礼(祇園祭)	東崎町	田町？
石岡市街地(府中)	総社宮例大祭 (近世は祇園祭)	富田のささら	木之地のみろく
石岡市三村	須賀神社	三村吹上のささら	三村諸士久保のみろく
石岡市柿岡	八坂神社	柿岡のささら	
小美玉市竹原	竹原祇園 (アワアワ祇園)	上町のささら	裏町のみろく
水戸市元山町	東照宮祭礼	向井町のささら	
水戸市元吉田	吉田神社例大祭	台町のささら	
水戸市谷中		谷中のささら	
水戸市大串・下大野	稲荷神社祭礼	大串のささら	大野のみろく
ひたちなか市那珂湊	天満宮祭礼	六丁目のささら	元町のみろく
高萩市下手綱	丹生神社	丹生神社のささら	
大子町下金沢	十二所神社	下金沢のささら	
大洗町大貫	大洗磯前神社八朔祭		大貫のみろく

稿を準備したいが、元禄期から宝永期(一六八八～一七一一)における土浦の祭礼は、三年をサイクルとして大祭、すなわち全町組が参加する形での惣町大祭が行われていた可能性がある。この番付に東崎分のすべての町組が記載されているのは、惣町大祭の年であったと考えるのが妥当であろう。そして、本史料では下東崎(東崎町)が「獅子ささら」を出したのに対して、これとは別に、中町が「獅子舞」を出している。この区別が生じるのは、下東崎の獅子が「ささら」、すなわち三匹で一組となる「三匹獅子舞」であったのに対して、中町のそれは二人立ちの獅子舞であったからだと推測される。また、この史料は東崎町が伝統的に「ささら」を出す町組であったことを示唆する。

では、元禄期の「獅子ささら」とは、底抜け屋台の中で演じられる今日の「棒ささら」と同じ形態のものであったのだろうか。これについては、史料や絵画資料がないため確認をすることはできない。ただし、「棒ささら」の成立と展開については、俵木悟氏が、都市型の大祭礼では全体の進行を妨げない出し物が必要となり、一般的な三匹獅子舞から棒ささらへの変化があったのではないかと示唆している(俵木　二〇〇六)。俵木氏の見解は大変重要であることから後述する。

写真4　竹原、裏町の棒みろく（2013年7月21日）

2「棒みろく」と「みろくの出し」

竹原のアワアワ祇園では、上町が「棒ささら」で供奉するのに対して、裏町はいわゆる「棒みろく」で行列に参加する。裏町の「棒みろく」は底抜け屋台の中に六体の人形を据えたものである（写真4）。このうち、中央の一体は「じらさの姫」と呼ばれる天冠をつけた女性である。残りの五体は赤・青・黒・黄・白の顔をした男性で烏帽子を被る。これらの人形が何を示しているのかは伝わっていない。「じらさの姫」については、「弥勒歌」に登場する姫に由来すると考えられている(4)。

千早振　みな神々の　をふせなれば　弥勒をむとり　めーでたやー
天竺の雲のあへまに　じらさの姫が　千代むすぶ　何事もかなへ給ひや
なむ鹿島の神々

「棒ささら」と同様に、「棒みろく」も茨城県にみられる特有の民俗芸能である。たとえば、ひたちなか市の「元町のみろく」や水戸市の「大野のみろく」は、現在に伝承されている著名な「棒みろく」である。これらは三体（三色）の人形で構成され、元町のみろくは鹿島（赤）・春日（青）・住吉（白）の神を、大野のみろくは鹿島（緑）・春日（黄）・香取（赤）の神をあらわしているとされる。芸能としては廃絶したが、大洗町の「大貫のみろく」、石岡市の「三村諸士久保のみろく」もあった（表3）。

そして、「土浦御祭礼之図」の中にも、「棒みろく」に関連すると思しき出し物があった。火災のため万度だけが行列に参加した田町の出し物で、沼尻墨僊はでこれを「弥勒の出し」と記している（史料1）。墨僊によれば、田町は行

図８　町内に飾り置かれた田町の「弥勒の出し」（文化９年、「土浦御祭礼之図」）

列に参加できなかった「弥勒の出し」を町内に飾りつけておいたそうだが、「土浦御祭礼之図」にはその様子も描写されている。そこには社殿風の覆屋の中に、烏と兔の描かれた万度を持つ人物がみえ、その背後には三体分の人形が描かれている（図８）。これについて、俵木悟氏は、「棒みろく」に類するものかはわからないとしながらも、「弥勒の出し」に関係するものと推測した（俵木　二〇〇六）。また、大津忠男氏は、ここに描かれたものは町内に据え置かれた弥勒の人形であり、前にいる万度を持つ人物は供奉するはずであった鹿島事触に仮装した人々だった可能性を示唆している（茨城県立歴史館　二〇〇八）。では、田町が行列に参加させる予定だった「弥勒の出し」とは、いったいどのような出し物であったのだろうか。

田町の出し物を考えるにあたってヒントになるのが、墨僊が史料１のなかで、唯一、田町のそれを「出し」と呼称している点である。「土浦御祭礼之図」のなかには、桃太郎など人形様の造形物をあしらった出し物がみられるが、それらはいずれも行灯がつく「万度」であった。また、「引物」「引屋台」と表現される出し物もみられるが、山車につながる「出し」、すなわち一本柱の頂きに人形を載せた型式のものは祭礼図にはみられない。俵木氏や大津氏の見解を参考に想像をたくましくすれば、田町の「弥勒の出し」とは、神体の形をした人形を柱の頂きに飾り付けたものであり、万度や引き屋台とは区別されるべき形態であったのではないだろうか。つまり、田町の出し物とは、弥勒など豊穣の神々を象った三体の人形を頂きに据えた一本柱の「出し」であり、そこに「鹿島事触」の格好をした人が供奉したもので、これが現在に伝わる「棒みろく」の原形になったのではないかと筆者は推測している。

そうした推察をするにあたって重要な示唆を与えてくれたのが、俵木氏の茨城県にみられる「棒ささら」と「棒みろく」の展開過程に関する見解である。俵木氏は、「棒みろく」は疫神送りの踊りとしての「鹿島踊」のイメージが民衆に広く浸透した一八世紀以後に、祇園祭などの都市の大規模な神幸祭に風流物として取り入れられるよう形成され、それが様式化して周辺地域の祭礼に還流した例であろうと考えている。以下に長文となるが氏の見解を引用しておきたい。

（前略）都市型の大祭礼で多くの山車や風流物が参加するような場合は、全体の進行が優先され、それを妨げない踊りの形態が必要とされるだろう。つまり大井川流域の縦列で前進しながらの緩やかな踊りといい、棒みろくの底抜け屋台といい、大規模な祭礼行列の出し物であるということが前提となって芸態が形成されているのである。とくに水戸・石岡周辺の棒みろくに関しては、それ以前に存在していたと思われる棒ささらの様式を元にしたであろうことが推察される。興味深いことに茨城県では、北部と西部、南部に三匹獅子舞の伝承例が多いものの、それらに挟まれた中部の水戸・石岡周辺にはあまり見られない。この三匹獅子舞の空白地域に棒ささらの伝承地域が含まれるのである。あるいはこの地域にも、かつては村の小村の祭礼に出る一般的な三匹獅子舞のささらがあって、これが都市型の大祭礼の出現にともなって棒ささらに転じたのではないかとも考えられるが確証はない。（俵木　二〇〇六：一一二）

俵木氏によれば、茨城県の中部においてはもともとあった三匹獅子舞が、都市型の大祭礼における行列に組み込まれるにあたって、行列の進行をさまたげない「棒ささら」が生み出され、さらに「棒ささら」の芸態を範として「棒みろく」が生み出されていったということになる。俵木氏は民衆の中に浸透していた鹿島踊の姿を素材に「棒みろく」が作られたとみるが、元々この地域に「鹿島踊り」ないし「弥勒踊り」があった前提も考えられよう。その前提となる史料として注目されるのが、前掲の東崎町の祭礼番付(史料12)なのである。元禄期における田町の出し物は「みろくおとり」、すなわち「弥勒踊り」であった。弥勒踊りは一八世紀初頭の土浦の祭礼行列に登場していたのである。『鹿島志』の挿絵(茨城県立歴史館 二〇〇八:八九)にみられるように、鹿島の弥勒踊りは、弥勒歌を歌いながら太鼓を打ちながら手を振り踊るもので、女性たちが円形になって踊る。俵木氏のいうように、こうした踊りは隊列を組んで進行する祭礼行列には向かないわけであり、弥勒踊りを行列向きにアレンジされていったのが「弥勒の出し」であったように思う。すなわち、「弥勒踊り」→「弥勒の出し」→「棒みろく」、祭礼行列の展開にあわせた以上のような変遷をたどったのではないかと筆者は考えている。

ちなみに、色川美年の日記によると、安政二年(一八五五)六月十三日に「御祭礼当番田町みろく之出し出る」(『家事志』第六巻、二五九頁)と記しており、この年の当番町であった田町が再び「弥勒の出し」を出していたことがわかる。このことから、田町は祭礼の出し物において、伝統的に「弥勒」をテーマとしていたことが推測される。

3 ささらと弥勒

ところで、先に紹介した近世の府中平村(石岡)の祇園祭においても、木之地町が「みろく」と呼ばれる出し物をしていた。

〔史料13〕「祇園御祭礼之次第」(『石岡市史』下巻(通史編)、石岡市、一九八五年、七七六頁)(5)

一十四日　　ぎおん御祭礼之次第

一番　ささら　　　富田

二番　やたいおどり　　中町
三番　子供おどり　　香丸
四番　子供おどり　　守木
五番　みろく　　木之地
六番　ふし　　泉町
七番　田打ちおどり　　幸町
八番　ほうさい　　青木
九番　かたかた　　若松町
十番　ほろ　　中之内
十一番　人ささら　　金丸

近世の祇園祭の祭りの出し物については、現在の常陸国総社宮例大祭（石岡のおまつり）にその一部が引き継がれているが（写真5）、木之地町では昭和九年（一九三四）に人形と屋台を小美玉市竹原の裏町から借りてきて復活させたことがあり、その復活にあたった加藤要之助氏が、平成二年（一九九〇）に「裏町みろく」を参考にして復元した六体の人形がある（俵木　二〇〇六）。近年まで石岡のおまつりの際には木之地町の会所に飾られてきたが、平成三十年の石岡のおまつりでは、加藤氏宅に六体の人形は飾り置かれていた（写真6）。これが、近世の府中平村における祇園祭の木之地のみろくと同じものであったかどうかは、今となってはわからない。

写真5　富田のささら（石岡のおまつり、2018年9月17日）

写真6　飾り置かれた「木之地のみろく」の人形（石岡のおまつり、2018年9月16日）

さて、元禄十四年（一七〇一）の土浦東崎町の祭礼番付（史料12）と、文化九年（一八一二）の「土浦御祭礼之図」、そしてここで紹介した府中平村の「祭礼次第」の番付をみていくと、先頭に「ささら」が出され、そのあとに「みろく」「みろくおとり」あるいは「弥勒の出し」が出されており、出し物の順序には共通性がみられる。そして、竹原の祇園祭をはじめ、現存する「棒ささら」と「棒みろく」もまた、「棒ささら」が先であり、「棒みろく」がその後にしたがうことを基本としている。「棒ささら」と「棒みろく」は多くがセットとしての関係にあり(表3)、この芸能は常陸国の中心部である水戸・石岡にみられた地域特有の出し物であった。そして、土浦では「棒みろく」そのものの伝承を欠くが、「棒みろく」に先行する可能性のある「弥勒の出し」がみられたのである。

以上、「棒ささら」の存在と、それとセットになり得る「弥勒」をテーマとした祭礼の出し物の存在をもって、地域固有の祭礼文化が示されていると評価しておきたい。(6)

五　霞ヶ浦の祇園祭を捉えていく視点

土浦の城下町祭礼は、江戸の都市祭礼の影響を受けた出し物が展開した一方で、「棒ささら」や「弥勒の出し」など在地性の強い出し物もみられた。また、天王の神輿は土浦城を起点にして東崎分と中城分の町を対等に巡行するが、それは漂着神伝承にもとづき、二つの町にある御神体を拾い上げた子孫の家に渡ることを基本とし、広義の浜降りとして捉えられる。城下町土浦にとっての祇園祭とは、真鍋台から城下町そして土浦城へ天王を迎え、藩や町人たちが一緒に祭り、送る神事であった。城下町の人々は天王を迎えることで、疫病を祓うことを期待していた。色川美年が行列の神馬を普請中の家の大黒柱につないだことなども、天王のもたらす神威を期待してのことであろう。なお、厄を祓うという神事としての側面に注目するならば、祭礼行列の最初に登場した東崎町の「棒ささら」にも、そうした「祓い」としての意味合いがあったのかもしれない。そして、弥勒踊りからの伝統を引き継ぐ田町の「みろくの出し」については、豊穣の世の出現を喚起させる出し物であったのかもしれない。いずれにしても、城下町土浦の祇園祭のエッセンスは、霞ヶ浦周辺の漂着神伝承と浜降り、祓いを目的とした神事に求めることができ、江戸の都市祭礼の影響を受けつつ変遷してきたものと捉えられる。

最後に本書に一部が翻刻掲載されている史料で、同じ霞ヶ浦の河岸である在郷町小川（現小美玉市小川）の「横町覚書」にふれて、これからの研究にむけた展望と課題を示しておきたい（本書Ⅱ史料二、近江　二〇一七参照）。

まず、朝鮮通信使の出し物についてである。土浦の寛政八年（一七九六）六月の大祭で朝鮮通信使の出し物があったことは、「土浦町内祇園祭礼式真図」からすでに明らかであるが、「横町覚書」によれば、土浦と同年同月に行われた小川の祇園祭でも朝鮮通信使の出し物がみられた。このことに筆者は驚きと戸惑いを覚えた。これまでの筆者の理解は、土浦は江戸近郊における城下町であり、有力な商人たちが居住し、江戸の情報や文化に接する機会が多かったため、江戸の祭礼文化を受け入れたと短絡的に考えていたからである。川越など、やはり江戸の祭礼文化の影響を受けた城下町祭礼やその資料をもって研究が進展してきたことも、こうした思い込みにつながったのであろう。しかし、ある意味当然のことではあるのだが、江戸の祭礼文化の吸収は、城下町だけの特権ではなく、江戸と結びつくあらゆる在郷町において起こりうるものであった。

そうした視点であらためて史料をみていくと、黒田氏らが指摘してきた土浦大町の「蜃気楼」の万度（図5）についても再考が必要となる。文化四年（一八〇七）に江戸の深川八幡宮祭礼で出された「しんきろう」「蛤つくり物」の引き物にヒントを得て、五年後の大祭で土浦城下の大町の人々が万度に取り入れられたものと黒田氏らにより推測がなされ、筆者自身も展覧会等でそのように紹介してきた（土浦市立博物館　二〇一三a）。しかし、「横町覚書」には、寛政四年「川岸町若衆・子供大万度、はまくりの汐ふき」とあり、土浦や深川八幡宮よりも早い段階ですでに蜃気楼の万度を出していた可能性が出てきた。江戸で小川に先行する蜃気楼の出し物があり、まず小川がそれを受け入れ、後に土浦の人々が倣ったことも想定しておくべきであろう。いずれにしても、江戸の祭礼文化の影響を受けたのは土浦祇園祭だけではない。霞ヶ浦周辺の在郷町を含めた文化的交流のなかで、祭礼文化を位置づけ直していく必要性がある。

また、「横町覚書」には、土浦から唐人衣装すなわち朝鮮通信使の衣装を借りたとの記録もある。この時の出し物はたいへんな不評であったとのことだが、祭礼道具の貸し借りといった直接的なやりとりがあった点は重要である。霞ヶ浦を介した祭礼のネットワークをもっと積極的に評価していくべきであろう。

なお、浩瀚な内容を含んだ「横町覚書」をもってしても、小川の祇園祭の全容を把握するには不足な点が多くあることは否めない。そのことは、現行の民俗事例（フィールドワーク）を参照しながら、祭礼をみていこうとする時に特に強く感じる。たとえば、小川の祇園祭を特長づけている当番制について、「横町覚書」のなかから把握できることは限られているし、この祭りに漂着神伝承が伴っていることや、浜降りを行ってきたことを史料からうかがうことはできない。史料から祭礼全体を明らかにするには限界があるわけだ。土浦の祭礼についても、断片的な史料を積み重ねていくことによって、神事あるいは漂着神伝承が初めてみえてくるのである。現行の祭礼や周辺の民俗事例を重ね合わせながら史料にアプローチしていくなかで、祭礼文化の系譜や特質が明らかになってくる。記録された史料と伝承されてきた民俗、ふたつの資料をもって、霞ヶ浦周辺の祇園祭を問い続けることによって、地域の文化的特質がみえてくるはずであり、その作業をこれから始めなければならない。

註

（1）以下、本稿では城下町を二分する単位としての中城町を「中城分」、東崎町を「東崎分」と記述する。これは、中城分の町組のひとつである「中城町」と、東崎分の町組である「東崎町」（下東崎ともいう）を区別するためである。
（2）ただし、「東崎町御祭礼之図」における文化九年の大祭を描いた行列の中には横町の万度がみられる。
（3）色川三中日記「戊申」（『家事志』第六巻、三六五頁）の中に記された家系図への註記。
（4）俵木悟氏によると、「弥勒歌」の詞章は「竹原村誌」（編者不詳）に掲載されているという（俵木　二〇〇六）。なお、現在の巡行に際して「弥勒歌」が歌われることはなく、またミロクの人形を操ることも特にみられない。
（5）植木行宣氏は若松町の「かたかた」については「かさほこ」の誤読としている（植木　二〇〇一）。
（6）想像をたくましくすれば、先頭に立つ「ささら」には祓いの意味があり、それに続く「みろく」には豊穣を祝す意味合いが含まれていたのかもしれない。

参考文献

麻生町史編さん委員会『麻生町史』民俗編、麻生町教育委員会、二〇〇一年
石　岡　市『石岡市史』下巻（通史編）、一九八五年
石岡市教育委員会編『石岡の地誌』、一九八六年
茨城県立歴史館『学術調査報告書Ⅷ　鹿島信仰の諸相』、茨城県立歴史館、二〇〇八年
茨城の神事編集委員会編『茨城の神事』、茨城県神社庁、一九八九年
岩崎真幸「浜降り」『日本民俗大辞典』、福田アジオ他編、吉川弘文館、二〇〇〇年

植木行宣『山・鉾・屋台の祭り―風流の開花―』、白水社、二〇〇一年
江戸崎町史編さん委員会編『江戸崎町史』、江戸崎町、一九九三年
榎　陽介「沼尻墨僊『墨僊漫筆之稿』について―土浦の町の民俗のために―」『土浦市立博物館紀要』四、土浦市立博物館、一九九二年
近江礼子「小美玉市小川素鵞神社の祇園祭『横町覚帳』」『小美玉市史料館報』一一、小美玉市史料館、二〇一七年
近江礼子「行方市山田の祇園祭り『暴れ神輿』」『茨城の民俗』五七、茨城民俗学会、二〇一八年
黒田日出男、ロナルド・トビ編『行列と見世物』朝日百科日本の歴史　別冊通巻九、一九九四年
坂本要編『深谷・戸崎とその周辺の民俗―茨城県かすみがうら市―』、筑波学院大学民俗学ゼミナール、二〇一二年
坂本要編『安食の民俗―茨城県新治郡霞ヶ浦町』、東京家政学院筑波女子大学民俗学ゼミナール、二〇〇二年
作美陽一『大江戸の天下祭』、河出書房新社、一九九六年
桜井　明「祭礼の伝承―常陸総社宮祭礼―」『常府石岡の歴史―ひたちのみやこ一三〇〇年の物語―』、石岡市文化財関係資料編纂会、一九九七年
桜川村史編さん委員会編『桜川村史考』第六号、桜川村教育委員会発行、一九八六年
佐藤次男「漂着神の研究(一)」『茨城の民俗』八、茨城民俗学会、一九六九年
佐藤次男「漂着神の研究(二)」『茨城の民俗』九、茨城民俗学会、一九七〇年
佐藤次男「庶民の祭礼と芸能」『茨城県史』近世編、茨城県史編集委員会編、一九八五年
土浦市史編纂委員会『土浦市史編集資料』第五篇、土浦市教育委員会、一九六九年
土浦市史編さん委員会『土浦歴史地図』土浦市史別巻、土浦市教育委員会、一九七四年
土浦市史編さん委員会『土浦市史』、土浦市史刊行会、一九七五年

土浦市史編さん委員会『土浦市史』民俗編、土浦市史刊行会、一九八〇年
土浦市立博物館『第一一回特別展図録　にぎわいの時間―城下町の祭礼とその系譜―』、一九九三年
土浦市立博物館『土浦市史資料　家事志　色川三中・美年日記』第一巻～第六巻、土浦市立博物館、二〇〇四～二〇一四年
土浦市立博物館『土浦市史資料集　長嶋尉信著作集　土浦関係資料』、二〇一一年
土浦市立博物館『城下町土浦の祭礼―江戸の文化と土浦―』平成二五年テーマ展（展示解説パンフレット）、二〇一三年ａ
土浦市立博物館『土浦市史資料　中城町御用日記』、土浦市立博物館、二〇一三年ｂ
土浦市立博物館『第三六回特別展　次の世を読みとく―色川三中と幕末の常総―』展示図録、土浦市立博物館、二〇一五年
土浦市立博物館『土浦市史資料集　色川三中　野中廼清水』、土浦市立博物館、二〇一七年
寺嶋誠斎『土浦史備考』第一巻、土浦市史編纂委員会編、一九八九年
萩谷良太「城下町土浦の祇園祭と描かれたふたつの祭礼図―祭りの「記録」をめぐって―」『非文字資料研究』一二、神奈川大学日本常民文化研究所、二〇一六年
俵木　悟「『その他』の鹿島踊り―祭礼行列に出る鹿島踊・弥勒踊を中心に―」『芸能の科学』三三、東京文化財研究所、二〇〇六年
藤田　稔「浜降り祭考」『茨城の民俗』六、茨城民俗学会、一九六七年
藤田　稔『茨城の民俗文化』、茨城新聞社、二〇〇二年
堀部　猛「天王社祭礼と『土浦町内祇園祭礼式真図』」『土浦市立博物館紀要』五、土浦市立博物館、一九九三年
堀部　猛「資料紹介　天王社祭礼の大幟」『土浦市立博物館紀要』七、土浦市立博物館、一九九六年
保立俊一『水郷つちうら回想』、筑波書林、一九九四年

トウヤ祭祀とオハケ
―霞ヶ浦北岸の祇園祭祀のオハケ―

水谷　類

はじめに

関東地方の南部、かつての常陸や下総・武蔵に属する村々、集落には、トウヤ制によって村の鎮守祭祀を行っているところが多くある。筆者は近年、南関東のオビシャと称される村落祭祀の記録（オビシャ文書）の存在に注目してきた。千葉県北部の霞ヶ浦沿岸から利根川下流域と茨城県南部の旧河内郡・稲敷郡の地域で、慶長・元和年間から現代まで書き継がれているオニッキという祭祀記録の発見、分析から、近世の草創期からオビシャ行事がトウヤ制によって行われていたことを明らかにした(1)。

茨城県内では霞ヶ浦の南岸にオビシャが今も広範に分布しているが、不思議なことに霞ヶ浦の北岸にはオビシャがほとんどみられない。『茨城県の祭り・行事―茨城県祭り・行事調査報告書(2)』によると、霞ヶ浦の南岸に沿った美浦村・稲敷市・河内町と、小貝川・鬼怒川上流に向かって利根町・竜ヶ崎市・取手市・守谷市・坂東市・常総市・つくばみらい市にはオビシャ行事が分布しているが、県の中央と北東部にはわずかな報告例しかない（たとえば日立市水木和泉神社の当屋祭は行事のなかで御奉射を行っている）。その代わりに、夏の祇園祭礼を中心とした村落の祭祀が広く分布し、それがやはりトウヤ制にもとづいて行われているのである。

本稿では、かすみがうら市内のトウヤ制祭祀による祇園祭と、そこに特徴的な作り物であるオハケに注目する。オハケは、関西地方の特に福井・滋賀・京都・奈良・大阪・兵庫・岡山など畿内近国の各県によくみられるトウヤ祭祀に特徴的な施設、つくりものの名称で、関東地方ではこの霞ヶ浦周辺でしか、今のところ確認できていない特殊なものである。むろん、オハケをともなう祭りはオビシャ地域にはみられない。関東では霞ヶ浦北岸地域に特有の祭祀伝承である(3)。

同じトウヤ制祭祀でありながら、一方は年始行事のオビシャ、一方は夏の疫神送り祭祀代表の祇園祭であり、村落の祭祀として霞ヶ浦の南岸と北岸でこれほどまで顕著な文化的差異があるのは、きわめて興味深い。

そもそもオハケについての明確な概念規定はまだないといってよい。かつて私は「参詣のオハケ―精進儀礼の見直しから―」でオハケを取り上げ、「頭人の家に設けられるオハケも、頭人が精進をする場所、期間を内外に示すための標しである。標しを付ける理由は、その場が頭人の精進屋であったからだ」と結論付けた(4)。その考えは今も変わらないが、日本中にオハケやそれと同等の施設があり、さらにその傍証としなくてはならないと考えている。霞ヶ浦の事例もそのひとつとなるであろうか(5)。

精進のための施設には、内外を厳密に結界する注連縄、周りを取り囲む竹矢来または柵、精進期間中に行う儀礼のための祭祀施設、御幣、他と隔絶していることを示す土檀・砂盛り・芝などの拵えの存在が想定される。霞ヶ浦の事例にそれらが確認できるかどうか、まずは具体的に検証しておきたい。

一　かすみがうら市のオハケとトウヤ

かすみがうら市内には、トウヤ制によって祭りを運営している村々、集落が多い。坂本要氏によるこれまでの報告書や調査で、市内の三か所でオハケが確認されており、特にオハケの名称がなくとも、オハケと同様あるいは関連するつくりものと考えられる事例がいくつかある。(6)

本稿では、オハケを用いている三か所の祭りに焦点を当てる。その三か所は、かすみがうら市の大半を構成する半島の最東端にある柏崎素鵞《すが》神社、半島の南端中央あたりにある牛渡有河《うしわたあるが》の八坂神社、そこからさらに湖岸に沿って西方の加茂の八坂神社である。いずれも毎年七月（旧暦では六月だった）に行われている祇園祭にオハケが登場する。

霞ヶ浦北岸地域には八坂神社系の神社が濃厚に分布している。八坂神社はもちろんのこと、素鵞神社の祭神は素盞鳴神で、もとは京都の八坂神社（祇園感神院）を本社とする神社であったと考えられる。創祀と祇園社勧請の経緯などについては未詳である。ただし全国的にみて、祇園系神社とトウヤ制とが特に有意に結びついているとは思われない。オハケはトウヤ祭祀との結びつきで考えるべき課題であろう。

後述するとおり、この地域の祇園祭にはトウジメと呼ばれる本祭前の儀礼がある。トウジメの日には神社境内お旅所と村境に注連縄を張り渡して、一種の村切りの標識とする。このトウジメとオハケとの関係には注目する必要がある。

本稿では以下の点に注目して、かすみがうら市のトウヤ制とオハケについて記述しておこうと思う。

①オハケの作り方・形態・設置場所

②トウヤ祭祀に関連する施設
③トウヤの役割とオハケ・関連施設の意味

1　柏崎素鵞神社

筆者が一年を通して拝見できたのが柏崎素鵞神社の祇園祭だったので、やや詳細に記述しておきたい。なお当社の祇園祭全体についての詳細は、本書所収の坂本氏の報告を参照いただきたい（以下の祇園祭も同じ）。

祇園祭は、かつて神社門前にまっすぐ続く宿通《しゅくどお》りの左右に立ち並んでいた二四軒の家によって行われ、これらの家をニジュウヨンケントウ（二十四軒当）と呼んでいた。二四軒のうち通りの北側にある一二軒をキタドウ、南側の一二軒をミナミドウといい、主となるトウヤと副のトウヤ一人を、それぞれが交互に出したという。こうした宮座的な祭祀形態もこの地の大きな特徴である。

ニジュウヨンケントウによる祭礼は太平洋戦争下の昭和十八年（一九四三）に中断した。その時、かつては竹切り祇園と呼ばれるいわれの元となった、勇壮な神馬の奉納と男二人による竹を切り払う儀礼も中止された。

戦後、先浜・下宿・上宿・横町の四組で順にトウヤ一軒を出す村組当番制の方式に改めた。昭和三十一年から同三十七年の数年間だけ神馬と竹切りの行事が復活したものの、その後再び行われなくなり、現在に至っている。今ではその詳しい内容も不明になってしまった。

坂本氏の調査によると、幸い最後の中止の翌々年、昭和三十九年に記されたメモ（以下では「昭和三十九年メモ」、あるいは単に「メモ」とする。註（6）報告書参照）が残っており、筆者の聞き取りと実見とを総合しつつ、祭礼とトウヤおよびオハケについての概略をまとめてみる。

柏崎のトウヤをめぐる年間の行事は次のとおり。このうち、素鵞神社の摂社の津島神社の祭礼も、本社の翌日に行われているが、津島社は村の青年会が運営し、トウヤは関与しないので、ここでは触れない。なお行事の日時は平成二十六年（二〇一四）の筆者の調査にもとづいて記した。

十月第四日曜日　(1)地祭《じまつり》（カリミヤ・トウヤのオハケ立て）
二月第三日曜日　祈年祭
六月第二日曜日　粽祭
　第四日曜日　(2)トウジメ（トウジメのオハケ立て、七度半）
七月十日　ハタタテ（祭礼の準備）
　十一日　(3)宵祇園（オハマオリ）
　十二日　(4)本祇園（七度半、トウ渡し）
　十三日　津島祇園

トウヤの受け渡しは本祇園の日に神社拝殿で行われ、新しいトウヤの役割はここから始まるが、トウヤの実質的な活動開始は十月の地祭からである。

(1)地祭（十月第四日曜日）

屋敷祭ともいう。現在は柏崎全体が四組に分かれ、組の住民がトウヤ宅などに集合し、さまざまな仕事を分担して行う。

地祭の日に行うのは、おもに次の三つの作業である。トウヤの屋敷内にあるウジガミ（屋敷神のこと）のかたわらに真菰と葦でカリミヤを作ること、トウヤ宅の屋敷入口にオハケを作ること、トウヤ宅の床の間にトコジメ（床注連）を作ることである。

【カリミヤ作り】昭和三十九年メモには、カリミヤを作る行事のことを「屋敷祭り」としている。母屋の裏手に屋敷神の石祠（この地域では、ワラホウデン（藁宝殿）を屋敷神の祠としている家もまだある）の隣りに、霞ヶ浦の浜から採取してきた砂を高さ約一〇㎝、一辺約五〇㎝の四角い壇状に盛り上げ、その中央にカリミヤを立てる。

まず砂盛り上の四隅に男松四本を立てて支柱とする。葦二本を茎のなかほどで交叉させ、藁で縛る。それを一束として全部で三六組作る。支柱の四本の松の左右と背後を葦の束で丸く囲んで、上方を注連縄で束ねるとワラボッチ状になる。注連縄は全部で七回半引きまわす決まりである。最後にワラボッチの内側に、青い松の枝を隙間なく差し込む。

カリミヤの正面側が開いており、その内側に幣帛立てとしてサンダワラ（米俵の蓋）状の台を置き、その中央に藁で突起を立てる。突起に、この日の午後トウヤ自身が神社でいただいてきた御幣を挿し立てる。

カリミヤの正面中央部に、穂先のついた葦二四本を左右交互の向きに組んで、細縄で簾状に編んだものを下げる。最後にカリミヤの前の左右に笹竹二本を立てる。こうしてできたカリミヤは、地面から穂先を束ねられた先端までが二ｍほどの高さとなる（写真1）。

【トウヤのオハケ作り】トウヤの屋敷の入り口に立てるものをオハケという。これを、六月のトウジメの時に立てられる「トウジメのオハケ」と区別するため、「トウヤのオハケ」と呼ぶことにする。

上方に三階の枝を残した男松二本一組と竹一本とを束ねて、それぞれ屋敷の入口左右に穴を掘って立てる。左右とも根元に清浄な砂（かつては霞ヶ浦の砂だった）を盛り、そこに藁で筒状に作った幣帛立てを挿し（メモには「幣帛カクシ」とある）、その裏に御幣を挿し立てる。最後に、幣帛立てとともに松・竹を藁縄で縛る（写真2・3）。

写真１　トウヤ宅の氏神前に設けられるカリミヤ

写真２　トウヤ宅門前に設けられるトウヤのオハケ

写真３　トウヤのオハケ　松・竹の根元に赤土が盛られ、幣帛と幣帛立ても頭に結び付けられる。オハケから左右に、注連縄が屋敷全体に三回張り回される

幣帛を結んだ藁縄をはじめとして、細縄で六か所、松と笹竹を縛る。その六番目の結びにも幣帛と幣帛カクシを縛り付ける。最上部の七か所目は二本の注連縄で縛り、それを左右の松・竹に、入口を結界するように張り渡す。二本の注連縄のうち、上方は左綯い、下は右綯いと決まっている。下の注連縄のなかほどに一二束の藁を垂らし、大きめの紙垂を垂らす。その左右側にそれぞれ三筋ずつ紙垂を垂らす。トウヤ門前に設える松・竹などの作り物全体を、ここではオハケと呼んでいる。

屋敷入口に立てたオハケを起点として、垣根に添って二本の縄で屋敷地全体を取り囲む。その縄（右綯い）には約一ｍの間隔で紙垂を取り付け、さらに縄のところどころに短い藁の切れ端を差し挟む。このわけは、もともと屋敷を取り囲む注連縄には毛

写真４　トウヤの座順　神主を神座に、神酒が左右同時に回されていく。トウヤ宅での盃事は常に同じ方式で行われる。

写真５　カリミヤに幣帛を納め、その前で神事

羽だった荒縄を七回半まわらせたものだったが、現在は市販の縄を用いて三回だけまわすようになったので、藁を挟むことでかつての荒縄を再現しているのだという。荒縄は外部世界と精進屋内部を隔絶する象徴であろう。

なおオハケを、現在のトウヤのメモに「門松」と書いていることには注目しておきたい。松と竹を屋敷の門前に一対立てて注連縄を渡す形式の門松は、全国各地にごくありふれて存在し、霞ヶ浦のオハケはそれと同じように作られている。このことは、オハケの起源はもとより、門松や正月の注連飾り（玄関飾り）の起源、普及を考察するための手掛かりになると思われる。

【トコジメ作り】二本の竹に注連縄を張り渡したものをトコジメ（床じめ）といい、トウヤの屋内の床の間に設ける。トコジメには幣束や砂盛、二本注連縄はない。床の間の中央に紙垂を付けた榊が置かれる。

カリミヤとトウヤのオハケ、そしてトコジメめの設置が済むと、完成したカリミヤの前に小机を置いて、洗米・スルメ・果物（リンゴ）・野菜（大根二本）を供える。

トウヤの宅内に戻り、神社神主を上座にし、その左右に氏子惣代と次当番組区長が座り、その下に机を口字に置いて、上座に向かって右座に当番区長・トウヤ・祭典委員以下数名、同じく左座に総区長・横町区長・祭典委員以下数名が座る。神主が上座の左右の総代に神酒の盃を渡して神酒を注ぐと、そこから左右それぞれに下げられていき、もっとも末座で盃が交差し、反対側から上座に戻ってくるようにまわすのが決まりである。この間、当番組の他の人は庭先で待機している（写真4）。

盃事が終わると、トウヤと出席者および当番組の全員は素鵞神社へと向かう。この時に通る道は決められており、この後、神社から帰ってくる道とは途中まで別である。

神社で神事が行われ、トウヤは口に紙をくわえて幣帛をいただき、御幣を捧げ持つトウヤを先頭に、一行は再びトウヤ宅に向かう。トウヤが持ってきた御幣はカリミヤの幣帛立てに立てられ、そこで神主による神事・玉串奉献がある（写真5）。その後、公民館（かつてはトウヤ宅）で宴会が行われ、地祭は終了する。

六月のトウジメおよび七月の祇園祭までのトウヤの仕事は、二月の祈年祭と六月の粽祭である。祈年祭ではトウヤ宅に、地祭の盃事に一座した総代以下の人びとが、神社で神事をしたのちにトウヤ宅のカリミヤに参拝する。神社とトウヤ宅で盃事があるのは地祭と同じである。なお祈年祭の時はトウヤは神社に行かない。

粽祭（かつては五月四日）では、トウヤ宅に組の者が集まり、村中に配る粽を作った（現在、粽はトウヤと神社の分のみ作り、村内の分はお札に代わった）。この日は六月三十日のトウジメの準備も、一部行なわれる。終わるとトウヤ宅内で、いつもどおり盃事がある。最後にカリミヤに菖蒲を供えて終了する。

⑵トウジメ（六月第四日曜日）

七月に行われる祇園祭の準備として、六月最終の日曜日に行われるのがトウジメである。

【トウジメのオハケ作り】　素鵞神社の門前にあたる宿通りのカミ（現在公民館のある門前の道沿い）とシモ（霞ヶ浦湖岸

写真6　トウジメのオハケ立て　カミの分。道を跨いで注連縄が下ろされる。

写真7　トウジメの七度半儀礼　手前が神主で、20m先にトウノドとその父親が座る。二人の大幣役が膳を持って七度半往復する。通りの彼方に素鵞神社がある。神主の背後は霞ヶ浦湖岸で、神輿が渡御するオカリヤが設けられる。トウドノが座るあたりにシモの村のオハケが立てられている。

で、祇園祭の神輿が渡御するオカリヤを設ける場所)の二か所に、トウヤの門口に立てたものと同じ松・竹・注連縄によるオハケを立てる。トウヤのオハケに対して、こちらを「トウジメのオハケ」と呼ぶことにする。ただし注連縄は道路を跨いで張るので、下を車が通り抜けられるよう、トウヤの門前のオハケよりも丈を高くする。オハケに用いる松はこの日の朝、村内の山から伐り出してきたものを用いる(写真6)。

　メモにはこの行事を「当七五三祭」と呼び、「御仮屋ヲ建ル所ヲ中心ニシテ上ト下ニ御はけヲ建ル。此ノ当七五三ハ拾一月十五日ニ当屋ノ門前ニ建タおはけト同様デス。又当屋ノ床ノ間ニ竹笹ノツイタ竹ニ幣帛立ヲツケ右七五三ヲ張ル」とある。柏崎祇園祭のオハケは、このように二種類、三か所に設けられている。シモのオハケは、神輿のお仮屋設営地点から二〇m以上内陸に入った道端である。

　他に素鵞神社の本殿と拝殿全体にもトウヤ宅と同

じように注連縄を三回巡らし、拝殿正面には藁と紙垂が垂らされる。

トウジメには、この日の主役ともいうべき子どもの役であるトウドノ（当殿）が参加する。トウドノサマとも呼ばれる子どもの神役で、かつては村内から六歳未満の二人の男子が勤める習いであった。平成十年からは子どもが少なくなったため、当番組から一人が出されるようになった。トウドノにはその父親も終始、行事に付き添っている。

朝一〇時、行事の参加者はトウヤの家に集合し、全員白衣を着て、トウヤ宅の座敷で例のごとく盃事を行う。床の間中央には、紙垂を取り付けた榊が置かれる。その前方に、二本の笹竹に注連縄を張ったトコジメが置かれている。お供えは十一月の地祭では神酒・洗米・昆布・林檎・大根二本だったが、この日はそれに加えて盆に玄米一升が供えられ、この玄米を持って全員はトウヤ宅を出発し、湖岸近くのオハマオリの地まで向かう。床の間の床柱には、粽祭で作られた粽の束が吊るされる。

【七度半儀礼】準備が整うと、まずは全員でトウヤ宅のカリミヤに行って神事を行い、トウヤ宅を出て、シモのトウジメのオハケ近くの道路上で七度半の儀礼が行われる。

霞ヶ浦のオハマオリの地を背にして神主が座し、その前に二人の大幣役が立つ。正面の道路の左右に、神主に近い方からトウヤ・区長・氏子惣代等が莫蓙に座す（現在は椅子を用いる）。神主から約二〇ｍあまり離れた、村のオハケ（シモ）が立つ地点の道路の中央に、莫蓙を敷いて左にトウドノ、右に父親が座る。

神主とトウドノとの間を、大幣役二人がお供えと神酒入りの瓶子を載せた膳を捧げ、足早に七回半往復する。大幣役二人はトウドノの前で交叉し、神主の方に折り返す。七度往復した後、神主に神酒を注ぎ、同じく供え物の膳を持ってトウドノと父親に神酒を注いでから、道の両側に座るトウヤ以下参列者にも同様に神酒を注ぎ、肴を勧めまわる。

神酒が済むと最後に、盆に盛った玄米を、神主、トウドノとトウドノの父、そして参列者に素手でつまんでもらい、食べてもらう。これが終わると、周囲にいる参加者全員にも神酒と玄米をふるまう。シモのオハケのもとでの七度半が終わると、今度はカミのオハケのある道路上でも同じ七度半行事が行われるが、この時は神主が神社を背にし、トウドノはシモを背にして座るのである（写真7）。

オハケの位置からみると、トウドノはシモとカミのオハケの内側に座り、神主はオハケの外側から内側に向いて座ることになる。これを内側が村の領域で、外側は御霊神の領域（神輿・神社・湖）を表すと考えれば、祇園祭の空間的観念がよく理解できる。つまり、迎えるのはトウドノ＝村側であって、神主は御霊神＝迎えられる側なのである。神輿が境界の注連を切って村に入り、また村から出ていくのも、それが村から外に出される御霊神だからと考えられる。

路上での儀礼が終わると、全員が神社に上がって神事を行い、終わると拝殿で神酒をいただく。最後はトウヤ宅に戻って直会を行う。トウジメの日の行事はこれで終了する。

(3)宵祇園（七月一一日）

かつては七月の半ば、十一日から十三日までの三日間行なわれていたが、現在は第二または第三土・日・月曜日に変更されている。初日は宵祇園、二日目が本祇園、最終日は津島祇園である。このうち二日目の本祇園はかつて、竹切り祇園と呼ばれて、戦前まで大いに賑わった。一頭の馬を神社に追い込む側と、それを阻止する側に分かれ、最後には北ドウと南ドウからそれぞれ一人選出された青年が、神社境内に一〇〇本近く立てられた竹を真剣で斬り倒しながら馬の通り道を開いていくという勇壮なものであったらしいが、戦後一時復活したものの数年で途絶えてしまった。北ドウと南ドウは、宿通り左右の南北二十四軒当の名残りである。

宵祇園の日の早朝六時、湖岸のオハマオリの場所にあるオカリヤのための敷地六ｍ四方に、浄めのためと称して赤土が撒かれる。その敷地に、神輿を安置するためのオカリヤが構築される。正面は素鵞神社に向けられる。オカリヤの中段に神輿を置くため、葦と真菰で編んだ敷物が敷かれる。オカリヤの前方の左右に、松と竹を立て、それを支柱にして幟が取り付けられる。幟の支柱の正面に張り渡された上下二本の注連縄からオカリヤに向かって注連縄が延ばされ、オカリヤの地上七〇㎝ほどのところに注連縄を七回半巻き付ける。最後に正面に幕と提灯を取り付ける。この柱と注連縄の設え方は、オハケと同じ構造である(トウヤ宅でもかつては注連縄で屋敷を七回半取り巻いたと伝える)。

一方、神社では、幟立てと神輿・屋台の準備が進められている。

準備が整うとトウヤ宅に全員が集合し、白衣に着替える。トコジメを設置した床の間の前で例の如く盃事を終え、神社に向けて出発する(この時、神事は行わない)。

トウヤ一行が神社に到着すると、神事の後、御霊入れがされ、神輿は神社拝殿から出御する。神輿に従うのは、大太鼓・鼻高・当番区長・氏子惣代・トウドノ(浴衣に鈴持参)とトウドノの父親。神輿が階段を降りて、宿通りの最初の上のオハケに通りかかると、先端に刀を付けた長い青竹を持った鼻高役が、通りを塞ぐ村のオハケ(カミのオハケ)の注連縄を切り払う。御霊神の神輿が村内に入ることを意味しているであろう(写真8)。

宿通りからトウヤ宅に向かい、トウヤのオハケの注連縄を鼻高が切り払うと、神輿がトウヤ宅の庭先に入り、縁側から座敷に運び入れられる。神輿の屋根の鳳の嘴に、半紙で巻いた青い稲穂が取り付けられる(写真9)。

【オハマオリと七度半儀礼】トウヤの家を出た後、神輿は湖岸のオカリヤに運ばれ、右回りに三回オカリヤをまわる。柄杓役が汲んできた湖の水を神主が受け取り、神輿の左右と中央にかける。その後、神輿はオカリヤの中段に納められる。これがオハマオリである(写真10)。

写真８　オハケ切り　神輿渡御の先頭を行く鼻高が村のカミのオハケを切る。

写真９　トウヤ宅に担ぎ込まれる神輿

写真10　オカリヤに到着した神輿　神輿はオカリヤに到着し、三回右回りした後、オハマオリとして湖の水をかけられる。幟とオカリヤには七回半注連縄が曳き回されている。

写真11　宵祇園での七度半　手前がトウドノとその父親。正面が神輿のオカリヤ。

オハマオリが終わると、トウジメの時と同じく、神輿の正面で七度半行事が行われる。トウジメの時と同様、神主と二〇m離れてトウドノの子どもとその父が莫蓙に座り、大幣役二人が七回半往復して神酒を注ぐ。玄米も同様である。そこにいる参加者全員に神酒と玄米がふるまわれる。この日は、オカリヤ前での一回のみである(写真11)。

このあと、村内を屋台が引きまわされ、またお囃子と子どもたちの踊りが披露され、宵祇園の行事は終わる。神輿はこの場所に一晩、留め置かれる。

⑷本祇園(七月一二日)

二日目が本祇園で、早朝六時半頃、トウヤ宅にトウヤとトウドノをはじめとする役員が集合し、白衣を着て盃事を行う。神主とともにオカリヤに向かう。

お祓いの後、神輿をオカリヤから出し、宿通りを神社に向かって進む。最初に村のシモのオハケの注連縄を鼻高が切り払い、神社に向かう。

途中の数軒の家では、玄関先に机を出し、飲み物・菓子類・おにぎりなどを並べて行列と参加者に振舞う。まるで神輿の御霊神とそれに集まる雑霊等に、村人たちが御馳走をふるまっているように見える。神輿の他に屋台とお囃子も出るが、屋台は神輿とは行動を共にしないのが決まりになっている。

神輿の一行が神社に到着すると、社殿を右に三回まわりし、拝殿に神輿を入れる。トウドノがずっと持っていた鈴と鼻高の面もこの時に神社にお返しする。

【トウヤ渡し】この後、拝殿で、今年のトウヤから次年のトウヤへのトウヤ渡しが行われる。本殿向かって右に今年のトウヤ、左に次年のトウヤが座り、先に今年のトウヤ、次に次年のトウヤの順で神酒の盃とオバンズ(濁り酒に酒粕を溶いたもの)を注ぐ。終わると全員で手を打って、トウヤ渡しは終了する。オバンズは参加者全員にふるまわれる。

以上で本祇園は終了する。この翌日は津島祇園だが、本稿では省略する。

柏崎の場合、トウヤの主な役割は一年間の行事の準備を担当し、祭りの準備のための場（自宅）を提供することである。本祇園の時に神輿の最後の準備が屋内で行われるが、通常なら神社で行われるこうした準備があえてトウヤ宅で行われるのは、この場所が祭礼のための特別な場所であることを表している。

屋敷内にカリミヤを設置し、門前にトウヤのオハケを立て、それと繋がった注連縄によって屋敷全体を結界するのは、トウヤ宅が結界されるべき特別な場所であることを表している。

オハケは二種類、三か所に設けられる。トウヤの門前（トウヤのオハケ）と、宿通りのカミとシモ（トウジメのオハケ）である。あえていえば、トウヤの床の間に設置されるトコジメも、構造的にはオハケと同じであり、神輿が渡御するオカリヤとその前の幟立ても同構造である。オハケの祭祀上の役割については後述するが、柏崎のオハケと類似する施設は、いずれもトウヤの家・屋敷を結界する施設であるといえよう。

2　加茂八坂神社

本書所収の坂本氏報告および『加茂地区の民俗』(7)にあるとおり、賀茂地域は川尻・松本・御殿・崎浜・平川の五集落が一年交替で八坂神社の祇園祭を担当する。それぞれの集落の一軒がトウヤを勤めることになっている。柏崎地区と同じこうした村組当番制は、関東地方の南部ではごく当たり前に存在する祭祀組織であるが、近代以降に成立する例が多い。このことはオビシャでも同じで、関東の近代村落祭祀の大きな特徴と考えられる。

加茂のトウヤは、本祭が行われる約一週間前のトウジメの日から毎日、朝・昼・夕方の三回、白衣と白鉢巻を着、マガタマ（麻紐でできた首輪）を首にかけ、青竹の杖を突いて神社と禊場に行くという厳しい精進潔斎が守られている。これを地元では「ギョウに行く」といっている。マガタマは山伏や霊地参詣道者の懸け護りのようなものと考えられ、加茂のトウヤのいでたちや行動には修験道の影響が強く感じられる。

現在は朝晩の二回のみ禊場に行き、白衣を脱ぐことなく湖水で手を洗う程度となっている。トウヤは祭り前の一週間、自宅内に設えたコモリヤで寝起きし、毎朝早くに白衣を着て、自宅のオハケを礼拝する。その後八坂神社に参拝し、本殿の周りを三回まわってから湖畔の禊場に行き、手を洗うとすぐに帰宅する。この間、他人に会って話しかけられても決して口を開いてはならないとされている。

【コモリヤ作り】トウジメの日、当番組の人びとがトウヤ宅に集合し、トウヤの床の間のある奥の座敷にコモリヤを作る。コモリヤは、八畳ほどの部屋の半分くらいの大きさで、縦二間、横一間。材料はすべて太い青竹で、まず四本の柱を立て、それを梁でつなぐ。柱と柱の間は矢来状に竹を組み、壁のない部屋ができる。竹に葉がついたままの真菰を縛り付けて完成。中にはトウヤが一週間寝起きするための布団が敷かれる。集落によって多少構造に違いがあり、御殿集落のコモリヤには出入り口が設けられている。

トウヤはコモリヤで寝起きし、さらには家族と食事を共にしない別火精進を厳密に守っている。もちろん家人といえども、女性がコモリヤの中に入ることは許されない（写真12）。

同じ部屋の天井の一隅に、御神体とされている宮祠を置くための棚を吊る。棚には竹で作った簾状の敷物を敷き、宮祠の周りを注連縄が取り囲む。この神棚に毎日、お水を替え、拝礼するのもトウヤの仕事である。この部屋に仏壇がある場合は、一週間扉を閉ざし、扉には紙が貼られる（写真13）。

【オハケ作り】トウヤの庭にオハケが作られる。高さ二ｍあまりの、先端が尖った三角錘のワラボッチ状の施設と、それを取り囲む施設全体を加茂ではオハケと呼んでいる（写真14）。これは形状的には柏崎のカリミヤと同じような施設である。

清浄な砂で砂盛りを作り、それを中心として、竹を三角形で五〇㎝ほどの等間隔に立て並べ、その間に真菰を束にしたものを十数組、縄でつないで、竹の支柱を取り囲む。上部を注連縄で縛り、縛り目に紙垂を付けてワラボッチを作る。その内部は中空になっているが、砂盛りの中央に御幣を立てる。

ワラボッチを四角く取り囲むようにして四本の竹の杭を立て、正面以外の三方に数本ずつ葦を立て、竹と葦を紐で縛り、垣根状にする。

なおオハケは、本祭が終わった後に行われる宴会のさなか、組の者二人によって、ひそかに神社裏に廃棄される。

【注連縄張り】オハケ作りが終わると、トウヤの屋敷入口と神社二か所、集落の境数か所に注連縄を張り渡す。トウヤ宅の屋敷入口に、葉付きの青竹を一対立て、注連縄を張り渡し、注連縄の中央には藁製の苞が吊るされる。竹の根元に小さな御幣が挿し立てられる。この構造は、柏崎のトウヤのオハケと同じである。多少の違いは、苞が柏崎では松・竹に縛り付けられている点である(写真15)。

同じものが、神社の鳥居、神社境内参道の中ほど、禊場、神輿のお旅所、集落の境など数か所にも立てられる。これも柏崎のトウジメのオハケとほぼ同じ形態で、設置場所もほぼ同じと考えてよい。つまり柏崎と加茂とでは、オハケと呼んでいるものが違うことになる。

先述のとおり、加茂のトウヤはトウジメから本祭までの一週間、精進潔斎をかなり厳密に行う。これは本祭の時も同じ。トウヤ宅を出発して神社に移動する時から行事が終了するまで、トウヤは一切口を開かないとされている。なお川尻では、一行がトウヤ宅を出立する時、屋敷入口の注連縄を切るという(筆者未見)。

本祭では、神社から湖畔(現在は蓮田の畔)に設置されたオカリヤまで神輿が渡御し、村内を巡行するのが主な行事

写真14　加茂平川の
トウヤのオハケ

写真12　加茂平川のコモリヤ

写真13
加茂平川の神
棚と御神体

写真16　平川のトウヤ　ボンテンを抱え持つ

写真15　加茂平川のトウヤ入口の注連縄　ここから縄は、屋敷全体を巡っているのは柏崎と同じ。

である。参加者のなかでもトウヤは口に半紙をくわえ、大きなボンテン（梵天）を掲げ持つ。渡御の間も決して口を開いてはならないとされる。

トウヤが持つボンテン（梵天）は、長さ一mほどの角材の先端部分に、大量の半紙を張り付け、紙垂を垂らしたものである。神輿出発の直前、神主が拝殿で、去年のボンテンの上から半紙と紙垂を糊付けするため、こうして毎年徐々に大きくなっていくのである（写真16）。

ボンテンは終始御神体のごとく大切に扱われ、それを行列の先頭に立って棒持することがトウヤのもっとも大切な役割とされている。この地方の他の祇園祭では同じような呪具をみることはないので、加茂独自の伝承と思われる。いうまでもなくボンテンは修験道で頻繁に用いられ、霊地参詣の道者が山に持参したり、出羽三山講などの場合には道者小屋に立てられることが多い。

加茂のオハケとトウヤの特徴を再度まとめると次のとおりである。オハケはトウヤ宅の庭に設置される施設で、砂盛りと柵状の構造がみられる。これはその形状から柏崎でカリミヤと呼ばれるものに該当する。トウヤ宅の屋内には矢来状のコモリヤが作られ、トウヤは一週間、別火精進の生活を送る。同じ部屋に神棚を設けて祭祀施設とする。トウヤの屋敷入口、神社、集落境などにも注連縄による結界が設けられ、これは柏崎のトウジメのオハケと同じである。

3　牛渡有河八坂神社

有河八坂神社の祇園祭は、東の有河と西の柳梅《やなめ》のふたつの集落が交替で、毎年七月第三土・日曜日に行っている。(8)土曜日のハマオリ（浜下り）の日に、神輿が神社から出て集落内を巡った後、村はずれ（かつては一ノ瀬川の畔、牛渡と坂との境に相当する橋のたもとにオカリヤが設けられたが、現在は神社境内に移された）のオカリヤに納める。翌日のホンミヤ（本宮）でトウヤの家に神輿が行き、フルマイ（振舞い）と称する本膳（直会）が祝われてからトウヤ宅を出、神社に帰る。これをオトノイリ（御殿入り）と呼んでいる。

その後、拝殿内でトウヤの受け渡し式と、男子二人による相撲が神前で行われたのち、木櫃に入れた玄米をばらまくと参加者がそれを拾いあい、祭りは終了する。

有河祇園祭礼にもオハケが二つ設けられるが、一つはトウヤ宅内の床の間天井に吊られた棚に置かれて一年間守られた御幣のことであり、もう一つは次年のトウヤであるシタトウヤがトウヤ引き継ぎの後、神前でいただいて帰る御幣のことである。二つあるといっても、内容はトウヤが神社からいただく御幣であり、実質は一種類といってよい。つまり有河の場合のオハケは、トウヤ宅内で守られる御幣を指しているのである（写真17）。

写真17　神棚に安置する御幣

有河でオハケと呼ぶ。

オハケにはトウヤが毎朝お水を替え、洗米一粒を小皿にお供えして拝礼する決まりである。この米は、オトノイリの最後の玄米撒きの時、玄米に混ぜ込まれる。

有河ではもうひとつ作られるものがある。ハマオリの前日、トウヤ自身がトウヤ宅の縁側に面した庭に設けられる葦と竹でできた「神輿の道」と称する垣根状の柵である。左右に青竹二本、計四本を立てて支柱とし、その間の地面に竹の筒を左右五本ずつ刺し立てる。竹の筒には水を注ぎ入れ、そこに葦を一本ずつ立てる。最後に支柱の竹と葦を注連縄でつなぐと、通路のような垣根（柵）になる（写真18）。

写真18　トウヤ宅に作られる神輿の通り道

写真19　シタトウヤがオハケをいただいて帰る

ホンミヤの時、神輿はトウヤ宅にこの柵の間を通って縁側に上がり、座敷に据えられた机に安置されるのである。帰る時もこの道を通る（写真19）。

有河の特徴は、トウヤ宅に一年間守られる神棚の御幣をオハケと呼ぶことである。トウヤの役割は、オハケを一年間お守りすることと観念されている。また、神輿の道と呼ばれている庭先の柵状施設は、柏崎のカリミヤ、加茂のオハケに相当するものと考えられる。

二　オハケの多様性と同一性

三か所のトウヤの祭祀とオハケを概観したが、そこには共通点とともに相違点もあった。しかしわかってきたことは、単純にオハケと呼ばれているものだけを比較してもそこに答えはなく、形体や構造の多様性に戸惑うしかない。本稿で示してきたように、オハケだけにこだわらず、関連する施設を含めて比較することで、そうした多様性が必ずしも絶対的なものではないことがみえてきたように思うのである。

再度各地の特徴をまとめておきたい。

【柏崎】

①トウヤ宅入口の結界の注連縄をオハケと呼ぶ（トウヤのオハケ）。オハケに連続する注連縄で屋敷全体が結界される。

②村のカミとシモの結界として設けられる注連縄もオハケと呼ばれる（トウジメのオハケ）。カミとシモのオハケの場所でトウドノが神主を迎える七度半儀礼を行う。

③トウヤ宅のカリミヤは、砂盛り、矢来状・柵状の構造などがみられ、御幣が置かれる祭祀施設となっている。

④屋内にもトコジメと呼ばれる祭祀施設が設けられる。

【加茂】

①トウヤ宅の庭に御幣を納めた祭祀施設を設け、これをオハケと呼ぶ。砂盛と柵状の囲いが特徴。

②トウヤの屋内には、コモリヤと呼ばれる柵状の部屋が設けられ、トウヤはこの中で一週間、精進潔斎の生活をする。

③トウヤの神棚に祭祀施設として宮祠を祀る。
④トウジメの日に、トウヤの屋敷入口、神社、村の境界などに注連縄による結界が設けられる。

【有河】

①トウヤ屋内の神棚に祀られる御幣をオハケと呼び、トウヤもシタトウヤも一年間オハケをお守りする。
②トウヤの縁側外の庭に、神輿の道とされる柵を設ける。

オハケ・カリミヤ・コモリヤ・神棚・注連縄・神輿の道など、この三か所の祇園祭で作られるつくりもの全体の構成を鳥瞰的に見渡すと、そこにはもともとは同一であったろうトウヤ・オハケの姿がみえてくる。

霞ヶ浦のトウヤは、厳しい精進潔斎の実行を求められ、そのために自宅を外部と結界した。結界のために屋敷全体を何回も注連縄で取り囲み、屋敷入口には人間が出入りするための門松・注連縄を張り渡す。これが中世後期から、各地の祭祀史料に登場する「注連下ろし」に相当すると考えるが、これについての考察は別の機会に俟ちたい。

下ろした注連縄には、藁で作った苞や紙垂が取り付けられる。藁苞は、全国の注連縄にごく当たり前に取り付けられる藁の束(特に名称はないが、奈良県五條市辺りではチンチラと呼ばれていた)と同じだが、千葉北部・茨城南部の辻切りでは、藁蛇の注連縄に、酒樽に見立てたものや、ベンケイと呼ばれる藁苞を吊り下げているのがしばしばみられる。

柏崎でトウヤ入口の注連縄をオハケ(トウヤのオハケ)と呼ぶのは、トウヤの屋敷が精進のための特別な施設、すなわち容易に侵してはならない「精進屋」になったことを内外に知らせるためで、オハケの本来的な目的のひとつを表していると筆者は考えている。

次に、トウヤ宅の庭に、柏崎ではカリミヤ、加茂ではオハケと呼ぶワラボッチが作られる。また有河では形態的な相違は大きいものの、神輿の道と呼ばれる柵を竹や真菰・葦で矢来状に作るところが共通しており、もともとは同じ起源のつくりものだったと考えられる。

庭や玄関近くに設けられるオハケ・オヤカタ・オダン（お壇）・オカリヤ（お仮屋）は、いわゆるオハケ状施設で、関西ではトウヤ祭祀のトウヤ宅によく設けられる。霞ヶ浦の場合、内部に砂を盛り、その上に御幣を挿して、これを祭祀施設としているが、有河では神輿の道を形成する柵とする。こうした多様性自体、この地方におけるオハケの多様性の特徴である。距離にしてほんの数キロメートルしか離れていないにも関わらず、名称と祭祀上の役割がまったく違うということは注目に値する。

このような多様性の生まれる原因は、二つ考えられる。一つは、オハケという祭祀伝承がこの地方発生ではないことを前提として、こうした特別な祭祀の方法が他地域（おそらくは関西方面）からもたらされたものであって、その場合、この三か所それぞれが別々のルート（あるいは宗教者）を経て伝えられたというもので、これが第一の可能性である。二つ目は、霞ヶ浦の村々にトウヤ祭祀とオハケを含む祭祀伝承を持った人びとが移り住んだというもので、これが第二の可能性である。

どちらもその検証は難しいが、関東でもこの地域にだけオハケが行われているという特殊性については、今後とも考察していく必要があろう。

三　京都祇園祭のオハケと霞ヶ浦のトウジメ

三か所に共通する祭祀施設として、トウヤのオハケとともに考慮すべきものは、村内各所に設けられる注連縄による結界である。

写真20 御供社門前に設けられた祇園祭のオハケ

集落の外部との境に設けられるこうした結界をトウジメと呼ぶ例は、全国的にみて他の地域には今のところ知られていない。トウジメは霞ヶ浦地方の祇園祭礼に特徴的な習俗なのではないか。そこで気になるのが京都の祇園祭である。

京都の祇園祭にもオハケがあることは知られている。霞ヶ浦の祇園祭と京都八坂神社の祇園祭とに関係があるかどうかは不明であるが、両方の祇園祭にオハケがあるのを見逃すわけにはいかない（写真20）。

現在の祇園祭では、七月の後祭の開始の日に、京都市中京区御供町《おんともちょう》に集結し、そこにある八坂御供社でオハケ清祓式（又旅《またたび》社《しゃ》奉饌祭ともいう）を行う。御供社は又旅社とも呼ばれ、もともとは祇園社の三基の神輿の集結地であった。現在も七月二十四日、オハケの前で中御座（素戔嗚尊）の神輿が渡御奉安され、御供社前に移動して奉饌祭が行われている。

福原敏男氏によれば、又旅社のある三条大宮の地は、祭りの行列を点検する場所を意味する「列見の辻」と呼ばれており、都の北側を巡る少将井（櫛稲田姫命）神輿と南側を巡る大政所（素戔嗚尊）神輿、そして八王子（八柱御子神）神輿が集合する地（列見の地）であった[9]。霞ヶ浦柏崎の御旅所のオカリヤ前にも幟立てにオハケと同様の構造が設けられ、さらにトウジメのオハケもそこから少し宿通り中心部に寄った地に設けられるなど、お旅所に立てるという点では、京都の祇園祭と柏崎の祇園祭は、よく似た祭祀構造を有しているといえる。

京都祇園祭のオハケの起源や、祇園祭礼上での意味付けについては不明であるが、三条大宮の地は下京の人びとにとって京域の水界に相当する神泉苑への入り口であること、神泉苑がもともと祇園御霊会（祇園祭）の発祥の地であったことなどを考えると、御霊を追却する地に相当すると考えてよい。茨城の場合は、霞ヶ浦こそ水界に相当し、御霊（神輿）はここに追却されるのであろう。

文化十一年（一八一四）に八坂祇園社社人の江戸為之が書いた「祇園社年中行事」(10)には、オハケについて次のように触れている。

（六月十二日）礼位記云。御ハケト云事アリ。注連ヲ引事ナリ。マタ旅ノ宮ニ、注連ヲ有引事。注連ハ、油小路四条上ル町、同ク下ル町ヨリ来ル。十一日夜巳刻ニ、注連ヲ引、斎竹ヲ建ル。又社前ニ、一間四方ニ芝ヲモウケ、斎竹ヲ建、内ニ幣三本ヲ建ル。此芝、釜座三条上ル町ヨリ出ス。又、三条大宮ノ辻ニ斎竹ヲ建ル。

「マタ旅ノ宮」は現在の御供社のことである。この記録が何を指してオハケと呼んでいるかは未詳だが、注連縄を張り斎竹を立てること、それとは別に社前に芝を敷いてそこに斎竹を立て、その内側に御幣を三本立てるとあるなど、現在の祇園祭オハケのことを指していることは間違いない。芝を砂に置き換えると霞ヶ浦のオハケとも大きな違いはない。同時に、三条大宮の辻にも斎竹を建てるとあるから、これなどは村の境に立てたトウジメのオハケに相当するであろう。

同書には、渡御行列の人数を書き上げた後に、天延二年（九七四）に感神院政所が出したという「御式札」の文を載せる。その文には、神輿のお旅所の起源説話が綴られているが、この地をお旅所に定めたのは、御神幸の途中に「後園（神泉苑）に界塚あり、後ろより蜘蛛の糸を引き延して当社に及ぶ」ため、所司等がそれを怖れたので助正（後の祇園社神主）宅に七日間神輿を安置したのに始まる、という。

天延二年に鉾六六本を六月七日から同十四日まで、毎日京中を引き回し、最後に烏丸ノ坊まで疫神を引き渡したのにはじまるといういわゆる祇園祭発祥の根源に関わる神話が、ここに述べられているのであり、又旅社（現御供社）の地は京都町衆にとっては注連縄で結界され、斎竹で隔絶された聖所（悪所でもある）を示しているのである。そこにオハケが設けられていることと祇園祭の起源とは、深い関連があるのであろう。しかし現在の京都祇園祭のオハケについては、残念ながらその解明に資すべき素材は多く残されていない。

ところで全国の祇園祭が必ずしもトウヤ制とオハケを伴っているわけではない。むしろオハケに関していえば、京都祇園祭と霞ヶ浦祇園祭以外の全国各地の祇園祭で、それを設けているという事例を、筆者は寡聞にしてまだ聞いたことがない。だとすると、霞ヶ浦の祇園祭とオハケの起源を京都祇園祭に求めることはできない。

四　奈良若宮おん祭の大和士と精進儀礼

トウヤとオハケとの関係について、霞ヶ浦の事例から考えられることを、もう一つ指摘して稿を終えたい。

柏崎のトウヤとトウジメのオハケ、そして有河のトウヤの御幣のオハケ、加茂のワラボッチのオハケというように、三つの村それぞれで別のつくりものや、名称になっている。これをオハケの多様性と捉えることができる。

そもそもオハケという特殊な祭祀施設は、関東では今のところ霞ヶ浦北岸でしか確認できていない。つまりこの地域で発生したものではなく、関西で発生し、成長、変容してきたものと考えるられる。オハケが在来のものでないということは、何者かによって他地域から持ち込まれたか、あるいはそうした祭祀伝承を持った人びとが集団でこの地

写真22　奈良県五條市東阿田　トウヤ宅玄関や庭先に設けられたオカリヤ

写真21　奈良県天理市大和神社ちゃんちゃん祭の門神社

に移り住み、故地での祭祀伝承をこの地で復活させたか、そのどちらかである可能性が高い。

関西のオハケの事例は、原田敏明が戦前から戦後に各地で集めた貴重な写真記録があり、筆者は前稿ですでにそのいくつかを紹介した(11)。

その他の事例として、奈良県天理市大和神社の祭礼に奉仕する各町のトウヤの門神《もんがみ》、同県五條市内（阿田地域等）のお仮屋神事のオカリヤなど、二例も挙げておく。どちらも地元でオハケとは呼ばれていないが、関西地方の同様の事例から、オハケと同系統の祭祀施設と考えられる（写真21・22）。

その形態的特徴は、トウヤ宅の門前に設置され、砂または芝を敷くかまたは檀状に築き、周囲に矢来状の垣根・柵を巡らし、鳥居や注連縄で結界を張り巡らしていることである。霞ヶ浦のオハケ・カリミヤもこれと同系といえよう。

畿内・近畿地方にはさまざまな形態、構造を持つオハケ・オダン・オヤカタなどと呼ばれる祭祀施設がある。なかでも興味深い形態のものとしては、滋賀県神崎郡御薗村大字妙法寺の川桁御阿辺神社（八日市市神田町）のオハケや、奈良県磯城郡川西村唐院のオヤカ

写真23　長野県千曲市武水別神社大頭祭のオハケ

写真24　静岡県牧之原市相良菅ヶ谷のオサカキ神事　トウヤ一行がトウヤ宅を出るとき、注連縄の門を潜る。

タなどが注目される。トウヤの庭先に作られたオハケと入口の鳥居の形をした出入り口が、霞ヶ浦のオハケと、その構成上、類似点が多い。

形態に関しては、たとえば長野県千曲市武水別神社大頭祭のトウヤのオハケが、砂盛りや竹で矢来状に組んでいる点に共通する点が認められる。その地は関西と関東との中間に位置するのも気になる点である（写真23）。

一方、こちらもオハケという名称では呼ばれていないが、関西と関東の中間、静岡県牧之原市相良の菅ヶ谷一幡神社のオサカキ神事がある。トウヤ宅の庭に結界の注連縄を張り、トウヤは神社にオサカキサマを持っていく時はこの下を潜るなど、いくつもの共通点を指摘できる。相良菅ヶ谷ではご神体とされるオサカキサマ（榊に賽の目に切った餅を簾に撒いて吊るしたもの）を一年間お守りするお仮屋を屋敷の裏に設けるなど、こちらも霞ヶ浦との共通点は多い（写真24）。

柏崎の場合、トウヤとは別にトウドノという役が置かれているが、その祭祀上の役割は不明。近畿地方の祭祀ではトウヤの長男、またはそれとは別に稚児・ヒトツモノとして男子が登場する場合がある。京都の祇園祭にも山鉾に稚児が乗って、特別な役割を担っているのは周知のことである。

柏崎の場合、トウドノはトウヤと違い、七度半では儀礼の主役となっており、一方のトウヤは祭礼の場ではまったく表に出てこず、あくまで祭りの準備に徹する裏方でしかない。トウドノとトウヤの併存には大きな意味が隠れているような気がする。多くの事例を挙げる余裕はないが、天理市大和神社のちゃんちゃん祭の調査で考察する機会を得た春日若宮おん祭の事例を検討することで、トウヤとトウドノについて考察するための足がかりとしておきたい。

奈良の春日若宮おん祭は、江戸時代までは大和士と称する特別な家柄の大人五人と、それとは別に流鏑馬を勤める射手稚児役の子ども五人が、およそ一か月の間、厳格な精進生活を送った。[12]

「大宿所春日若宮祭式事件幷品書」[13]は、明治初期の記録であるが、春日祭の大和士が一か月に及ぶ精進で籠る大宿所の様子を記載している。

大和士(願主役・御師役)等は、十月二十九日から奈良の餅飯殿町にあった大宿所に射手稚児とともに集合し、龍田川の御幣岩に向かい垢離をとる。翌十一月朔日から大和士と射手稚児は大宿所に参勤し、おん祭り直前まで参籠する。大宿所には掛物(若宮神前への供え物)となる雉・兎・狸が納入される。同所では、祭礼に用いられる御幣や流鏑馬の的、絵馬や島台などが準備され、大和士や稚児らの精進屋であると同時に、大和士に関わる祭礼のための準備の場所でもあった。

この大宿所には精進期間中、巫女が毎日やってきて、浄め祓いの湯立を行う。参籠する者たちは「祭礼当日迄、日々清浴シテ春日之御神ヲ祭リ、神前ニ八足机・八足卓ニ香炉・灯籠ヲ備ヱ、神拝シテ諸事調達仕候事」(同書)とあるように、宿舎内で祭祀を行っている。さらに興味深いのは、大宿所入口の「八杭門」である。「(十一月)同月廿五

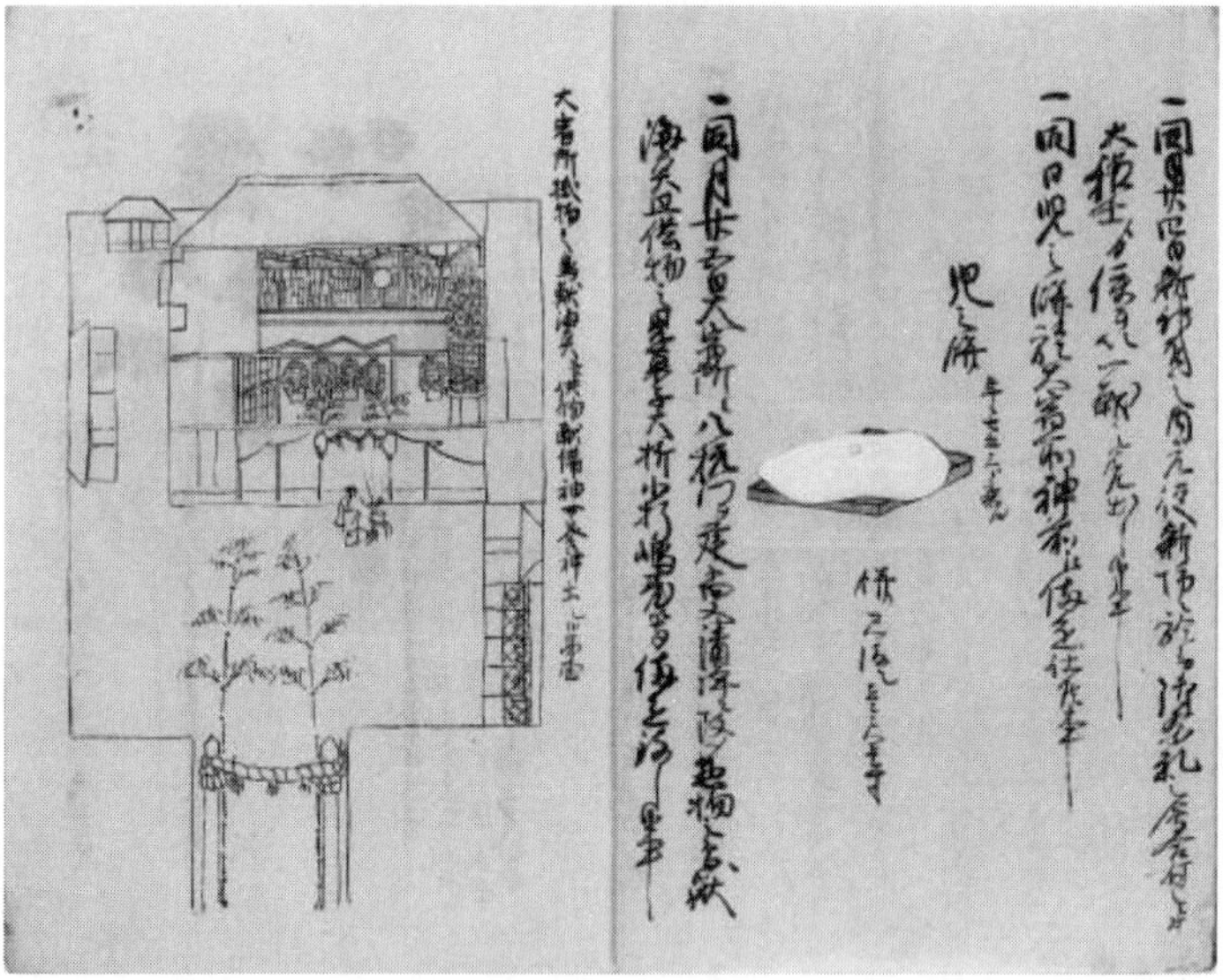

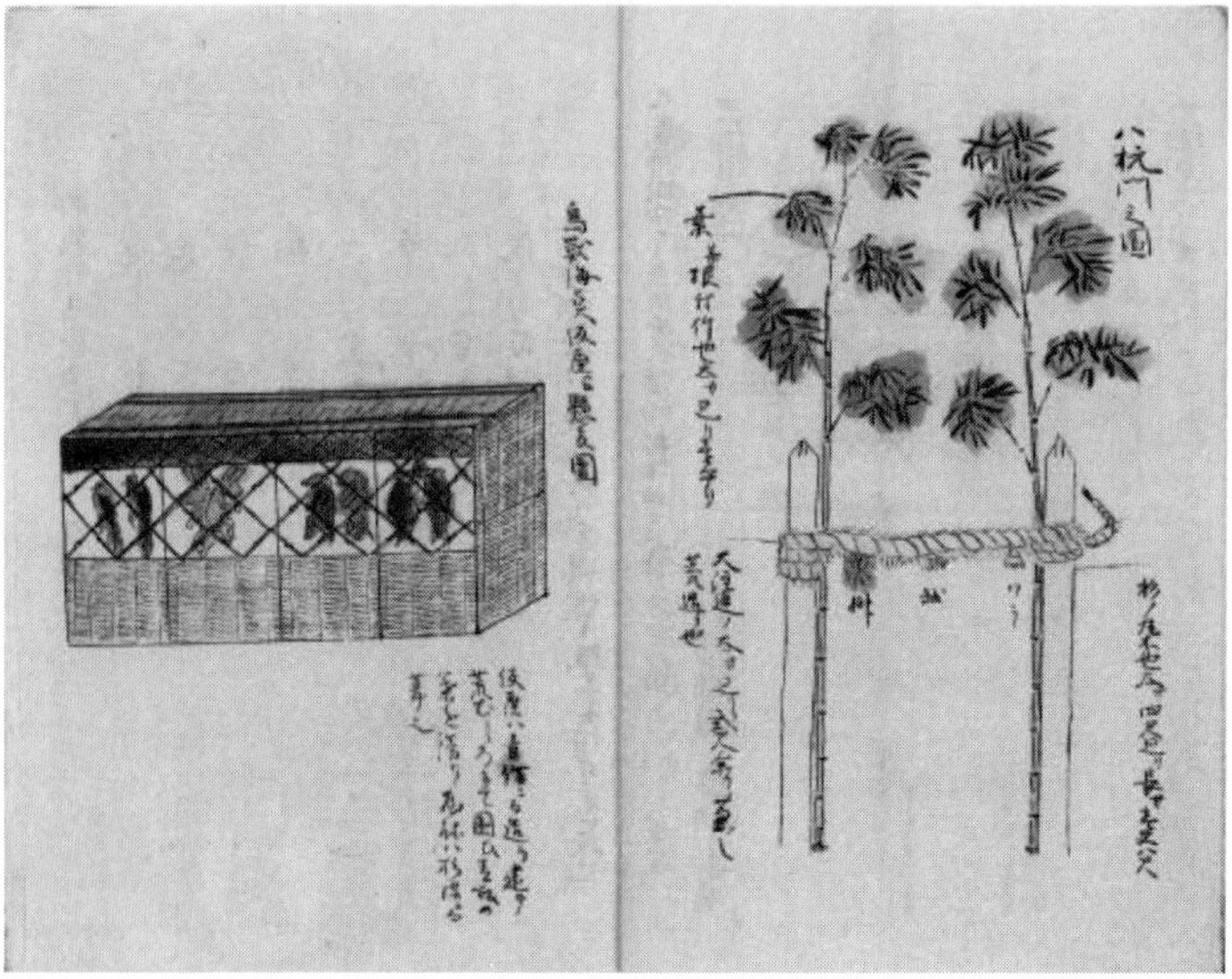

写真25　八杭門（「大宿所春日若宮祭式事件幷品書」奈良国立博物館蔵、より）

日、大宿所ニ八杭門ヲ建」とある（写真25）。

同書には、大宿所の門前に一対の松・竹に注連縄を張り渡した八杭門が描かれている。その姿は、柏崎のトウヤのオハケと酷似しており、これまで挙げた各地のオハケ系施設と概ね同一の構造をしているようにみえる。

八杭門はどう発音されていたか不明だが、「ハッケモン」と発音していたのではないかと筆者は推測する。すなわちこれが、トウヤの門前に設けられる注連縄（注連下ろし）であり、オハケの一種なのであろう。

注連縄によって頭屋の精進屋を外界と厳密に区画するのがオハケの本来の役割であり、かつこの場所が常人は避けて通るべき聖所であることの標しなのである。

若宮おん祭や大和士の行事についてはここで詳しく論じる余裕はすでにない。しかし京都の八坂神社といい、奈良の春日大社といい、いずれも全国に並ぶもののない大祭であり、そのやり方が地方に伝えられ、写されたとしても何ら不思議はないだろう。とはいえ、祭りの重要な構成要素であるトウヤの精進とか、精進のための施設までを一般庶民が見物し、それをただ真似るとは思われない。そこに何らかの宗教者の介在なりを想定することは、あながち無理な推測とはいえないのではなかろうか。

註

（1）『市川のオビシャとオビシャ文書』（市川市史編さん室、二〇一六年）。「祭りのはじまり　村の歴史」（『千葉史学』七一、千葉歴史学会、二〇一七年）。水谷頼・渡部圭一編『オビシャ文書の世界―関東の村の祭りと記録―』岩田書院、二〇一八年）。

（2）『茨城県の祭り・行事―茨城県祭り・行事報告書―』（茨城県教育委員会、二〇一〇年）。

（3）かすみがうら市内のオハケをともなう行事の報告としては、先にあげた『茨城県の祭り・行事―茨城県祭り・行事調査報告書―』のなかに、「かすみがうら市加茂のオハケ」がある。
（4）拙稿「参詣のオハケ―精進儀礼の見直しから―」（西海賢二編『山岳信仰と村落社会』岩田書院、二〇一二年）一六九頁。
（5）オハケそのものの研究としては、原田敏明「オハケ奉祭の形式と変遷」（『帝国学士院紀事』二・一、一九四三年。同『村の祭と聖なるもの』中央公論社、一九八〇年、に所収）。五来重『葬と供養』（東方出版、一九九二年）。坪井洋文「備中・美作地方における稲種子の祭祀」（『国立歴史民俗博物館研究報告』七「古代の祭祀と信仰」一九八五年）。福原敏男『神仏の表象と儀礼』（歴博ブックレット二三、二〇〇三年）。黒田一充『祭祀にともなう施設の研究』平成一八年度～平成二〇年度科学研究費補助金研究成果報告書、二〇〇九年）。
（6）『柏崎の民俗・霞ヶ浦町の祇園祭礼』（東京家政学院筑波女子大学民俗学ゼミナール、二〇〇〇年）など。
（7）『加茂地区の民俗』（筑波学院大学民俗ゼミナール、二〇〇九年）。
（8）『牛渡とその周辺の民俗』筑波学院大学民俗ゼミナール、二〇一一。
（9）祇園祭の場合も含め、神輿お旅所については福原敏男『祭礼文化史の研究』（法政大学出版局、二〇一一年）に詳しい。
（10）「祇園社年中行事」（真弓常忠編『祇園信仰事典』戎光祥出版、二〇〇二年）。
（11）拙稿前掲註（4）。
（12）若宮おん祭の大和士については、幡鎌和弘「大和士の歴史とつとめ」（『おん祭と春日信仰の美術』奈良国立博物館、二〇一三年）を参考にした。
（13）個人蔵。同上掲載。

あとがき

この本の元となったかすみがうら市出島地区（旧出島村）調査は一九九三年（平成五年）に始めているので、二六年かけていることになる。考えてみると、この出島地区やその後の霞ヶ浦周辺の事例が、このような深みを持った民俗であるとは調査初期には気がつかなかった。気がついたのは京都の祇園祭の芸能史研究に照らし合わせた時点である。傘や稚児、七度半の儀礼などである。この地域は東日本のなかでも特異な地区なのであろうか。過去の九学会連合調査では利根川流域を対象にしたものの、霞ヶ浦を主にした総合調査はなかった。特に出島地区の民俗は豊富で、その悉皆調査の事例は私たちが行った一一冊の調査報告（本文28頁参照）に凝縮されている。

傘ブクの事例は全国に及び、十六世紀の屛風絵に始まり、祇園祭以外の祭礼や盆・小正月行事や田植芸能にもみられ、その広がりは研究するにしたがって拡大し、民俗信仰史・民俗芸能史の新たな研究テーマとなっている。その意味ではこの本の論考も研究途上の最新の論であるとともに試論でもある。これからの研究の礎となるものと考えている。

この本の成立は福原敏男・水谷類両氏の提言によるもので、現地で調査・研究している近江礼子・萩谷良太・木植繁諸氏の協力を得て完成した。

出島地区の調査には、かすみがうら市立博物館の前身である霞ヶ浦町立郷土資料館から協力を得て、初代岡田霞館長や千葉隆司学芸員の助言で進めてきた。調査は初期には、私の勤務校である跡見女子大学の学生、途中から筑波女子大学（後に改変して筑波学院大学）の学生の民俗調査実習として行った。その間、卒業生の大嶋美和子氏、筑波女子大学の社会人学生であった古谷野洋子・井口美代子・加藤奈賀美の諸氏や、筑波学院大学の講師である山内友子氏には現地調査の同行を願った。撮影には大澤未来・遠藤叶氏が携わっている。

霞ヶ浦周辺地区に調査を広げる過程で、稲敷市歴史民俗資料館の平田満男氏、龍ヶ崎市歴史民俗資料館の油原長武氏に協力を仰いだ。また小美玉市教育委員会には「横町覚書」の閲覧に便宜を図っていただいた。調査には稲敷市の高田神社宮司千田寛治氏、小美玉市小川の香取芳忠氏、行方市麻生の羽生均氏、古渡の鴻野伸夫氏の他、多数の現地の方々に協力をいただいた。以上の方々に感謝するとともに、本書の刊行を引き受けていただいた岩田書院に謝意を呈する。

二〇一九年十月

坂本　要

【執筆者紹介】五十音順

近江 礼子（おうみ・れいこ）　茨城民俗学会理事
1951年、茨城県生まれ。茨城大学在学中に考古学を学ぶ。その後、古文書・石仏・民俗に興味を持ち、霞ヶ浦周辺の女人信仰・オビシャ・祇園祭などを調査、報告。
主要論著：『守谷惣鎮守八坂神社の祇園祭』(守谷市教育委員会　2016年)編。「つくば市蚕影神社の養蚕信仰」(『常総の歴史』44、2012年)、「文政三年「遊歴雑記」に見る土浦・牛久・取手・筑波」(『茨城史林』42、2018年)。

木植　繁（きうえ・しげる）　筑西市立しもだて美術館学芸員
1967年、茨城県生まれ。日本大学芸術学部放送学科卒業。茨城県庁勤務を経て、2000年石岡市役所に入所。以降16年にわたり、石岡市の文化行政に携わる。

萩谷 良太（はぎや・りょうた）　土浦市教育委員会学芸員
1977年、茨城県生まれ。神奈川大学大学院歴史民俗資料学研究科博士後期課程(単位取得退学)。
主要論著：『図解案内　日本の民俗』(共編、2012年、吉川弘文館)、『知って役立つ民俗学』(分担執筆、2015年、ミネルヴァ書房)

福原 敏男（ふくはら・としお）　武蔵大学人文学部教授
1957年、東京都生まれ。國學院大学文学部卒業・同大学院文学研究科修士課程修了。博士(民俗学、國學院大学)
主要論著：『江戸山王祭礼絵巻―練物・傘鉾・山車・屋台―』(岩田書院、2018年)、『ハレのかたち―造り物の歴史と民俗―』(共著、岩田書院、2014年)、『一式造り物の民俗行事―創る・飾る・見せる―』(共著、岩田書院、2016年)、『山・鉾・屋台行事―祭りを飾る民俗造形―』(共著、岩田書院、2016年)、『来訪神：仮面・仮装の神々』(共著、岩田書院、2018年)。

水谷　類（みずたに・たぐい）
1952年、愛知県生まれ。明治大学で萩原龍夫に歴史学・民俗学を学ぶ。博士(歴史学、明治大学)。
主要論著：『廟墓ラントウと現世浄土の思想』(雄山閣、2009年)、『墓前祭祀と聖所のトポロジー』(同前)、『中世の神社と祭り』(岩田書院、2010年)、『オビシャ文書の世界』(共編、岩田書院、2018年)、「「髯籠の話」ふたたび」(『神道宗教』242、2016年)、「生まれ死ぬるけがらひ」(『歴史評論』816、2018年)。

【編者紹介】

坂本　要（さかもと・かなめ）

筑波学院大学名誉教授

1947年、新潟県生まれ。埼玉大学教養学部で文化人類学を学び、同専攻課程卒業後、東京教育大学大学院文学研究科史学方法論（民俗学課程）で日本民俗学を学ぶ。同科修士課程修了し、東方学院で仏教学を学ぶ。仏教民俗研究会主宰。

主要論著：『地獄の世界』（編、溪水社、1990年）、『極楽の世界』（編、北辰堂、1997年）、『民間念仏信仰の研究』（法蔵館、2019年）。「「鎮魂」語疑義考（1～3）」（『比較民俗研究』25～28、2011～12年）、「沖縄のスーマチ（1～4）」（『まつり』75～78、2013～16年）、「三信遠大念仏の構成と所作」（『民俗芸能研究』50、2011年）。

東国《とうごく》の祇園祭礼《ぎおんさいれい》 ―茨城県霞ヶ浦《いばらきけんかすみがうら》周辺地域を中心に―

2019年（令和元年）12月　第１刷　300部発行　　定価［本体11000円＋税］

編　者　坂本 要

発行所　有限会社岩田書院　代表：岩田　博　　http://www.iwata-shoin.co.jp

〒157-0062 東京都世田谷区南烏山4-25-6-103　電話03-3326-3757　FAX03-3326-6788

組版・印刷・製本：ぷりんてぃあ第二

ISBN978-4-86602-086-0　C3039　¥11000E

岩田書院 刊行案内（27）

			本体価	刊行年月
052	金澤　正大	鎌倉幕府成立期の東国武士団	9400	2018.09
053	藤原　　洋	仮親子関係の民俗学的研究	9900	2018.09
055	黒田・丸島	真田信之・信繁＜国衆21＞	5000	2018.09
056	倉石　忠彦	都市化のなかの民俗学	11000	2018.09
057	飯澤　文夫	地方史文献年鑑2017	25800	2018.09
059	鈴木　明子	おんなの身体論	4800	2018.10
060	水谷・渡部	オビシャ文書の世界	3800	2018.10
061	北川　　央	近世金毘羅信仰の展開	2800	2018.10
062	悪党研究会	南北朝「内乱」	5800	2018.10
063	横井　香織	帝国日本のアジア認識	2800	2018.10
180	日本史史料研	日本史のまめまめしい知識３	1000	2018.10
064	金田　久璋	ニソの杜と若狭の民俗世界	9200	2018.11
065	加能・群歴	地域・交流・暮らし＜ブックレットH25＞	1600	2018.11
067	宮城洋一郎	日本古代仏教の福祉思想と実践	2800	2018.11
068	南奥戦国史	伊達天正日記 天正十五年＜史料選書７＞	1600	2018.11
069	四国地域史	四国の中世城館＜ブックレットH26＞	1300	2018.12
070	胡桃沢勘司	押送船	1900	2018.12
071	清水紘一他	近世長崎法制史料集２＜史料叢刊12＞	18000	2019.02
072	戸邉　優美	女講中の民俗誌	7400	2019.02
073	小宮木代良	近世前期の公儀軍役負担と大名家＜ブックレットH26＞	1600	2019.03
074	小笠原春香	戦国大名武田氏の外交と戦争＜戦国史17＞	7900	2019.04
075	川勝　守生	近世日本石灰史料研究12	5400	2019.05
076	地方史研究会	学校資料の未来	2800	2019.05
077	朝幕研究会	論集 近世の天皇と朝廷	10000	2019.05
078	野澤　隆一	戦国期の伝馬制度と負担体系＜戦国史18＞	6800	2019.06
079	橋詰　　茂	戦国・近世初期 西と東の地域社会	11000	2019.06
080	萩原　三雄	戦国期城郭と考古学	6400	2019.07
081	中根　正人	常陸大掾氏と中世後期の東国＜戦国史19＞	7900	2019.07
082	樋口　雄彦	幕末維新期の洋学と幕臣＜近代史23＞	8800	2019.08
083	木本　好信	藤原南家・北家官人の考察＜古代史13＞	4900	2019.08
084	西沢　淳男	幕領代官・陣屋 データベース	3000	2019.08
085	清水　紘一	江戸幕府と長崎政事	8900	2019.08
086	木本　好信	藤原式家官人の考察	5900	2019.09
087	飯澤　文夫	地方史文献年鑑2018	25800	2019.10
088	岩橋・吉岡	幕末期の八王子千人同心と長州征討	3000	2019.11
089	西沢　淳男	飛騨郡代豊田友直在勤日記１＜史料叢刊13＞	7000	2019.11
090	幕藩研究会	論集 近世国家と幕府・藩	9000	2019.11
091	天田　顕徳	現代修験道の宗教社会学	4800	2019.11